● 浙江省社会科学界联合会社科普及课题研究成果
● 杭州师范大学发展与教育心理学重点学科资助

The Principles and Methods of Psychological Counseling

心理咨询的原理与方法

石向实　等著

ZHEJIANG UNIVERSITY PRESS
浙江大学出版社

图书在版编目(CIP)数据

心理咨询的原理与方法/石向实等著. —杭州：浙江
大学出版社，2010.7
ISBN 978-7-308-07784-2

Ⅰ.①心… Ⅱ.①石… Ⅲ.①咨询心理学 Ⅳ.①C932

中国版本图书馆 CIP 数据核字（2010）第 125021 号

心理咨询的原理与方法

石向实　等著

策划编辑	阮海潮（ruanhc @ zju. edu. cn）
责任编辑	阮海潮
封面设计	刘依群
出版发行	浙江大学出版社
	（杭州市天目山路 148 号　邮政编码 310007）
	（网址：http://www.zjupress.com）
排　　版	杭州大漠照排印刷有限公司
印　　刷	浙江全能印务有限公司
开　　本	710mm×1000mm　1/16
印　　张	26.25
字　　数	499 千
版 印 次	2010 年 8 月第 1 版　2010 年 8 月第 1 次印刷
书　　号	ISBN 978-7-308-07784-2
定　　价	48.00 元

前　　言

一

现在,有关心理咨询的书籍已经非常多了。在这样的情况下,我们为什么要写这本书? 本书与其他心理咨询的书籍有什么不同呢?

由于工作关系,我经常翻阅和关注有关心理咨询和心理健康教育方面的书籍。我把阅读过的心理咨询和心理健康方面的书籍分为两类:一类是操作性的,另一类是理论性的。多数书籍是操作性的,包括专业性的和普及性的,如介绍各种心理咨询的方法和技术的,讨论各类学校心理咨询和心理健康教育的,介绍心理咨询经验和案例的。少数书籍是理论性的,专业性一般较强,主要是介绍心理咨询理论和流派。到目前,我还没有见到过这样一部书,既介绍心理咨询理论又讨论心理咨询的方法和技术,既讨论心理咨询的方法和技术又介绍有关的普通心理学、生理心理学、心理学史、发展心理学、社会心理学、心理测量学背景知识。我想,如果有这样一部书,在学习心理咨询知识的同时,能够同时了解到与心理咨询有关的心理学背景知识,知其然,又知其所以然,将对读者特别是初学者深入理解和掌握心理咨询知识有很大帮助。

由于心理学与人们的生活密切相关,许多人对心理学很有兴趣。越来越多的人通过参加心理咨询培训班、参加心理咨询师国家职业资格考试走进了心理咨询工作领域。我的一些获得心理咨询师国家职业资格的朋友多次向我讲过,现在心理咨询的书籍很多,但是易看易懂的不多。要是有一部书能够集理论与实践、原理与操作、专业与普及于一体,那就太好了。

于是,就有了撰写本书的想法,希望这部书能够将心理咨询的理论与实践、原理与操作、专业与普及有机地结合在一起,为从事心理咨询工作和有意了解心理咨询的朋友提供一部值得经常翻阅的书。

二

本书共分 10 章。

第一章用较大篇幅讨论了心理的概念。之所以要讨论这个问题，是我在教学和工作实践中，发现许多朋友虽然学了许多心理学课程，但是在心理咨询实践中，在遇到一些复杂问题时，不会分析问题，不能把学过的知识灵活应用。出现这种现象的原因，是他们对什么是心理、心理的本质缺乏深刻的理解。他们只记得一些操作的方法，却不知道这些方法是在什么条件下提出来的、适用于什么问题。不深入理解心理的概念，就不可能真正理解心理咨询的原理。在这一章，还重点讨论了心理与环境、心理问题的界定，这是一般心理咨询书籍较少研究的内容，了解这些内容对于心理咨询工作者是十分有用的。

第二章重点介绍了心理咨询的概念，分析了心理咨询与心理治疗、精神病学、心理健康教育、心理辅导的区别与联系，还介绍了心理咨询的原则和心理咨询的效用。

第三章主要说明心理咨询解决心理问题的原理是什么。目前许多心理咨询工作者比较关注具体的心理咨询的操作方法和技术，很少探究心理咨询解决心理问题的原理是什么。为此，专设一章介绍心理咨询的原理。了解心理咨询原理，可以使读者对于心理咨询既知其然，也知其所以然。这样，在面对各种各样的心理问题时，才能恰当地、正确地运用心理咨询的方法和技术，做好心理咨询工作，达到最佳的咨询效果。

第四章介绍当今对中国心理咨询影响较大的主要心理咨询理论流派。心理咨询是一门面向应用的方法和技术，在它的每一种方法和技术背后，都有其特有的理论来源和基础。通常人们在讲到心理咨询理论流派时，介绍的都是国外的理论。其实，中国人也有可以用于心理咨询的行之有效的理论。在这一章里，特别介绍了中国的儒家理论和思想政治工作理论对于心理咨询的价值。

第五章讨论心理咨询过程，介绍建立心理咨询关系、分析问题、制订心理咨询目标、制订解决心理问题的方案、解决心理问题、心理咨询效果评估的方法和技术，指出了在具体操作过程中应当注意的问题。

第六章介绍了当今常用的和主要的心理咨询方法，对如何运用这些方法做了比较详细的说明。第六章的内容其实是将第四章所介绍的心理咨询理论加以具体化、操作化、应用化,读者可以将这两章结合起来阅读,也可以在遇到具体问题时有针对性地查阅有关章节。

第七章讨论了在心理咨询中正确使用心理测量的问题。针对我国目前心理咨询工作的现状,比较详细地介绍了心理测量的原理、心理测量的功能与评价、心理咨询常用测量工具的使用、心理测量需要注意的问题。鉴于目前我国心理测量工具多数是引进的情况,还特别探讨了心理测量的中国化问题。

第八章介绍了团体心理咨询的原理和有关方法与技术。

第九章探讨了远程心理咨询的应用和发展。随着计算机技术、互联网、通讯技术的飞速发展,通过新型媒介进行心理咨询已经越来越得到广泛的应用。网络心理咨询、电话心理咨询、电视心理咨询、广播心理咨询是这一章的讨论重点。远程心理咨询具有广阔的发展前景,心理咨询工作者应当重视这个领域的发展。

第十章介绍了学校心理咨询发展过程和现状,在各级各类学校开展心理咨询工作的经验和需要注意的问题。

三

本书是浙江省社科联 2007 年社会科学普及课题《心理咨询的原理与方法》的最终成果。该课题由石向实提出、设计和主持,由多位作者分别承担完成。在各章的撰写风格上,不同的作者之间有所差异,在不影响本书整体内容的前提下,为了更好地展现各个作者的思路,一般保持了各章原作者的写作风格。

本书各部分的作者分列如下:

前　言　石向实

第一章　石向实

第二章　石向实、安庆云

第三章　石向实

第四章　第一节、第二节、第三节:赵晶、石向实;第四节、第五节、第六节:骆丽娟、石向实;第七节、第八节、第九节:蒋寒、石向实

第五章　第一节、第二节:林巧明、石向实;第三节、第四节:刘耐烦、石向实;第五节、第六节:胡晶、石向实、肖玲玲

第六章　赵晶、石向实

第七章　蒋寒、林巧明、石向实

第八章　赵晶、石向实

第九章　申腊梅、林巧明、石向实

第十章　米豆豆、石向实

肖玲玲协助整理了参考文献。

石向实对全书进行了统稿,并最后定稿。

本书在写作过程中,参考和引用了许多人的研究成果。大多数情况下,本书引用他人成说,均注明出处。限于条件,个别参考文献由于找不到原出处而未注出,请原作者与我们联系。

本书在研究和出版过程中,得到了杭州师范大学发展与教育心理学重点学科、杭州师范大学心理健康研究所和浙江省社科联科普处的大力支持,杭州师范大学郑莉君教授给予了诚挚的帮助,浙江大学出版社阮海潮先生付出了辛勤的劳动。在此,向他们表示衷心的感谢!

石向实

2010 年 7 月

目　录

第一章　心理健康与心理问题

心理健康(mental health)一般指人的各种心理过程和心理状态保持正常或良好水平，能够以积极的态度对待学习、工作和生活，能够适应环境。

心理问题(mental disorder)亦称心理障碍，与心理健康相对，一般指人不能正确地认识周围的事物，情绪或个性异常，以偏执的态度对待学习、工作和生活，难以适应环境。需要指出的是，心理学问题(psychological problem)，即作为学习或研究对象的心理现象或心理学理论，人们有时也简称其为心理问题，与本书所说的心理问题是不同的概念。本书所使用的"心理问题"，是与心理健康相对的概念。对于作为学习或研究对象的心理现象或心理学理论，本书一律用"心理学问题"指代，以便区别。

心理健康与心理问题是两个不同的概念，又是两个相互联系的概念，没有心理问题，就无所谓心理健康，没有心理健康，就无所谓心理问题。心理健康与心理问题是对立统一的关系，是一个事物的两个不同的方面。增进心理健康与解决心理问题是一致的，都需要了解什么是心理、心理与生理的关系、心理与环境的关系。只有这样，才能准确把握什么是心理健康、什么是心理问题，才能够科学地从事心理咨询(psychological counseling)。

第一节　心理的概念

心理(mind)指个体一切精神活动的总和，与物质相对，包括感觉、知觉、记忆、思维、情感、意志、能力、气质、性格等心理现象，以及从潜意识到意识的具有不同程度觉知的各种心理现象。[①]

心理是心理学和心理咨询学最基本的概念。古往今来，人们对心理有多种多样的理解。对心理的不同认识，使人们在研究心理现象和处理心理问题

---

① 林崇德，杨治良，黄希庭．心理学大辞典．上海：上海教育出版社，2003：1387

时表现出不同的态度和方法,形成不同的理论,产生不同的结果。把握心理的概念,最重要的,一是要说明心理与人体的关系,二是要说明心理内容的来源。对这两个问题,前人做了许多探索,提出了不少有价值的思想,他们的探索,促进了后人科学地认识心理的概念。因此,了解心理概念的发展历史和心理概念中的丰富内容,对于我们深入地认识心理健康与心理问题是非常重要的。

一、古代对心理的认识

(一)中国古代对心理的认识

中华文明,源远流长。中国人很早就关注到了心理活动和心理现象,在古代,人们往往用"心"来表示心理活动和心理现象。如《左传》中说:"清浊、大小、短长、疾徐、哀乐、刚柔、迟速、高下、出入、周疏,以相济也,君子听之,以平其心,心平德和。"意思是说人调整好生活节奏,平和处世,有益心理健康;心理健康了,才会有良好的心态和品德。战国时期的荀子(公元前313—前238)说:"心有征知。征知,则缘耳而知声可也,缘目则知形可也。然而征知必将天官当簿其类然后可也。五官簿之而不知,心征知而无说,则人莫不谓之不知。"[1]意思是说,心具有认识能力,借助耳、眼等感官可感知事物,感知是思维与感官统一的活动。荀子还说:"形具而神生",[2]最早指出了心理不能脱离人体而存在。

赵国人,名况,时人尊而号为"卿",战国时思想家、教育家。批判和总结了先秦诸子的学术思想,发展了古代唯物主义。著作有《荀子》。今苍山兰陵镇东南有荀子墓。

图 1-1　荀子(公元前 313—前 238)

有必要说明的是,在中国古代文化中,"心"与"理"具有不同的意思,"心"一般指精神、意识,"理"一般指道理、规律。"心"和"理"很少联起来使用,偶尔联用,也是"心之理"之意。如《后汉书·左雄传》中说:"凡人之心理不相

---

① 《荀子·正名》
② 《荀子·天论》

2

远,其所不安,古今一也",其意是说人的心理活动是有规律的。我国古人所说的"心理",与现在我们所说"心理"的意思是完全不同的。

关于人的心理活动的器官,我国古人最早认为是心脏。第一位提出心是思维活动的器官的是孟子(约公元前 372—前 289),他说:"心之官则思。"①后来人们习惯用"心"来指代心理,皆渊源于此。以心作为心理活动器官的观念,在我国流传了很长的时期,直到明代著名医学家李时珍(1518—1593)在《本草纲目》中明确提出"脑为元神之府",才第一次明确地有了脑是思维活动器官的说法。明代的方以智(1611—1671)也提出了类似的说法:"我之灵台,包括县寓、记忆古今,安置此者,果在何处? 质而稽之,有生之后,资脑髓以藏受也。"②清代的王清任(1767—1830)则进一步指出:"灵机记性不在心在脑"③,肯定了心理是脑的机能,这个观点在当时世界上也是先进的。

字东璧,号濒湖,湖北蕲州(今湖北省蕲春县)人。曾参考历代有关医药及其学术书籍 800 余种,结合自身经验和调查研究,历时 27 年编成《本草纲目》一书,是我国明以前药物学的总结性巨著。

图 1-2　李时珍(1518—1593)

关于人的心理内容的来源问题,孔子(公元前 551—前 479)认为既有先天的,也有后天的,他说:"生而知之者,上也;学而知之者,次也;困而学知者,又其次也。"④明末的王夫之(1619—1692)认为,人的心理不能凭空产生,心理来自感觉,来自人对外部世界的认识活动,他说:"内心合外物以启觉,心乃生焉,而于未有者知其有也;故人与所未闻者不能生其心。"⑤王夫之的这个思想,与现代心理学的心理是人对客观世界的反映、心理是在主体与客体相互作用中发生发展的观点十分相近,可以说,这个思想是我国古代在人的心理内容来源问题上的最高认识水平。

---

① 《孟子·告子上》
② (明)方以智.《物理小识·卷三·人身类·人身营魄变化》
③ (清)王清任.《医林改错·上卷·脑髓说》
④ 《论语·季氏》
⑤ 《张子正蒙注·于称下》

字而农,号薑斋。湖南衡阳人,明清之际思想家。晚年居衡阳之石船山,学者称船山先生。其对天文、历法、数学、地理均有研究,尤精于经学、史学、文学。所著后人编为《船山遗书》,其中《周易外传》、《尚书引义》、《读四书大全说》、《张子正蒙注》、《思问录内外篇》等在中国思想史上尤具重要意义。

图 1-3　王夫之(1619—1692)

(二)西方古代对心理的认识

西方文化源于古希腊。亚里士多德(Aristotle,公元前 384—前 322)是古希腊著名的哲学家和科学家,他撰写了欧洲第一部心理学著作《论灵魂》,他认为灵魂是有生命物质吸收外部客体的特有方式,是观念形式的物质运动,是身体的一种特殊形式和活动能力。他还认为,心脏是灵魂的器官。[1] 古希腊名医希波克拉底(Hippocrates,公元前 460—前 370)从医疗实践中得出的观点是,脑是心理的器官,他指出,由于脑,我们才能思维、理解、看见、听见、知道丑和美、适意不适意;由于脑,我们才能变成疯狂、害怕、恐怖。[2]

古希腊著名的哲学家、科学家和教育家。他首次将哲学和其他科学区别开来,开创了逻辑学、伦理学、政治学和生物学等学科的独立研究。他的学术思想对西方文化、科学的发展产生了巨大的影响。

图 1-4　亚里士多德(Aristotle,公元前 384—前 322)

17 世纪法国著名的思想家和科学家笛卡儿(René Descartes,1596—1650)第一次提出了反射(reflex)和反射弧(reflex arc)的观念。笛卡儿根据力

---

[1] 车文博.西方心理学史.杭州:浙江教育出版社,2002:44—45
[2] 车文博.西方心理学史.杭州:浙江教育出版社,2002:52

学原理和解剖实验，受血液循环和机械原理的启发，提出了动物是机器的观点和刺激反应的假设。他认为感官一端有细线，细线的另一端与脑内某些孔道的开口相连。当外物刺激感官时，便拉动这些细线，拉开孔道口的活塞，让精气从脑流到肌肉，于是肌肉发生动作，这种动作像水和光的反射波动一样。他还推测，动物和人的神经与肌肉的反应，都是由感觉器官的刺激引起的，有内导和外导的特殊机制。①

17世纪英国哲学家洛克（John Locke，1632—1704）在关于心理内容的来源问题上提出了著名的"白板说"。洛克认为，初生婴儿的心灵好比一块白板，上面没有任何印迹、任何观念。人的一切观念、知识，都是后天由于经验的作用在心灵上刻下的印迹，经验是人的心理和一切知识的来源。洛克的思想，对后来的哲学和心理学影响很大。

英国哲学家、经验主义的开创者，第一个全面阐述宪政民主思想的人。洛克在《人类理性论》中说："我们假定心灵好比是没有任何文字和观念的白纸，——但是它是怎样被赋予了文字和观念的？印刻在它上面的人的无限复杂的、变化多端的幻想到底是怎样来的？它具有的一切推理和知识的材料又是从哪来的？对此我用一句话来回答：来自经验。我们的一切知识都建立于经验之上；从经验最后得到了知识。"

图1-5 洛克（John Locke, 1632—1704）

西方心理学史上最重要的人物是19世纪德国心理学家冯特（Wilhelm Wundt，1832—1920），他于1879年在莱比锡大学创建了世界上第一个正式的心理学实验室，用实验方法建立了新的实验心理学体系，使心理学从旧哲学中

科学心理学之父。其著作涉及心理学、生理学、物理学、哲学、逻辑学、伦理学、语言学、文化人类学等诸多领域。主要心理学著作有《对感官知觉理论的贡献》、《关于人类和动物灵魂的演讲录》、《生理心理学原理》、《心理学大纲》、《心理学导论》和《民间心理学》。

图1-6 冯特（Wilhelm Wundt, 1832—1920）

---

① 车文博.西方心理学史.杭州：浙江教育出版社，2002：85

独立出来,有了自己独特的研究对象、研究方法和研究内容,使心理学成为科学的一个新领域。一般认为,这是科学心理学诞生的标志性事件。

在冯特看来,心理学是一门经验科学,所以心理学的方法必定是观察经验。他认为,经验包括经验的主体(人)和经验的客体(对象)两个因素。从经验的主体来看,感觉、感情、意志等心理过程是主体直接经验到的,是直接经验,这是心理学的研究对象。从经验客体来看,人对于外部世界的经验是通过间接推论认识的,是间接经验,它是自然科学的研究对象。因此,冯特把心理学称为"直接经验之学"。他的这个论断,否定了旧的哲学和心理学把灵魂作为研究对象,使心理学从哲学中独立出来。① 但是,冯特用直接经验说明心理、代替心理,说明他对心理的认识还是不清楚的,这使他认为人的心理过程和生理过程是相互平行的。直到冯特时代,西方心理学对心理的认识还是模糊的。

二、现代对心理的认识

这里所说的现代对心理的认识,是指 20 世纪以来心理学家们对心理的认识。在 20 世纪的科学发展、文化气氛和时代精神的影响下,一些心理学家先后提出了自己对心理的认识,他们的观点对现代心理学理论、心理咨询的理论和方法影响很大。了解不同流派对于心理的不同观点,有助于我们更加准确和深入地理解心理的实质。下面我们介绍几个影响较大的学说。

(一)反射学说

1. 经典条件反射

反射的概念,最早是 17 世纪法国著名的思想家和科学家笛卡儿提出来的,他认为动物和人的一切不随意活动都是自动实现的对外界刺激的反应,如手碰到火会立刻缩回,这种反应就叫"反射"。

19 世纪,俄国生理学家谢切诺夫(И. М. Сеченов,1829—1905)研究和发现了中枢抑制现象,提出新的反射学说,把反射活动推广到大脑的活动。他于 1863 年发表《脑的反射》一书,认为一切有意识的和无意识的活动就其发生机制来说都是反射。反射是所有复杂的心理现象的基础,是神经活动的生理过程。大脑反射包含着心理的成分,反射的中间环节具有思维、思想的本质。他的关于大脑反射的理论成为俄国生理学家巴甫洛夫创立高级神经活动学说的基础。

俄国著名生理学家巴甫洛夫(Иван Петрович Павлав,1849—1936)用条件反射的方法对动物进行了系统的研究,提出了关于反射系统的理论,对心理和行为的研究做出了重要的贡献。

---

① 车文博.西方心理学史.杭州:浙江教育出版社,2002:213—214

俄国生理学家。他在学生时代就开始从事心血管神经调节的研究,提出了心脏营养神经的概念。1891年开始研究消化生理,并创造了一系列研究消化生理的慢性实验方法,揭示了消化系统活动的一些基本规律,为此他获得1904年诺贝尔生理学或医学奖。20世纪初,他的研究重点转到高级神经活动方面,建立了条件反射学说,其代表作是《大脑两半球活动讲义》和《动物高级神经活动客观性研究实验20年》。1907年他当选为俄国科学院院士,后又被英、美、法、德等22个国家的科学院选为院士。

图 1-7 巴甫洛夫(Иван Петрович Павлав,1849—1936)

巴甫洛夫认为,反射(reflex)是指在中枢神经系统的参与下,机体对内外环境刺激所发生的规律性反应。神经系统活动的基本方式就是反射。

实现反射的全部神经结构叫反射弧,反射弧由感受器、传入神经、神经中枢、传出神经和效应器五部分组成。比如,刺激(火烫)作用于感受器官(手部皮肤)引起神经兴奋,兴奋沿着传入神经,传到大脑皮层的手部感觉区,大脑感觉区对这个神经兴奋接收、分析后,同大脑运动区发生机能联系并发出相应指令,通过传出神经到达效应器官,引起效应器官的动作(缩手)。这就是一个简单的反射过程。

反射分无条件反射和条件反射两种。

无条件反射(unconditioned reflex)又叫非条件反射,是遗传的、与生俱来的、无须学习的反射。如眼角膜受到机械刺激就会眨眼,异物进入呼吸道后引起咳嗽,食物进入口腔引起唾液分泌,等等。通常说的本能行为都是无条件反射。

条件反射(conditioned reflex)是个体在后天生活过程中形成的反射。如吃过酸梅的人,看到梅子就会分泌唾液;挨过木棒打的狗,见到人举起木棒就逃跑,等等。条件反射实验如图1-8所示。

条件反射是在无条件反射的基础上形成的。强化(即无关刺激与无条件刺激的多次结合使用)是形成条件反射的必要条件。

人和动物形成条件反射,主要是大脑皮层的机能。形成条件反射的过程就是在大脑皮层上形成暂时的神经联系的过程。暂时神经联系的形成既是生理现象也是心理现象。

巴甫洛夫把客观环境中所有刺激物分为两种不同性质的信号刺激物,认为存在着第一信号系统和第二信号系统两种信号系统。

图 1-8 条件反射实验

这是心理学中最著名的实验之一。巴甫诺夫在实验中先摇铃再给狗食物,狗得到食物会分泌唾液。如此反复进行。在开始几次时,狗听到铃声会产生一点唾液;但是经过许多次重复以后,仅仅听到声音 1 到 2 秒后,狗就开始分泌唾液。经过 30 次重复后,单是铃声就可以使狗产生很多唾液。在这里,食物是无条件刺激,分泌唾液是无条件反应,铃声是条件刺激。在巴甫诺夫实验中,食物和铃声之间联系的重复,最终导致狗将食物与铃声联系起来,并在听到铃声时分泌唾液,这种由铃声引起的唾液分泌的反应叫做条件反射。

第一信号系统是指对具体的刺激物产生反应的大脑皮层机能系统。由具体的刺激物(第一信号)形成的条件反射叫第一信号系统的活动。

第二信号系统是指对抽象的语言、文字符号产生反应的大脑皮层机能系统。由抽象的刺激物(第二信号)形成的条件反射叫第二信号系统的活动。

第一信号系统是人和动物都具有的,第二信号系统是人所独有的。人的两个信号系统是协同活动的。第二信号系统以第一信号系统为基础,第一信号系统又受第二信号系统的支配。通过两个信号系统密切联系的协同活动,才得以实现人的各种复杂的心理活动。

巴甫洛夫还提出了高级神经活动的基本过程和基本规律的理论。

高级神经活动的基本过程是兴奋过程和抑制过程。兴奋过程同机体某些活动的发动或加强相联系。抑制过程则同机体某些活动的减弱或停止相联系。全部反射活动都是兴奋和抑制两种神经过程规律性运动的结果。条件反射的建立是高级神经活动兴奋的过程。有时随着环境条件的变化,条件反射会减弱甚至消退,这就是高级神经活动抑制的过程。条件反射的抑制过程并不是一个消极现象,它和兴奋过程一样,是大脑中枢功能的一个方面,对机体的生存和发展具有重要意义。

高级神经活动的基本规律一个是神经系统兴奋过程和抑制过程的扩散与集中,另一个是神经系统兴奋过程和抑制过程的相互诱导。

　　神经系统兴奋过程和抑制过程的扩散与集中,是指大脑皮层上产生的兴奋或抑制过程都不是停滞不动的,而是从原发部位向四周传播,随后又集中回到原发部位。前者称为神经过程的扩散,后者称为神经过程的集中。

　　神经系统兴奋过程和抑制过程的相互诱导,指的是大脑皮层上发生的兴奋过程和抑制过程是相互制约、相互影响的。由于某种刺激使大脑皮层局部区域兴奋时,可以使它的周围或另一部分产生或加强抑制。由兴奋导致抑制的产生或加强的过程叫负诱导。反之,由抑制导致兴奋的产生或加强的过程叫正诱导。

　　由于神经过程的规律性运动,大脑皮层上同时出现的两个兴奋中心之间才会形成暂时神经联系,条件反射才得以形成。心理就是在大脑皮层形成暂时神经联系、形成条件反射的过程中产生的。所以,人的一切心理活动按其产生方式来说,都是脑的反射活动。

　　条件反射学说是巴甫洛夫通过对动物和人的实验研究在 20 世纪初提出来的,它对于解释心理现象的神经机制做出了重大的贡献。后来的一些学者根据新的研究成果进一步修正和发展了巴甫洛夫的条件反射学说。例如,有人指出反射弧除了包括感受器、传入神经、神经中枢、传出神经、效应器五个部分外,还存在着效应器反应动作引起的神经冲动并传向神经中枢,这个过程称为反馈。由于反馈的作用,机体的活动才更精确。因此,反射的结构不仅是弧状的,准确地说,应该是环状的。再如,有学者指出,条件反射的建立总是表现为现有中枢之间关系的重组和新中枢之间关系的建立。

　　2. 操作性条件反射

　　在经典条件反射理论中,一个已知的刺激在强化条件下,总会引起一个相应的反应。但是美国心理学家斯金纳(Burrhus Frederic Skinner,1904—1990)指出,动物和人的行为不全是如此,因为一个事件的产生,可能观察不到任何先前事件。

　　美国心理学家。1990 年 8 月 10 日美国心理学会授予他"心理学毕生贡献奖"。主要著作有:《有机体的行为:一种实验的分析》、《科学与人类行为》、《言语行为》、《学习的科学和教学的艺术》、《教学机器》。他还用操作行为主义理论阐述社会生活问题,出版了小说《沃尔登第二》、《自由与人类的控制》、《超越自由与尊严》,这些作品曾在美国社会中引起巨大反响和激烈争论。

图 1-9　斯金纳(Burrhus Frederic Skinner,1904—1990)

斯金纳把行为分为两种：一种是应答性行为（respondent behavior），即某种特定的刺激引起的行为，比如柠檬汁引起唾液分泌。在应答性行为中，有机体被动地对环境做出反应。他认为，巴甫洛夫主要是研究这种行为。另一种是操作性行为（operant behavior），即个体操作其环境的行为，比如人们散步。在操作性行为中，有机体主动地作用于环境。操作性行为是动物和人类最多的行为，应当是心理学研究的主要对象。

操作性条件反射（或操作性条件作用，或工具性条件反射（operant conditioning），是指通过动物或人自己的某种活动、某种操作才能得到强化而形成的条件反射。斯金纳的实验见图1-10所示。

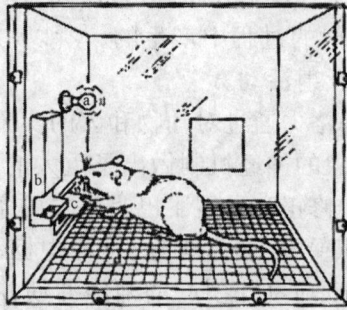

图 1-10　斯金纳箱

这是1938年斯金纳设计制作的实验装置。箱子的构造尽可能地排除了一切外部刺激，而动物（白鼠、鸽子等）则可以在箱内自由进行探索。箱内有一根突出的杠杆(c)。杠杆的上方有电灯(a)，食盒(b)下方有一食盘。箱外有一电动鼓转动计时并记录杠杆被压动的次数。当箱内的动物偶然压动（如啄、碰等）杠杆时，就会有一粒食丸从食盒掉入食盘，以强化动物的这种行为。多次强化后，白鼠会自动按压杠杆，鸽子会用嘴啄击杠杆以得到食物。

斯金纳使用自己创制的斯金纳箱（Skinner box）研究动物的行为，提出了操作性条件反射的理论。斯金纳认为，塑造动物行为的过程就是动物学习的过程，他把学习公式概括为："如果一个操作发生后，接着给予一个强化刺激，那么其强度就会增加。"这里所说的强度的增加，并不是某一特定的反应，而是使这些反应发生的一般倾向。他认为使条件作用速率增加的关键变量是强化，练习不会使反应速率上升，只是为进一步强化的发生提供机会而已。斯金纳还对不同的强化方式的效果进行了研究，指出不同的间歇、不同的比例以及不同的时间安排对行为的形成都有很大的影响。斯金纳指出，如果一个条件强化物和许多初级强化物发生联系，那么这个条件强化物就被泛化了,如金钱就是最好的泛化强化物。斯金纳认为,消退是由无强化引起的,而遗忘则是随时间消逝而逐渐衰退的。

操作性条件反射和经典条件反射在本质上是相同的,同样依赖于强化。但是操作性条件反射又有其特点:一是无条件刺激不明确,是什么因素促使白鼠或鸽子碰动杠杆?这不像经典条件反射是由于食物引起狗的唾液分泌那样明确。二是在形成条件反射过程中,动物是自由活动的,通过自身主动操作来达到目的;而在经典条件反射中,动物往往是被动接受刺激的。三是在操作条件反射中,无条件反应不是由强化刺激引起的,相反,无条件反应引发了强化刺激。动物先碰动杠杆,之后才得到食物。而在经典条件反射中,是食物引起狗分泌唾液。① 四是在经典条件反射中没有塑造什么新的行为,而在操作性条件反射中则塑造出一种新的行为,斯金纳认为这才是操作性条件反射最重要之处。

操作性条件反射对于理解复杂的心理现象有重要的意义。在操作性条件反射中,机体学会了新的动作,体现出一个学习的过程。斯金纳认为,动物和人的大多数行为都是操作行为。因此,他只进行外显行为的研究,不去探究行为的内部神经活动。他是美国行为主义心理学的重要代表人物。

斯金纳依据他的行为主义理论和对操作性条件反射和强化作用的研究,发明了"教学机器"并设计了"程序教学"方案,对美国教育产生过深刻影响,在美国和世界得到了广泛的应用。他依据行为控制的规律,创造出一套行为矫正方法,广泛应用于各种社会机构,特别是在心理矫治方面卓有成效。

在西方近代科学家中,从伽利略(Galileo Galilei,1564—1642)、牛顿(Isaac Newton,1643—1727),经过英国的经验主义到冯特、华生(John B. Watson,1878—1958),有一种机械主义的、分析的、决定论的研究传统,到斯金纳这里达到了顶峰。斯金纳说:"如果我们要把科学的方法用于人类事务的领域,那么我们必须假定,行为是有规律的,并且是被决定的……一个人的所作所为,是由一些可以详细列举出来的条件发生作用的结果。一旦发现了这些条件,我们就能够预测和在某种程度上决定他的活动。"②斯金纳的这种观点,肯定了心理和行为是有规律的,有其积极的意义。但是,他忽视人的主体性、能动性、情感和个性的作用,使他的理论及其应用不可避免地带有很大的局限性。

---

① 叶奕乾,何存道,梁宁建.普通心理学.上海:华东师范大学出版社,2004:38
② (美)杜·舒尔茨著.现代心理学史.沈德灿,等译.北京:人民教育出版社,1981:278

（二）发生认识论

发生认识论是瑞士著名心理学家让·皮亚杰（Jean Piaget，1896—1980）创立的心理学理论，对现代教育学、哲学有着巨大的影响。

瑞士学者，发生认识论的创始人。1924年起任日内瓦大学教授，曾任瑞士心理学会主席、法语国家心理科学联合会主席，1954年任第14届国际心理科学联合会主席。长期担任联合国教科文组织领导下的国际教育局局长和联合国教科文组织总干事。皮亚杰是哈佛大学、巴黎大学、布鲁塞尔大学、剑桥大学、耶鲁大学等20多所大学的名誉博士和名誉教授。

图 1-11　让·皮亚杰（Jean Piaget，1896—1980）

皮亚杰认为，人的心理（智力）的本质是适应（adaptation）。"可以把适应定义为有机体对于环境的作用与环境对于有机体作用之间的平衡。"[①] 所谓有机体对于环境的作用，皮亚杰把它解释为"同化（assimilation）"，即在生理上就是有机体吸收外部物质并使之变化成与有机体本身的物质相适合的东西，在心理上就是主体[②]把客体结合到主体已有的行为模式或认识结构中去。所谓环境对于有机体的作用，皮亚杰把它解释为"顺应（accommodation）"，即在生理上就是有机体改变内部结构以适应环境，在心理上就是主体改变先前的行为模式和认识结构或建立新的认识结构以适应现实。心理是人适应环境的一种能力，它是生物最高形式的适应机能。它有遗传的因素，但不是先天决定的，它是人在同外部世界打交道的过程中（比如学习、工作、交往等等）发生和发展起来的。心理是一个开放的、发展的系统，它是生物体同周围的物质世界在相互作用过程中形成的一种特性，是人的高度发展的适应形式，是主体同外界相互作用所必不可少的工具。

行为模式和认识结构又称作图式（scheme），"图式是指动作的结构或组织，这些动作在同样或类似的环境中由于重复而引起迁移或概括"，[③] 就是主体对于某类活动的相对稳定的动作或反应，是主体组织和加工信息的基本方式。

---

① （瑞士）皮亚杰著.智慧心理学.洪宝林译.北京：中国社会科学出版社，1992：6

② 在皮亚杰看来，认识论意义上的真正主体，是具有自我意识即有认识能力并能以动作作用于客体的人。客体既是主体认识和作用的对象，也是主体认识活动的产物，又是主体认识的极限。

③ （瑞士）皮亚杰，英梅尔德著.儿童心理学.吴福元译.北京：商务印书馆，1980：5

　　发生认识论认为,人的心理在最初只有一些本能的图式,由于人的活动,引起同化和顺应的相互作用的过程,同化把经验纳入主体已有的图式之中,丰富和加强主体的动作,引起图式量的变化,使图式的数量和内容丰富起来;顺应则是在主体的图式不能同化客体时,主体建立新图式或调整原有图式,引起图式质的变化,使主体的认识结构适应环境。这样,通过同化和顺应这两种主体与客体的相互作用,主体的图式(认识结构)就从简单到复杂、从低级到高级地发生和发展起来了,主体就越来越适应环境了。这就是人的心理发生和发展的基本过程。

图 1-12　学习:同化和顺应的过程

　　学习就是一个同化和顺应的过程。儿童在学校、家庭和社会里学习知识,将接收到的新的信息组织到他的经验之中,丰富自己的经验,增加自己的知识,这就是同化的过程。通过学习,儿童早先的知识结构在学习的作用下有了发展,掌握的知识更多了,纠正了过去的一些幼稚的观念,对世界有了新的更深入的认识,这就是顺应的过程。儿童的智力就是在同化和顺应的相互作用之中不断发展的。

　　在皮亚杰的理论中,特别强调心理(认识)既不起源于主体,也不起源于客体,而是发生发展于主体与客体之间的相互作用中。与反射学说只注重刺激与反应的关系相比,发生认识论更加重视主体在心理发生和发展中的作用,这在对心理本质的认识上是一个巨大的进步。这与巴甫洛夫和斯金纳以动物为研究对象,而皮亚杰以儿童为研究对象是有很大关系的。

　　(三)信息加工心理学

　　从 20 世纪 50 年代开始,随着计算机科学的发展,一些心理学家和计算机科学家借鉴计算机的信息处理理论来研究和说明人的心理过程和机制。美国科学家西蒙(Herbert A. Simon)等人用计算机信息加工模拟人的心理过程,创建了信息加工心理学(information process psychology)。信息加工心理学又经常被称作认知心理学(cognitive psychology),①通常所说的认知心理学一般就是指信息加工心理学。

信息(information)是一个被广泛使用的概念,一般指消息、指令、情报、密码、数据、知识等,即对信息接收者来说预先不知道的通信内容,有时泛指一切有意义的信号,如声音、颜色、气味、景物、语言、文字、图像等。1948 年,信息论创始人美国科学家申农(C. E. Shannon,1916—2001)在《通信的数学理论》一文中,最早从理论上研究了信息和通讯的基本问题。他把信息定义为"信息是两次不确定性的差异,用以消除随机不确定性的东西",即把信息看作是人获得新知识后,改变原有的知识状态,从而减少或消除了原先的不确定性的知识。概括地说,信息是关于事物运动状态和规律的消息,是事物存在和变化的情况,是客观世界中各种事物的状态和特征的反映,它可以脱离具体的事物被接收、传输、储存、处理和变换。客观事物的状态和特征的不断变化使信息不断产生。

美国著名学者,他为自己起了一个中国名字司马贺。他 1958 年获得了美国心理学会的杰出贡献奖,1975 年获得了世界计算机科学的最高奖图灵奖,1978 年获得了诺贝尔经济学奖。西蒙一向致力于中美友好和促进中美学术交流,他曾任美中学术交流委员会主席、中国科学院心理研究所名誉研究员、天津大学和中国科学院管理学院名誉教授。

图 1-13　西蒙(Herbert A. Simon, 1916—2004)

西蒙认为:"心理活动的不同水平的关系可以和计算机相比。心理活动的最高级层次是思维策略,下面一级是初级信息加工过程,最下面是生理过程,即中枢神经系统、神经元和大脑的活动。计算机的最上层是计算机程序,下面两层是计算机语言和计算机硬件。"②人类认识活动和计算机的比较见表1-1 所示。

---

①　在一些心理学文献中,有时也将一切对认识或认识过程的研究,包括感觉、知觉、注意、表象、学习、记忆、思维和言语等,都统称为认知心理学。本节所介绍的认知心理学主要是指以信息加工理论为特征的心理学,即信息加工心理学。

②　(美)司马贺著. 人类的认知——思维的信息加工理论. 荆其诚,张厚粲译. 北京:科学出版社,1986:6—7

表 1-1　人类认知活动和计算机的比较(西蒙,1986)

人类	计算机
思维策略 ↑	程序 ↑
初级信息加工 ↑	计算机语言 ↑
生理过程 (中枢神经系统、神经元、脑的活动)	计算机硬件

纽厄尔(Newell)和西蒙于 1972 年提出了信息加工的一般原理,他们认为,包括人和计算机在内,信息加工系统都是由感受器(receptor)、效应器(effector)、记忆(memory)和处理器(processor)组成的。目前我们在许多著作中看到的各种信息加工模型基本上都是基于上述原理提出来的,其一般结构见图 1-14 所示。

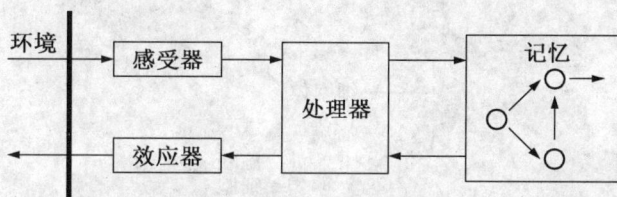

图 1-14　信息加工系统的一般结构(纽厄尔和西蒙,1972)

把这些观点应用于心理学研究和心理学理论,自然会得出一些重要的心理学结论:第一,心理学应当研究行为的内部机制,即研究意识或内部心理活动。第二,心理过程可以理解为信息的获得、储存、加工和使用的过程,即经历一系列连续阶段的信息加工过程。第三,可以建立描述心理过程的计算机模型(计算机程序)。[①]

(四) 辩证唯物主义

从辩证唯物主义心理学的立场来看,人的一切心理活动,都是在主体和客体相互作用的过程中发生和发展起来的人脑的信息加工活动。心理的形式是主观的,内容是客观的。心理是人脑的机能,是人脑对客观现实的反映,是在实践活动中发生发展的。

1. 心理是人脑的机能

现代生理学和脑科学的研究表明,人脑是主要从事信息加工机能的世界上最复杂的组织,人的心理现象就是人脑在进行信息加工活动时的表现。

---

① 王甦,汪安圣.认知心理学.北京:北京大学出版社,1992:4

从结构来看,人脑是由亿万神经元组成的复杂系统。神经元又叫神经细胞,它是动物体内的一种专司接收信息、传递信息和处理信息功能的特殊细胞。生理学研究表明,人的大脑约由140亿个神经元组合而成。

显微镜下看到的神经元,可以明显地分为三个部分(图1-15):树突,接受神经冲动的部分;轴突,传出神经冲动的部分,也是一个神经元与另一个神经元相接触的部位;细胞体,神经元的代谢、营养中心。

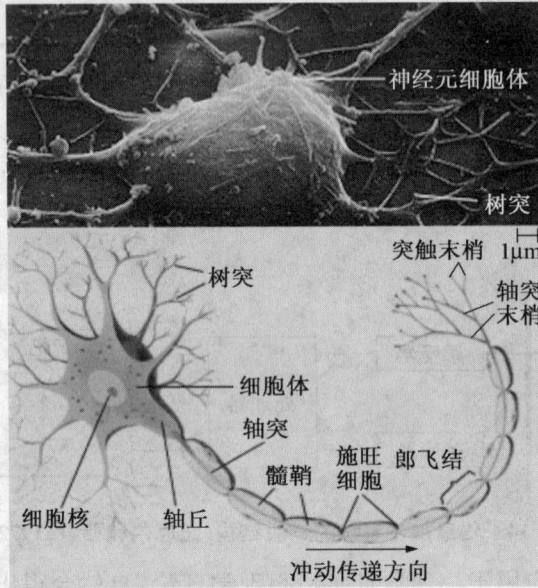

图 1-15 运动神经元模式图

每个神经元轴突末梢分为许多小枝,小枝末端形成杯状或球状的小体,叫突触小体,里面有许多的球状小泡。突触小泡内含有化学递质。当一个神经元受到刺激时,突触小体里的突触小泡便释放化学递质,通过突触间隙向别的神经元传递信息,使别的神经元发生兴奋或抑制,形成神经联系。

从机能上看,神经元可以分为感觉神经元(传入神经元)、运动神经元(传出神经元)和中间神经元几种。感觉神经元的树突末梢伸入某些机体组织中形成感受器官,感受器的主要功能是接受内外环境的各种刺激,并将其转变为神经冲动。运动神经元的树突末梢伸入某些机体组织内,形成效应器官,实现有机体对内外刺激的应答性反应。中间神经元是有机体中最多的一类神经元,它可以在机体的感觉和运动中起到信息联络作用,由亿万个中间神经元组成的复杂的神经网络(图1-16),可以进行分析、综合等信息加工。人的心理活动,从生理机制上说,就是借助于这几类神经元的活动实现的。

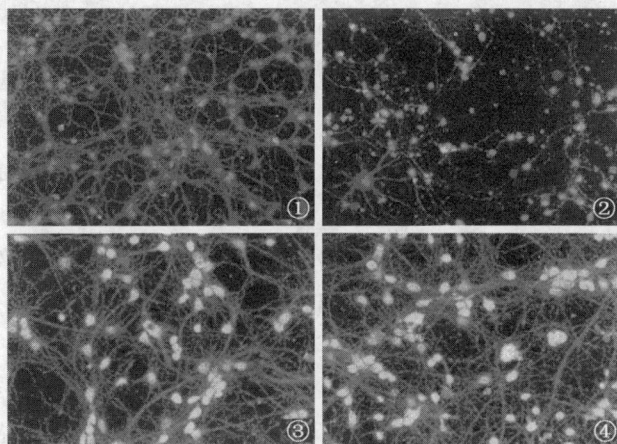

图 1-16　神经网络(图中亮点为神经元细胞体)

　　由神经元经过复杂连接组成的接收、传递和加工信息的系统构成神经系统。人的神经系统由周围神经系统和中枢神经系统两部分组成。

　　周围神经系统是由脑神经、脊神经和植物性神经构成的。周围神经系统实现这种中枢神经系统同感觉器官和效应器官的联系。中枢神经系统是由位于脊椎管内的脊髓和位于颅腔内的脑构成的。中枢神经系统的部位不同,其结构、机能也不同。一般说来,部位越高,结构越复杂,机能也就多样化。

　　脑是神经系统中最重要的部分。人脑的重量约占中枢神经系统总量的98％。人脑的平均质量约为 1400 克,不仅远远超过绝大多数动物的脑重,而且人的脑重与体重之比在动物界也是最高的。高度发达的人脑为人类高度发达的智力提供了生物学基础。

　　人脑分为小脑、脑干、间脑、大脑几部分(图 1-17)。脑干包括延髓、脑桥和中脑。间脑的主要组成部分是丘脑和下丘脑。大脑由两个半球组成,每侧半球表面覆盖一层灰色皮质,称为大脑皮质或皮层,大脑皮层的面积大约有2200 平方厘米。大脑两半球之间由神经纤维组成的胼胝体相联。大脑皮层从外部看,分布着许多沟回,这些沟回在人脑中的位置是恒定的。这些沟回将大脑半球分为额叶、顶叶、枕叶、颞叶。岛叶深藏在大脑外侧裂里。

　　大脑皮层约有 100 亿个以上的神经细胞,分为 6 层不同的神经组织。根据皮层神经细胞的结构和机能特点,可以把大脑分成若干个机能区域。早在19 世纪临床生理实验就发现,生活中某种刺激对于机体的意义越大,越是需要对这些刺激进行精细的分析,接受这种刺激的感受器官在大脑皮层的机能投射区就越大。比如,手在大脑皮层的代表区的面积,远远超过躯干所占的面积。

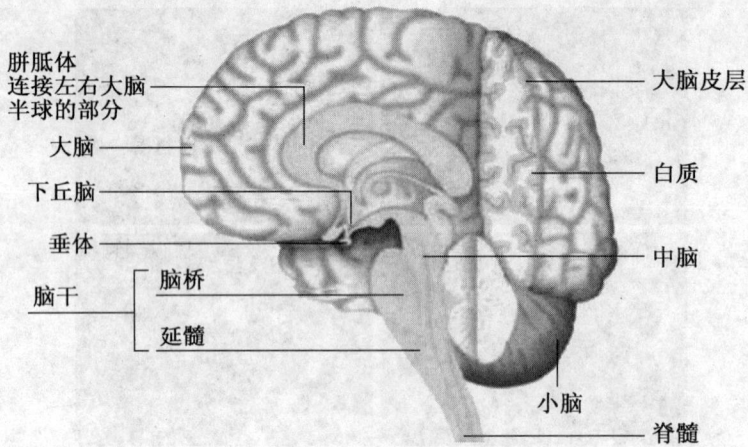

图 1-17　人脑正中矢状切面

现代科学研究证明，尽管神经元的性质非常简单，但是由亿万个神经元组成的神经网络却有巨大的信息处理能力，具有多样的性质和复杂的行为。人脑的巨大智力潜能，并不是单个神经元有什么特别的性质，而是亿万个神经元组成的具有复杂结构的巨型神经网络所决定的。所以说，心理是人脑的机能。

2. 心理是人脑对客观现实的反映

心理作为人脑的机能，不是人脑自行活动的结果。心理是在人脑与客观现实相互作用的过程中发生和发展起来的，心理从内容上来说，是人脑对客观现实的反映。

反映是辩证唯物主义哲学和心理学的一个基本范畴。反映是在主体与客体相互作用的实践活动中，主体把客体的信息转化为主体的意识，形成观念和新思想的过程。①

反映揭示了心理活动内容的来源和实质。虽然人脑具有产生和进行心理活动的生理基础，但是如果没有人的实践活动为人脑提供信息加工的材料、提供心理活动的内容，人脑是不能无中生有和自发地产生心理活动的。人脑要进行心理活动和信息加工，必须首先有信息的输入。因此，要产生和进行心理活动，除了要有心理活动的主体即具有健全大脑的人之外，还必须有心理活动的客体即为心理活动提供信息材料的客观对象，以及主体与客体相互作用的实践活动。实践活动使主体与客体发生关系，使主体接收到客体的信息，从而在脑中产生心理活动。

---

① 石向实. 认识论与心理学. 北京：东方出版社，1996：19

人的反映具有这样一些特点：

一是自觉性。高等动物虽然也有简单的心理活动，能够有复杂的行为，但是动物对自己的心理活动是察觉不到的，不能把自己同周围的事物区别开来，确定自己同周围环境的关系。因此，动物的心理是不自觉的。人的心理与动物的心理最大的不同之处在于，人具有自我意识，能够意识到"我"与周围环境和其他事物的关系，能够以主体的态度，把周围的事物当作客体来认识和进行实践活动。大量的动物实验研究表明，动物的心理水平最高的也只相当于低龄幼儿的水平，除人类以外，所有的动物都是以自己的身体为活动中心的，都没有自我意识。

二是抽象性。除人以外，所有的动物都没有语言，因而不能抽象地反映事物。动物的心理只能反映当前的、直接的具体事物，没有意识和思想。人由于有语言，不但能够对当前的、直接的事物进行反映，而且还能够对过去、未来以及不存在的事物进行反映。任何语言的词汇都是对客观事物的抽象和概括，人在运用语言进行心理活动时，都是以抽象的方式反映着客观事物。由于人能够脱离具体事物进行概括的、抽象的心理活动，因而人不但能够认识事物的现象，而且能够透过现象认识事物的本质，认识事物运动发展的规律。

三是能动性。人的反映不是被动的和机械的，人的心理不仅能反映事物的现象，而且能反映事物的关系、本质和事物运动发展的规律，所以人不仅能够适应环境，而且能够按照自己的目的去改造环境，还能根据自己的需要去发明和创造现实世界以前不存在的事物。

四是社会性。人是在人类社会中生存和发展的。人的心理不仅是自然的产物，也是社会的产物。任何人一旦离开人类社会，失去与他人交往的机会，就不可能有人的心理。而且生活在不同的社会文化、社会制度和风俗习惯中的人，会形成不同的心理。人的心理的发生和发展，依赖于人类社会。

所以，人的心理活动无论多么复杂，从内容上来说，都是人脑对客观世界的反映，都是在人脑中形成的对客观现实的主观映象。

3. 心理是在实践活动中发生发展的

实践是心理的基础。人脑要反映客观世界，首先必须使人与客观事物发生关系，作用于客观事物，同时客观事物也反作用于人。实践就是主体（人）与客体（人的作用对象）之间的相互作用。人的一切心理活动，都要以实践为基础，都是在实践活动中进行的。实践活动使主体与客体形成相互作用的关系，才能使客体把自己的信息呈现给主体，主体才能够接收到客体的信息，在脑中进行信息加工，产生心理活动。

实践是心理的来源。现代心理学和认识论的研究成果已经证实，人的心理既不是大脑中自生的，也不是来自客观外界，而是来自主体与客体相互作用的实践中。这是由于，人不是客观现实的被动反映者，而是主动的活动者。人在与客观世界的相互作用中，在认识和改造客观世界的同时，也改变着自己对客观世界的反映，人的反映发生发展于人的实践活动中。

实践是心理发展的动力。人的心理发展依赖于实践的需要。世界上客观事物种类万千，但并不是任何事物都能够成为人的反映对象。人的反映是围绕人的实践活动的需要进行的，人的需要和实践是不断发展的，由此推动人的反映也不断发展。

实践是检验反映正确性的手段和标准。由于人的生理结构和实践范围的制约，人在反映客观对象时，可能形成正确的反映也可能形成不正确的、甚至是错误的反映。对于反映的正确与错误，反映主体自身是无法判断的，被反映的对象本身也不能提供答案。主体只有根据自己对客体的反映去行动，去实践，如果实践成功了，就证明反映是正确的；如果实践失败了，就证明反映是错误的。人就是在不断地实践过程中，检验自己对客观事物的反映，不断提高自己正确反映客观对象的能力。

实践对大脑的发展也有重要影响。丰富的实践活动，可以刺激脑神经细胞的发育，促进突触联系的建立，既有助于心理活动的产生和发展，也有利于大脑的成熟和发育。反之，贫乏的生活，不仅使心理的发展受到阻碍，也会使脑的发育受到损害。实践活动是心理发生和发展的基础，也是人脑发展成熟的必要条件。

从上面关于心理实质问题不同流派观点的介绍中可以看到，不同的时代、不同的流派，对这个问题的认识是不同的。如何认识"心理是什么"这个问题，直接决定着人们对心理和心理学的理解，从根本上制约着心理咨询的水平和成效。

巴甫洛夫的反射学说揭示了高级神经活动的基本规律，对于认识和理解心理现象直到今天仍然具有重要的价值。斯金纳的操作性条件反射理论，对于说明和解释动物和人的主动行为具有重要意义。但是，巴甫洛夫和斯金纳的研究，都存在着忽视主体因素在心理过程中的作用的问题，难以说明人的心理的复杂性、能动性和创造性。皮亚杰的发生认识论指出心理是在主体与客体的相互作用过程中发生和发展起来的，重视主体因素在心理发生发展中的作用，深化了人们对于心理实质的认识。然而，皮亚杰只讲相互作用，不讲反映，他对心理实质的认识依然存在着模糊性。信息加工心理学反对斯金纳等行为主义者宣扬的心理活动的内部机制无法研究的观点，用计算机类比研究人的心理过程和机制，揭示了心理过程的信息加工本质。但是，信息加工心理学也存在着只将心理过程看成是系列的串行的信息加工过程、没有统一的理论的问题。我们可以看到,不同的心理学流派各自从不同的方面探讨心理实质,都提出了一些很有价值的观点,同时又都存在着一些缺陷。要真正把握心理的概念,理解心理的实质,就要吸收人类心理科学的一切积极成果,克服其缺陷,不断加深对心理的认识。这就是辩证唯物主义对于心理学的态度。所以,辩证唯物主义关于心理本质的观点是科学的和不断发展的,是我们科学地研究心理现象和心理规律的基础。

第二节 心理与生理

生理一般指机体的生命活动和体内各器官的机能。人的生理就是人体的生命活动和人体内各器官的机能。现代科学成果表明,心理是人脑的机能,人脑是人体的器官,心理与生理是相互作用和相互影响的。

一、身心关系理论

心理与生理的关系又叫身心关系,是一个自古以来令人关注的问题。

在人们的感觉中,人的心理、精神是自由的,它可以不受时间和空间的限制、不受现实生活的羁绊、不受道德和法律的约束,随意地想象和思考。与之相比,人的身体却要受到健康和体力的制约,只能做力所能及的事情。所以,人们往往发出"心有余而力不足"的感叹。这种心理与身体在活动能力上的差别,吸引着人们探讨心理与生理的关系。

(一)历史上关于身心关系的理论

据近代考古学家、人类学家之研究,推测距今 25000 年至 50000 年前的人类已具有灵魂之观念,或人死后灵魂继续生活之观念。当时由于科学知识的贫乏,人们不懂得人体的构造和做梦的原因,因而产生了灵魂的观念,灵魂被设想成独立于身体的某种东西,以为心理现象和做梦都是灵魂活动的结果,认为灵魂是不死的。当人降生的时候,灵魂就来到人体。等人睡着时,灵魂外出游荡,人就做梦。灵魂一旦永远离去,人就死亡。

许多宗教认为,灵魂居于人或其他物质躯体之内并对之起主宰作用,它们亦可脱离这些躯体而独立存在。对于不同的宗教和民族,他们对灵魂有不同的解释。例如,中国佛教的因果报应、轮回转世之说就是建立在灵魂不死的观念之上的,所以人死后要诵经超度亡灵。中国道教的许多派别都认为,人的灵魂是一种拥有意识的特殊物质,称之为"元神",又叫作"内丹"。这种元神有阴阳之分,经过修炼,使人变为纯阳,就可以控制灵魂进出肉体,称之为"元神出窍"。基督教认为灵(spirit)是神赐予人的生命本能(life principle)，魂是在个人里面的生命表现(resulting life)，而体是灵与魂所活动的物质生物或机体(material organism)。伊斯兰教根据《可兰经》认为，灵魂的意义与"呼吸"、"风"相关联。灵魂是在身体受造后才受造的，但灵魂是永恒的。在人死亡时，灵魂会与身体分开；在复活之时，灵魂和身体将会重新复合。

在古希腊，哲学家柏拉图(Plato，约公元前 427—前 347)认为灵魂是单纯的，不能加以分解，有生命和自发性，是精神世界的、理性的、纯粹的。因它有追求世界的欲望而坠落到地上，被圈入于肉体中，注定要经过一个净化的阶段，灵魂会轮回转世。他的学生亚里士多德认为灵魂是形式，肉体只是质料，灵魂才是实体。

17 世纪的法国思想家笛卡儿把人的本质分为两种完全不同的实体：一种是自由的、不占空间的精神实体，即心灵；另一种是机械的、占有空间的实体，即身体。心灵可以脱离身体甚至大脑而存在。在哲学和心理学上，把这类认为人的心理可以脱离身体独立存在的观点叫做身心二元论。

身心二元论的思想，在我国古代也是屡见不鲜的。比如，《管子·内业》中的"形为精舍"，《墨子》的"形与知处"，《老子》的"魂魄抱一"，《列子》的"神心独运"，《抱朴子》的"形依神立"等都认为心理(精神)是可以与身体分离的。

与身心二元论相对，古代的一些思想家提出了心理不能脱离身体而存在的身心一元论的观点。早在 2000 年前，我国古代医学对心身关系就十分重视，对心身关系问题有较为精辟的论述，如"形神合一"的身心统一学说，认为人的生理现象与心理现象是不可分割的统一体，人的心理活动和生理活动是相互作用的，提出了"形盛则神旺，形衰则神惫"。在情绪与疾病的关系方面提出了情绪能致病也能治病，即"以情胜情"，"怒伤肝，悲胜怒，喜伤心，恐胜喜，思伤脾，怒胜思"等①。说明人们当时就意识到了健全的精神宿于健康之身体，初步形成了心、身、物相统一的健康观。

我国南北朝的范缜(450—515)指出："神即形也，形即神也，是以形存则神存，形谢则神灭也。""形者，神之质；神者，形之用。是则形称其质，神言其用。形之与神，不得相异也。"②他认为，身体是心理的基础，心理不能脱离身体而存在，心理是身体活动的表现。他的关于形神关系的基本观点，即使从现代科学的观点来看，也是正确的。

西方较早提出身心一元论的思想家，有 18 世纪法国思想家拉·美特利

---

① 中国大百科全书(心理学).北京：中国大百科全书出版社,1996：155
② (南北朝)范缜.《神灭论》

(Julien Offray de la Mettrie, 1709—1751)、狄德罗（Denis Diderot, 1713—1784)等。拉·美特利指出，"心灵的一切机能，直到意识为止，都只不过是依身体为转移的东西。"①狄德罗根据当时自然科学的成就，论证了心理、意识是物质高度发展的产物，是大脑的属性。

（二）科学的身心关系理论

科学的身心关系理论首先是身心一元论。现代心理学和生理学的研究表明，心理是脑的活动。所有的心理活动，包括感觉、知觉、记忆、思维、意志、意识、情感都是脑的多样的、复杂的活动。当人脑受到损伤，心理功能也会随之受损。若脑停止活动，心理也就消失了。

科学的身心关系理论还是能动的反映论。心理是脑的活动，是脑接收、处理和输出信息的活动，这种活动就是反映活动。人的反映不是机械的，而是能动的。反映活动是脑的信息加工活动，这种信息加工活动是建立在生理基础之上的，没有相应的生理活动，就没有心理活动。但是心理活动不仅有生理机制，而且有信息加工机制，心理活动是大脑通过一定的生理机制实现着信息加工过程。因此，大脑在加工信息的过程中，不仅有生理现象，而且有心理现象。所以，才会使人们提出和思考关于身心关系的问题。正因为在脑的活动中同时发生生理现象和心理现象，所以才有生理和心理的相互作用。

科学的身心关系理论是身心一元论和能动的反映论的统一。只承认身心一元论而不讲能动的反映论，虽然可以认识到心理是大脑和神经系统的活动，但是不能理解和说明人的精神现象的多样性、丰富性、创造性和心理与身体的相互作用，从而难以真正坚持身心一元论。只有在肯定身心一元论的同时坚持能动的反映论，我们才能真正科学地认识身心关系。

科学地认识身心关系，对于心理咨询具有重要的意义。

二、生理对心理的作用

关于生理对心理的作用，人们首先会想到脑对心理的作用。健全的、健康的脑，是人正常心理活动的生理基础。除脑之外，人的其他生理状况，也对心理发生着作用，其中比较重要的，有以下一些。

（一）内分泌

人体除神经系统对机体进行支配和调节外，还有内分泌系统通过分泌特殊的化学物质对机体进行控制和调节。

人身上有两类腺体：一类是导管腺或外分泌腺，其分泌物通过导管流入其他管道或体外，如胃腺将胃液排至胃腔内，汗腺将汗液排出体外；另一类是

---

① 北京大学欧洲哲学史编写组.十八世纪法国哲学.北京：商务印书馆，1979：227

无管腺或内分泌腺(endocrine gland),其分泌物由腺体细胞直接渗入血液或淋巴,进而传布到整个机体,影响机体其他细胞的功能。由内分泌腺生成并分泌的生理活性物质称为内分泌物或激素(hormone),也叫荷尔蒙。

到目前为止,已经发现 27 种内分泌腺。表 1-2 是与人的心理现象直接有关的几种内分泌腺。

表 1-2　内分泌腺及其主要功能①

腺　体	激　素	功　能
下视丘	刺激素	控制脑下腺激素
	抑制素	—
脑下垂体前叶	ACTH	控制肾上腺
	FSH	控制生殖腺
	GH	刺激生长
	LH	控制生殖腺
	泌乳素	产生母乳
	TSH	控制甲状腺
脑下垂体后叶	ADH	保留水分
	胎盘收缩素	收缩胎盘与释放母乳
甲状腺	甲状腺素	控制代谢速率
副甲状腺	PTH	控制钙质
肠	肠的各种激素	消化食物
胰腺	胰岛素	葡萄糖代谢
肾上腺	皮质素	体能的储藏
	Aldosterone	保留盐分
	肾上腺素	对压力做出反应
卵巢	Estradiol	女性激素
睾丸	睾丸酮	男性激素

内分泌系统对身体的调节与神经系统不同,它作用范围广、见效慢,但是作用持久。神经系统对机体的调节作用范围局限,定位清晰,作用快而精确。机体的正常功能与内分泌系统的正常调节是密切相关的。内分泌功能的失

---

① 彭聃龄.普通心理学.北京:北京师范大学出版社,2004:73

常会引起生理或心理活动的异常。

内分泌系统的活动与神经系统的活动是相互联系的。所有的内分泌腺活动都受到神经系统的控制和调节,神经系统一方面直接调节各种器官的活动,另一方面又通过内分泌腺分泌的激素影响各种效应器官的活动。同时,神经系统的活动也受到内分泌腺分泌的激素的影响。这种神经系统和内分泌系统联合对机体的调节叫做神经-体液调节。

内分泌腺分泌的激素对人类行为有很大的影响,它能够影响甚至决定人的身体的发育、一般的新陈代谢、心理发展、第二性征的发展、情绪行为、机体的化学合成。

(二)遗传

遗传(heredity)一般是指亲代的性状又在下代表现的现象。但是在遗传学上,指遗传物质从上代传给后代的现象。

19世纪末,科学家才在人体细胞的细胞核内发现了一种形态、数目、大小恒定的物质。这种物质甚至用最精密的显微镜也观察不到,只有在细胞分裂时,通过某种特定的染色法,才能使它显形,因此将之取名为"染色体"。染色体(chromosome)是脱氧核糖核酸(DNA)以及核蛋白在细胞分裂时的呈现形式,是生物遗传物质的载体。

每条染色体都是由上千个基因组成的。基因(gene)是指携带有遗传信息的DNA序列,是控制性状的基本遗传单位。基因通过指导蛋白质的合成来表达自己所携带的遗传信息,从而控制生物个体的性状表现。一个基因往往携带着祖辈一种或几种遗传信息,同时又决定着后代的一种或几种性状的特征,它们按顺序排列在染色体上,由染色体将它们带入人体细胞。

科学研究发现,不仅人的生理特征如容貌、血型等受基因的决定,而且人的心理特征如性格、智力等也受基因的影响。

例如,孤独症是一种常见的心理疾病。患孤独症的人难以学会说话,与人沟通存在障碍,不爱搭理人。孤独症常在10岁以下的孩童身上发现,严重者在成年后依然存在社交困难,他们独来独往,沉默寡言。近年来国外对孤独症的研究发现,孤独症与遗传缺陷可能存在联系,有一些研究甚至确定了可能导致儿童罹患孤独症的基因和发生缺陷的染色体位置。[①]

我们在日常生活中可以看到,一般说来,父母智商高的,他们的子女智力也较好;父母智商低的,其子女智力也比较差。德国科学家曾对1万名儿童的

---

① Szatmari P, Paterson AD, Zwaigenbaum L, et al. *Mapping autism risk loci using genetic linkage and chromosomal rearrangements*. Nature Genetics, 39, 319—328 (01 Mar 2007)

智力进行调查,结果发现,父母智力为优秀者,其子女约 70％的智力为优秀;父母智力偏低者,70％的子女智力也是偏低的。

遗传对人的心理发展有重要作用,但是不能把它的作用过分夸大和绝对化。在一些报刊上我们时常可以看到一些故事,讲述同卵孪生子往往有许多令人惊讶的相似之处,例如与名字相同的人结婚、同一天生病做手术、同时获得学位等等,其实都是巧合,代表的只是极端的情况。而同卵孪生子的那些常见的不相似甚至很不相似的事情,因为其故事无趣而被视而不见。而事实上还存在另一种极端情况,即极其不相似的同卵孪生子。例如,美国 19 世纪著名的"暹罗连体兄弟",不仅同卵,而且连体,从他们诞生之时起,就一刻也没有分离过,基因和环境都完全相同,然而他们的性格却绝然相反,一个暴躁,一个平静;一个思维敏捷但兴趣狭窄,一个反应迟钝而兴趣广泛;一个是酒徒,一个则是赌徒。因此,要说明心理学问题,不能依据极端的个案,而必须对大量的研究对象做科学的调查和统计学分析,才具有科学的意义。

(三)成熟

一个人从胚胎、婴儿、幼儿、儿童、少年、青年、中年到老年,身体经历了一个不断发育的过程,人的身体的发育,主要是由基因控制的,基因引起和指导器官的形成和身体按照一定程序发育。美国心理学家格塞尔(Amold Gesell)把这种通过基因来指导发育过程的机制叫做成熟。

现代发展心理学的研究表明,人的生理成熟对人的心理发展有着重要的作用,特别是在儿童和青少年时期。瑞士心理学家皮亚杰和他的学生多次做过这样一个经典的数量守恒实验:拿 10 个物体把它们等距离地排成一排,再拿完全相同数量的物体一一对应地放在下面。4 岁的儿童很容易接受两排物体的数量相同。然后把其中一排物体散开,这样它们的排列就显得比较长一些了,如图 1-18 所示。然后问儿童两排物体的数量是否相同,5 岁以下的儿童常常坚持认为两排中有一排(通常是较长的一排)比另一排数量多。有人以为用生活中常见的物体会帮助儿童得出正确的认识。然而多次实验表明,无论用什么东西(花朵、硬币、糖果、几何形状的物体,等等)进行实验,实验结

图 1-18　数量守恒实验

果没有什么区别。一般说来,只有到了 6 岁或 7 岁的儿童才能一致通过这个看起来很简单的实验。

皮亚杰根据他对儿童心理发展的研究,提出了儿童认识发展阶段理论(表 1-3),认为在儿童的心理发展过程中存在着若干阶段,对应某一年龄阶段,儿童的心理发展相应处于某一水平。随着儿童年龄的发展,心理发展水平也相应发展。所以,超越儿童生理成熟水平的提前教育是没有意义的。

表 1-3　皮亚杰的认识发展阶段理论

阶　段	年　龄	特　征
感觉运动阶段	0～2 岁	1. 通过感觉动作来同外界保持平衡。 2. 由本能的反射动作到目的性的活动。 3. 发展出客体恒常性的概念,逐渐从反射行为发展到目标指向行为。
前运算阶段	2～7 岁	1. 能使用语言表达概念,但有自我中心倾向。 2. 能用符号代表实物。 3. 能思维但不合逻辑,不能全面认识事物,思维具有自我中心和集中化倾向。
具体运算阶段	7～11 岁	1. 能根据具体经验思考解决问题。 2. 能理解可逆性的道理。 3. 能理解守恒的道理。
形式运算阶段	11 岁以上	1. 能抽象思维。 2. 能用假设验证的科学方法解决问题。 3. 能用形式逻辑思考问题。

人的生理成熟对人的心理发展的重要作用,还突出地表现在青少年随着身体的发育和性的成熟,心理也会发生明显的变化。比如,青少年进入青春期后,开始注意、接近、追求异性,情感更加丰富和敏感,遇事容易冲动,思维活跃,对自己更有信心,等等。

(四)体质

体质,即机体素质,是指人体秉承先天(指父母)遗传、受后天多种因素影响,所形成的与自然、社会环境相适应的功能和形态上相对稳定的固有特性。

生理活动是心理活动的基础,体质是人的生理功能的综合表现,人的体质强弱直接影响人的心理状态。体质强者,有良好的身体感觉,精力充沛,容易形成积极的心态,遇到危险和困难,更容易建立克服危难的勇气。而体质弱者,经常感觉病痛,精力疲乏,容易形成消极的生活态度,遇到危险和困难,常常想放弃或逃避。

人的体质是可以改变的。一个人即使先天体质很好,但是如果后天营养不良,或缺少体力活动、体育锻炼,或生活环境不好,或生活习惯不良,或气候不适应,或遭遇伤病,或遇到重大事件的打击,都可能使体质变差。反之,一个人即使先天体质较差,但是如果后天营养好,适度锻炼身体,有良好的生活习惯,生活顺利,心情愉快,可以使体质变得强健起来。祖国医学很早就注意到了人的体质同先天因素、营养因素、地理因素、性别因素、年龄因素、精神因素的关系,提出了各种养生学说,许多学说至今还有着很高的科学价值。

体质的变化可以引起心理特质的变化。体质的改善可以使身体内环境优化,内分泌协调,身体舒服,神经系统的机能改善,精力旺盛,信心增加。一个原先身体虚弱和秉性软弱的人,经过适当调养和锻炼,随着身体强壮起来,个性也可能发生相应的变化,变得强硬和勇敢起来。反之,一个原先雄心勃勃的人,如果经历伤病后身体垮了,他的雄心壮志往往会一落千丈。在心理咨询实践中,遇到个性软弱的求助者,除了对其进行适合的心理辅导之外,要求他加强身体锻炼、改善体质,对于促进其心理问题的解决一般是行之有效的。

三、心理对生理的作用

关于心理对生理的作用,常见的是意识对生理活动如饮食、睡眠、休息、性活动等的自主调节和控制。除此之外,心理还可以对生理机能发生作用。

（一）意识对身体机能的控制

一般情况下,人察觉不到自己的心率、血压、脑电波、胃肠蠕动等身体机能活动的情况,这些身体机能活动是由植物性神经调节和控制的,通常情况下,意识不能调节和控制这些活动。

20世纪60年代,心理学家发明了生物反馈疗法(biofeedback therapy),又称生物回授疗法,或称植物神经学习法,这是在行为疗法的基础上发展起来的一种新型心理治疗技术/方法。生物反馈疗法利用生物反馈仪,将人体内部生理过程的生物电信息加以放大,放大后的信息以视觉(仪表读数)或听觉(蜂鸣音)形式呈现出来,使人得以了解自身的机体状态,并学会在一定程度上随意地控制和矫正不正常的生理变化。生物反馈仪可以反馈给人的信息包括肌肉的紧张度、皮肤表面的温度、脑电波活动、皮肤导电量、血压和心率等,让人们能够感觉自身在一般情况下不能被觉察到的生理微弱信息变化,调整和控制自己的心率、血压、胃肠蠕动、肌肉紧张程度、出汗、脑电波等身体机能活动,从而改善机体内各器官系统的机能状态,矫正对应激的不适应反应。

“反馈”这一概念为许多学科所使用,心理学上则是指对自己行为结果的了解,神经学上则是指大脑中枢根据来自神经末梢感受器的传入冲动,调整身体运动器官的活动与动作。反馈在人的生命活动中具有重要的意义。人对一切身体过程和活动的调节之所以成为可能,是由于无数复杂的反馈回路的相互作用,例如,温度变化时引起的出汗反应,身体受伤或不舒适时引起的痛反应,光线加强、减弱时瞳孔的调节,这些都是反馈过程。

生物反馈疗法对口吃、焦虑症、恐怖症及与精神紧张有关的一些身心疾病、紧张性头痛、高血压、抑郁症、失眠、酒癖、药瘾、咬指甲、儿童多动症、消化性溃疡等有一定的疗效。

(二)情绪对生理机能的影响

每个人都生活在一定的情绪状态之中。

大量的生理心理学研究表明,人在情绪状态下有许多生理反应,可以用各种生理记录仪器把这些变化记录下来,作为情绪活动的客观指标。心率、血压、血糖、呼吸、脉搏、皮肤电阻、肌肉紧张度、脑电变化、脑神经化学物质变化等,均可以作为情绪的生理反应而加以测量。图 1-19 是不同情绪状态下的呼吸曲线。

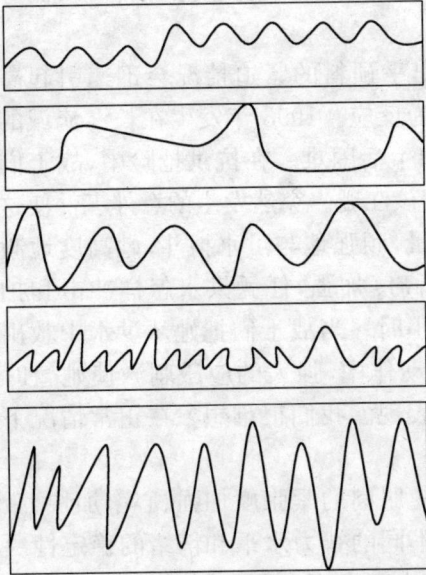

这是使用呼吸描记仪记录的 5 幅不同情绪状态下的呼吸曲线。从上往下,第一幅是高兴,呼吸每分钟 17 次;第二幅是悲伤,呼吸每分钟 9 次;第三幅是思考,呼吸每分钟 20 次;第四幅是恐惧,呼吸每分钟 64 次;第五幅是愤怒,呼吸每分钟 40 次。

图 1-19　不同情绪状态下的呼吸曲线

使用多导生理记录仪可以同步记录人心理活动时的各项生理指标,用来进行综合分析。多导生理记录仪可以用于测谎,所谓测谎仪实际上就是多导生理记录仪。多导生理记录仪测谎的原理是:人的生理变化受自主神经系统和内分泌系统的支配,不受人的主观意识的控制。当人说谎时,会不由自主地产生某种情绪反应,这些情绪反应可以从生理变化中表现出来。其方法是:与一般的生理测量一样,在测定基础水平后,向被试提出一系列要求回答的问题,在这些问题中既有中性问题,也有鉴定性问题,问题之间有足够的时间以使生理指标恢复常态。如果被试在回答鉴定性问题时产生紧张情绪反应，将会在各项生理指标上同步出现变化，据此可以判断被试是否说谎。

应激(stress)是一种常见的有明显生理反应的情绪状态，它是在出乎意料的紧张与危急状态下出现的情绪状态，是人对某种意外的环境刺激所做出的适应性反应。例如，正常行驶的汽车突然遇到前方道路塌陷，驾驶员紧急刹车。再如，商场突然发生火情，人们紧急逃离避险。在这些情况下人们所产生的一种特殊紧张的情绪体验，就是应激状态。

应激状态的产生与人对自己的能力估计有关。当一个人意识到自己无力应付当前的情境时，就会感到紧张而处于应激状态。

在应激状态下，人的机体会产生一系列的生理反应，腺体和神经递质的活动使机体紧急动员起来，肌肉紧张，血压、心率、呼吸发生变化。这些活动有助于人应对紧急的环境刺激，维护机体功能的完整性。但是，如果一个人长期处于应急状态，也可以引起人体生物化学保护机制受到损害，从而导致适应性疾病。

应激是我们每个人都会遇到的。出乎预料的紧迫情况会迅速引起高度紧张的情绪状态，使人做出不寻常的行为反应。1998年发生在长江流域的特大洪水使灾区人民经受了强大的应激和生活困难。在抗洪抢险中，战士们发现了在洪水中紧抱大树9个小时的小女孩江珊。突然发生的意外事件使这位年仅8岁的孩子，动员了机体的全部力量，顽强地与洪水搏斗，她高度地激活了机体的能量，特别是使肌肉的紧张度高度加强，任凭洪水怎样冲击和拍打她的下半身，仍能够紧抱大树长达9个小时。当战士们把她从洪水中救出来时，她的手和胳膊仍然处在拥抱大树的动作中，强大的应激刺激使她暂时说不出话来，这是应激状态下的典型行为表现。我们很难想象在正常情况下一个小孩能抱大树如此长的时间。

应激状态会改变机体的激活水平，使肌肉的紧张度加强、心率加快、激素分泌增多、呼吸系统发生明显的变化。不同的智力水平和情绪的稳定性决定了人们在应激状态下的不同行为方式。生理心理学研究证明，人们在应激状态下可能会有两种行为方式：一种是急中生智、当机立断、摆脱困境；另一种是束手无策、手忙脚乱、陷入困境。个体如果长期处于应激状态下，会影响健康，应激状态的延续能击溃一个人的生物化学保护机制，使人体免疫系统的功能降低，内分泌系统的活动紊乱，情绪和行为异常，最终导致心身疾病。所以，我们在生活中应尽量避免不必要的应激状态。

心境(mood)是人的比较平静而持久的情绪状态。心境是由客观因素引起的。生活中的顺境和逆境、工作中的成功与失败、人际关系的和谐与冲突、个人身体健康状况、自然环境的变化等都可能引起某种心境。

心境对人的生活和健康有很大的影响。愉快、积极、乐观的心境,可以提高人的活动效率,有益身心健康;忧伤、消极、悲观、焦虑的心境,会降低人的活动效率,有损身心健康。

（三）心理状态对身体健康的影响

心身医学研究表明,一些身体疾病与心理因素之间有直接的、显著的关系。一个人如果处于积极、乐观、开朗、愉快的心理状态,身体较易维持健康,不易患病,即使患病也容易恢复健康。一个人如果处于消极、悲观、烦恼、忧愁的心理状态,身体健康就容易受到损害,容易生病,患病后恢复健康比较困难。大量的临床观察和实验表明,与心理状态关系密切的心身疾病主要有以下几类:

心血管系统心理生理疾病:冠心病,心律失常,神经性心绞痛,高血压,心脏神经症等。

消化系统心理生理疾病:胃、十二指肠溃疡,溃疡性结肠炎,肠道综合征,神经性厌食症,神经性多饮,神经性呕吐。

呼吸系统心理生理疾病:支气管哮喘,过度换气综合征和神经性咳嗽等。

皮肤的心理生理疾病:神经性皮炎,荨麻疹,瘙痒症,湿疹,斑秃,银屑病,多汗症。

内分泌性系统心理生理疾病:甲状腺功能亢进,突眼性甲状腺肿,糖尿病,精神性烦渴,肥胖症。

神经系统心理生理疾病:紧张性头痛,偏头痛,抽搐,书写痉挛,痉挛性斜颈,植物性神经功能失调。

泌尿及骨骼系统心理生理疾病:遗尿,阳萎,月经紊乱,经前紧张症,类风湿关节炎,颈臂综合征等。

第三节　心理与环境

心理学所讲的环境,是指主体之外的、可以对主体发生影响、与主体建立关系的各种事物,如自然、家庭、社会等。在心理学史上,有的学派认为人的心理发展完全是由环境决定的,被称作"环境决定论",其典型的代表人物就是行为主义的创始人美国心理学家华生。现代心理学研究指出,在人的心理发展中,先天因素和后天因素都在起作用,先天因素主要是指遗传,后天因素主要是指环境。环境对人的心理发展有重要的作用,但是不能把环境对人心理的作用绝对化。

肯定环境对人的心理的巨大作用,说明了心理是人脑对客观世界的反映。但是这种反映是辩证的、能动的反映,不是机械的、被动的反映。正是由于心理是辩证的、能动的反映,所以才有各不相同、又有规律的人的心理活动。

一、心理与自然环境

(一)自然条件

自然条件一般是指某个地区的地理位置、气候、地质、生态、资源等。自然条件对人心理的影响主要表现在人的个性方面。

一个地区如果自然条件较差或者人稠地少,谋生不易,相对条件较好的地区而言,人们要为生存和发展付出更多的努力,往往就造就了这个地区许多人的不畏辛劳、努力进取的个性。例如浙江温州地区,山多地少,人口稠密,为了生活和发展,许多人不畏艰辛,离开家乡,甚至漂洋过海,到各地谋生创业。经过多年的积淀,形成许多温州人的精明肯干、讲求实效、不畏辛劳、努力进取的个性。

在我国北方少数民族牧区,气候寒冷、地广人稀,牧民经常要独自放牧、生产和生活,要独立解决各种问题。这种自然条件下生活的牧民,往往具有热情、刚强、粗犷、豪放的个性。

(二)气候

气候对人心理的影响,主要表现在人的心境方面。

在我国多数地区,四季气候有明显的差别。我国地域辽阔,同一时间,不同地区之间的气候差别很大。一月的黑龙江省是冰天雪地的寒冬,而一月的海南省却仍然是温暖如春。对人而言,最感到舒适的气温是 20～25℃、相对湿度是 45%～55%。一般说来,我国多数地区只有春季和秋季的一段时间的气温和相对湿度才能达到或接近于这个范围,所以春季和秋季往往是人们感到最舒适的季节。

人们常用"春光明媚"来形容春天,用"秋高气爽"来形容秋天,在这两个描写季节的词汇中,人们已经隐含了对春天和秋天愉悦的心情。人们用"寒风刺骨"来形容冬天,用"酷暑难耐"来形容夏天,表达了对严寒和炎热无奈的态度。

当人们处在寒冬和酷暑之中,如果没有地方可以躲避,身体的不舒服会影响到心境,遇到一些不如意的事情时,容易变得急躁。

在我国长江中下游地区,到了六七月间的梅雨季节,阴雨绵绵,闷热潮湿,不少人就会容易烦躁,感到心情压抑。

在人工环境里,通过空调装置,使室内保持适宜的温度和湿度,既可以改善生活和工作环境,也可以改善人的心境。

(三)景观

人的情绪很容易受景观的影响和激发。

人们来到风光独特的地方,很容易受到环境的感染,产生出相应的情绪。诗人李白来到秀丽的庐山,才能吟出"日照香炉生紫烟,遥看瀑布挂前川。飞流直下三千尺,疑是银河落九天"的著名诗句;来到汹涌的黄河边上,触景生情,写下了"黄河之水天上来,奔流到海不复回"的诗句。

一般说来,人们在风景秀丽、山清水秀的地方,会产生愉快、平静的情绪,容易感受生活中美好的东西。人们在大海之滨、高山之颠的地方,会产生舒展、崇高的情绪,容易排解生活中的忧郁。人们在高楼密布、车水马龙的地方,会产生紧张、兴奋的情绪,容易激发对生活的追求。

景观分自然景观和人工景观,它们都可以对人的情绪产生影响。室内装潢布置也是人工景观的一种,适宜的室内装潢布置有利于人们产生适宜的情绪状态。比如,心理咨询室应当布置得简洁、平和,不宜过分复杂和过分温馨,这样有利于来访者平静情绪、集中精力接受心理咨询。

二、心理与社会环境

(一)家庭环境

家庭环境对人的心理的发展的影响是非常巨大的。人出生后接触的第一个社会环境就是家庭,教育心理学中经常说的一句话就是"家庭是幼儿的第一所学校,父母是孩子的第一任教师"。

许多动物,会把出生后看到的第一个活动的物体认作自己的母亲。比如,小鸡、小鸭、小狗等动物,都有建立亲子关系、认识周围世界的关键期。

图 1-20　洛伦兹(Lorenz)与他的"鸭宝宝"

小鸭出生后第 13~16 小时是认识自己母亲的关键阶段,在这一时期,只要是能动的物体在它们眼前出现,就会被当作自己的母亲。如果错过这一阶段,小鸭就很难建立起对母亲的认识。这一情况是由奥地利生物学家洛伦兹发现的。他用自己当实验品,客串了几只鸭子的"母亲",即使在游泳时,小鸭们也不愿离开自己的"洛伦兹妈妈"。科学家们认为,可能人类的许多行为和能力也存在类似的"关键期"。

家庭环境对心理的影响,主要体现在人生观和生活态度方面。对孩子来说,父母的人生观、生活态度、处世之道、行为方式和家庭关系对孩子有潜移默化的影响。父母正直、勤奋,家庭和睦,孩子往往也会积极上进、有良好的个性;反之,则会对孩子心理和个性发展造成不利影响。

家庭环境对心理的影响,还表现在重大的家庭变故,如亲人死亡、破产、失业、失学等,会对人的心境发生影响,甚至有的人会产生个性改变或严重的心理创伤。

(二) 人际环境

人是在社会中生活的,社会是人的集合,人际环境是人心理发展的最重要的社会环境。

对每个人来说,他的人际环境分为不同范围、不同层次和不同交往频率。从范围来说,可以分为亲人、朋友、同学、同事、战友、客户、邻居等等。从层次来说,可以分为亲密、密切、熟悉、一般关系、不合、敌对等等。从交往频率来说,可以分为密切交往、经常交往、偶尔来往、从不来往等等。

一般说来,随着人的年龄的增长,他的人际环境范围逐渐扩大,但是受环境和精力的限制,他经常交往的范围却只能保持在一定的范围之内。经常交往才能发展起亲密、密切和熟悉的关系。交往层次与交往频率存在着高度的正相关,交往频率越高,越容易发展起密切的关系。

人际环境可以对人的心理产生积极的作用,也可以产生消极的作用。亲爱、友善、和谐的人际环境,会使人形成愉快的心境。猜忌、争斗、敌视的人际环境,会使人形成烦恼和紧张的心境。

心理学研究发现,一个人如果长期缺乏积极的人际交往,没有稳定、良好的人际关系,这个人往往存在明显的性格缺陷。大量研究表明,健康的、良好的个性总是伴随着良好的人际关系和人际环境。个性成熟的人,都同他人有良好的交往和融洽的人际关系,他们可以很好地理解他人,容忍他人的缺陷和不足,能够对他人表示同情,具有给他人以温暖、关怀和爱的能力。许多心理学研究表明,心理健康水平高的人,往往都可以很好地接纳他人,同他人的关系也比一般人深刻,对他人有更强烈的友谊和更多的爱,他们同他人的交往和人际关系都很好,他们有许多有利于与他人积极交往和建立良好人际关系的个性特点,而且他们往往都来自人际关系良好的幸福家庭。[1]

在心理咨询实践中,因人际关系引发心理问题是比较常见的。但是,这既可能是环境的问题,也可能是当事人自身个性的问题,要具体问题具体分析,不能一概归之为人际环境方面的问题。

---

[1] 金盛华等. 沟通人生——心理交往学. 济南: 山东教育出版社,1992:6—7

（三）学习和工作环境

除幼儿和老人外，对大多数人来说，或者从事学习，或者从事工作。学习和工作环境对人的心理也有重要的影响。这种影响，可以分为两个方面，一个是硬环境，一个是软环境。

所谓硬环境，是指所在学校或工作单位的硬件设施条件、规模、行业中的位置、待遇、福利等等，即那些看得到的、可以用数据清楚表述出来的东西。良好的硬环境，可以对人的心理发生积极的作用。一个人在现代化的、设施良好的环境中学习或工作，或在行业排名领先、收入丰厚的公司工作，会产生自豪的感觉、快乐的心情，对生活也容易有积极的态度。现在，有许多企业和学校很重视硬环境的建设，因为这不仅代表一个单位的实力，而且会对学习、生活、工作在这个环境中的人传递心理上的支持，使他们能够以积极的心理状态在本单位学习或工作，同时也可以向外界展示本单位的良好形象。

所谓软环境，是指所在学校或工作单位的组织文化和组织气氛。一个人生活在积极进取、严谨负责、团结协作的环境中，或者生活在得过且过、混乱推诿、勾心斗角的环境中，都会逐渐熏陶出带有组织印记的个性和做事风格。现在，许多学校和企业都十分重视组织文化建设，积极营造积极和谐的组织气氛，其目的就是要潜移默化地改变组织成员的心理结构，引导组织成员向着组织目标前进。

学习和工作环境对人心理的影响，主要表现在个性和行为方式上。特别是软环境，它对人的个性和行为方式的影响是很大的。有人讲"环境塑造人"，这个环境主要就是软环境。

（四）生活事件

一个人在生活中不可避免地要经历形形色色的生活事件，如上学、恋爱、结婚、就业、生育等等，这些事件对人的心理都要产生影响。一些重大的生活事件，甚至深刻地影响人的一生。

生活事件有正性和负性之分。

正性的生活事件对人的心理有良好的、积极的作用。比如，在学习中取得了优秀的成绩、考入了心仪的学校、与心爱的恋人结婚、职位提升、获得奖励、好友久别重逢等等。人们常说的"人逢喜事精神爽"，也是这个意思。

负性的生活事件对人的心理有打击和消极的作用。比如，考试不及格、患病、失恋、失业、亲人去世等等。一些重大的负性生活事件，甚至可以使人精神长期消沉。

面对生活事件，无论是正性的还是负性的，人们难免要产生心理紧张，甚至应激。对生活事件，美国心理学家霍姆斯（Holmes）与拉赫（Rahe）曾经做过长期的研究，编制了一个量化一个人在最近时期所经受的应激的量表（表1-4）。在该表中，正性与负性生活事件混合排列，列出了生活事件与相应的心理应激的强度即生活事件单位(LCU)。答卷者要圈出过去6个月中发生的所有生活事件,并把与之相关的生活事件单位(LCU)相加。如果总分>300可确定有重大生活危机,总分在200～299范围可确定有中度生活危机,总分在150～199范围只有轻度生活危机,总分低于150则是正常的。研究发现,在过去6个月中有重大生活危机者,比起较低生活应激水平者,其生理疾病发生率高。[①]

表1-4　生活事件等级与相应的生活事件单位(LCU)[②]

等级	生活事件	LUC	等级	生活事件	LUC
1	丧偶	100	22	子女离家	29
2	离婚	73	23	与姻亲发生矛盾	29
3	婚姻破裂	65	24	突出的个人成就	28
4	判刑入狱	63	25	妻子开始或停止工作	26
5	亲密的家人死亡	63	26	开始或结束学业	26
6	疾病或外伤	53	27	生活条件改变	25
7	结婚	50	28	改变个人习惯	24
8	被开除	47	29	与老板发生矛盾	23
9	复婚	45	30	工作时间或条件改变	20
10	家人患病	44	31	迁居中	20
11	怀孕	40	32	换学校	20
12	性生活困难	39	33	娱乐方式改变	19
13	新添家庭成员	39	34	宗教活动改变	19
14	公司调整	39	35	社会活动改变	18
15	经济状况改变	38	36	贷款或抵押少于10000美元	17
16	亲密朋友去世	37	37	睡眠习惯改变	16
17	更换工种	36	38	家人团聚次数减少	15
18	夫妻纠纷次数改变	35	39	饮食习惯改变	13
19	抵押超过10000美元	31	40	休假	13
20	取消贷款或抵押权被收回	30	41	圣诞节	12
21	工作职责改变	29	42	轻微违法	11

①　(美)Philip L. Rice. 健康心理学. 胡佩诚,等译. 北京:中国轻工业出版社,2000:143—144

②　(美)Philip L. Rice. 健康心理学. 胡佩诚,等译. 北京:中国轻工业出版社,2000:145

三、心理与文化环境

应该说,文化环境也是一种社会环境,但是,它是一种特殊的社会环境,是一种主要是对人的认识结构发生影响的社会环境。文化环境对人心理的影响是深刻和持久的。

（一）民族与历史

截至 20 世纪 90 年代,全世界共有 2000 多个民族,其社会、经济和文化分别处于各个不同的发展阶段上。

每个民族都有自己的历史,都有自己的历史英雄人物。各民族通过自己的历史教育、英雄人物教育和传统习惯,在本民族的群众中形成自己的、具有特色的民族心理。民族心理主要指一个民族作为一个大群体所具有的典型心理特点,也包括该民族的成员个体身上所体现的这些心理特点。这两者的关系是共性和个性的关系。同时,民族心理是一般心理的特殊表现形式,所不同的只是在强度上、维持时间上以及表现形式上有所差异。例如,直爽豁达、对人热诚等性格特点,在所有民族中都能看到,但在有些民族中却表现得异常普遍和突出,如居住在我国呼伦贝尔草原上的鄂温克牧民,几乎人人都具有大度、私有观念淡薄、能歌善舞、热情好客、粗犷勇猛、顽强等性格特点。如此普遍的强烈的性格表现,不是每个民族都具有的。

历史总是与民族和国家相联系的,历史教育往往也是民族精神教育。例如,少数民族与多数民族相比,一般说来,有着更强的民族认同感和民族自尊心。这是由于,在历史上少数民族往往比多数民族经历了更多的生存危机,历史和现实的忧患,使少数民族更加重视自己民族的主体性、民族精神和自尊。

民族心理是特定民族在长期的自然环境、社会环境与历史文化的积淀中形成的,并通过一定的生产和生活方式及各种文化产品得以表现,如生活习俗、道德观念、生产行为、交往行为以及艺术、体育活动等。特定民族的心理特征通过本民族成员的社会化过程世代相传,并随时代的变迁而不断发展与改变。

在心理咨询工作中遇到少数民族或外国的咨询对象时,应当注意咨询对象特殊的民族心理,注意不同民族的文化差异,细心做好咨询工作。

（二）风俗与习惯

不同的民族、国家和地区,有不同的风俗和习惯。风俗和习惯是传统文化的表现,是影响广泛和深入的人的认识结构和行为模式（心理结构）。比如,中国人过春节,讲究全家团圆,只要可能,即使路途遥远,也要回家过年。正是中国人的这种风俗和心理,造成了每年春节交通运输的紧张繁忙,火车票一票难求的现象。

风俗是世代继承流传下来的群体行为方式,具有民族性、持续性和稳定性的特点。形成风俗和改变风俗都需要较长的时期。一旦形成,就具有广泛而持久的影响。

习惯是个人养成的个体行为方式,具有个体性、稳定性和可变性的特点。可以通过一定的情境和要求,使人形成一定的习惯或改变一定的习惯。而且,在环境改变了的情况下,已经形成的习惯可以消退。

风俗和习惯的力量是强大的。长期风俗和习惯的熏陶,会潜移默化地在人的心理留下影响,用心理学的话来说,就是形成了一定的心理结构,这种心理结构会自觉或不自觉地支配人的行为。例如,在我国江南地区,室内一般没有取暖设施,到了冬季,人们习惯在室内多穿衣服以抵御寒冷,同时打开窗户流通空气。受习惯的支配,一些江南学生来到北京上学,到了冬季,虽然室内有暖气,但是他们仍然习惯地在室内穿棉衣和打开窗户。也是受习惯的支配,现在江南地区的许多大楼冬季采取中央空调供暖,但是不少本地人不习惯,他们宁可关闭空调,在室内穿棉衣和打开窗户。

注意到风俗和习惯的区别,对于心理咨询是重要的。对于某些心理问题,如果涉及到风俗,不要有让咨询对象改变风俗的想法,而要用其他方式去解决咨询对象的心理问题,因为风俗是咨询师无法改变的。如果涉及的是习惯,则在一定条件下可以用行为矫正、认知疗法来改变咨询对象的习惯,通过改变习惯来解决心理问题。

（三）时尚与从众

时尚与从众是一种文化现象,对妇女和青少年影响较大。时尚是某一时期社会上追求新潮和品味的人群崇尚的某种行为和生活方式。所以,时尚总是同从众相联系的。

时尚具有求新求异的特点。时尚总是在变化的,时尚是短暂的,时尚是一个接一个的,旧的时尚落伍了,新的时尚又兴起,时尚是一个旧浪不断推前浪的连续过程,追求时尚也就是追赶流行的潮流。

时尚具有标志一个人的爱好、品味、身份、经济实力的作用。讲究时尚、追求时尚,可以显示一个人的生活方式和实力,因此追求时尚成为一些人显示身份、满足心理虚荣的一种活动。

追求时尚在城市要比农村显著,在大城市要比小城市显著,这是因为,时尚具有身份认同的心理作用。一个人讲究时尚、跟得上时尚,就能够与同样讲究时尚的人群归入一类,获得认同,成为圈子内的人,成为某类群体的一分子。如果某人认为这个时尚是有品味的,他会为跟上时尚而在心理上获得满足和自豪。我们经常可以看到,有的人明明经济实力不够,但是也要节衣缩食,省下钱来购买能够显示品味的物品。例如,报纸上曾经介绍过,某女青年宁可天天吃青菜和泡面,也要省下钱来买个 LV 牌手提袋挎在胳膊上。这些人之所以这样做,图的就是心理上的满足和自豪。

追求时尚、追赶流行是从众心理的一种表现。从众是指个人受到外界人群行为的影响,通过向社会压力让步,以使自己的认知及行为符合群体的、社会的标准和规范。从众行为的特点主要有:一是引起从众行为的压力可能是真实存在的,也可能是想象的。很多情况下,个体想象中的群体倾向也会对个体行为造成压力,使其选择与想象中的大多数倾向相一致的行为。二是群体压力可以在个体意识到的情况下发生作用,使个体通过理性选择而从众,也可以在没有意识到的情况下发生作用,使其表现为"人云亦云"的盲目跟从。三是尽管从众有时并非个体本意,但却是个体的自愿行为,即表现为自愿性。

从社会心理学的角度来说,有一些很重要的原因影响着从众心理的产生乃至引发从众行为。从众是人类社会存在的一种社会现象,又在社会生活中发挥一定的作用。从众在一定程度上具有积极的促进作用,有利于学习他人的智能经验,扩大视野,克服固执己见和盲目自信,修正自己的思维方式。从众也有着不容忽视的消极作用,它很大程度上压抑了个性,束缚了思维,扼杀了创造力。[①]

（四）传播与媒体

在当今世界,信息传播技术发展迅速,无论什么地方发生了重大事件,几分钟之内就可传遍全球。大众信息传媒的空前发达,对当代人们的心理也产生了重要的影响。

现代信息传播既给人们带来巨大的便利,也给人们带来信息增多的压力。面对一件普通的事情,过多的信息会给人带来选择的心理压力。内容相反的信息,给人带来决策的困难。内容错误的信息,误导人做出错误的决定使人悔恨。例如,2003 年美国在入侵伊拉克之前,大肆宣传伊拉克拥有大规模杀伤性武器和伊拉克总统萨达姆与基地恐怖组织有关系,利用美国人们对"9.11"事件的恐惧和激愤,获得了多数美国人对发动伊拉克战争的支持。然而 2 年后,事实证明,所谓伊拉克拥有大规模杀伤性武器和伊拉克总统萨达姆与基地恐怖组织有关系纯属子虚乌有,美国发动战争的理由受到了质疑,美国人民在巨大的战争损失面前,心理也受到了强烈的冲击,出现了许多因战争引起的心理问题。

电视是当代影响最大的传播媒体,大量的电视节目,在给人们带来信息

---

① http://mind.studa.com/history/060326/2006032523220236.html

和娱乐的同时,也制造了"媒体经济",即利用人们对某类电视节目的关注和电视传播速度的迅速和范围的广泛,媒体利用各种方式攫取巨大的经济利益。例如,2005年湖南卫星电视利用"超级女声"选秀节目制造了巨大的声势,制造了一批明星,取得了巨大的经济效益。"超级女声"的火爆,与湖南卫星电视的操作是分不开的,全国海选、现场选手对决、手机短信投票吸引了大量的眼球,这些过程用电视实时播放,引起了人们的好奇,造成了巨大的轰动,"超级女声"一时走红中国。"超级女声"的走红,也引起了一些社会心理问题。一些狂热的追星族,为了用手机短信投票捧红自己喜爱的歌手,在大街上向陌生人借手机,甚至抢过手机发短信投支持票。为了追随自己喜爱的歌手,不惜放弃学业和工作,到赛场呐喊助威。这些追星族之所以这么狂热,是借助打造明星来宣泄自己的情绪、来投射自己幻想成功的心理。

网络是当代对青少年影响最大的传播媒体,网络以迅速性、交互性、隐密性、开放性赢得青少年的喜爱。借助网络,人们可以聊天、通信、发布信息、玩游戏、观看电影、听歌曲等等。网络的兴起,在极大地方便了人们的生活、学习和工作的同时,也使许多人迷恋上了网络,甚至网络成瘾。一些青少年上网成瘾,深陷虚拟世界而不能自拔,荒废学业,成为一种社会问题,需要专门机构和人员帮助他们戒除网瘾。上网成瘾也叫网络依赖,上网成瘾的人把自己封闭在网络世界里,用上网来逃离现实世界,是一种心理问题。目前,已经有许多心理学家和社会学家对上网成瘾做了大量的研究,提出了一些解决的方法。

第四节　心理健康的标准

提出心理健康概念的历史并不长,它的提出与人们对健康的认识的发展有密切关系。心理健康的标准是随着时代和社会的发展、人们对心理健康的认识不断加深而不断发展的。

一、心理健康的内涵

(一)健康的概念

健康是一个人们经常使用的概念,人们对健康概念的内涵的认识是不断发展的。

长期以来,人们以为身体没有病痛就是健康,强壮的身体就是健康的标志。这种观念是生理标准的健康观。

1948年,世界卫生组织(World Health Organization,WHO)成立时,在组

织的章程中提出了"健康"的定义："健康是一种身体上、精神上的完满状态，以及良好的适应能力，而不仅仅是没有疾病和衰弱的状态。"这个健康概念同以往的健康观念相比，它第一次把心理健康和社会适应也纳入了健康的范畴，丰富和完善了健康的概念。这个概念把人的身体、心理和行为统一了起来，认识到了身体、心理和行为之间的相互影响和相互作用，是人类健康观念的一大进步。

世界卫生组织还具体提出了健康的 10 条具体标准：

精力充沛，能从容不迫地应付日常生活和工作的压力而不感到过分紧张；

积极乐观，勇于承担责任，心胸开阔；

精神饱满，情绪稳定，善于休息，睡眠良好；

应变能力强，能适应环境的各种变化；

能够抵抗一般性感冒和传染病；

体重得当，身材均匀，站立时头、肩、臂位置协调；

眼睛明亮，反应敏锐，眼睑不发炎；

牙齿清洁，无空洞，无痛感；齿龈颜色正常，不出血；

头发有光泽，无头屑；

肌肉、皮肤富有弹性，走路轻松有力。

在这 10 条标准中，第一条是关于生理和心理两方面的，第二、第三条是关于心理的，第四条是关于社会适应的，其余几条是关于生理的。我们可以看到，当时人们就已经高度注意到了心理因素和社会适应在健康中的重要地位。

（二）心理健康的概念

关于心理健康的概念，长期以来有许多人做过研究，提出了各式各样的定义。

1948 年国际心理卫生大会提出了这样的心理健康定义：心理健康是指在身体、智能以及情感上与他人心理不相矛盾的范围内，将个人的心境发展到最佳状态。

心理学家英格利士（H. B. English）认为，心理健康是一种持续的心理状况，当事者在那种状况下能做良好的适应，具有生命的活力，不仅能免于心理疾病，而且能充分发挥其身心的潜能。

社会学家波孟（W. W. Boehm）认为，心理健康是指合乎某一水准的社会行为，这种社会行为既能为社会所接受，又能为自身带来快乐。

《简明不列颠百科全书》中的定义是，心理健康是指个体心理在本身和环境条件许可范围内所能达到的最佳功能状态。

我国心理学家姚本先认为，心理健康有广义和狭义之分。广义的心理健康是指一种高效而满意的、持续的心理状态。狭义的心理健康指人的基本心理活动的过程、内容完整协调一致,即认知、情感、意志、行为、人格完整和协调。①

从这些关于心理健康的定义中我们可以看出,人们所理解的心理健康主要指两个方面,一个是个人的心理过程和心理状态保持正常或良好的水平,另一个是个人要有正常的社会行为和能够适应社会。可以说,这是目前心理学界和社会学界对于心理健康的共同的和基本的观点。

基于这种观点,本书开宗明义,在第一句就提出了心理健康的概念:心理健康一般指人的各种心理过程和心理状态保持正常或良好水平,能够以积极的态度对待学习、工作和生活,能够适应环境。

（三）心理健康的绝对性和相对性

心理健康作为人的心理的素质状态,具有绝对性和相对性,是绝对性和相对性的统一。

心理健康的绝对性有两方面的含义:一是心理健康有确定的概念和明确的标准,尽管不同的人可能对心理健康的概念或标准有自己的见解,并不是人人的心理都是健康的,但是世界上健康的心理是客观存在的。二是正常人的心理都具有一定的健康水平,一定水平的心理健康是一个人能够在世界上自主生存的基础。

心理健康的相对性也有两方面的含义:一是一个人的心理健康水平是与社会上多数人相比较而言的,心理健康是一个相对的概念。二是心理健康的标准随着时代的变迁和社会文化的变化而变动,心理健康没有固定不变、普遍适用的标准。

人的心理健康与生理健康在许多方面十分相似。正像很少有从来不生病的人一样,完全的生理健康和完全的心理健康都是很少的。身体健康的人难免有时会生病,心理健康的人也难免有时发生心理问题。人的身体健康是可以变化的,可以向好的方向发展,也可以向差的方向变化。同样,人的心理健康也是可变的,可以变好,也可以变差。

人的心理健康状况是绝对性和相对性的统一。每个人都处于一定的心理健康水平,受自身生理情况和环境情况的影响,人的心理健康水平是动态的、变化的,这是绝对的。同时,在一定的时期,每个人又有比较稳定的心理状态和心理健康水平,表现出各自的心理健康特色,具有暂时的、相对的稳定性。人的心理健康状况是绝对的变化和相对的稳定的统一。

为了形象地说明心理健康的概念,心理学家提出了"心理健康灰色区域"的概念。心理学家把人的心理健康状况划分为若干种状态,用不同的灰度加

---

① 姚本先,方双虎.学校心理健康教育导论.上海:东方出版中心,2002:6

以代表,用白色表示心理健康者,用黑色表示精神病患者,这是心理健康状况的两极。在白色与黑色两极之间有着一个连续的过渡区域,即"灰色区域",见图 1-21 所示。

心理健康者　　　有各种心理失调的人　　　变态人格及各类神经症　　　精神病患者

图 1-21　心理健康灰色区域图

根据心理健康统计分析资料和大量的心理学研究,心理学家指出,心理完全健康者和精神病患者在人群中都是少数,多数人的心理状态位于"灰色区域",即介于心理完全健康者(白色区域)和精神病患者(黑色区域)之间。灰色区域又可根据心理健康状况的不同分为浅灰色区域和深灰色区域。

浅灰色区域主要包括一些由外界压力而产生的心理失调,如人际关系不和谐所致的人际交往障碍、工作学习不如意所导致的情绪障碍、由于社会分配不公所导致的心理不平衡、遇到重大抉择时所出现的心理冲突、由于突发事件所导致的心理困扰等等。社会中大多数人的心理健康水平处在这个区域,即人人都可能由于外界突然的刺激而一时产生心理失调。处于浅灰色区域的人通过心理咨询和学习心理健康的知识,可以消除心理失调达到心理平衡,提高自己的心理健康水平,向白色区域发展。

深灰色区域主要包括持续的心理障碍、各类神经症和人格异常,如各种强迫症、焦虑症、恐怖症、抑郁症、癔症、神经衰弱症等。处于深灰色区域的人往往都有一些人格的变异,并且变态人格会严重影响他的学习、生活和社会交往等,因此属于心理疾病的范围。心理疾病必须通过心理咨询和心理治疗才能消除。

形象地说,心理健康教育、心理咨询、心理治疗的任务就是帮助人们的心理从深灰色区域向浅灰色区域、从浅灰色区域向白色区域转化,提高心理健康水平。

轻微的心理障碍,比如一段时间心情不好、一时心里烦躁等,常常可以不经外部干预,经过一段时间后自然消失。也就是说,轻微的心理障碍有时可以自愈。因此,一个人一时发生心理障碍是平常的事,不一定会产生什么问题,关键是要防止心理障碍变得持续和严重。所以,对一个人来说,在某一时期发生一些心理障碍,就像偶尔患感冒一样是很正常的事情,不必为此感到紧张。应当关注心理健康,努力增进自己的心理健康。如果有了心理障碍或心理疾病,应当及时去进行心理咨询或心理治疗,改善自己的心理健康水平。

二、心理健康的标准

从事心理咨询的人,都很关心有心理问题的人在人群中占多少比例的问题,但是不同的资料往往给出不同的甚至差距很大的信息,使许多新入门者无从把握。比如,国内一些关于中小学生心理健康的研究,关于有心理问题的中小学生占全体中小学生人数的比例,有人得出的结果竟高达50％以上,有人得出的结果却不足10％。[①] 在我国关于心理健康的研究中,类似的情况十分常见。之所以出现这样的情况,主要的原因是研究者对于心理健康的认识和对于心理健康标准的把握不一致。因此,要科学地把握心理健康的标准,就需要先了解心理健康的评价尺度。

（一）心理健康的评价尺度

当前,心理学界关于心理健康的评价尺度主要有以下一些。

1. 统计测量尺度

心理健康与生理健康相比,由于心理的形式是主观的,因此对心理健康的测量和评价,就难以像检查身体健康那样,用一些可以重复、客观测量的指标来检测心理是否健康。所以,心理学经常采用统计学的方法对心理健康进行测量,以多数人的行为作为正常心理的标准。

根据统计学的常态分布,大样本测量数值的平均数左右各加2个标准差,大概可以包含87％的对象。心理健康的测量一般用这个范围来界定正常心理,在这个范围之内的心理和行为(大多数人符合的心理和行为)可以看作是心理正常,超出这个范围的心理和行为就是心理异常(图1-22)。心理咨询工作中经常使用的《明尼苏达多项人格测验》、《艾森克个性测验》、《卡特尔16PF测验》等,都是以特定人群心理的常态分布为统计依据,制定出特定人群的心理健康总体平均标准(常模),然后将个体测量结果同总体平均标准(常模)进行对照,从而判断这个个体的心理健康水平。

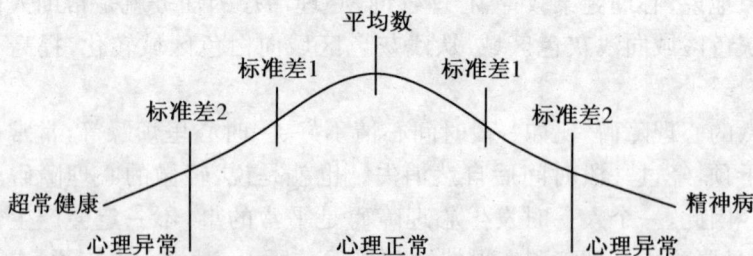

图1-22 心理健康测量常态分布图

---

① 姚本先,方双虎.学校心理健康教育导论.上海:东方出版中心,2002：7

需要指出的是,我们在看到个体心理偏离正常范围时,不但要关注偏离的程度,还要关注偏离的方向,如果是朝着超常健康的方向偏离,应当视为好事;反之,则是有问题的征兆。

心理健康的统计测量尺度存在一个问题:心理健康的统计学标准不涉及行为的背景,有时候会出现较大的测量误差。也就是说,在某种情况下,大多数人的行为也不能作为正常人的标准。比如在战争地区,人们的情绪都比较低落,如果用这些人的平均水平代表正常的话,那么一个人即使达到了这个平均水平,也是不正常的。因此,任何心理测验都有其特定的适用范围。特别强调要由专业人员来施测和解释测验结果,就是为了防止心理测验的误用和滥用,避免造成伤害。

2. 社会文化尺度

任何一个社会,都有其通行的社会文化,遵守和符合社会文化的心理和行为,被视为是正常的;反之,则是异常的。

社会文化是社会的、历史的、具体的,是随着时代和环境的变迁而变化的。符合某个时代社会文化的正常行为,在另一个时代也许就会成为不符合时代文化的异常行为。

在不同文化背景下,需要有不同的心理健康标准。在某种文化下属于异常的行为,换到另一种文化就可能是正常的。在某种文化下是适应的行为,换到另一种文化下可能就变得不适应了。但是我们也要看到,在不同文化背景下所鉴定的心理异常又是共同的。因此,我们在确定心理健康标准的时候,一定要考虑到社会文化因素的影响,但是也不能把它们过分夸大。

3. 道德价值尺度

每个社会都有自己的主流道德价值观,遵守和符合社会道德价值观的心理和行为,被视为是正常的;反之,则是异常的。

社会道德是一种价值判断,不同的人对同一事物可以做出不同的判断。比如,扶危济困在多数人看来是一种美德,被认为是道德的。唯利是图在商人看来是一种美德,被认为是道德的。商人为了谋求利益,趁竞争对手遇到困难之时,打击、排挤对手,以获得优势地位,从商人的角度来看,是自然的、道德的,然而从普通人的角度来看,乘人之危是不道德的。

道德没有强制性,但是道德评价可以给人以巨大的社会压力和心理压力。某种行为如果被认为不符合社会道德,会使当事人产生心理压力,严重的甚至会导致行为失常。

4. 生活适应尺度

人是不断成长的,人的生活环境是在变化的,面对自身的变化和环境的变化,正常人应当能够随着变化调整自己的情感、语言、思维、行为,使自己的心理适应环境的变化。能够积极适应这些变化的心理和行为,被视为是正常的;反之,则是异常的。

从生活适应的角度来评价心理健康,其实质就是看个体能否根据环境的变化,正常地发挥自己的心理机能,它反映的是个体的心理品质。

这个标准的优点是比较直观,容易识别异常心理;缺点是易受评价者的主观因素的影响,操作性较差。

5. 主观经验尺度

这个标准就是以个人的主观经验来判断自己或他人的心理是否健康。

这个评价尺度有两种情况:一种是当事人自己的主观经验,感觉自己的一些心理或行为不正常,需要他人帮助。另一种是一个人根据自己的主观经验,去判断他人的心理和行为是否正常,也就是俗话所说的"拿自己量别人"。

第一种情况多数确实存在心理问题,因为能够意识到自己存在心理问题本身就是心理问题。心理正常的人在正常情况下是不会认为自己存在心理问题的。一个人意识到自己可能有心理问题,说明有某个问题已经使他的心理产生焦虑了。

第二种情况与个人的经历有很大的关系,经历丰富的人才有丰富的经验,判断才会比较准确。

6. 临床诊断尺度

临床诊断尺度指的是以能否观察到或测量到心理疾病的症状表现来确定一个人的心理是否健康。

根据这个标准,正常人应该是没有心理疾病症状的。如果某人出现了临床心理症状,就可以判断为心理异常。这个标准以精神病学为基础,医院临床应用较多。但是运用这个标准时要注意,表面上相同的症状可能有不同的原因,同一原因可能出现不同的症状。依据临床症状来判断某人是否患有心理疾病,还要对其进行全面地、综合地检查和考虑。

(二)心理健康标准的代表性观点

几十年来,不少心理学家依据各自的评价尺度,提出了各自关于心理健康的标准。这里介绍几种较有代表性的观点。

第三届国际心理卫生大会关于心理健康的标准是:身体、智力、情绪十分协调;适应环境,人际关系中能彼此谦让;有幸福感。

美国著名心理学家马斯洛(H. A. Maslow)和密特曼(Mittelman)关于心理健康的标准是:有充分的安全感;了解自己,能够对自己的能力做出恰当的评价;生活理想和目标切合实际;与周围环境保持良好的接触;能够保持自身人格的完整与和谐;具有从经验中学习的能力;保持良好的人际关系;适度的情绪发展与控制;在集体中能够较好地发挥自己的个性;在社会规范的前提下,恰当满足个人的基本需要。

美国著名心理学家罗杰斯(C. Rogers)关于心理健康的标准是:经验的开放性;时刻保持生活充实;对自身机体高度信任;有较强的自由感。

美国著名心理学家舒尔兹(D. P. Schulth)关于心理健康的标准是:能够控制自己的生活;能认识自己是怎样的人;能正视现实;能向新目标或新经验挑战;独特的人格特质。[①]

张春兴关于心理健康的标准是:了解自己并肯定自己;掌握自己的思想行动;自我价值感与自尊心;能与人建立亲密关系;独立谋生的意愿和能力;理想追求不脱离现实。[②]

王极盛关于心理健康的标准是:智力正常;情绪稳定而愉快;意志健全;统一协调的行为;人际关系的心理适应;行为反应适度;心理特点符合年龄。[③]

郑日昌关于心理健康的标准是:认知功能良好;情感反应适度;意志品质健全;自我意识完整;个性结构完整;人际关系协调;社会适应良好;人生态度积极;行为规划;活动与年龄相符。[④]

郑莉君关于心理健康的标准是:心理活动与客观环境保持一致;能在学习、劳动、生活中体验到乐趣;行为方式和社会角色相一致;情绪乐观,积极情绪占主导地位;人际关系正常,能够与人和睦相处;人格健全,勇于探索与进取。[⑤]

佐斌关于心理健康的标准是:具有良好的人际关系;适当约束自己的言行;保持情绪的平衡与稳定;正确认识周围环境;抱有积极的生活态度;完善的自我发展目标。[⑥]

从上面介绍的这些关于心理健康的标准中我们可以看到,心理学家关于心理健康的标准是有差别的。这种差别,其实就是心理健康的"生存性标准"和"发展性标准"的问题。生存性标准强调保存与延长生物学意义上的生命,强调适应环境,顺从主流文化。发展性标准强调能动地适应和改造环境,追求最有价值地创造生活。有学者指出,单纯的生存性标准过于消极,强调了社会适应,却忽视了人的发展。而单纯的发展性标准又不切实际,忽视了社

① 姚本先,方双虎.学校心理健康教育导论.上海:东方出版中心,2002:12—15
② 张春兴.现代心理学.台北:东华书局,1991:633
③ 王极盛.青年心理学.北京:中国社会科学出版社,1984
④ 郑日昌.大学生心理卫生.济南:山东教育出版社,1999
⑤ 郑莉君.内蒙古大学生心理健康研究.海拉尔:内蒙古文化出版社,1998:10—11
⑥ 佐斌.中国传统文化中的心理健康观.教育研究与实验,1994(1):33—37

会环境对人的规范作用,而且难以操作。① 因此,关于心理健康的标准,如何能够吸收"生存性标准"和"发展性标准"的合理思想,避免其不足之处,是一个非常值得研究的课题。

（三）心理健康的六项标准

根据我国的实际情况,在吸收国内外关于心理健康标准研究成果的基础上,我们提出关于心理健康的六项标准。我们之所以提出六项标准,而不是四项五项或七项八项,主要是出于如下考虑:

第一,心理健康的标准应当是一个科学的心理健康评价体系,这个评价体系应当能够完整、准确地反映心理健康的内容,既能够满足心理健康的"生存性标准",又能够体现心理健康的"发展性标准"。

第二,心理健康标准评价体系必须包含基本的关键项目,并且由关键项目组成。避免罗列一些难以界定的因素或以次要因素冲淡关键项目。

第三,心理健康评价项目应当稳定,适应面广。要尽量减少主观经验、道德价值观、社会文化因素对评价项目的影响,在尽可能大的范围里使心理健康水平具有可比性。

第四,心理健康评价项目应当易于理解和把握,不会产生歧义。

第五,心理健康评价项目应当有可扩充性。研究者可以根据自己的研究成果充实、丰富心理健康评价项目,完善和发展心理健康标准。但是不可以去掉这六项标准中的任何一项,缺少这六项标准中任何一项的心理健康标准,都是有严重缺陷的。

下面就是我们提出的心理健康六项标准。

1. 智力正常

智力是指人一般性的心理能力,包括理解、计划、解决问题、抽象思维、表达意念、语言和学习的能力。智力正常是人心理健康的最重要的内容。智力正常是指一个人的智力没有显著低于同龄人智力的平均水平。

2. 情绪稳定

心理健康的人在一般情况下情绪是稳定的,不会因微小刺激产生激动、暴躁等情绪化的行为。但是遇到特定刺激,会产生正常的相应情绪反应,即该喜则喜,该怒则怒,该悲则悲。

3. 意志健全

意志健全指人能够控制、支配自己的思想和行为,能够为了一定的目标去从事必要的行动。意志健全的人一般有正常的自信和自尊。

---

① 杨青松,石梦希.心理健康标准研究应该注意几个问题.文教资料,2007,(2)上旬刊:167

4. 行为与社会角色一致

行为与社会角色一致指人有清楚的自我意识,对自我有比较清楚的认识,了解自己的社会角色,能够按照社会角色去从事相应的活动。对于儿童和青少年来说,还包括心理和行为应当与年龄相符合。

5. 适应社会

适应社会指人能够根据社会生活的变化和发展及时调整自己的心理和行为,使之与社会生活的变化和发展协调一致,创造有价值的生活。它体现了心理品质中的灵活性和主动性。

6. 与人和睦相处

与人和睦相处是指人在学习、工作和生活环境中,能够了解他人、理解他人、接受他人,愿意关心和帮助他人,能够在自己周围建立比较和谐的人际关系。它体现了心理品质中的包容性和互助性。

第五节　心理问题的界定

心理问题是一个涉及范围较广的概念,界定心理问题的概念,弄清楚心理问题的类型,对于明确心理咨询的范围和做好心理咨询工作是非常重要的。

一、心理问题的含义

在本章的第一段,我们就指出,心理问题亦称心理障碍,与心理健康相对,一般指人不能正确地认识周围的事物,情绪或个性异常,以偏执的态度对待学习、工作和生活,难以适应环境。按照这个定义,凡是不健康和不正常的心理现象都可以归入心理问题或心理障碍之列。如适应环境困难、情绪异常、神经症、精神病等都属于心理问题或心理障碍,只不过是问题的性质和程度有所不同而已。对心理问题的这种理解,可以称为广义的概念。

在生活中,人们还往往在另一种意义上使用心理问题的概念,即把精神病和严重神经症排除在外的心理障碍称为心理问题或心理失调,可以称为狭义的概念。狭义的心理问题,也可以说是专指问题程度相对较轻的心理障碍。

在一般人的心目中,心理问题与精神病还是有很大区别的。因此,人们在日常谈话、心理健康教育、心理咨询工作中说到的心理问题概念,一般都是狭义的,将精神病和严重神经症排除在外。这样使用心理问题概念是有好处的,有助于防止一些人超越自己的专业知识和能力去处理严重的心理障碍。

在现实生活和工作中,一般没有必要区分心理问题的广义概念和狭义概念。一般非专业人员所说的心理问题,多数是在狭义的含义上使用的。而专业人员在严格意义上所说的心理问题,一般是在广义的含义上使用的。两者并不矛盾,只不过专业人员所使用的心理问题概念,其涵盖范围更广一些而已。

二、心理问题的类型

心理问题根据其特点大致可以分为下面三种类型。

(一) 心理失调

心理失调是指将精神病和严重神经症排除在外的心理问题,主要表现为在特定环境中,一时发生的持续性心理冲突,当事者觉察到或体验到这种冲突并感觉痛苦,且妨碍心理功能或社会功能,但没有任何可证实的器质性病理基础。常见的表现有认识扭曲、情绪低落、态度偏执、焦虑、抑郁等。

心理失调是最为常见的心理问题,大多数人都曾经有过心理失调。在许多情况下,一般性的、不严重的心理失调不加干预,经过一段时间后,可以逐渐减轻或消失。

心理失调的发生,主要由人的固有认识(一般对于主体来说是正性的)与现实情况(一般对于主体来说是负性的)发生矛盾,打破主体原有的心理平衡,主体产生心理冲突,表现为认识扭曲、情绪低落、态度偏执、焦虑、抑郁等。心理冲突经过一段时间调整或外部干预后,主体建构起新的认识,达到新的心理平衡,心理失调得到解决(图 1-23)。

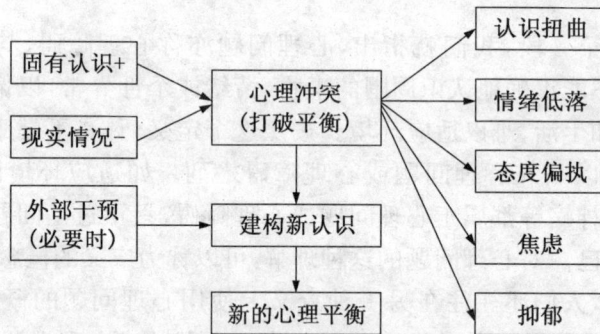

图 1-23　心理失调模型图

例如,某位学生从小学、初中到高中,各科学习成绩在班里和学校里都是名列前茅,一直听到的都是别人夸奖自己聪明,逐渐养成认为自己智力高于别人的固有认识。可是,当他考入某所著名重点大学后,他发现自己的学习成绩不再拔尖了。他努力学习,可就是做不到各科学习成绩名列前茅。对此,他产生强烈的心理冲突,开始怀疑自己是否聪明,觉得自己并不是那么优秀,变得情绪低落、焦虑,一度产生退学回家的念头。后来经心理咨询老师的帮助,认识到自己以前对自我的认识存在着偏差,心理平衡了,情绪稳定了,学习和生活恢复到正常状态。

心理失调与人的个性有一定的关系,内向、敏感、心理体验深刻的人更容易发生心理失调。

（二）神经症

神经症(neurosis)又称神经官能症或精神神经症,是一组心理障碍的总称,主要表现为持久的心理冲突,患者觉察到或体验到这种冲突并因之而深感痛苦且妨碍心理功能或社会功能,但没有任何可证实的器质性病理基础。典型的神经症有神经衰弱、焦虑症、癔病、强迫症、疑病症、恐怖症、抑郁症等。

神经症是常见病,患病率相当高。世界卫生组织(WHO)根据各国调查资料推算：人口中的5％～8％有神经症或人格障碍,是重性精神病的5倍。

神经症的发病,目前认为可能是以病人的某些不健全或不成熟的性格特质为基础,同时也与精神刺激有关。精神刺激主要是那些相对较长时间的劳累、紧张、心理压力等,也可以是突发的意外精神创伤。由于病人存在某些突出的性格和素质特点,当遇到各种精神刺激时,不由自主就会采取或表现出固有的不适当的自我防卫机制,其结果是心理的痛苦不仅不能解脱,反而会出现和发展各种神经症症状。现代生物精神病学研究发现,焦虑症与强迫症不仅与遗传因子有关,而且生化因素在发展机理中有重要作用。精神药物治疗有效,进一步证实这类神经症的发病有确定的生物学基础。此外,边远地区癔病患病率高于内地一些城市,这表明社会文化因素对某些神经症的发病有显著的影响。

以往较多的人强调工作劳累是神经症的主要病因,其实单纯由于劳累本身是没有根据的。大脑皮层的神经细胞具有较强的耐受性,在紧张工作产生疲劳之后,经过适当休息就可以恢复过来。目前研究认为,不论什么原因引起的神经活动过度紧张,如果有不良情绪,则常是神经症的致病原因。

神经症通常不止单一因素造成的,而是不良情绪体验、不健康性格特点和结构功能条件共同作用的结果,如图 1-24 所示。

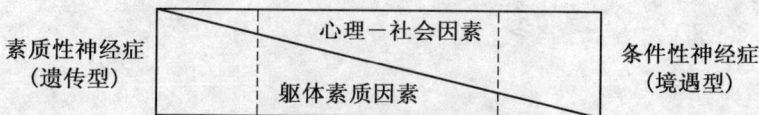

图 1-24　导致神经症的主要因素

需要特别指出的是,神经症与精神病是不同的,区别神经症和精神病具有重要意义,因为临床上常常会碰到患有神经症的患者误认为自己患有精神病而背上沉重的思想包袱,严重地影响了学习、工作和生活,也给治疗增加了困难。临床上有极少数精神病患者,在发病的早期或在疾病的某个阶段出现类似神经症的症状。但随着病情的发展,各种精神病性症状,如幻觉、妄想和行为严重混乱就会越来越明显,只要仔细观察,将神经症和精神症加以区别是不困难的。对于此种情况,不可误认为是神经症发展成为精神病。

(三)精神病

精神病(psychosis)是由于人体丘脑、大脑功能的紊乱而导致患者在感知、记忆、思维、情感和行为等方面出现异常。常见的精神病有多种类型,如精神分裂症、情感性精神障碍、脑器质性精神障碍、狂躁抑郁性精神病、更年期精神病、偏执性精神病、各种器质性病变伴发的精神病等。

精神病患者不能正常地学习、工作、生活,动作行为难以被一般人理解,显得古怪、与众不同,在病态心理的支配下可以有自杀或攻击、伤害他人的动作行为,有程度不等的自知力缺陷。患者往往对自己的精神症状丧失判断力,认为自己的心理与行为是正常的,拒绝治疗。精神病多在青壮年时期发病,有的间歇发作,有的持续进展,并且逐渐趋于慢性化,复发率高、致残率高。精神病如果不积极治疗,可出现精神衰退和人格改变,不能适应社会生活,难以完成对家庭和社会应担负的责任。但是,如果早期发现、及时治疗,患者也可以痊愈,正常地生活、学习和工作。

精神病没有单一或明显的病因,通常由多种诱发因素互相影响而引起。遗传、个性、情绪、脑部化学物质失调、脑部受损、身体疾病、生活压力、重大转变、创伤经历、药物作用、社会环境等因素都可以致病。精神分裂症、抑郁躁狂症精神病有遗传倾向。

需要指出的是,神经病与心理疾病和精神病是不同的。神经病是神经系统疾病的简称,指中枢神经系统和周围神经的器质性病变,并可以通过医疗仪器找到病变的位置。常见的神经病有脑炎、脑膜炎、脑囊虫病、脑出血、脑梗塞、癫痫、脑肿瘤、重症肌无力等,神经病患者应去医院神经科诊治。

第二章　心理咨询概述

第一节　心理咨询的概念

一、心理咨询的含义

（一）咨询的含义

我国古代典籍《左传》中对"咨询"的解释是："访问于善为咨，咨亲为询。"[①]意思是说，遇事求教于有德行的人为"咨"，遇事向亲近的人征求意见为"询"。咨询就是向有德行的人和可靠的人征求意见。

咨询（counsel）的一般含义，指某人或某个组织向有能力者求教。《现代汉语词典》对咨询的解释是"征求意见"。[②] 现代意义的咨询概念，指组织或个人向有经验、有专业知识的机构或人员寻求有用信息的活动，亦指有经验、有专业知识的机构或人员向需要帮助的组织或个人提供有用信息的活动。

从咨询的概念中，我们可以看出，咨询或咨询活动包括三个要素：咨询者、受助者、信息交流。这三个要素缺少任何一个，就不能构成咨询或咨询活动。

（二）心理咨询的含义

心理咨询（psychological counseling）是借助心理学专业知识的咨询，是一种特殊的咨询。

关于心理咨询，学者们提出了各自的定义。

美国著名心理学家罗杰斯（C. Rogers）认为："心理咨询是一个过程，其间

---

① 《左传·襄公四年》

② 中国社会科学院语言研究所词典编辑室编. 现代汉语词典. 北京：商务印书馆，2000：1662

咨询者(counselor)与来访者(client or counselee)所建立的关系能给来访者一种安全感,使其可以从容地开放自己,甚至可以正视自己曾经否定的经验,然后把那些经验融合于已经转变了的自己,做出统合。"①

美国心理学家帕特森(C. H. Patterson)认为:"咨询是一种人际关系,在这种人际关系中,咨询人员提供一定的心理氛围与条件,使咨询对象发生变化,解决问题,并形成有独立人格、有责任心的个体,从而成为一个与社会、与他人和谐相处的人,并在这一过程中做一个有用的人。"②

斯迪费(Steffre)认为:"心理咨询是一个教导与学习的历程,目的是要帮助来访者学习认识自己。"③

我国心理学家朱智贤认为,心理咨询是"对心理失常的人进行心理商谈,使其对其周围环境有一个正确的认识,改变其态度与行为,并对社会生活有良好的适应。心理失常,有轻度的也有重度的,有属于机能性的,也有机体性的……心理咨询的目的,就是纠正心理上的不平衡,使个人对自己与环境有一个清楚的认识,改变态度与行为,以达到对社会生活有良好的适应"④。

马立骥和张伯华认为:"心理咨询是运用心理学的知识、理论和技术,通过咨询者与来访者的协商、交谈和指导过程,提供可行性建议,针对正常人和轻度心理障碍者的各种适应和发展问题,帮助来访者进行探讨和研究,从而使其达到自立自强、增进健康水平和提高生活质量的目的。"⑤

林孟平指出:"咨询是一种心理过程,在这一过程中,一位受过专业训练的辅导师,与当事人建立一种治疗关系,协助对方认识自己,接纳自己,进而欣赏自己,克服成长的心理障碍,充分发挥个人的潜能,使人生得到不断的发展。"⑥

从上面学者对心理咨询概念的解释中,可以发现不同的人对心理咨询概念的理解不同,不同的心理流派对心理咨询的侧重点也不尽相同。无论哪个学者所下的定义,都有这样一些共同的内容,这些内容也就是我们对于心理咨询的定义:心理咨询是咨询者与来访者进行的信息交流活动,通过这种信息交流,咨询者为来访者提供帮助,解决来访者的心理问题,促进来访者达到与他人和社会的完满适应状态。

---

① 马立骥,张伯华. 心理咨询学. 北京:北京科学技术出版社,2005:3
② 汤宜朗,许又新. 心理咨询概论. 贵阳:贵州教育出版社,1999:3
③ 马立骥,张伯华. 心理咨询学. 北京:北京科学技术出版社,2005:3
④ 朱智贤. 心理学大辞典. 北京:北京师范大学出版社,1989:773
⑤ 马立骥,张伯华. 心理咨询学. 北京:北京科学技术出版社,2005:4
⑥ 王玲,刘学兰. 心理咨询. 广州:暨南大学出版社,2005:3

我们的这个定义,特别强调心理咨询是咨询者与来访者进行的信息交流活动,也就是说,心理咨询是双向的、互动的信息传递过程,不是一种"我说你听"、"我教你做"的说教过程,是一种帮助来访者认识自己、接纳自己、完善自己的信息交流过程,这个过程不使用药物和医学器械。需要指出的是,有的心理咨询书籍把心理咨询定义为是一种人际交往活动,这是不确切的。心理咨询确实是建立在某种人际关系上的,但是建立这种人际关系,目的是为了信息交流,通过信息交流解决心理问题,而不是为了交往。

（三）心理咨询的特点

从心理咨询的定义中可以看出,心理咨询具有如下一些特点:

1. 心理咨询是一种助人活动

在心理咨询过程中,咨询者通过谈话、活动或者创设一定的情景来影响来访者,帮助来访者克服心理障碍,正常地适应社会,正常地生活。

2. 心理咨询是一种互动过程

心理咨询是一种双向的、互动的过程,咨询者和来访者不是教育和服从的关系,不是"我说你听"、"我教你做"的说教过程,重视双方的沟通和相互理解,是一种在互动中指导来访者认识自己、接纳自己、完善自己的过程。

3. 心理咨询是一种信息交流活动

心理咨询在发挥帮助和指导的作用时,并不使用药物和医学器械,而是通过咨询者与来访者之间的信息交流,如谈话、活动、特定情景等,使来访者认识自己、接纳自己、完善自己。

4. 心理咨询是一种专业工作

心理咨询是一种需要许多专业知识和技能才能胜任的工作,咨询者应当由受过专业训练、并且得到专业技术资格认证的人员来担任,以保证心理咨询的科学性、有效性和来访者的权益。

二、心理咨询与心理治疗、精神病学的关系

在社会生活和心理咨询实践中,许多人在言语上和概念上分不清楚心理咨询和心理治疗的差别,甚至搞不清楚心理咨询和精神病学的差别,致使不少人误解和恐惧心理咨询。其实,心理咨询、心理治疗、精神病学三者的关系既有区别、又有联系。

（一）心理咨询、心理治疗、精神病学的概念

1. 心理咨询的概念

心理咨询是咨询者与来访者进行的信息交流活动,通过这种信息交流,

咨询者为来访者提供帮助,解决来访者的心理问题,促进来访者达到与他人、社会的完全适应状态。心理咨询从不使用任何药物。

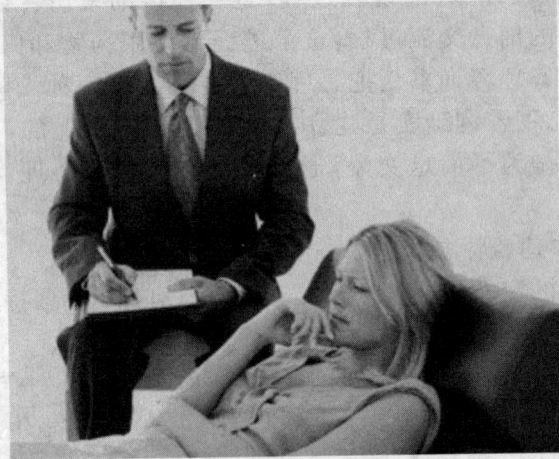

图 2-1　心理咨询师与来访者

2. 心理治疗的概念

心理治疗(psychotherapy)是心理医生运用心理学的技术与方法对患有心理问题或人格障碍的人进行矫治,促进其人格向健康、协调方向发展的过程。心理治疗有时使用一些特殊的技术和药物。

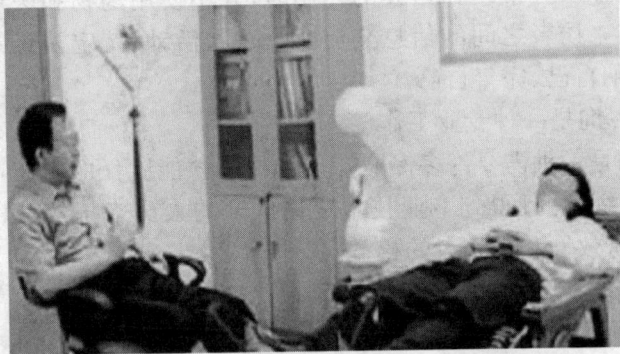

图 2-2　心理治疗师正在进行心理治疗

心理治疗的概念有狭义和广义之分。上面的心理治疗的概念是狭义的概念。广义的心理治疗概念,泛指一切影响人的心理状态、改变理解行为的方式和方法。比如,人们使用谈话、情景等各种方法影响或改变患者的感受、认识、情感、态度和行为,使患者解除或减轻心理痛苦。从这个意义上说,人类的一切亲密关系都能起到心理治疗的作用,理解、同情、支持就是生活中最常用和最值得提倡的心理治疗方法。

3. 精神病学

精神病学(psychiatry)是现代医学科学的一个重要分支,它主要研究精神障碍的病因、发病机制、症状和临床规律以及预防、诊断、治疗和康复等有关问题。精神科医生依据精神病学,使用心理学、药物或手术方法,对精神病患者进行矫治。

(二)心理咨询、心理治疗、精神病学的区别

心理咨询、心理治疗和精神病学在许多方面有明显的区别,见表 2-1 所示。

图 2-3 精神分裂症患者

表 2-1 心理咨询与心理治疗、精神病学的区别

类 别	心理咨询	心理治疗	精神病学
主持人员	心理咨询师	心理治疗师	精神科医生
专业背景	心理学	心理学和医学	医学
对象称谓	来访者	病人	病人
问题的表现	发展性问题、神经症	神经症、人格障碍	精神病
问题的本质	不成熟、适应不良	人格心理障碍	思维混乱
意识状况	能意识到自己的问题	有时不能意识到自己的问题	不能意识到自己的问题
对象体验	焦虑、紧张、痛苦	有时不痛苦	不痛苦
用药	不使用	偶尔使用	经常使用
自控能力	能控制	有时不想控制,并且不能控制	没有控制意识,也不能控制
接待方式	一次或多次	多次,可以住院治疗	必须住院治疗
预后	好	较好到较差	差

对这些区别,我们再做一些说明。

心理咨询和心理治疗的主要区别是:其一,心理治疗的对象是病人;心理咨询的对象一般不是病人,是精神状态基本健康、而心理上存在冲突的处于亚健康状态的人。其二,心理治疗的重点是解决问题,需要通过治疗程序进行;心理咨询的重点是帮助来访者发现问题,靠挖掘来访者自身的能力来解除心理困扰。其三,心理治疗师与求助者的关系是医生和病人的关系,病人必须服从医生的治疗,才能取得良好的疗效;心理咨询师与来访者的关系是平

等的关系,咨询过程是一个相互讨论和互相沟通的过程。其四,心理治疗师可以只根据症状体征来选择并实施治疗方案;心理咨询师则需要了解来访者个人、家庭、社会环境等多方面的情况,才能帮助他解决心理问题。其五,心理治疗的适用范围主要为神经症、性变态、心理障碍、行为障碍、心身疾病、康复中的精神病人等;心理咨询的适用范围是正常人在人际关系、职业选择、教育、婚姻家庭中发生的心理问题。

精神病学与心理咨询和心理治疗最主要的区别是,精神病学以医学为专业背景,研究和治疗对象为精神病人,使用医学的方法、技术、手段对待和治疗病人。

(三)心理咨询、心理治疗、精神病学的联系

心理咨询、心理治疗、精神病学的联系主要表现在以下方面:

第一,有共同的心理学基础理论。它们的心理学基础理论是共同的,比如普通心理学、生理心理学、社会心理学、人格心理学、变态心理学、发展心理学、咨询心理学等都是它们的重要基础理论。

第二,许多方法和技术相同。在具体应用和操作上,心理咨询、心理治疗、精神病学应对同类问题的方法和技术是相同的。比如,精神病学的许多研究方法,如人格测查、症状评定量表、情绪评定量表等,可以应用于心理咨询和心理治疗,心身疾病的调查和研究,或应用到其他临床科室。再如,心理咨询师使用的来访者中心、合理情绪疗法的理论和方法与心理治疗师使用的来访者中心、合理情绪疗法的理论和方法完全一样。

第三,适用范围有交叉。心理咨询、心理治疗、精神病学虽然在专业背景、对象等许多方面有所区别,但是心理咨询与心理治疗、心理治疗与精神病学在适用范围上却难以划出确切的界线,存在着一定程度的交叉,特别是心理咨询与心理治疗的界线更是模糊不清。比如,在心理咨询过程中,为了使来访者情绪平静,以便进行心理交流,有时不得不对来访者实施放松治疗,使其情绪稳定下来。在心理治疗时,若遇到病人产生阻抗,无法执行心理治疗计划时,往往要转向心理咨询,使用咨询技巧改善病人心态,使其配合治疗。同样,在心理治疗与精神病学之间的界线也是模糊的。

三、心理咨询与心理健康教育、心理辅导的关系

(一)心理健康教育、心理辅导的概念

1. 心理健康教育的概念

心理健康教育(psychological health education)也叫心理教育(mental education or psychological education),是指根据心理活动的规律,有目的、有计划地运用教育手段,促进教育对象了解心理健康知识、改善心理素质、健全人格、提高社会适应能力的过程。

图 2-4　大学生心理健康教育活动

2. 心理辅导的概念

心理辅导(psychological guidance)是指教育者根据教育对象心理发展的特征与规律,在建设性的人际关系中,由专业人员运用心理学专业知识和技能,设计和组织教育性活动,帮助教育对象形成良好的心理素质、发挥个人潜能、提高心理健康水平。

心理辅导是中国香港、台湾地区的学校开展心理健康教育活动中常用的概念,近年来中国大陆也有人使用这一概念,在多数情况下,心理辅导就是心理健康教育,心理辅导与心理健康教育这两个概念的相似性是很高的。

(二)心理咨询与心理健康教育、心理辅导的区别

在如何对待心理问题上,目前大致有医学和教育两种模式,医学模式着重于心理问题的治疗和正常心理的重建,教育模式着重于心理问题的预防和心理的健康发展。在实际应用中,按照工作中这两种模式成分的多少,可以分为心理辅导、心理咨询和心理治疗三个层次和类型。

图 2-5　四川汶川大地震后北川中学的孩子们在上心理辅导课

我们以学校为例来说明它们之间在对象、关注的重点、心理干预的特点、根本目标上的区别。

心理健康教育和心理辅导的对象是普通学生,他们的心理健康状况相对良好,心理健康教育和心理辅导关注的是学生未来的发展,心理干预的特点是预防心理问题的发生和提供有关知识服务,根本目标是促进学生心理健康发展。

心理咨询的对象是遇到心理困惑或有强烈心理冲突的正常学生,关注的是学生现在的问题,心理干预的特点是解决心理困惑或心理冲突和帮助心理发展,根本目标是改善学生个体的心理机能、提高心理健康水平。

心理治疗的对象是心理健康水平较低或心理机能失调或有心理障碍的学生,关注的是学生的过去,心理干预的特点是矫治心理问题,根本目标是恢复学生的心理健康。

（三）心理咨询与心理健康教育、心理辅导的联系

心理咨询与心理健康教育、心理辅导的联系也主要表现在有共同的心理学基础理论、许多方法和技术相同、适用范围有交叉几个方面。

在现实中,人们对这三个概念的使用不仅有交叉和重叠,而且很多时候都是在广义上使用某个概念,比如说到心理辅导或心理健康教育时,就可能包括心理咨询在内。同样,在使用心理咨询的概念时,也往往包含有心理健康教育和心理辅导的意义在内。人们之所以使用某个概念,往往是由于所关注的对象、任务、内容、方法、手段、目标的重点不同。

自 20 世纪 90 年代以来,我国教育行政部门和各级学校日益重视学生的心理健康问题。在实践中,发现以往使用的心理咨询、心理卫生概念,偏重于解决心理问题,而大量的更重要的工作是如何帮助学生心理健康发展,于是开始提倡和推广"心理健康教育"的概念。目前,"心理健康教育"这个概念实际上既包括了心理健康教育和心理辅导的内容,也包括了心理咨询的内容,教育行政部门在对心理健康教育工作的要求中,一般都有关于心理咨询的硬件和人员的具体要求,这样做不仅是概念上的慎重选择,而且是我国学校教育现实状况和实际需要的反映。

第二节　心理咨询师

一、心理咨询师的概念

（一）心理咨询师的内涵

专业从事心理咨询工作的咨询者通常称为心理咨询师(psychotherapist),是

指运用心理学以及相关学科的专业知识,遵循心理学原则,通过心理咨询的技术与方法,帮助来访者解除心理问题的专业人员。

心理咨询师是心理咨询活动的主导者,是以帮助者的角色来开展工作的。在每次心理咨询中,咨询师都会以自己的成长经验和专业知识与来访者进行互动。

心理咨询师只有正确认识自己的作用,树立良好的职业道德,不断提高自己的专业水平,并在咨询实践中提高自己,才能促进来访者的变化与进步。

(二)心理咨询师的工作

心理咨询师的工作主要是:从来访者及家属、亲友等处了解有关来访者心理问题、心理障碍的情况,对来访者的心理发展、人格、智力、社会化及家庭、婚姻生活事件等进行评估和测试,对来访者进行心理诊断,制定心理咨询方案并指导实施,在心理咨询中发现来访者有精神障碍或躯体疾病时应及时请求会诊或转往其他专科。心理咨询师经常从事的心理咨询工作主要有以下一些:

1. 心理危机干预

当事人遇到沉重的心理创伤和打击,比如,理想和事业的重大挫折、失恋、亲人的意外死亡、人际关系的恶化等,导致当事人急剧的精神崩溃,这时候咨询师对当事人进行心理疏导和心理咨询。

2. 生活问题咨询

常见的生活问题有恋爱、婚姻、家庭问题,性问题,升学和就业问题,适应不良问题,学习困难,儿童不良行为,人际关系问题,酒和药物依赖问题等。

3. 身心疾病咨询

许多躯体疾病,如高血压、冠心病、肿瘤等疾病的发生、发展与心理因素有一定的关系,这些病人可以进行心理咨询,以解除心理压力,防止躯体疾病加剧。

4. 精神障碍咨询

患有神经症、人格改变及其他精神障碍者,可就有关药物治疗、社会功能康复、婚姻与生育等问题征求心理咨询师的意见。

5. 其他心理卫生问题咨询

如职业心理卫生问题、群体心理卫生问题、突发事件心理卫生问题等,都可以进行心理咨询。

6. 心理健康知识宣传普及

随着经济社会的发展,人们对心理健康问题日益关注,心理咨询师要积极宣传普及心理健康知识,教育人们重视心理健康,减少心理问题的发生。

二、心理咨询师的角色与特点

（一）咨询师的角色

心理咨询师的角色定位影响咨询师在咨询关系中的作用。不同的心理咨询流派对咨询师在咨询过程中所扮演的角色有不同的见解。例如心理动力学派认为，咨询师的作用是协助来访者重现童年经验，并领悟过去经验与现在问题之间的联系，咨询师的工作是分析、解释、促进领悟。认知疗法认为，咨询师的作用是促使来访者认识到不当信念和世界观在个人困难的发生和维持上起的重要作用，咨询师的工作是帮助来访者识别和破除这些不合理信念。这表明，咨询师的角色可以是多方面的，常见的咨询师的角色主要有以下一些：

1. 示范者

不管咨询师是否有意，咨询师个人的价值观、态度、行为方式都会对来访者产生示范效应。因此，咨询师的个人特质显得特别重要，不健康的人格特质和生活方式，会对来访者产生潜移默化的消极影响；积极健康的人格特质和生活方式，会产生强大的力量促使来访者成长。

2. 倾听者

心理咨询师的第一"功夫"是倾听。心理咨询中的倾听能够听出来访者心中郁结多年而又难以自知的情绪，同时，倾听能够促使来访者清楚地认识到自己的需要以及痛苦的原因。

3. 支持者

人是社会性动物，需要他人的支持和帮助，支持和帮助往往来自生命中的重要他人。但是，多数的来访者恰恰缺乏这种支持。因此，咨询师真诚、理解、关怀的态度以及专家身份，不同程度地影响着来访者，帮助来访者重燃生活的希望，重新建立与他人之间的关系，这就是心理咨询的支持作用。支持工作的关键有两点：一是让来访者感到安全，二是给他必要的鼓励。

4. 研究者

这里的研究是指在咨询过程中对来访者的研究，这种研究包括观察和分析。在实际咨询中，咨询师和来访者双方会不停地交流这种观察和分析，让来访者对自己有一个更好的认识和了解。

5. 督促者

心理咨询师要经常注意和督促来访者去做一些事情。例如，激励来访者投入到咨询中。当来访者感到困难时，鼓励其坚持下去。促使来访者采取实际行动，改变自己和自己的生活。咨询师不能仅仅满足于使来访者在认知上的领悟或有一些新的体验,要督促来访者实实在在行动起来,在实践中学习新的行为,建立适宜的行为规范。

总而言之,心理咨询师在咨询关系中的角色是多重的,除了上面这些,还有许多其他角色,例如信息提供者、心理导师等。但就心理咨询的本质而言,咨询师就是心理发展导师,帮助来访者找出阻碍其成长的内外问题,协助来访者成长,提升来访者成长的动力,指导来访者发展的方向。

(二)咨询师的特点

1. 专业训练和经验

心理咨询师是经过系统的、严格的专业学习和训练的专业技术人员。咨询师的专业训练和经验能力,对于咨询工作是非常重要的。专业训练和经验能力主要来自专门的学习和实践。咨询师要将知识转化为能力,善于从经验中学习,善于不断总结、概括出自己的原则和原理,将专业知识和经验融入到个人专业能力中,不断提高咨询的效果。

2. 个人品质

咨询师与咨询工作相关的个人品质有很多,但最重要的是具有创造性解决问题的能力、通过言语和非言语手段向他人交流自己的思想和情感的能力。

詹宁斯和斯卡沃(Jennings & Skovholt)对 10 位大师级心理咨询师进行了研究,发现这些人有这样一些特点:一是永不满足的学习者;二是大量从经验中学习;三是不排斥认知上的复杂性和不确定感;四是敏感并且愿意接纳别人的情绪;五是个人心理健康、成熟,注意自己情绪的康宁;六是明白自己的情绪怎样影响自己的工作;七是很杰出的关系技能;八是信赖咨询师与来访者的工作同盟;九是擅长于在心理咨询中利用自己的各种技能。

3. 人格特质

布特勒等(Beutler, Machado & Neufeldt)指出,有三种咨询师的人格特质受到较多关注:支配性、控制定位和概念水平。支配性是指咨询师是倾向于支配、主动还是倾向于依从、被动。控制定位是指咨询师的个人知觉倾向性,即倾向于外部控制还是内部控制。概念水平是指咨询师的认知特点。研究结果显示,这几个人格特质与咨询效果有一定关联,但不同研究所得到的关联方向却不一致。

心理咨询师一般应当具有比较自信、耐心细致和坚强的个性,这样有利于在咨询活动中成为主导者,发现来访者隐匿的心理问题,经受负面信息。个性多愁善感或软弱的人,不适宜做心理咨询师,否则当他在咨询中遇到一些消极的、悲伤的问题时,会引起内心伤感或情绪低落,影响心理咨询工作的正常开展。

三、心理咨询师职业资格认证

2001 年,我国开始进行心理咨询师职业资格认证工作,几年来,许多人经过学习和考试,获得了由国家有关部门认证的心理咨询师职业资格证书,一些获得了心理咨询师职业资格证书的人开办了心理咨询机构。心理咨询师职业资格认证工作推动和促进了我国心理咨询工作的发展。

(一)心理咨询师职业资格认证的适宜人群

从近年报名参加心理咨询师职业资格认证人群的职业来看,以下职业的人员报考较多:教育工作者中的辅导员老师、心理学专业的教师和学生、社会工作者、医学工作者、思想政治工作者、企事业人力资源管理者、司法干警、公共关系工作者、慈善机构管理人员。此外,一些有志于从事心理咨询工作的创业者、关注自我成长的人士、关注孩子成长的父母也有参加心理咨询师职业资格学习和考试的。

(二)心理咨询师培训内容

全国统一考试教材由中国就业培训指导中心和中国心理卫生协会组织编写,教材主要内容包括三部分。

《基础知识》,包括基础心理学、社会心理学、发展心理学、变态心理学与健康心理学、心理测量学、咨询心理学等方面的知识。

《技能操作》,包括心理诊断技能、心理咨询技能、心理测验技能等方面的知识。

《职业道德》,包括心理咨询师应当具备的职业道德和有关法律法规知识。

(三)心理咨询师职业资格等级

国家劳动和社会保障部颁发的心理咨询师国家职业新标准规定,心理咨询师职业分三个等级,由低到高分别为心理咨询师三级、心理咨询师二级、心理咨询师一级。

(四)心理咨询师的职业特点

心理咨询师是一个专业技术职业,不仅可以为个人提供服务,而且也可以为团体提供服务。目前国外心理咨询师经常开展的一项服务是 EAP 服务(企业心理服务)。现在,世界 500 强的企业大多数都聘请心理咨询师为员工提供 EAP 服务。并且,心理咨询师是一个可以终生从事的职业,会随着年龄的增长而持续发展。

优秀的心理咨询师不仅能够帮助来访者解决问题、排除困扰,还能掌握自我调节的方法,提高自己的生活质量,提高工作效率,成功教育子女,处理好家庭关系,增加就业和创业机会,实现自我成长、自我发展。

第三节　来访者

一、来访者的概念

（一）来访者的内涵和特征

来访者是指前来向心理咨询师寻求帮助的、有心理问题的人。来访者有三个特征：第一，当时有心理问题存在；第二，前来向心理咨询师寻求帮助；第三，认知、情感、思维等心理活动基本正常。

那些患有严重神经症、人格障碍和精神病的人，是需要送医疗机构进行医治的病人，不属于来访者范畴。

（二）来访者甄别

当有人来到心理咨询室向咨询师寻求帮助时，心理咨询师应当首先对来访者的问题进行评估与分析，甄别来访者是否属于心理咨询的对象。对来访者进行甄别的程序见图 2-6 所示。[①]

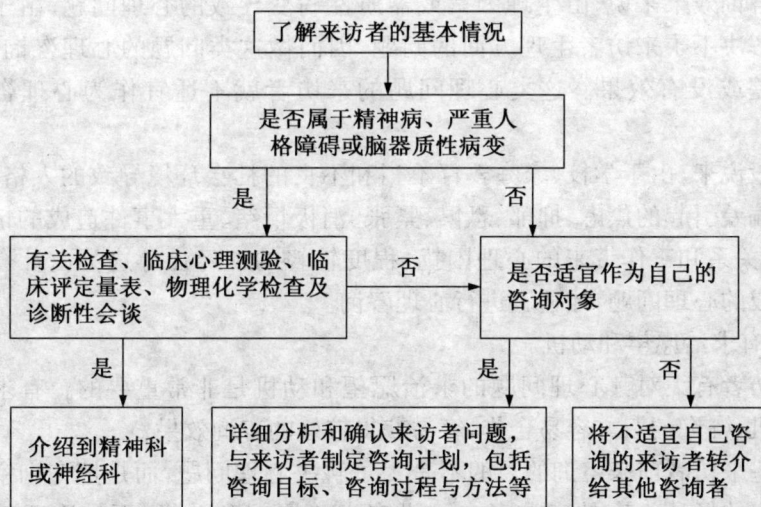

图 2-6　来访者甄别程序

（三）适宜心理咨询的来访者

心理咨询并不适合所有人，适宜进行心理咨询的来访者一般具有下面的特征：

---

① 　乐国安.咨询心理学.天津：南开大学出版社,2002：97

1. 身心基本健康

来访者的一般智力必须是正常的。只有智力正常,才能与咨询师进行正常的交流。心理咨询的过程需要一定的语言能力与思维能力,否则来访者与心理咨询师之间将难以沟通。

来访者的人格应当是健全的。人格基本健全者才能够配合心理咨询师的咨询,调整自己的心理状态。

来访者的身体应当基本健康,没有严重的身体疾病。患有严重身体疾病的人,往往有比较沉重的思想负担,而且身体痛苦也会影响其精神状态,如果有可能,最好是治疗好身体疾病或病情好转后再进行心理咨询。

因此,心理咨询的对象一般是心理基本健康、只是有某方面心理问题而需要给予帮助的人。

2. 由社会心理因素引起的问题

导致发生心理问题的原因较复杂,心理因素可以导致发生心理问题,比如在生活中遭遇重大事件、认识偏差、情绪或个性异常等都可能引发心理问题。生理因素也可以导致发生心理问题,比如身患严重疾病、脑损伤、精神缺陷、特殊神经动力类型也可能引起心理问题。

从咨询效果来说,由生理因素或器质性病变导致的心理问题,由于心理咨询师解决不了来访者生理方面的问题,因而做这类问题的心理咨询,往往效果很差或没有效果。这类心理问题的来访者就不适宜作为心理咨询的对象。

一般说来,由于学校、家庭教育不当和不良的社会环境导致的人格缺陷、由认识偏差引起的焦虑、抑郁、恐惧、紧张、消极情绪、重大事件造成的情绪低落、人际关系和工作带来的心理困扰、程度较轻的神经症等这类由社会心理因素造成的心理问题,才适宜进行心理咨询。

3. 有求治愿望和动机

来访者有无对其心理问题的求治愿望和动机是非常重要的。有求治愿望和动机,咨询的双方容易合作,容易获得较好的咨询效果。

有些来访者前来咨询的目的不是为了解决心理问题,而是把咨询室当成逃避现实的场所。有的来访者自己没有求治愿望和动机,而是迫于某种压力,来心理咨询室消极应付。还有一些来访者本身有心理问题,但他并不感觉痛苦,没有求治愿望和动机。对于这些来访者,心理咨询师在咨询的同时,首先要建立来访者的求治愿望和动机,以便获得较好的咨询效果。

总的来说,那些身心基本健康、有求治愿望和动机、由社会心理因素引起的心理问题的来访者,才是适宜心理咨询的来访者。

（二）不适合做心理咨询的对象

一般有心理问题的来访者都适合做心理咨询，然而也有一部分心理障碍者不适合做咨询。有些心理障碍虽然心理因素是问题原因，或者起重要作用，但由于障碍的特殊性以及现有心理咨询手段的局限性，心理咨询的效果也极为有限。一个突出的例子是某些人格障碍患者，例如反社会型、偏执型、分裂型人格障碍病人，这些人在智力、意识方面没有明显问题，但他们有的主观上不感到痛苦，因而没有求助动机；有的在咨询中极难合作，对一切咨询努力都"免疫"，结果心理咨询归于无效。因此在实际的咨询工作中，咨询师要有意识地排除不适宜心理咨询的来访者。

二、来访者的特质

每一个来访者都有自己独特的品质，简称特质，除了性别、年龄、文化、职业、家庭、收入等人口统计学特征之外，还有一些心理学特质，了解和掌握这些特质对于做好心理咨询是很重要的。

（一）来访者的期望

来访者的期望，即来访者对心理咨询师持有什么样的态度以及对心理咨询期待什么样的结果。来访者的期望对心理咨询效果具有很好的预测作用。一些研究表明，来访者的期望与心理咨询疗效成正相关作用，期望高的来访者，容易获得较好的心理咨询效果；期望低的来访者，心理咨询效果较差。

来访者对心理咨询不抱期望或负面期望的，在心理咨询过程中常常会产生抵触情绪，即心理咨询学中所谓的阻抗。弗洛伊德认为，大多数来访者对心理治疗都有阻抗情绪，但是这种阻抗并不是有意的，因为他们是自主来求助心理咨询师的，阻抗来自于无意识的阻挡和潜意识的症结，这种阻抗并没有意识化。[1] 遇到存在阻抗的来访者，心理咨询师要设法化解阻抗，帮助来访者建立积极的期望。

有的学者把来访者期望分为两种：一种是初试期望（initial expectancy），指来访者在咨询开始前的期望，来访者会把这种期望带入咨询中去，初试期望有助于来访者卷入咨询活动。另一种是发展期望（developed expectancy），指来访者在咨询过程中产生的期望，发展期望对咨询效果有较好的预测性。[2]

（二）来访者的动机

一些学者的研究表明，自愿求助的来访者比他人介绍的来访者有更强烈

---

[1] 杨德森. 行为医学. 长沙：湖南师范大学出版社，1990

[2] 杨宏飞. 心理咨询原理. 杭州：浙江大学出版社，2006：42

的咨询动机,咨询效果要更好一些。[1]

带有阻抗心理的来访者,其阻抗的动机深层根源有以下几种:其一,有的来访者只是想获得心理咨询师对自己某个问题的赞同,他到咨询室来并不是为了解决自己的心理问题,而是试图证明自己,在现实生活中寻找一种支点,获得心理的平衡。有些平时经常受到压抑的来访者,往往把心理咨询师看成是发泄对象,把心理咨询看作是声讨某些人的法庭。其二,有些来访者对一切的心理咨询和治疗都强烈抵抗,他们来心理咨询只是证明心理咨询师对自己无能为力。这些来访者的意识方面没有明显的障碍,主观上并不感觉到痛苦,没有真正的求助动机,只是从心理咨询过程中获得心理上的某种满足而已。其三,有些来访者并非自愿来访,可能是受到上司、父母、配偶等的逼迫,在重重压力的境况下不得不来接受心理咨询。在此种情况下,心理咨询只在表层现象徘徊不前,无法深入内部。因此,心理咨询师需要准确地判断来访者的心理动机,这对于做好心理咨询是非常重要的。

(三)来访者的人格和个人特点

来访者之间的个别差异,不仅表现在心理问题的原因和症状上,而且表现在人格和一些个人特点上。有些特点影响着咨询的效果,制约着来访者成长的速度和水平。

海伦和希尔(Highlen & Hill)指出,有几种人格和个人特点影响着治疗的效果:一是来访者对人际关系的敏感性。敏感性程度高的来访者咨询的成功率高一些。二是来访者处在烦恼之中,有心理痛苦。三是来访者的痛苦是诉诸人际交往,而不是抱怨肉体之痛,咨询效果好一些。四是有一定的应付能力和成功的应付经验的来访者预后较好。五是一般智力是一个重要因素,尤其是言语理解、言语表达能力、自我理解和自省能力。

需要指出的是,来访者的人格会通过咨询关系影响心理咨询的过程,或者说,具有某些人格特质的来访者难以跟其他人建立信任的人际关系,比如回避型依恋人格者。这类人只相信自己,在这个世界上,他们是客人,永远用异样的、分离的眼睛看人、看世界。因此,这类人很难与咨询师建立良好的咨询关系或咨询联盟,自然也就难以从咨询中获益。

(四)来访者的合作性

学者们关于来访者合作性的研究表明,来访者与咨询师越合作,咨询效果越好。来访者自己对合作的评价最能预测心理咨询的效果,心理咨询师的评价次之,观察者的评价最差。抑郁症来访者中的完美主义者因为不能和咨

---

① 杨宏飞.心理咨询原理.杭州:浙江大学出版社,2006:42

询师建立良好的合作关系,影响了咨询效果。[1]

在心理咨询实践中,主动的来访者的合作性一般高于被动的来访者,青年与中年来访者的主动性常常高于少年儿童和老年来访者。

（五）来访者的主动性

根据来访者前来心理咨询室的方式,可以将来访者分为主动的来访者和被动的来访者。

1. 当面的来访者

主动的来访者指无须他人动员或强迫,自己主动前来咨询的来访者。主动的来访者又分为两种:当面的来访者和隐匿的来访者。

当面的来访者指自己前来心理咨询室,与心理咨询师面对面直接咨询的来访者。

当面的来访者一般都是高中生以上的成人,他们有自己的分析和判断能力,乐于接受新鲜事物,比较重视自己的感受。他们迫切希望得到咨询师的帮助,咨询时的合作性较强。

隐匿的来访者指虽然主动向心理咨询师求助,但是通过电话、网络、信件等方式进行咨询,往往将自己的真实姓名和面貌隐匿起来,不愿面对心理咨询师的来访者。

隐匿的来访者往往不愿透露自己的真实姓名和地址,在介绍自己的情况时经常有虚假的内容,他们既想从心理咨询师这里获得帮助而又不愿意暴露自己的真实身份,他们咨询的内容往往与个人隐私有关。

2. 被动的来访者

被动的来访者指当事人本身没有咨询的愿望,是在亲友、老师、上级、同事的劝说或要求下、个别人甚至是在强迫之下前来进行咨询的来访者。

被动的来访者往往性格内向,交流困难,需要心理咨询特别关注,加强沟通和交流。

第四节　心理咨询的原则

心理咨询的原则既是对心理咨询师的职业要求和工作准则,又是从事心理咨询工作的基本原理,也是做好心理咨询工作的规律和经验总结。心理咨询的原则主要有以下一些:

---

[1]　杨宏飞.心理咨询原理.杭州:浙江大学出版社,2006:42

一、接纳原则

心理咨询的接纳原则，是指咨询师要无条件地接纳来访者，无论来访者有何种心理问题、问题的程度如何、观点认识怎样、态度如何，都要热情、得体地接纳与接待。

来访者来到心理咨询室时，他们的心情往往是复杂的，既有对心理咨询师帮助他们解除痛苦的期望，又对心理咨询师存有疑心和戒心；既有向咨询师倾诉内心的愿望，又有害怕泄露个人隐私的担心；既希望自己没有严重的问题，又担心自己存在严重问题。因此，来访者初次进行心理咨询时，其态度往往是拘谨、犹豫和观望的。所以，咨询师首先要无条件地接纳来访者，消除他们的顾虑和拘谨，建立起相互信任的咨询关系。

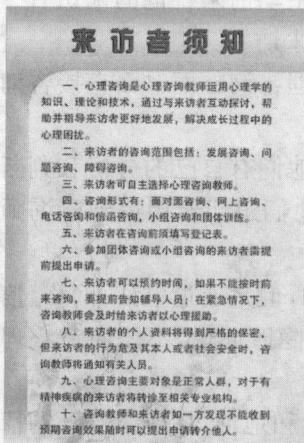

需要指出的是，咨询师要无条件地接纳来访者，是说咨询师在工作态度上要无条件地接纳来访者，而不是无条件接收一切心理问题和其他问题。对于不属于心理咨询范围的问题、超出自己能力范围的问题，咨询师应当耐心地向来访者说明自己不适合他，并对如何帮助来访者解决问题提出自己的建议。

图 2-7　某学校心理咨询室的来访者须知

二、尊重原则

心理咨询的尊重原则，是指心理咨询师要尊重来访者，尊重来访者的思想、观念、价值观、信仰，保护来访者的自尊。

在现实生活中，不少来访者经常为自己的一些怪异念头或行为感到羞耻、由于一些异常行为受到人们的嘲笑和蔑视、为自己曾经的错误抬不起头来，有很重的思想负担，他们怕被人瞧不起，自尊心受到伤害。对于这样的来访者，尊重他们，是沟通的基础，是做好心理咨询的基础。

尊重原则强调的是尊重来访者的人格，要平等对待来访者，咨询师不要有居高临下的态度，而不是说咨询师一定要赞同和附和来访者的所有观念和行为。对于来访者有问题的观念和行为，心理咨询师要在充分尊重来访者人格的基础上，进行疏导和调适，帮助来访者解除心理痛苦，这其实就是对来访者人格的最大尊重。

三、保密原则

心理咨询的保密性原则，是指心理咨询师要为来访者的咨询内容保守秘密。为来访者保密是心理咨询师的职业伦理道德要求，是咨询双方建立相互信任的基础。

我国法律规定公民享有隐私权。个人或机构未经当事人允许，泄露他人信息和隐私的，是违犯法律的行为。

在心理咨询过程中，来访者常常向咨询师暴露自己的隐私，许多隐私是见不得人的丑事甚至是坏事，有的隐私是匪夷所思的怪事。对于这些特殊的、离奇的隐私，咨询师要向对待一般咨询内容一样，严格为来访者保守秘密。不能把特殊的、离奇的隐私作为谈资，更不能出于好奇超出咨询工作需要挖掘来访者的隐私。

为来访者保密主要包括以下几方面的内容：第一，除非得到来访者的许可，否则不能将信息透露给任何人。第二，不能在书刊上登载来访者的隐私，进行案例分析要经过适当处理，

心理咨询保密制度

一、心理咨询教师有责任向来访者说明咨询工作的保密原则，以及应用这一原则的限度。

二、心理咨询工作中的有关信息，包括个案纪录、测验资料、信件、录音、录像和其他资料，应在严格保密的情况下，作为档案，及时送档案室进行保存。

三、除了心理咨询教师和档案管理员以外，任何其他人员都无权查看心理档案案档案材料。

四、心理咨询教师只有在来访者同意的情况下，才能对咨询过程进行录音、录像。因专业需要进行案例讨论、教学引用和科研写作时，应隐去那些可能据以辨认出来访者的有关信息。

五、在心理咨询工作中，一旦发现来访者有危害自身和他人的情况，必须采取必要措施，防止意外事件发生（必要时应通知有关部门或家属），但应将有关信息的暴露程度限制在最小范围内。

六、心理咨询教师接受卫生、司法或公安机关法律规定的询问时，不得做出虚伪的陈述或报告。

图 2-8　某学校心理咨询室的保密制度

消除可能暴露个人隐私的内容。第三，如果来访者触犯法律，必须有执法机关的文书，才能调看来访者的心理档案。第四，心理咨询师之间专业交流，只限于报告心理问题，不得涉及来访者个人信息。

必须指出的是，当来访者暴露出如企图自杀、自残、伤害他人、损毁公私财物的某种特殊心理苗头时，咨询师就要及时与有关单位和人员联系，避免伤害事故的发生。在这种情况下，紧急避险高于为来访者保密。

四、教育发展原则

心理咨询的教育发展原则，是指咨询师不仅要着眼于来访者现有心理问题的解决，更要着眼于来访者未来的发展，在解决心理问题的过程中，使来访者的心理品质得到提高。

虽然心理咨询不是说教，但是心理咨询是一种帮助人的工作，咨询师不仅要帮助来访者解除心理痛苦，还要帮助来访者正确认识自我，正确认识环境，改变来访者原先的不适应环境的思维方式。只有来访者建立了正确的人生态度，对环境有正确的认识，才可能真正解决问题，才能有效预防问题的发生。所以，心理咨询的过程，既是心理疏导的过程，也是心理教育的过程。

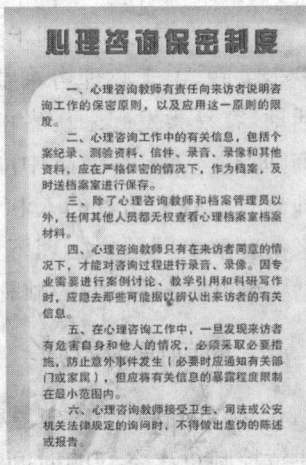

五、情感中立原则

心理咨询的情感中立原则,是指咨询师在咨询时,不能把个人情感加在来访者身上,不能对来访者叙述的事情表示情感倾向,不能利用咨询之便与来访者建立情感关系。如果来访者向咨询师表示亲近的情感,咨询师要设法解脱,如果难以解脱,要将来访者转介其他心理咨询师进行咨询。

心理咨询是直接作用于人的心理的特殊活动,直接与人的认识、情感、行为发生关联,由于心理咨询往往深入到来访者的内心深处,涉及来访者的情感活动,容易激发起来访者的情感反应,来访者很容易把自己的情感转移到咨询师身上。所以,情感中立是确保心理咨询效果的一条重要原则,心理咨询师只有超脱来访者的人和事,才能进行客观的分析和判断,才能有效地帮助来访者解决问题。心理咨询师一旦将个人情感掺杂到来访者的人或事当中,就会妨碍心理咨询的顺利进行。

六、时间限定原则

心理咨询的时间限定原则,是指心理咨询师在心理咨询的过程中,第一,要注意控制每次咨询的时间。一次心理咨询的时间,一般控制在 60 分钟以内,保证咨询师有充足的精力从事咨询工作。而且限定时间还会让来访者珍惜时间,促进咨询的效果。第二,要控制整个咨询过程的长度。一般来说,经过多次咨询、咨询过程超过 3 个月时,可以认为咨询效果已经饱和,这时就应当停止咨询。

限定心理咨询时间,是为了确保咨询效果,是为了对来访者负责。目前,心理咨询收费都是以时间单位计算的,坚持时间限定原则,可以获得来访者的信任,提升心理咨询师和心理咨询机构的形象,对提高心理咨询效果和发展心理咨询事业都是很有好处的。

第五节　心理咨询的效用

心理咨询是一门科学,既然是一门科学,就有它的适用范围和效用边界。也就是说,心理咨询的效用是有范围的。心理咨询的效用主要体现在以下方面。

一、疏导心理问题

疏导心理问题是心理咨询最基本的效用。人们在现实生活中,要同周围的人建立各种人际关系,要应对各种各样的问题,难免会遇到不如意的人和事,难免会同周围的人发生矛盾,难免会遇到失败和挫折,难免会有心里不痛快的时候,难免会发生心理问题。面对来访者的心理问题,咨询师通过心理咨询,疏导来访者的心理问题,解除其心理痛苦,是心理咨询最基本的效用。

在现实生活中,多数心理问题是由人际关系引起的,如上下级关系、师生关系、婆媳关系、夫妻关系、恋人关系、同学关系、朋友关系、同事关系、兄弟关系等,当事人由于难以处理人际关系、在人际关系压力下产生心理问题。对于这类问题,心理咨询一般可以取得较好的咨询效果。

现实生活中有这样一些人,他们不能正确地认识自己,在人格上有一些缺陷,不能很好地适应社会,通过心理咨询,可以帮助来访者正确认识自我,完善人格,促进来访者个人的发展。

人们在生活中,经常会遇到一些困难和阻力,面对困难,有人会焦虑和紧张,产生心理问题,通过心理咨询,消除来访者的焦虑和紧张,给予有益的分析和建议,可以帮助来访者克服自身发展中遇到的各种阻力,正常地面对工作和生活。心理咨询虽然不同于心理治疗,但是它与心理治疗并无截然的界限,对于某些神经症,如恐怖症、强迫症、焦虑症,心理咨询也可以有较好的效果,可以帮助有心理问题的人消除心理障碍或某些神经症。

二、增进心理健康

现代心理咨询的发展,不仅关注解决心理问题,而且重视预防心理问题的发生,心理咨询同时也是心理健康教育。

现在的许多来访者,他们基本上没有心理问题,他们来咨询的是发展性问题,关注的是自己人格的完善和心理的健康,他们需要心理咨询师指导他们如何增进心理健康、如何面对心理困扰。随着社会的进步,人们越来越重视自己的心理健康,经常进行心理咨询是文明的表现。

通过心理咨询,咨询师可以鉴别来访者心理问题的性质和严重程度,及早发现人格障碍和精神病,发现人格障碍和精神病后应及时转送有关机构,有助于来访者得到最及时的治疗。

三、提高生活质量

人的生活质量,不仅与物质生活有关,而且与精神生活有关。大量的心理学研究表明,人的生活是否幸福,实际上是一种主观的感受,许多因素都可以影响人的主观幸福感。物质因素可以使人产生幸福感,心理因素也可以使人产生幸福感,愉快的心情比起充裕的物质可以使人有更强的幸福感。

心理咨询可以帮助来访者解决心理问题，解除他们的心理痛苦，改善他们的心境，可以显著地提高来访者的生活质量。

四、促进组织和谐

现代社会中，存在着由许多人组成的各种各样的组织，如学校、军队、企业、机关、医院、社区等，在组织中，由于人们处于不同的位置，存在不同的利益关系，难免会产生人际矛盾，发生一些心理问题。这些矛盾和问题，如果放任发展、处理不好，有时会引起严重的冲突或事故。

在组织内部，建立健全心理咨询机构，配备专业的心理咨询人员，积极开展心理咨询和心理健康教育工作，把问题解决在萌芽状态，可以有效化解冲突和矛盾，促进组织的和谐。我国现在所有的高校、许多中学和企业建立了心理咨询机构，配备专人从事心理咨询工作，收到了良好的效果。

五、有利于社会稳定

社会是由个人和组织组成的，心理咨询提高了个人的心理健康水平，促进了组织内部的和谐，从而化解和减少了许多社会矛盾，有利于社会的稳定。

当然，一个社会稳定与否，主要是由经济和政治因素决定的，心理咨询对社会稳定所起的作用是不大的。尽管作用不大，心理咨询在疏导心理问题、化解人际矛盾方面的显著功效，事实上对社会稳定做出了有益的贡献。

六、心理咨询的局限性

心理咨询可以帮助人们解决心理问题，但是心理咨询也有自身的局限性。了解这些局限性，是心理咨询正确发挥效用所必需的。

（一）不能为来访者解决具体问题

心理咨询师只能对来访者的心理问题进行咨询，不能帮助来访者解决具体的问题或困难。比如，某个学生学习成绩不好，十分焦虑，前来咨询，咨询师可以帮助当事人缓解焦虑，帮助分析学习中存在的问题，甚至提出改进学习方法的建议，但是心理咨询师却不能直接帮助当事人提高学习成绩。又如，有人因为生产经营困难，心情郁闷，前来咨询，咨询师可以帮助其放松精神，调整情绪，但是却提不出有助于其应对经济困难的策略和建议。也就是说，心理咨询可以缓解和解决心理问题及其表现症状，可以帮助来访者获得心理支持，但是导致产生心理问题的客观事由还是要当事人自己去解决。

（二）不能代来访者做出决定

心理咨询师只能对来访者的心理问题进行咨询，不能代替来访者对其重大问题直接做出决定。许多来访者之所以发生心理问题,往往是因为他正面临人生的重大问题,如升学、就业、恋爱、婚姻、投资、移民等问题。心理咨询师可以采取适当方法,帮助来访者放松、减轻心理压力,也可以与当事人讨论有关的应对方法。但是,心理咨询师却不能同当事人讨论具体事务、协助做出决定,更不能代替当事人对这些重大问题做出决定。任何决定,只能由当事人自己做出。

第三章　心理咨询原理

　　要做好心理咨询工作，不仅要了解心理咨询的历史、理论流派、方法、技术，而且还要懂得心理咨询是如何起作用的、心理咨询解决心理问题的原理是什么，既知其然，也知其所以然。只有这样，在面对各种各样的心理问题时，才能恰当地、正确地运用心理咨询的方法和技术，做好心理咨询工作，达到最佳的咨询效果。心理咨询解决心理问题的基本原理有生理调整、重新适应、认识改变、情感疏导、行为矫正、环境控制、反馈调节等。

第一节　生理调整

一、生理调整的原理

　　生理调整是指心理咨询师指导来访者调整自己的生理和身体状况，使来访者改善心理健康状况、消除心理问题。

　　本书在第一章中详细地讨论了心理与生理的关系，介绍了生理对心理的作用和心理对生理的作用，这些知识对于理解生理调整是很有意义的。

　　人的心理活动，其本质是经过长期生物演化发展而来的世界上最发达的生物信息处理系统的活动。人作为一种高级生物，正常的生理机能是生命活动的基础，也是心理活动的基础。人的心理现象虽然很复杂，但都是人脑进行信息加工活动的表现和结果，是建立在大脑生理活动基础上的心理现象。心理现象是大脑的主观体验，它的客观表现是大脑信息加工活动的生物电活动。心理与生理，是统一的人体机能的两个方面，它们互相依存、互相作用。人的生理如果发生不正常的情况，比如患病、受伤、虚弱，往往会在心理上产生不良的影响，出现一些不健康的心理状态。我们可以看到，有的人患了不治之症后，情绪低落、心情烦躁、喜怒无常。许多体质虚弱或身患重病的人，性格也往往是软弱和退缩的，对待事物也比较消极。反之，在正常良好的生理状态下,比较容易建立和保持心理健康。我们几乎见不到身体强壮健康的人有退缩行为,身强体壮的人很少发生抑郁和焦虑。

人体是一个复杂的系统,人的心理和生理,都是人体这个系统的子系统。在复杂的系统中,系统的各个部分存在着相互作用、相互影响的关系。正是由于存在子系统之间相互作用和相互影响的关系,众多子系统才能组成有内在紧密联系的更大的系统。人的中枢神经系统的机能状况,可以影响消化系统、血液循环系统、内分泌系统等的机能状况。反之,消化系统、血液循环系统、内分泌系统等的机能状况,也可以影响中枢神经系统的机能状况。人的心理活动,既是心理现象,也是生理现象。

由于心理和生理之间存在着紧密的联系,对于某些心理现象,可以采用生理调整的方式加以影响,通过生理状态的改变来改变其心理状态。比如,对于某些有抑郁和退缩行为的来访者,咨询师除了进行心理咨询之外,还可以要求来访者加强体育锻炼和户外运动,要求达到一定的运动量和身体指标,当来访者的体质有了明显增强的时候,他的心理和行为状态也会得到很大的改善。

生理调整对许多心理问题都有积极的效果,特别是对于抑郁、焦虑、退缩行为有更为明显的积极效果。

二、生理调整的应用

(一)体育锻炼

体育锻炼是最简便有效的生理调整途径。体育锻炼可以增长肌肉、促进血液循环、提高心肺功能、增强神经系统机能等,对改善心境、增强自信、提高勇气有良好的效果。

各种形式的体育锻炼都可以收到较好的生理调整效果,心理咨询师可以根据来访者的体育爱好和场地条件,以专家要求的方式,建议来访者因地制宜积极从事体育锻炼,比如游泳、打球、跑步等。

需要注意的是,以体育锻炼的方式进行生理调整,必须保证一定的运动量和运动时间。一般应要求来访者每天都要达到一定的运动量,运动量根据各人体质,以达到身体出汗、略感疲劳为宜。体育锻炼对于增进心理健康的效果,需要经过一段时间的坚持,当来访者体质有了明显改善时就能够显现出来。为了保持和增进心理健康,即使来访者的心理健康状况有了明显的改善,体育锻炼作为良好的习惯,最好能长期坚持下去。

(二)生物反馈

生物反馈(biofeedback)是在电子仪器帮助下,将我们身体内部生理过程的生物电活动信息加以放大,放大后的机体电活动信息以视觉(如仪表读数)或听觉(如蜂鸣音)的形式呈现出来,使主体得以了解自身的机体状态,并学会在一定程度上随意地控制和矫正不正常的生理变化。生物反馈仪可以反馈给人的信息包括肌肉的紧张度、皮肤表面的温度、脑电波活动、皮肤导电量、血压和心率等。运用于生物反馈治疗的设备有肌电反馈仪、皮肤湿度反馈仪、皮电反馈仪、脑电反馈仪及脉搏反馈仪等。仪器的操作者需经过专业训练，以保证结果的可靠性和科学性。

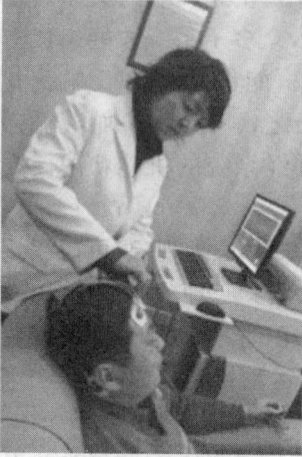

图 3-1　生物反馈疗法

生物反馈疗法（biofeedback therapy）（图3-1）就是把人体内的生理机能用现代电子仪器转换为声、光等信号，使人根据这些信号，调节自己的内脏机能及其他躯体机能，达到防治身心疾病的目的。人的身体的每一部分都影响着人的松弛感。生物反馈可以帮助人们发现神经系统哪一部分没有放松，提高对身体松弛状态的全面觉察，帮助人更好地放松。生物反馈疗法可以用于治疗焦虑症、恐怖症及与精神紧张有关的一些身心疾病。

（三）放松疗法

松弛疗法（relaxation therapy）又叫放松训练，它是按一定的练习程序，学习有意识地控制或调节自身的心理生理活动，以达到降低机体唤醒水平，调整那些因紧张刺激而紊乱了的生理功能。

现代社会的快节奏和高压力使人们经常受到各种生活事件的刺激，如工作压力、人际关系紧张、经济拮据、婚姻危机、患病等等。这些压力和刺激，心理学家们称为应激。应激不但能引起人的生理反应，而且也能引起心理反应。生理反应主要包括两个方面，一是肾上腺能反应，表现为交感神经活动加强，肾上腺髓质释放儿茶酚胺增加，而致血压升高、心率增快、呼吸加速、肌张力增高等。二是垂体-肾上腺皮质反应，促使肾上腺皮质激素（ACTH）大量分泌，肾上腺素皮质的分泌活动可以促进糖皮质激素的分泌增加，引起如抑制炎症反应、对抗过敏反应、血糖升高等反应。心理反应在性质上可分为两类：一类是有利于应激行为的，另一类是干扰应激能力的，例如过度的焦虑、情绪激动等，由此引起认知和自我评价的障碍。

放松训练具有良好的抗应激效果。在进入放松状态时，交感神经活动功能降低，表现为肌肉放松、呼吸频率和心率减慢、血压下降，并有四肢温暖、头脑清醒、心情轻松愉快、全身舒适的感觉，同时加强了副交感神经系统的活动功能，促进合成代谢及有关激素的分泌。经过放松训练，调节神经、内分泌及植物神经系统的功能，可以影响机体生理和心理的功能，增进心身健康。

　　放松疗法常与系统脱敏疗法结合使用,也可单独使用,可用于治疗各种焦虑性神经症、恐怖症,对身心疾病都有较好的疗效。我国的气功、印度的瑜伽术、日本的坐禅、德国的自生训练、美国的渐进松弛训练、超然沉思等,都是以放松为主要目的的自我控制训练。

第二节　重新适应

一、重新适应的原理

　　在心理学史上,曾经有过多种多样的关于心理的定义,20世纪瑞士著名心理学家皮亚杰关于心理的定义就是一个影响很大的定义。

　　皮亚杰认为,人的心理的本质是适应。"可以把适应定义为有机体对于环境的作用与环境对于有机体作用之间的平衡。"①所谓有机体对于环境的作用,皮亚杰把它解释为"同化",即在生理上就是有机体吸收外部物质并使之变化成与有机体本身的物质相适合的东西,在心理上就是主体②把客体结合到主体已有的行为模式或认识结构中去。所谓环境对于有机体的作用,皮亚杰把它解释为"顺应",即在生理上就是有机体改变内部结构以适应环境,在心理上就是主体改变先前的行为模式和认识结构或建立新的认识结构以适应现实。皮亚杰又将行为模式和认识结构称作图式,皮亚杰认为,人的心理在最初只有一些本能的图式,由于人的活动——同化把经验纳入到主体已有的图式之中,丰富和加强主体的动作,引起图式发生量的变化,使图式的数量和内容丰富起来;顺应则是在主体的图式不能同化客体时,主体建立新图式或调整原有图式,引起图式质的变化,使主体的认识结构适应环境。这样,通过同化和顺应的相互作用,主体的图式(认识结构)就从简单到复杂、从低级到高级地发生和发展起来了,主体就越来越适应环境了。这就是人的心理发生和发展的基本过程。皮亚杰的理论是从生物学和心理学相统一、从心理的发生和发展的角度来理解和解释心理的,他关于心理的实质的理论既有生物学价值又有心理学价值,对于我们理解心理咨询的原理具有重要的意义。

　　皮亚杰揭示了人的心理的本质是适应,是人与环境相互作用的平衡。这

---

　　①　(瑞士)皮亚杰著.智慧心理学.洪宝林译.北京:中国社会科学出版社,1992:6

　　②　在皮亚杰看来,认识论意义上的真正主体,是具有自我意识即有认识能力并能以动作作用于客体的人。客体既是主体认识和作用的对象,也是主体认识活动的产物,又是主体认识的极限。

种平衡是一种动态的平衡,人总是在同化和顺应不断的相互作用过程中保持适应的平衡,达到心理的发展。从皮亚杰理论来看,人的心理问题,实质是人在适应环境的过程中出现了问题,问题可能出在同化方面,也可能出在顺应方面,是一种难以应对环境的心理反应。比如,一个从小在溺爱的家庭环境中长大的中学生,当他来到远离家庭的外地读大学时,面对独立生活、人员陌生的新环境,不能用已有的生活经验应对新情况,不能调整自己的生活习惯顺应新环境,一下难以适应,产生焦虑和抑郁,于是就出现了心理问题。再如,某人长期相恋的恋人突然提出分手,他面对突如其来的打击没有思想准备,难以适应巨大的变化,极易引发心理问题,这是心理咨询中常见的情况。

我国老一辈著名心理学家丁瓒先生(1910—1968)曾说过这样一段话:"人类的心理适应最主要的就是对人际关系的适应,故人类心理病态主要是对人际关系的适应失调而来。"[①]在原始人时期,心理问题是比较少的,因为那时人们的生活环境简单,心理适应问题比较简单。在现代人时期,生活环境复杂得多,适应起来难度较大,因而现代人患心理问题的比例要比原始人和古人高得多。这提示我们,心理咨询实际上是一种帮助来访者重新适应环境的工作。咨询师通过咨询活动帮助来访者把原有的生活经验同新环境、新情况联系起来,建立适应新环境的新的生活方式、新的生活习惯、新的生活态度,也就是帮助来访者进行心理的同化和顺应,当来访者在心理上达到了新的适应平衡时,他的心理问题就得到了解决。

心理咨询犹如医生看病,不仅要看到心理问题的现象,对症施治,而且要抓住问题的本质,明白许多心理问题的实质是难以适应环境,是人在适应环境上出了问题,积极从解决适应问题入手来解决心理问题,这样标本兼治,才能有好的咨询效果。

二、重新适应的应用

(一)道家疗法

中国文化源远流长,春秋末年的老子和战国时期的庄子是道家思想的开创者和主要代表人物。道家倡导天人合一、顺应自然、崇俭抑奢、柔弱不争的生活态度,道家的这种生活态度,有助于缓解精神压力、适应生活。我国的心理学家吸收道家思想,融合心理治疗观念,提出了道家疗法,在实践中取得了一定的效果。[②]

---

① 丁瓒.心理卫生丛书.重庆:重庆商务印书馆,1945:17
② 张亚林,杨德森.中国道家认知疗法——ABCDE 技术简介.中国心理卫生杂志,1988,12(3):188—192

道家疗法最重要的是"道家哲学思想的导入",有四条原则,共 32 个字:利而不害,为而不争;少私寡欲,知足知止;知和处下,以柔胜刚;清静无为,顺其自然。这四条原则,当然不是道家的全部思想,但是它们概括了道家思想中的顺应自然的主要观念。道家顺应自然的思想,是一种适应自然、适应社会的生活态度,它的核心就是主张人要面对现实,承认现实,适应现实。这似乎是一种消极的生活态度,但是这种生活态度可以减少生活纷扰、减少内心困扰,可以坦然面对逆境和困难,在表面的消极中隐含着不畏困苦、长期坚持的积极精神。正是这种精神,才使得道家思想流传千百年不衰,才能被心理学家运用于心理咨询和心理治疗。所以,所谓"道家哲学思想的导入",就是帮助来访者以新的态度重新适应生活。

（二）存在主义疗法

存在主义是西方的一种影响很大的哲学思潮,它的创始人是德国哲学家 M·海德格尔（Martin Heidegger，1889—1976）和德国哲学家 K·雅斯贝尔斯（Karl Jaspers,1883—1969）。存在主义的基本观点是把人的意识活动当作最真实的存在,它是存在主义全部哲学的出发点,人应当体会自身存在的可能性和意义,并去创造自己。

存在主义重视人在生存和生活中面临的选择问题,因而存在主义疗法把"人"作为治疗的重心,认为人处于不断的转折历程,咨询师应当帮助来访者了解他对世界的看法,帮助他做出正确的选择和行动,顺利度过转折期。存在主义疗法的这种观点,实质是肯定了人的生活是一个不断发展的适应过程,适应不良就会发生心理问题,适应顺利,人就会愉快地生活。

存在主义疗法十分重视治疗关系的建立,把治疗关系称作"咨询师与来访者的共同旅程",咨询师不是要去医治来访者,而是要协助来访者了解他正在做什么,帮助来访者反省自身的存在,审视为什么会发生心理问题,鼓励他以新的认识为基础,采取行动,实践自己经过调整改变后的人生意义和价值,把自己融入到有目标的新生活中。

第三节　认识改变

一、认识改变的原理

每个人在他的生活中,要遭遇和处理各种各样的现实问题,由于每个人的个性和成长环境的不同,每个人都会对现实生活形成自己的态度和认识,每个人的心理都是以自己独特的角度反映着自己所生活其中的现实。

人的心理在发生和发展过程中,会形成一些相对稳定的心理方式或心理状态,这种心理方式或心理状态也叫认识模式或行为模式。每个人之所以有不同的个性和行为方式,就是因为每个人都有自己不同的认识模式或图式系统,每个人都是按照自己的图式在观察和理解现实世界。对同一个世界,每个人都有自己不同的理解和看法。

人的心理是对客观现实的反映。但是人反映客观现实不是像照镜子那样被动地反映现实,而是要受到人的主体状态、社会环境、生活经验的影响,每个人都是以自己特有的认识框架来反映现实。对同一事物,不同的人往往会有不同的认识,每个人都是以自己的方式来认识他所生活的这个世界。

因此,一个人出现心理问题、出现思想矛盾,是由于他在现实生活中,按照自己的认识模式,形成了一些给他的心理带来负担和痛苦的认识。因此,要解决他的心理问题,就是要改变他的认识,帮助他以新的模式认识世界,形成新的、积极的认识,解除他的心理负担和痛苦。

认识改变也是认知疗法的理论基础。认知心理学认为,人的情感来自于人对所遭遇的事情的信念、评价、解释或哲学观点,而非来自事情本身。人的情绪和行为受制于认知,认知是人心理活动的决定因素。认知心理学强调任何情绪与行为的产生都有认知因素的参与,都是由认知发动和维持的,合理的认知产生合理的情绪和行为反应,反之,不合理的认知产生不合理的情绪和行为反应。从认知心理学发展出来的认知疗法,就是针对心理分析的缺陷而发展起来的。运用心理分析进行心理治疗时,咨询师常常关注于心理和行为的潜意识与情感症结。患者潜意识的欲望或情感,往往只是咨询师的分析推测,不容易向患者解释清楚,也难以被患者接受,更难以作为心理治疗的症结来操作。心理治疗如果把症结放在认知上,咨询师就不必去管难以把握的潜意识,只要纠正患者的那些可以用语言描述的观念、想法和信念,解决好患者的认知偏差即可,便于操作,容易取得患者的理解与配合。

我国的思想政治工作,曾经鼓舞了革命斗志、解决了工作、学习中的许多思想问题,其原理就是通过思想政治工作,改变人们的认识,把人们的思想统一到某个目标上来。正是由于在原理上有相通之处,近年来,心理咨询受到了思想政治工作部门的重视,在思想政治工作部门的推动下,心理咨询在一些单位得到了较快的发展。

认识改变,就是通过一定的方式方法,帮助来访者改变他原先的认识,改换为新的认识,使他对过去和现实有一种新的认识,帮助他对引起心理问题的事件换一个思路、换一个角度去认识,发现新的天地、新的世界,从苦恼、痛苦、失望、悲观中解脱出来。人们常说"心病还须心药医",其实说的就是认识改变,认识改变就是打开心结。

认识改变需要咨询师有较丰富的生活和社会经验、较好的分析和判断力,这样才能比较准确地发现问题、找出问题的症结,提出可行的认识改变的咨询路线。

二、认识改变的应用

(一)认知疗法

认知疗法(cognitive therapy)以认知过程可以影响情感和行为作为理论基础,运用认知和行为技术来改变来访者的不良认知,进行心理治疗的方法。认知疗法主张,行为和情绪的产生有赖于个体对生活情景所做出的评价,并认为这些评价受个体信念、假设、思维等认知因素的影响。认知疗法认为,当人的知觉由于某种原因得不到充分的信息,或由于对感觉做出错误的评价与解释时,就会对知觉的准确性或范围产生影响,使知觉受到限制或歪曲,从而导致适应不良的情绪和行为。要改变不良的情绪和行为,就必须对原先的认知过程,以及这一过程中产生的错误的认知观念加以改变。

认知疗法有许多种,各有不同的侧重点。代表性的认知疗法有艾利斯(Albert Ellis)的合理情绪疗法(Rational-Emotive Therapy)、贝克(A. T. Beck)的认知转变疗法、迈肯鲍姆(D. Meichenbaum)的自我指导训练疗法、应对技巧训练疗法、内隐示范疗法、问题解决疗法、焦虑驾驭训练疗法、应激接种训练疗法。

(二)思想工作

在工作、学习和生活中,经常会遇到有人因为某事而苦恼、悲观、失望、心理痛苦,这时,如果对他进行适当的解释、开导、劝说,就会减轻他的心理痛苦,这就是我们常说的思想工作。

思想工作的原理就是认识改变。多年来,许多人不一定懂得心理咨询的原理和理论,但是却知道思想工作可以使人减少或解除心理痛苦,使人精神振作,创造了许多成功的思想工作范例。许多思想工作的专家,他们的具体做法与代表性的认知疗法在很多方面相契合。这表明,思想工作与认知疗法的原理是共同的。

思想工作有时可以完全改变一个人的价值观、立场和态度,比如,新中国成立初期我国对战犯的改造,许多过去长期反对共产党的战犯,经过思想工作和改造,成为共产党的坚定支持者。

第四节　情感疏导

一、情感疏导的原理

在心理咨询中,有相当多的案例是关于情感问题的。情绪和情感是两个既有区别又有联系的概念。

情绪和情感是人对客观事物是否满足自己的需要而产生的态度体验,是个体受到某种刺激后产生的一种身心激动状态,是主体伴随着认识和行为过程产生的对外界事物的态度,是对客观事物和主体需求之间关系的反应。一般说来,情绪更倾向于对个体物质的或生理需求相联系的态度体验,具有情境性、激动性、暂时性、表浅性和外显性的特点。而情感则更倾向于对人的精神或社会需求相联系的态度体验,具有稳定性、持久性、深刻性、内隐性的特点。

情感往往与一定的生理反应联系在一起,比如,人在紧张和激动时,往往会身体发抖和呼吸加快;人在恐惧时,往往会口渴、心跳猛烈、发抖和出汗;人在兴奋时,往往会脸色发红;人在生气时,往往血压上升和心跳加快。由于情感与一定的生理反应相联系,所以人对情感有强烈的心理体验。能够引起强烈情感体验的事件,会在人的心理上留下深刻的印象。如果这种事件是负性事件,常常会在情感的作用下形成心理问题。

由于情感常常伴随着一定的生理反应,所以一些能缓解或解除生理反应的方式,可以有效地缓解或解除相应的情感体验,这就是为什么情感可以疏导、情感疏导可以缓解或解除心理问题的原理。

在心理咨询实践中,经常见到的因失恋而受到情感创伤产生的心理问题,由于强烈的情感体验,来访者的心理很痛苦,亲友的劝解也难以使他忘怀过去的经历。因此,对于来访者的伴随强烈情感体验的心理问题,除了应当进行一般的心理咨询之外,还应当对之进行情感疏导,缓解或消除他的情感状态,随着情感状态的消除或缓解,他的心理痛苦就会减轻,心理问题就会得到部分或全部解决。

情感疏导是通过谈话或其他方式,帮助来访者缓解或解除负性情感状态,从而减轻或解决其心理问题。情感疏导有些类似医疗中的对症治疗,虽然不一定能够去除病根,但是却可以减轻病人的痛苦,在许多时候,解除了症状也就治好了疾病。心理咨询在有的时候,也需要对症处理。在不少情况下,了解来访者心理问题的起因和把握其心理活动,需要较多的时间和精力,一时不易做到,在这种情况下,可以先进行情感疏导,缓解来访者的心理痛苦,而后再做进一步的咨询。

二、情感疏导的应用

(一) 共情

在心理咨询中,共情(empathy)是最基本的沟通和咨询技能。

共情指的是咨询师的能深入来访者的主观世界,了解其感受的能力。罗杰斯(Rogers)认为,良好的咨询与治疗关系本身就具有治疗的功能,而共情是建立良好咨询关系的充分必要条件之一。梅厄夫(Mayeroff)认为,共情就是"关怀一个人,必须能够了解他及他的世界,就好像我就是他,我必须能够好像用他的眼看他的世界及他自己一样,而不能把他看成物品一样从外面去审核、观察,必须能与他同在他的世界里,并进入他的世界,从内部去体认他的生活方式,及他的目标与方向。"[①]罗杰斯对共情的解释是:"咨询员能够正确地了解当事人内在的主观世界,并且能将有意义的信息传达给当事人。明了或察觉到当事人蕴涵着的个人意义的世界,就好像是你自己的世界,但是没有丧失这'好像'的特质。"[②]

共情之所以能够具有沟通和治疗的功能,就在于共情可以拉近咨询师与来访者的心理距离,缓解来访者的紧张情感,使来访者的情感得到疏导。

(二) 心理宣泄室

现在我国许多企业、学校、监狱的心理咨询机构,纷纷建立了心理宣泄室。在心理宣泄室里,来访者可以大声叫喊、摔打胶皮人,发泄自己不满、烦躁、愤怒的情感,以减轻心理紧张度。

图 3-2　心理宣泄室

①② 贾晓明. 现代精神分析与人本主义的融合——对共情的理解与应用. 北京理工大学学报(社科版),2004(6):36—38

心理宣泄室最早兴起于日本。在 20 世纪 60 年代,日本松下公司为了缓解职工的不满和紧张情绪,在工厂内设立了宣泄室。在宣泄室内,安放了公司老板松下幸之助的假人模型,职工对公司有不满或怨气,可以打骂假人,打骂过后,职工的不满或怨气得到释放,心情就平和多了。后来,这种方法被许多公司、学校和单位借鉴,也在单位内部设立了心理宣泄室,用摔橡皮器皿、打骂假人等方式,发泄负性情绪,减轻心理痛苦。

不同的颜色可通过视觉影响人的内分泌系统,从而导致人体激素的变化,使人的情绪发生变化。研究表明,红色可使人的心理活动活跃,黄色可使人振奋,绿色可缓解人的心理紧张,紫色使人感到压抑,灰色使人消沉,白色使人明快,咖啡色可减轻人的寂寞感,淡蓝色可给人以凉爽的感觉。在心理宣泄室,墙壁是绿色的,胶皮人是红色的,这是考虑到宣泄者的情绪反应所选择的颜色搭配,以利于情感疏导。

第五节　行为矫正

一、行为矫正的原理

行为(behavior),指人类与动物的动作、行动方式,以及对环境与其他物体的反应。在生物学上,行为指动物进行的从外部可察觉到的有适应意义的活动,行为是动物应付环境变化的一个主要手段。

生物学将行为分为本能行为和习得行为两大类。本能行为主要来自遗传,或与生俱来的或随发育成熟而出现。本能行为比较定型,在同一种的个体间基本一致。习得行为是动物出生后从经验中学习来的。通过学习,动物能更有效地适应它所处的环境,亲代的经验可以传递给下一代。现在人们认识到,动物的大部分行为既有遗传基础,又有学习成分,即使过去认为是典型的学习行为,其有关的学习能力也是由遗传决定的。

关于行为,不同的心理学家有不同的定义。行为主义心理学把人与动物对刺激所作的一切反应都称为行为,包括外显的行为和内隐的行为。格式塔心理学认为行为是受心理支配的外部活动。现代心理学家一般认为,行为是受思想支配而表现出来的外表活动,是有机体的外显活动,行为是外显的心理,心理是内隐的行为。

心理学把行为分为意识行为和潜意识行为。意识行为指受意识支配而表现出来的行为。潜意识行为指有明确目标但无明确动机的行为,即人们老想做但又不知道为什么要这样做的那些行为。

心理学家对行为进行了长期的研究,重点研究了动物习得行为的原理。巴甫洛夫的条件反射理论和斯金纳的操作性条件反射理论是其中最杰出的成就。后来人们发现,在习得行为中,两种反射都起作用。操作性条件反射决定了动物采取何种行为,而条件反射决定了动物采取这种行为时的动机强度。心理咨询的行为矫正,就是建立在心理学家对行为研究的成果基础之上的。

行为矫正是咨询师采取特定的方法和技术,使来访者改变其特定行为的过程。从习得行为的原理来看,行为矫正的过程,其实是一种特殊形式的学习过程。行为矫正的基本原理是条件反射和操作性条件反射。例如,根据操作性条件反射理论,正强化可使该行为在同样环境条件下持续和反复出现,负强化可使该行为在同样的环境条件下减弱或消失。将操作性条件反射理论运用于行为矫正,对正常的行为给予正强化和鼓励,对偏离正常的不良行为给予负强化和惩罚,反复多次强化后,可以消除不正常的行为。再如,系统脱敏法就是运用条件反射的交叉抑制原理,系统地训练患者放松,用放松来矫治焦虑。又如,厌恶疗法又称去条件反射疗法,每当不良行为出现时,就同时给予或随后给予一种痛苦刺激,使不良行为与痛苦体验建立条件联系,经过反复训练,可使不良行为消褪。

行为矫正具有四个特点:一是主要针对外显的、具体的行为;二是可以非常精确地罗列矫正的具体目标;三是它在本质上是采用适当的方法重新安排当事人的环境和日常活动,帮助他们在未来的生活中能更好地适应;四是对矫正的结果可以做出具体而客观的评估。

二、行为矫正的应用

(一)新兵集训

军队每年要募集大量的新兵充实各部队,新兵来自四面八方,成长环境各异,个性和个人习惯很不相同。而部队却要求每个成员有高度的组织纪律性、服从命令听指挥,要求内务、着装整齐划一,要求行为举止符合规范。因此,新兵来到部队所面对的第一个任务,就是要完成"从老百姓到军人的转变",实现这个转变的途径,就是新兵集训。

在新兵集训期间,新兵在老兵的教练下,进行队列、集合、出操、内务整理等多方面高强度的训练,通过高强度的训练和严格的奖惩,使新兵逐渐学习和适应部队的要求,养成遵守纪律、服从命令的习惯,养成军人的行为举止。某些在地方调皮捣蛋、经常惹事生非的青年,在新兵集训队老兵的严厉管教下服服帖帖,不良行为得到明显矫正。在一般情况下,经过一段时间的集训,大多数新兵都能够基本完成"从老百姓到军人的转变"。

图 3-3　新兵集训

（二）拓展训练

拓展训练（outward development）起源于"二战"期间的英国。当时大西洋商务船队屡遭德国人袭击，许多年轻海员葬身海底。人们从生还者身上发现，他们并不一定都是体能最好的人，但却都是求生意志最顽强的人，于是专家们设计了一组训练，培养和锻炼团队成员的意志和合作精神。后来，一些研究管理和组织行为的专家从这种训练方式中受到启发，利用户外活动的形式，对管理者和企业家进行了心理和管理两方面的培训。近年来，拓展训练逐步走入现代化企业的培训日程，作为加强企业团队建设、增强企业凝聚力、促进员工合作培训的主要途径。现在拓展训练逐渐被推广，训练对象也由最初的海员扩大到军人、学生、工商业人员等各类群体。训练目标也由单纯的体能、生存训练扩展到心理训练、人格训练、管理训练等。

图 3-4　拓展训练

拓展训练对增进个体以下方面的心理素质有明显的作用：释放生活工作压力，调节心理平衡；认识自身潜能，增强自信心；提高自我控制能力，从容应对压力与挑战；强化探索精神与创新意识，培养进取心；学会更好地与他人进行沟通与协调，优化人际环境。

拓展训练常用的培训项目有飞跃断桥、速降、盲阵、同舟共济、信任之旅、空中钢丝绳、相依为命、同心结、胜利墙、丛林求生、野外救生、水上救生等。

第六节　环境控制

一、环境控制的原理

在心理学史上，对于人的心理发展，曾经有许多心理学家主张是由环境决定的，他们的观点被称作心理发展观的环境决定论。行为主义就是环境决定论的代表，美国行为主义的创始人华生就宣称自己是一个环境决定论者。心理学发展到今天，遗传决定论和环境决定论由于其理论过于偏颇，已经没有人再坚持这样的观点了。现代心理学认为，在人的心理发展上，遗传和环境都起重要的作用，不能片面夸大某一方面的作用。在一定条件下，环境可以使有机体的遗传物质发生改变，把环境对有机体的影响遗传给后代，而且，越是高等的动物，学习和发展对其的影响就越大。

环境对于人的心理发展的影响，是因为环境实际上是人的心理发展的条件刺激，人处在一定的环境之中，就等于时常接受着某种条件刺激，经过日积月累，就会在人的心理上形成认识结构或行为模式，积淀为人的经验和行为方式。

由于环境对人的心理发展有非常重要的作用，因此有时为了改变来访者的某些心理和行为，在条件许可的情况下，可以对来访者的环境做一些改变，切断引起心理问题的条件刺激，经过一段时间，由于缺少刺激强化，心理问题会逐渐消退。古代有"孟母三迁，择邻而居"的故事，说明古人很早就懂得了环境对于人的心理发展的重要作用。

需要强调的是，环境控制不是改变环境。改变环境有时受条件限制，不是想做就能够做到的，但是在既定条件下，通过调整生活习惯或行为方式，使环境发生相对变化，则是完全可能的，这就是控制环境。比如，某个学生有怕黑、开灯睡觉的习惯，学校宿舍不可能为他一个人通宵开灯，但是可以要求他夜晚早点上床，熄灯前入睡，使这个学生保持在开灯的环境中入睡，这样，虽然没有改变环境，但是通过控制环境，达到了与改变环境类似的效果。

在心理咨询中，环境控制是一个重要的原理，心理咨询不仅是咨询师与来访者的互动,而且咨询师要了解来访者的生活和工作、学习环境,向来访者提出环境控制的建议,以减少或消除心理问题诱发因素,提高和巩固咨询效果。

二、环境控制的应用

(一)团体心理咨询

团体心理咨询(group counseling)又叫团体心理辅导,它由一个咨询师和数个有共同咨询要求的人组成咨询团体,大家一起学习,共同分析,增加新的体验,练习新的行为,在共享多种资源和观点的同时,通过倾听和观察他人行为而间接学习,最终在类似真实生活的场景中学会面对问题,提高解决问题的能力。从原理上说,团体心理咨询就是创设一种可以人为控制的环境,通过环境来影响咨询对象的心理和行为,实现解决心理问题的目的。

团体心理咨询有以下几个特点:第一,团体咨询感染力强,这是因为群体的互动作用促进了信息的传递和自主性的激发,也就是形成团体动力。在团体中,团体动力对于团体目标的实现有着很重要的作用,而团体成员也是靠着动力来相互作用、相互影响解决自己的问题。第二,团体咨询效率高。相对于个体咨询一次只解决一个人的问题,团体在解决问题方面,时间和精力是很有效率的。第三,团体咨询效果容易巩固。团体咨询创造了一个类似真实的社会生活情境,增强了实践作用,也拉近了心理咨询与生活的距离,使得心理咨询较易出现成果,而且成果也较易迁移到日常生活中。

(二)剥夺上网环境

现代互联网的发展,给人们的生活、学习和工作带来极大的方便,极大地改变了人们的生活和工作方式,然而,网络在给人们带来便利的同时,也引发了一些副作用,一些人尤其是一些青少年上网成瘾,沉溺于网络游戏中不能自拔,"网络成瘾"已经成为现代一个新的心理问题。

网络成瘾相对于药物成瘾,戒除起来还是比较容易一些。要戒除网瘾,首先要向有网瘾的青少年讲清楚网瘾的危害,说明要正确使用网络,网络只是生活和工作的工具,不应当沉溺其中,得到对方的理解和配合。然后与其约定,在一段时间内,完全不接触网络,即剥夺上网环境。迷恋上网的孩子通常在现实生活中存在不愿与人交流、对网络以外的事物反应冷淡、情绪不稳定等现象,对这类孩子可以为他们建立一个全新的、相对独立的转变环境。家长可让孩子参加一些夏令营、带孩子外出旅游,让他们无法接触网络,让孩子体验网络以外的游戏和生活的乐趣,帮助孩子从网络世界中摆脱出来。一般来说,如果没有上网环境,经过一段时间后,网瘾可以逐渐消退。

第七节　反馈调节

一、反馈的原理

反馈(feedback)又称回馈,是控制论的基本概念,该概念最早提出于电子电路领域。反馈指将系统输出的信息返回到系统输入端,进而影响系统功能的过程。反馈按照返回信息内容的性质可分为负反馈和正反馈(图 3-5)。负反馈返回的信息与输入端信息相反,减小系统运行误差,系统趋于稳定。正反馈返回的信息与输入端信息相同,增大系统作用,严重时系统会发生振荡。

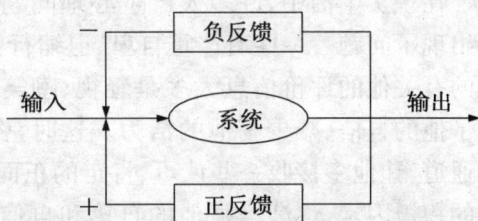

图 3-5　反馈示意图

正反馈和负反馈没有好坏之分。正反馈和负反馈既可以对系统产生积极作用,也可以产生消极作用。根据实际情况,灵活运用正反馈或负反馈,适当控制反馈的强度,可以既提高系统的稳定性,又增加系统运行的效率。在电子电路中,适当运用正反馈,可以提高信号的放大倍数,增加系统输出;适当运用负反馈,可以减小信息的失真,增加系统的稳定性。然而,反馈的使用是有限度的,过度的反馈反而会使系统的运行发生问题,过度的正反馈会使系统发生振荡、甚至崩溃,过度的负反馈会使系统效率低下、甚至失去功能。

"反馈"这一概念现在为许多学科所使用。心理学上是指对自己行为结果的了解。神经学上是指大脑中枢根据来自神经末梢感受器的传入冲动,调整身体运动器官的活动与动作。在机械、电子系统中,反馈指连接输入和输出以调节机器运转的一种自动化手段。

反馈在人的生命活动中具有重要的意义。人对身体过程和活动的有效调节,是由于无数复杂的反馈回路的相互作用。例如,温度变化时引起的出汗反应;身体受伤时或不舒适时引起的痛反应;光线加强、减弱时瞳孔的调节。

从认知心理学的观点来看,人的心理是一个信息加工系统,有信息的输入和输出。既然是一个信息加工系统,信息反馈就会影响到信息加工主体——人的心理状态。比如,一个人的自我感觉、自我评价就是与他的信息反馈性质密切联系的。一个人如果听到的都是赞扬、夸奖,即反馈的信息都是正面的,就会使他的自我感觉越来越好,自信、自尊不断加强。如果他经常

91

听到的是批评、嘲笑的信息,就会使他的自我感觉越来越差,自信、自尊不断降低。

每个人的心理都是一个系统,都有自己的信息输入和输出,都有自己的信息反馈通道,在信息反馈通道畅通的情况下,他既可以接收到肯定自己行为的正反馈信息,又可以接收到否定自己行为的负反馈信息,正反馈信息加强了他对自己行为的信心,负反馈信息提示他修正自己的行为,在正反馈和负反馈经常和持续的作用下,他的心理不断发展。反馈,是人能够认识自己、了解自己的重要机制。

在现实生活中,许多人产生心理问题的一个重要原因,就是他的信息反馈出现了问题。一些有严重自卑、退缩行为的人,在他的生活环境中,他接触到的有关他的评价信息大多是轻视、嘲笑的负面评价信息,过度的负反馈降低了他的自信、减少了他的活力。这时,咨询师就要帮助他完善和建立正反馈通道,让他多接收一些认可、肯定的正面评价信息,通过正反馈加强他心理中的积极因素,逐渐增强他的自尊和自信。同样,过度的正反馈也会使人的心理发生问题,使人自负和偏执。

二、反馈调节的应用

(一)代币疗法

在人类的活动中,很早就有奖惩制度,几千年前,历史上就有奖功罚过的记载了。在现代的组织中,奖惩制度对于维系组织正常、有效的运转,更是必不可少的,许多企业、学校、机关,在健全和完善奖惩制度上下了很大功夫。

奖惩制度,本质上就是一种反馈方式,通过奖惩制度,强化和加强对组织或个体有益的行为,削弱和压制对组织或个体不利的行为,合理的、有效的奖惩可以促进组织或个体的稳定和发展。

管理心理学对奖惩制度做过大量的研究,揭示了一些奖惩的规律。比如,奖惩的力度要与所奖惩的行为相适应,大功要重奖,小过要轻罚。再如,奖惩要明确,要清楚说明奖励或惩罚的事由,使大家知道为何事而奖惩。又如,奖惩要及时,滞后的奖惩不仅没有积极的效果,反而会引起混乱和不满。

在心理咨询中,奖惩也是经常用到的,厌恶疗法、代币疗法等就是合理运用奖惩的心理治疗技术,运用反馈来削弱或加强某种行为。

(二)厌恶疗法

厌恶疗法是一种较常用的行为治疗技术,其做法为将欲戒除的目标行为(或症状)与某种不愉快的或惩罚性的刺激结合起来,通过厌恶性条件作用,使来访者感到厌恶而戒除或减少目标行为。厌恶疗法实质是在人的行为中建立负性的反馈通道,利用负反馈来压制、减弱主体的有关行为。厌恶疗法的特点是,治疗期较短,效果较好。

厌恶疗法常用于治疗饮酒成瘾、性行为变态、强迫观念等。通过对来访者的条件训练,使其形成一种新的条件行为,以此消除来访者的不良行为。在治疗时,厌恶性刺激应该达到足够强度。通过刺激确能使来访者产生痛苦或厌恶性反应,治疗持续的时间应为直到不良行为消失为止。如强迫观念的来访者,用拉弹橡皮圈法治疗。开始治疗的前几天,当强迫观念出现时要接连拉弹 30~50 次,才能使症状消失。另外,要求来访者要有信心,主动配合治疗。当治疗有进步时咨询师要及时鼓励来访者,必要时最好取得来访者家人的配合,效果会更好。

第八节　心理咨询的作用机制

一、心理咨询的作用机制

心理咨询师通过心理咨询解决来访者的心理问题,一般说来,往往经过下面的过程:

第一步,咨询师接待来访者,通过沟通和心理测评,确定来访者的心理问题性质和程度。

第二步,咨询师综合运用心理咨询原理,分析来访者的心理问题的性质和程度,选择和确定相应的心理咨询方法和技术,制订出心理咨询方案。

第三步,按照心理咨询方案对来访者进行心理咨询,同时对心理咨询的效果进行评估。

第四步,根据评估的结果,认真考虑:是否照原方案继续进行咨询,还是问题已经解决可以停止心理咨询,或者对原咨询方案进行必要的调整再做进一步的咨询,或者来访者的问题不适合进行心理咨询,根据考虑结果咨询师做出下一步行动的决定。

第五步,如果需要继续进行心理咨询,咨询师对咨询方案做适当调整后,再次对来访者进行咨询,同时进行咨询效果评估。

如果有必要,可以重复第四步和第五步,直至解决来访者的心理问题。

需要指出的是,评估咨询效果和调整心理咨询方案,都应当在心理咨询原理的指导下进行,不能以试错的方式或者以想当然的方式轻率进行。

上述过程,也可以看作是心理咨询的作用机制,就是说,心理咨询之所以能够起到解决心理问题的作用,是由于它是一个理论与实践相结合的过程,是一个不断发现问题、明确问题、解决问题的过程,是一个综合的、辩证的过程(图 3-6)。

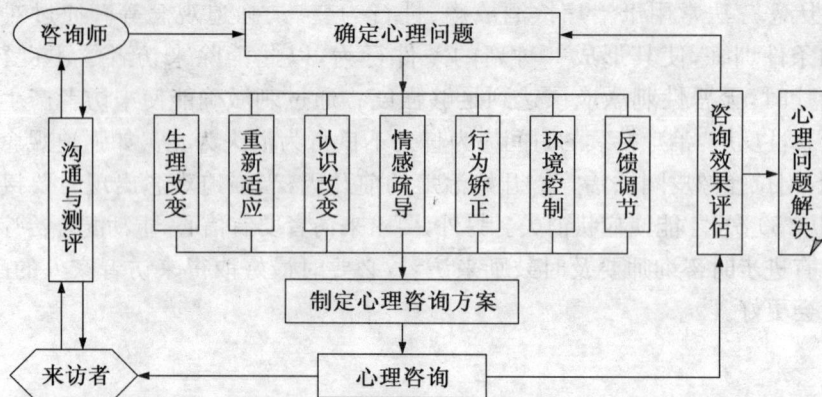

图 3-6　心理咨询的作用机制

二、心理咨询原理的辩证运用

心理咨询师不但要熟练掌握心理咨询原理,而且还要能够灵活地、辩证地运用。心理咨询原理的辩证运用,要注意把握以下几条原则。

第一,要自觉运用矛盾分析。心理咨询师在分析解决心理问题时,可能会遇到这样的情况,某个问题可以用多种理论加以解释,可以运用多种原理加以分析和解决,这时,心理咨询师就要分析,这个心理问题的主要矛盾是什么? 矛盾的主要方面是什么? 矛盾是否可以转化? 要把来访者的心理看作是不断变化和发展的,不能用一成不便的印象和思维来看待来访者,要综合运用心理咨询原理来分析解决心理问题。

第二,要有量变质变的意识。心理分析师应当明白,多数心理问题不是一两天形成的,心理问题的发生有一个逐渐发展的过程。同样,运用心理咨询解决心理问题,多数情况下,也要有一个逐渐起作用的过程。心理问题的发生和解决都有一个由量变引起质变的过程。因此,心理咨询师面对来访者,要先向他讲清楚这个道理,得到他的认同和配合。同时,在咨询工作中,也要有逐渐解决问题的思想准备。

第三,要弄清原因结果关系。心理咨询师在面对来访者时,咨询师面对的是来访者过去心理活动的结果,要解决来访者的问题,就要了解结果背后的原因,即引起来访者心理问题的原因。在许多情况下,出于隐私或某种情况,来访者不愿意讲出心理问题的原因,这就需要咨询师设法了解问题的原因,然后针对原因去解决问题,避免头痛医头、脚痛医脚。在医学中,有时对不明原因的症状,采用对症治疗,其实是一种无奈之举。而在心理咨询中,则要尽量避免不明原因的对症治疗。

第四，要透过现象看到本质。心理咨询师接触到的来访者讲述或表现的各种情况，应当说，只是事物的现象，现象后面还存在事物的本质。现象是可以观察到的情况，而本质则要咨询师对现象进行分析思考，才能把握。现象表现本质，本质更深刻地反映现象。心理咨询师要尽量透过现象看到本质，力争从本质上解决问题。

第五，要抓住偶然找出必然。心理咨询师经常要遇到一些突发的、偶然的事件，遇到来访者突然表现出来的怪异行为，这些看似偶然的事情，都有其必然发生的原因，也就是说，偶然性背后有必然性。成熟的心理咨询师，就是善于从偶然的现象中找出规律性，也就是必然性。针对必然性去解决问题，可以得到良好的咨询效果。

总之，当代心理咨询理论、方法和技术尽管很多，但是基本的心理咨询原理却只有不多的几条，真正懂得和掌握这些原理，并能够对这些原理加以灵活地和辩证地运用，就可以在心理咨询领域从必然走向自由。

第四章 心理咨询理论流派

心理咨询是一门面向应用的方法和技术，在它的每一种方法和技术背后，都有其特有的理论来源和基础。这些理论提出的思想、方法、技术，在不同程度上影响着现在的心理咨询的理论和方法，仍然对当代心理咨询的发展起着巨大的引导作用。因此，了解对当代心理咨询理论和方法影响较大的主要思想理论，对于我们深入理解心理咨询原理、正确应用心理咨询方法是十分重要的。

第一节 精神分析理论

精神分析（psychoanalysis）又叫心理分析、心理动力学、动力心理学或深蕴心理学（depth psychology），是现代西方心理学的重要流派之一。与其他流派不同，它不是在大学或学术机构里成长起来的，而是在对大量的神经病患者的临床观察和治疗中、在个案研究的基础上产生的。这个理论流派是西格蒙德·弗洛伊德（Sigmund Freud，1856—1939）创立的，因此精神分析理论也被称为"弗洛伊德主义"。"精神分析"一词有三方面的含义：一是关于心理学的一种知识和理论；二是研究心理的一种方法；三是一种心理治疗的方法。

一、弗洛伊德生平

弗洛伊德 1856 年 5 月 6 日出生于莫拉维亚的弗赖堡（现在捷克的普莱波）。他的父亲是一个犹太商人，他父亲的生意在莫拉维亚失败后，举家搬到莱比锡，后来又在弗洛伊德 4 岁时迁到维也纳。弗洛伊德从小智力表现出众，学习成绩优异，1873 年考入维也纳大学医学院，1881 年获得医学博士学位。弗洛伊德在维也纳一直生活了近 80 年。

1882 年，弗洛伊德与玛莎·伯奈斯结婚，婚后由于经济困难，弗洛伊德放弃了他想在大学中从事科学研究的愿望，以临床神经病学家身份开始私人营业。这时候的弗洛伊德有一位好友叫布雷尔(Josef Breuer,1842—1925)医生,他们常常在一起讨论病例。有一个叫安娜·O的病人,她的病例在精神分析的发展中起了很重要的作用。安娜·O是一位聪明、有魅力的21岁女郎,有严重的歇斯底里症状。布雷尔发现在催眠状态下,安娜·O能回忆起一些似乎可以引起某些症状的特殊经验,并且只要谈起有关经验就可以解除这些症状,例如,安娜·O曾经有不能用玻璃杯喝水的症状。在催眠状态下,她回忆起在儿童时她看见过一只狗从玻璃杯中饮水。她向布雷尔讲述了这个事之后,她就可以用玻璃杯喝水了,而且这个症状再没出现。安娜·O说是她和布雷尔的谈话治好了她的病,这种谈话方法后来被叫做"疏导法"(catharsis)。

奥地利医生、精神病学家、精神分析理论创始人,20世纪最伟大的心理学家之一。

图 4-1　西格蒙德·弗洛伊德(Sigmund Freud,1856—1939)

1885年,弗洛伊德得到了一笔研究资助,他来到法国跟从著名神经病学家沙可(Jean-Martin Charcot,1825—1893)学习。沙可断言,许多病人的精神障碍都有性问题的原因,这个论断深刻地启示和影响了弗洛伊德。

弗洛伊德在实践中发现催眠法在应用中有很多局限,他逐渐在治疗中放弃了催眠法,保留了疏导法。在此基础上,他发展出了精神分析方法中最重要的自由联想技术。自由联想技术就是让病人躺在床上,鼓励病人自由随意地把所有的想法都完全说出来,不论这些想法多么可能使人不好意思、不重要和可笑。通过自由联想技术,弗洛伊德的病人经常回想起他们童年时代的经验,在那些被压抑的记忆中,有许多问题是与性有关的。到了19世纪90年代中期,弗洛伊德确信,性欲在神经官能症中起支配作用,有正常性生活的人是不会患神经官能症的。

1887年,弗洛伊德开始自我分析研究,他把自我分析当作了解自己和病人的有效方法。他发现在梦中常常包含着某种精神障碍原因的线索,他感到梦中的事件不是完全没有意义,它们一定由个人无意识中的某种东西引起。1895年,他和布雷尔共同出版了《歇斯底里研究》,1896年,他在维也纳以《癔病的病因》为题的演讲中,开始使用"精神分析"一词。他研究自己的梦,每天早上醒来后,他记录自己的梦境,然后对梦境自由联想。他的自我分析大约持续了2年,并最后写出一本书《释梦》(1900年),该书的出版,被认为是精神分析理论的正式形成。

1900年以后,弗洛伊德发展了他的精神分析思想,出版了大量的著作,如《日常生活的心理病理学》(1901年)、《性欲三论》(1905年)、《图腾与禁忌》(1913年)、《论无意识》(1915年)、《精神分析引论》(1917年)、《群众心理学与自我分析》(1921年)、《自我与本我》(1923年)、《焦虑问题》(1926年)、《一个幻觉的未来》(1929年)、《文明及其缺憾》(1930年)、《精神分析引论新编》(1933年)、《弗洛伊德自传》(1935年)、《自我和防御机制》(1936年)、《摩西与一神教》(1939年)等。他的个人地位和业务情况都得到了改善,有越来越多的人接受他的观点。1909年,弗洛伊德第一次获得国际承认,美国克拉克大学邀请他在20周年校庆纪念日上讲演,并授予他名誉博士学位。1930年,弗洛伊德获歌德奖金。1936年,弗洛伊德被特聘为英国皇家学会会员。

从1919年起直到弗洛伊德去世这个期间,弗洛伊德的名气达到了顶点。弗洛伊德创立和发展起来的精神分析理论,作为一种理解人类动机和人格的理论而不仅是一种治疗疾病的方法受到了人们的重视,在哲学、伦理学、宗教学、美学、心理学、文学、艺术、语言学、人类学、社会学、法学、政治学、教育学、医学等领域产生了巨大的影响。

1938年弗洛伊德遭纳粹迫害迁居伦敦,于1939年9月23日因口腔癌在伦敦逝世。

二、精神分析理论的思想和自然科学背景

(一)精神分析的思想背景

1. 早期的无意识理论

弗洛伊德关于无意识(unconscious,又译潜意识)的学说,被人们认为是他对心理学的一大贡献。其实,在弗洛伊德之前,西方就早已有无意识的思想了。

西方最早关于无意识的思想可以追溯到柏拉图(Plato,约公元前427—前347)。德国数学家和哲学家莱布尼兹(Gottfried Withelm Leibnitz,1646—1716)提出的单子论认为,心理事件即一个单子的活动是微觉(低级的、不能知觉到的微小的意识),许多单子的微觉可以合成为可以知觉到的统觉。比如说,一滴水下落的声音极其微小,不可耳闻,但无数滴水造成的澎湃之声除耳聋者外都能听到。前者为微觉,后者即统觉。

德国心理学家赫尔巴特(Johann Friedrich Herbart,1776—1841)把莱布尼兹的无意识观念发展为意识阈限的概念。赫尔巴特认为,阈限下的观念是

无意识的，当一个观念上升到可以觉察的意识水平时，那就是统觉了。许多观念之间存在着冲突，它们为了在意识中得到实现而积极争斗。

德国心理学家费希纳（Gustav Theodor Fechner，1801—1887）对无意识思想的发展也有贡献，他认为人的心理类似于冰山，它有很大一部分藏在水面下，有一些观察不到的因素对它起作用。他的观点对弗洛伊德有很大影响。

2. 布伦塔诺的意动心理学

布伦塔诺（Franz Brentano，1838—1917）是德国哲学家、心理学家，意动心理学的创始人，著作有《亚里士多德的心理学》、《从经验的观点看心理学》、《论心理现象的分类》。弗洛伊德在维也纳大学读书时听过布伦塔诺的课，布伦塔诺的意动心理学对弗洛伊德产生一定影响。

布伦塔诺认为内部知觉（inner perception）或反省（retrospection）是心理学的主要研究方法，它指的是对刚刚过去的在记忆中仍呈鲜活状态的心理活动及其变化的观察。它与直接观察正在进行着的内部心理过程的内部观察（inner observation）即内省（introspection）有着根本的区别。布伦塔诺认为，内省实际上是根本不可能的。当我们将注意集中于内部进行的心理活动时，这种内部的心理活动实际上就已发生了改变。例如，人在发怒之下观察其内部的气愤心理，如果他知道自己在发怒，往往气愤就会消失，这时他什么也观察不到了。而内部知觉的对象是刚刚成为过去的、在记忆中仍呈鲜活状态的心理活动及其变化，因而在内部知觉中就不会出现内省过程中所遇到的那种干扰。内部知觉是心理学知识的主要来源。布伦塔诺还指出，任何科学在其工作的历程中都必须求助于记忆，因而在内部知觉中发挥记忆的作用，并不表明心理学存在着其他科学所没有的缺陷。

3. 叔本华和尼采的意志哲学影响

德国哲学家叔本华（Arthur Schopenhauer，1788—1860）在他的代表作《作为意志和表象的世界》提出了这样的看法，人的一切行为是由意志活动和行为活动两方面构成的。意志活动不是感性和知性即思考过程的那种活动，因为感性和知性的活动属于表象和意志无关。意志只在行为活动中使自己得到表现。事实上意志应该被理解为某种无法抑制的冲动，确切地说是盲目的冲动，某种非理性的欲求。人们所有的行为都是这种盲目的冲动，一切表象中的活动只是使人们感觉自由的假象。意志是一种不能被克服的东西，人们的每一行为都是意志的现身。他对心灵屈从于器官、欲望和冲动的压抑、扭曲的理解影响了弗洛伊德。

图 4-2　叔本华（Arthur Schopenhauer，1788—1860）

德国哲学家尼采(Friedrich Wilhelm Nietzsche,1844—1900)提出要建立将生命意志置于理性之上的哲学。作为对理性提出的挑战,他提出了强力意志说。强力意志说的核心是肯定生命,肯定人生。强力意志不是世俗的权势,它是一种本能的、自发的、非理性的力量,它决定生命的本质,决定着人生的意义。尼采比较了强力意志和理性的不同特性,理性的特性是:冷静,精确,逻辑,生硬,节欲;强力意志的特性是:激情,欲望,狂放,活跃,争斗。尼采认为,强力意志源于生命,归于生命,它就是现实的人生。人生虽然短暂,只要具有强力意志,创造意志,成为精神上的强者,就能实现自己的价值。强力意志作为最高的价值尺度,一方面肯定了人生的价值,另一方面也为人世间的不平等作了辩护。

德国哲学家,西方现代哲学的开创者,同时也是卓越的诗人和散文家。他对西方传统的基督教文化持批判态度,大声疾呼"上帝死了"!主张"重新估定一切价值",并创造新的价值观。著作有《快乐的科学》、《查拉图斯特拉如是说》、《权力意志》、《超越善与恶》等。

图 4-3 尼采(Friedrich Wilhelm Nietzsche,1844—1900)

(二)精神分析的自然科学背景

在西方中世纪,精神病患者几乎得不到正确的理解和治疗,那时人们认为精神病的原因是中邪、巫术或魔鬼附体,对精神失常的治疗,主要是采取申斥和惩罚的方法。

18世纪末,由于科学和社会思想的进步,原先遭到教会残酷虐待的神经病和精神病患者开始被社会收容并给予治疗,关于神经病的机体病因的认识取代了神经病的迷信观。奥地利医生麦斯麦(Franz Anton Mesmer,1734—1815)认为,人的身体内有一种磁气,又叫动物磁液。动物磁液在体内过多或过少,失去了平衡,就会患精神病。动物磁液可以由人的意识支配,从身体的这一部分转移到另一部分。采用通磁的办法,使机体的磁液恢复平衡,就可以治疗精神病。他的这种技术叫做"麦斯麦术"或"通磁术",这是催眠术的前身。此后,沙可借助催眠治疗歇斯底里获得了某种成功,他的经验对弗洛伊德有较大的影响。

19世纪自然科学取得重大突破,产生能量守恒、进化论和细胞学三大重要发现。达尔文以其《物种起源》一书创立了进化论,书中他把人的本能和动物的本能等同起来。弗洛伊德受其影响进而形成本能论。德国物理学和生理学家赫尔姆霍茨(Hermann von Helmhotz,1821—1894)创立了能量守恒学说,他认为有机体内除了普通的物理和化学力之外,没有别的活动力,心理能就是脑细胞所提供的物理能,这对弗洛伊德的心理动力观和还原论的倾向产生了重要影响。

三、弗洛伊德的主要理论

弗洛伊德的理论体系与当时主流心理学的理论不同,他研究了传统心理学所忽视的领域,他的理论体系主要包括人格理论、本能论、焦虑论、性欲论、神经症理论和梦的理论。

（一）人格理论

在弗洛伊德的早期著作中,他提出人的精神生活由无意识(unconscious)、前意识(preconscious)和意识(consciousness)三个层次所构成。

无意识指被压抑的欲望、本能的冲动及其替代物,它是人的心理深层的基础和人类活动的内驱力,它决定人的有意识的活动。

前意识指无意识中可以回忆起来的部分,它把守心理活动的关口,防止无意识的欲望和本能侵入意识。当前意识放松时,欲望和本能会借助伪装渗入意识。

意识指人们直接感知到的心理现象。弗洛伊德不同意把意识等同于心理,认为意识只是人的心理活动中的非主要部分,犹如冰山浮在海面上可见的小部分,而无意识和前意识则是藏在海面下的更巨大的部分。

无意识中的各种本能冲动一直都在积极活动,力求在意识中得到表现。由于本能冲动为社会伦理道德、宗教法律所不容,所以当其出现时,就会在意识中唤起焦虑、罪恶感和羞耻感,因而受到压抑。所谓压抑(repression),就是个体把意识所不能接受的冲动、情感等排斥于个人意识领域之外,使它们不为自己所觉知,以解除自己心理上的负担与紧张。弗洛伊德认为,意识只是人的精神结构中很小、很微弱的一部分,它渊源于无意识。当前抗拒某种经验回到意识的力量,正是从前把这个经验压抑到无意识中去的力量。正如弗洛伊德所说的:精神分析学不能把心理的主体显示于意识中,但是必须把意识看作心理的一种性质。[①]

弗洛伊德指出,人的心理活动的基本力量都来自于无意识,无意识操纵和支配着人的思想和行为,任何意识实际都要受到无意识的缠绕。精神分析

---

① （奥地利）西格蒙德·弗洛伊德著. 弗洛伊德后期著作选. 林尘,等译. 上海:上海译文出版社,1986:160

不仅把心理学研究范围扩展到无意识领域,而且改变了传统心理学对人的心理结构的理解。

弗洛伊德晚期修订了他的无意识、前意识和意识的理论,提出了本我(id)、自我(ego)和超我(super-ego)的人格理论。

本我是最原始、与生俱来的、无意识的结构部分。弗洛伊德认为,本我是人格中最黑暗的不可接近的部分,是储存心理能量的地方,混沌弥漫,仿佛一口本能和欲望沸腾的大锅,它同肉体联系着的,肉体是其能量的来源。[①] 本我遵循快乐原则,与外部世界不发生联系,其蕴藏着人性中最原始,最接近兽性的一些本能性冲动,这些冲动一旦发现即要求当即得到需求的满足,不受个体意识的支配,也不受外在社会规范的约束。

自我指意识,代表理性和正确的判断,它按照现实的原则,力争既避免痛苦,又能获得满足,自我操纵和调节本我。弗洛伊德把本我和自我的关系比作马和骑士的关系,马是动力,骑士指引马前进的方向。

超我是从自我发展起来的一部分,是道德化了的自我,它被认为是人格中最后形成的最文明的部分,其主要作用是按照社会道德标准监督和控制自我的行动。超我可以分为两个次级系统:自我理想(ego ideal)和良心(conscience)。自我理想是在道德良心之下对自我的管制,确定自我应怎样做的标准,它为自己描绘了一个美好的形象。良心是经过社会规范内化而形成的自我约束力量,规定了自我不该做什么。超我遵循至善原则,大部分是无意识的。

弗洛伊德认为,本我、自我和超我的平衡,就会使人格正常发展。如果三者失调,就会导致神经症。

(二)本能论

在人格理论中,本能(instinct)是推动或起动的因素,是人释放心理能量的生物因素。弗洛伊德的本能来自德文"trieb",其含义是内驱力,它们来源于身体内部刺激,通过某些活动如性的满足,来消除或减少刺激。

弗洛伊德认为人有两种本能:一种是生的本能(life-instinct),包括饥饿、性欲和口渴,它们与自我保存和种族生存有关,代表着人类生命中的进取性、建设性和创造性的活力。另一种是死的本能(death-instinct),它们是生命发展中的否定力量,代表着人类生命中的破坏性、攻击性和毁灭性的内驱力。

弗洛伊德指出,生的本能和死的本能同时存在,作用相反,这是个人和社会一切矛盾和冲突的根源。

---

① (奥地利)西格蒙德·弗洛伊德著. 精神分析引论新讲. 苏晓离、刘福堂译. 合肥:安徽文艺出版社,1987:104

（三）焦虑理论

弗洛伊德认为人的本能享乐的冲动总是受到社会的压制，人的本性是反社会的。在这样的情况下，人总是处于压抑当中，心理能量得不到释放，从而形成各种焦虑（anxiety）。焦虑不仅是最常见的一种精神症状，也是健康人在遇到紧张刺激或挫折时出现的不安心态。焦虑分为客观焦虑（objective anxiety）、神经质焦虑（neurotic anxiety）和道德焦虑（moral anxiety）三种。

焦虑是一种弥漫性的恐惧体验，其在神经症心理学问题中处于中心地位。由于焦虑体验者无法意识到其恐惧的具体对象，因而焦虑常被称为"无原因的恐惧"。弗洛伊德认为焦虑来自对性冲动的压抑，由于自我所恐惧的那些寻求表现的性本能冲动处于无意识领域，自我很难意识到其恐惧的真实对象，进而体会到焦虑。而这种焦虑又为神经症的症状所取代，患者无法意识到其症状的原因，只有经过精神分析，才能找到其真正的病因。

弗洛伊德认为，自我可以发展起许多抵抗焦虑的自我防御机制（ego defense mechanism），它是自我应对本我的驱动力、超我的压力和外部现实的心理防御手段，用以减轻和解除心理紧张，保持人格的平衡。自我防御机制主要有压抑、推诿、反向作用、升华、认同、投射、分离、合理化、幻想、退行（表4-1）。

表 4-1　主要的心理防御机制

升华（sublimation）	将受挫的性欲望以社会文化认可的非性活动来满足
压抑（repression）	将痛苦或危险的想法排除在意识之外使不被知觉，这是最基本的防御机制
退行（segression）	退回到以前的发展水平，包括更幼稚的反应以及较低水平的愿望
投射（包括理想化和贬低）（projection）	把造成困难的原因归于他人，或把自己难以启齿的欲望归于他人
分离（isolation）	将感情与伤害性的环境分开，或把相互矛盾的态度分离为有逻辑关系的不同成分
认同（包括自居和表同）（identification）	把自我与他人或制度联系以增加自我价值感，常常是虚幻的表达
合理化（rationalization）	证明个人的行为是合理的、公正的，证明自我和他人的价值感
反向作用（reaction formation）	通过强调与被压抑内容不相关或对立的部分，无意识地将注意力引向那些被压抑的内容
幻想（fantasy）	用想象的方式满足受挫的欲望，一种最常见的形式是白日梦
置换（displacement）	将敌意等强烈的情感从最初唤起情绪的目标转移到较少危险的另一目标
推诿（denial of reality）	为保护自我拒绝承认不愉快的现实

心理防御机制(mental defense mechanisms)是一种在自我中自动进行的无意识心理活动,它能帮助人们保持一种心理平衡。弗洛伊德认为,焦虑(anxiety)是被压抑的冲突出现在意识领域时所引发的一种强烈的情绪反应。焦虑是危险信号,第一道防御失败时就需要第二道防御,它将会动用其他防御机制以缓解焦虑,并将令人烦恼的冲动送回到无意识中去。如果防御极端化,或僵化而成为人格的一部分,就会变得非常麻烦,进而产生神经症。

(四)性欲理论

弗洛伊德是一个泛性论者,把人的一切心理问题都归结为性的问题。弗洛伊德认为,性欲有一种使人寻求快感的本能或驱力,他把这种驱力叫做力比多(libido),它是人类与生俱来的一种性冲动,是推动个体一切行为的原始内趋力。

弗洛伊德把人格发展分为五个阶段(表4-2)。

表 4-2　弗洛伊德的人格发展阶段理论

阶　段	年龄跨度	主要发展任务	本阶段发生固结导致成人的人格特征
口腔期(oral stage)	0~1 岁	断奶	嘴部行为,如抽烟;被动性和易上当
肛门期(anal stage)	1~3 岁	上厕所的训练	吝啬、固执,或相反
生殖器期(phallic stage)	3~6 岁	俄狄浦斯情结	虚荣、莽撞,或相反
潜伏期(latency stage)	6~12 岁	自我防御机制的发展	无
两性期(genital stage)	12~18 岁	成熟的性亲密行为	顺利渡过早期阶段的成人会对他人产生真诚的兴趣,并具有成熟的性特征

从出生到 2 岁为第一阶段,或口唇期(oral stage),在这个阶段,口部刺激是性欲满足的主要来源。在这个阶段不适宜的满足会产生口部类型的人格。

2 岁到 3 岁为第二阶段,或肛门期(anal stage),性欲的满足从口部转移到肛门,儿童从排泄中得到愉快。在这个时期,强烈的冲突可能导致一个排泄型的肮脏、放肆的成人,或者导致一个便秘型的洁癖、强迫的成人。

3 岁末到 4 岁为第三阶段,或生殖器期(phallic stage),在这个阶段性欲的满足转移到生殖器,儿童喜欢抚摸和显露生殖器以及性幻想。弗洛伊德指出,这个阶段在性欲方面,男童依恋母亲、害怕父亲,女童依恋父亲、害怕母亲,并且男童把父亲、女童把母亲看作敌手。这就是弗洛伊德所说的恋母情结(Oedipus complex,又叫俄狄普斯情结。古希腊传说中的王子俄狄普斯无意中杀死自己的父亲,娶了自己的母亲)和恋父情结(Electra complex,又叫爱列屈拉情结,指女儿亲父反母)。通常儿童能够克服这种情结,但是对异性的这种态度却保持下来。

从 5 岁到 12 岁为第四阶段,或性潜伏期(sex latent period),儿童如果能够通过前三个阶段的许多斗争,就可以进入这个时期。

当青春期开始时为第五个时期,或两性期(genital stage),在这个时期,异性相恋,个体准备结婚和建立家庭。

弗洛伊德认为,在人的性心理发展阶段中存在两个危险:一是当某个阶段得到过分的满足或受到挫折会导致固结(fixation),即一部分冲动在较早阶段中的停滞。二是若一种冲动机能在实施时遇到外界强有力的障碍,这种冲动会向后转,形成退化(regression),即那些已经向前进行的部分也可能轻易地退回到较早的发展阶段。固结和退化相互依赖,将导致儿童无法正常进入下一个性心理发展阶段,成为各种神经症、精神病产生的根源。

(五)神经症理论

弗洛伊德把神经症分为实际神经症(actual neuroses)和精神神经症(psycho neuroses)两种。实际神经症包括神经衰弱、焦虑性神经症和疑病症,精神神经症包括癔症、强迫症、恐怖症。

弗洛伊德认为,实际神经症和精神神经症的症状都起源于力比多,是性满足的代替物,是力比多的滥用和替代满足。神经症的症状,如头痛、痛苦感觉、某种器官的刺激状态以及某些机能的衰退或停止等,没有任何"感觉"或心理意义。它们不仅主要呈现于身体上,而且其本身亦完全是身体过程。弗洛伊德指出,如果在精神性神经症的症候中,我们已熟悉了性机能对心理活动的干扰现象,那么我们在实际神经症中发现性干扰的直接身体后果,就不会感到吃惊了[①]。两种神经症的症状之间还有一种值得关注的关系,即神经症的症状常常是精神神经症症状的核心和第一阶段。

对于神经症的成因,弗洛伊德认为,神经症是由力比多固结所产生的倾向与偶然的经验两者加起来而形成的。就神经症来说,心理现实是决定性的因素。就抵抗神经症的能力来说,量的因素是决定性的。一个人是否患神经症,要看他所有未发泄的能力的量究竟有多少,究竟会有多大部分能从性的方面升华转移到非性的目标上去。因此,神经症症状是被压抑到无意识中的欲望寻求满足的曲折表现,是压抑和被压抑两种势力相妥协的结果。被压抑的本能欲望如果不能得到真正的满足,则会以神经症症状的方式得到某种替代性的满足。

---

① (奥地利)西格蒙德·弗洛伊德著. 精神分析导论讲演. 周泉,等译. 北京:国际文化出版社,2000:340

（六）梦的理论

弗洛伊德认为,由于无意识中的原始冲动和性欲难以直接见人,加上前意识对无意识的审查和控制,所以无意识必须通过伪装才能满足自己的愿望,梦是被压抑的愿望伪装的满足。因此,需要通过对梦的解析（dream interpretation,释梦）,揭示梦的隐匿的意义。借助对梦的解析,可以深入到人的心理内部,可以发现精神病患者被压抑的欲望。释梦可以成为治疗精神疾病的一种有效方法。

弗洛伊德指出,梦有两种:一种是显梦,指人醒来后能够记得并陈述出来的梦。另一种是隐梦,指梦的背后所隐藏的无意识动机,它是梦的真实的意思。做梦好比制作谜语,显梦是迷面,隐梦是谜底。释梦就是要从显梦进入到隐梦,说明显梦内容中有关事件的含义。弗洛伊德认为,梦境中有一些象征往往具有共同的含义,如楼台、门户和庭院表示女性的躯体,教堂的塔尖、蜡烛和蛇表示男性生殖器,跌落表示对性欲望的退让,飞行表示要完成性作用的愿望。弗洛伊德警告大家,不要在不了解病人的特殊冲突时,就对这些共同象征进行解释。

四、对弗洛伊德及其精神分析理论的评价

弗洛伊德对心理学的贡献是公认的。一般认为,弗洛伊德有这样一些重要的贡献:开辟了无意识研究的新时代,开创了人格心理学、动力心理学、变态心理学的新领域,为现代生物—心理—社会医学模式奠定了基础。著名的德裔美籍心理学家、精神分析理论家弗洛姆（Erich Fromm,1900—1980)写了《弗洛伊德思想的贡献与局限》(1980年)一书,书中指出弗洛伊德的贡献在于其三大发现:一是无意识的理论,二是释梦的技术和对神经症的解释,三是提出生的本能和死的本能。作为一名学者,如果在一生之中能够有其中一项贡献,就足以成为学界名人,然而弗洛伊德却做出了多项贡献!

弗洛伊德的理论和技术在心理疾病治疗实践中是有一定效果的。弗洛伊德是从他的精神疾病的医疗实践中提出和发展自己的理论的,他的一些理论现在仍然对心理治疗实践有一定的指导和解释作用。比如,因早年的某些经历而导致成人的心理障碍在心理咨询和心理治疗中是常见的问题。再如,心理咨询师注意倾听来访者的倾诉、对来访者的诉说表示深刻理解和同情、认真同来访者交谈,已经为无数心理咨询实践证明是有效的和必要的,并且已经成为现代心理咨询和心理治疗的职业要求。有必要指出的是,弗洛伊德的研究对象是心理不正常的人,他的理论所要解决的问题是解释变态心理,所以弗洛伊德的理论超乎常情常理是可以理解的。

弗洛伊德的理论是有严重缺陷的。其缺陷主要有两个方面:一是理论本

身的缺陷。比如,将人的一切心理问题都归结为性的问题,用力比多解释心理的本质及其发生机制,用本能的冲突来说明社会矛盾,等等。二是理论论证方式的缺陷。弗洛伊德论证和说明理论主要依靠主观演绎,理论与事例之间的关系难以证实或证伪,许多观点和论述牵强附会。这两个方面的缺陷又是互相联系的,理论本身的缺陷导致了理论论证方式的缺陷,而理论论证方式的缺陷更突显了理论本身的问题。而且,弗洛伊德的一些理论如力比多、人格结构以及儿童的性心理发展等,都是在对临床案例进行观察和分析的基础上提出的,至今不能进行实验研究,因而许多人从实证的角度一直对精神分析理论持否定和怀疑态度。所以,在心理学领域,弗洛伊德的精神分析理论一直是受到批评最多的学说。

弗洛伊德的理论是历史的。弗洛伊德的精神分析理论是 19 世纪末、20世纪初的心理治疗理论,不可避免地要有时代的局限。在那个时代条件下,弗洛伊德依据自己的医疗实践,能够提出系统的精神分析理论,无论这个理论存在着多么严重的缺陷,但是能够提出系统的理论、独树一帜的概念和有重要意义的问题,就是很了不起的事情。弗洛伊德的理论中的缺陷和提出的问题,促使人们去进一步研究,批判和纠正精神分析理论中的错误,从而促进心理科学的发展。

第二节　行为主义理论

行为主义(behaviorism)是一种以追求完全客观的心理学为特色的心理学流派,它兴起于 20 世纪初期,在 20 世纪中期得到了很大的发展,曾经是美国心理学的主流。现在虽然没有哪个心理学家自称为行为主义者了,但是行为主义的客观的、经验的和实证的方法论精神却深深地影响着当代的主流心理学。心理咨询和心理治疗领域的行为治疗(behavior therapy)与行为矫正(behavior modification),就是在行为主义的基础上发展起来的。

一、行为主义产生的历史背景

(一) 思想背景

在近代西方哲学中,客观主义是一股影响较大的思潮。19 世纪中叶法国哲学家、实证主义的创始人奥古斯特·孔德(August Comte,1798—1857)就是客观主义的代表人物。实证主义主张,只有实证的知识,才是真实性无可争辩的知识。在孔德看来,唯一有效的知识,是那种具有社会性的、可以做客观观察的知识。这种关于知识的标准排除了内省。孔德认为,内省依赖于个体的意识,而个体意识是不能客观观察的,因此他极力反对心灵主义和主观的方法论。

20世纪初,客观主义的影响逐渐强大起来,对心理学研究产生重大的影响,一些心理学家开始放弃研究不可观察的意识,以可观察的行为作为心理学的研究对象,抛弃主观内省法,以自然科学的客观方法作为心理学的研究方法,于是"行为科学"就自然而然地发展起来了。

（二）动物心理学背景

行为主义的创始人华生(John Broadus Watson,1878—1958)曾经指出行为主义与动物心理学有着密切的内在联系:"行为主义是20世纪头10年期间研究动物行为的直接结果。"①动物心理学是从进化论发展出来的,根据进化论可以自然引申出低等动物也有心理、动物心理与人类心理之间是有连续性的观点。20世纪初,两位著名学者对动物行为的研究取得了巨大的成功,对行为主义的发展产生了巨大的影响,他们是美国心理学家桑代克(Edward Lee Thorndike,1874—1949)和俄国生理学家巴甫洛夫。

1. 桑代克的学习理论

桑代克是在心理学实验室的严格控制条件下研究动物心理的第一人,他只注意外显的行为,坚信心理学只应当研究行为,而不应当研究心理元素或任何形式的意识经验。他不使用观念之类的主观术语,而是用刺激与反应之间的具体联结来解释行为和学习。

美国心理学家,动物心理学的开创者,心理学联结主义的建立者和教育心理学体系的创始人。他提出了练习律、效果律等一系列学习定律。1912年当选为美国心理学会主席,1917年当选为美国科学院院士。他的主要著作有《动物的智慧》、《教育心理学》、《智力测验》、《人类的学习》、《需要、兴趣和态度的心理学》、《人类与社会秩序》等。

图 4-4 桑代克(Edward Lee Thorndike,1874—1949)

桑代克学习理论的提出,主要来源于他对动物行为的研究。

在一个实验里,他把一只饿猫放在用木条做的箱子里,一条鱼放在箱子外面,箱子里有一能打开门的踏板。当猫被第一次放入箱子中时,猫乱咬、乱撞,后来偶然碰上踏板,饿猫打开箱门,逃出箱子,吃到了鱼。桑代克再次把

①　(美)杜·舒尔茨著. 现代心理学史. 杨立能,沈德灿,等译. 北京:人民教育出版社,1981:191

饿猫关在箱子中,重复实验。如此多次重复,越是后来的实验,猫的无效行为越少。最后,猫一被放入箱中,就能立即打开箱门。

另一个著名实验是动物迷津实验(即动物走迷宫实验)。桑代克把小鸡放在迷宫中,最初,小鸡要在迷宫里转来转去,通常需要花很多时间,才会偶尔找到出口,逃出迷宫。重复多次以后,小鸡在迷宫中转来转去的时间就会逐渐减少。经过一定次数以后,把小鸡放入迷宫,它会立即直奔出口而去。

桑代克认为,小鸡、小猫迅速逃脱的正确行为不是通过推理和观察学会的,它们后来之所以能够顺利逃脱,原因只有一点,那就是不断的尝试。动物在不断的尝试和失败中,慢慢消除那些无用的行为,记住那些有助于逃脱的行为。桑代克指出,动物通过大量的尝试,在有用的行为和行为的目标之间建立了联系,学习的实质就是有机体形成"刺激"(S)与"反应"(R)之间的联结,学习的过程是一种渐进的尝试错误的过程。在学习过程中,错误的反应逐渐减少,正确的反应最终形成。

桑代克根据自己的实验研究,并总结以往有关教育心理学的探索,开始确立教育心理学的名称及其体系,使教育心理学成为一门独立的学科。他把教育心理学定义为关于人的本性及其改变规律的学科,它的研究对象是人的本性、学习心理学和个别差异三个部分。桑代克把行为分为先天的反应趋势(本能)和习得的反应趋势(习惯)两类。本能的特点是不学而能,是先天的联结。习惯是后天的联结。桑代克指出,人性只是为教育提供了出发点,教育的真正任务是根据人的需要来逐渐改变人性。学习心理学是桑代克教育心理学最重要的部分。他把学习过程看作是形成后天习得的联结的过程,并提出了他的"试误说"的学习理论和两条关于学习的定律:一条是效果律,即凡导致有利结果的行为会被加强,而带来不利结果的行为则会被削弱或消失。另一条是练习律,即练习次数的多少,影响刺激和反应之间联系的稳固程度,重复练习可以加强和强化反应,长期不练习反应就会消退。

桑代克客观地从事研究工作的精神,为行为主义的产生提供了重要的方法和思路。

2. 巴甫洛夫的条件反射学说

关于巴甫洛夫的条件反射学说,本书在第一章里已经予以介绍,请读者参阅。这里只讲一下巴甫洛夫的条件反射学说对于行为主义的重要意义。

巴甫洛夫在他的一生中主要从事三个方面的研究课题:第一个方面是有关心脏神经机能的研究。第二个方面是关于消化腺的研究,这方面的研究成果使他于 1904 年获得了诺贝尔奖。第三个方面是关于大脑高级神经中枢的研究,在这方面的研究中他利用了条件反射的方法,而条件反射是他最伟大的科学成就,使他在心理学史上占有极其重要的地位。

巴甫洛夫的条件反射概念为心理学提供了行为的基本元素,提供了可以操作的具体单元,人的高级的复杂行为可以被分析为具体的单元,也可以在实验室条件下对其进行实验。巴甫洛夫关于条件反射的研究,使用了精确的方法和客观的术语,他证实使用生理学术语和使用动物做被试能够有效地研究高级心理过程。由于他用客观的方法成功地研究了心理问题,使他对心理学产生了巨大的影响,使人们对心理学的研究对象和研究方法大开眼界,有了全新的认识。

巴甫洛夫的思想深刻地影响了行为主义的发展,条件反射成为了行为主义的重要内容。行为主义者抓住条件反射,使它成为研究工作的核心。

二、华生的行为主义理论

行为主义心理学(behaviorist psychology)是美国现代心理学的主要流派之一,由华生(John Broadus Watson,1878—1958)于1913年创立。

美国心理学家。他有一段名言:"给我一打健康而没有缺陷的婴儿,并在我设定的环境中教育他们,那么我愿意保证,随便挑选其中一个婴儿,无论他的才能、嗜好、能力、天资和祖先的种族是怎样,我都可以把他训练成我所选定的任何一种专家,比如医生、律师、艺术家、商界领袖乃至乞丐和盗贼。"

图4-5 华生(John Broadus Watson,1878—1958)

(一)行为主义的对象

华生在他1913年发表的《行为主义者心目中的心理学》中说:"就行为主义者的观点来看,心理学是自然科学的一个纯客观的实验分支。它的理论目标在于预见和控制行为。"[①]

华生认为,心理学作为一门行为科学,必须只研究那些能够用刺激和反应的术语客观地描述动作、行为的形成、行为的集合等。所有人类和动物的行为,都能够用这些术语而不用意识、心理等主观性的概念和术语加以描述。把行为降低到刺激—反应的水平,人类与动物的行为就能够有效地被理解、预测和控制。通过对行为的客观研究,行为主义心理就能够完满地实现自己的目标。

---

① (美)杜·舒尔茨著. 现代心理学史. 杨立能,沈德灿,等译. 北京:人民教育出版社,1981:213

华生的心理学又称为"刺激—反应心理学"，即 S—R 心理学。他从严格的决定论出发，认为一定的刺激必然引起一定的反应；而一定的反应，也必然来自一定的刺激。如果完全知道刺激，就可以推断会有什么反应；反之亦然。心理学就是研究和确定刺激和反应之间联系的规律，从而预测和控制行为。正如华生所说："行为心理学的事业是去预测和控制人类的活动。训练有素的行为主义者通过提供的刺激来预示将会发生什么反应，或者通过特定的反应来陈述引起这种反应的情境或刺激"。①

华生虽然把行为分解为刺激—反应的单元，但他还是主张行为主义研究的应当是有机体的整体行为。行为不管多么复杂，都能够把它们分解为低级的运动反应和腺体反应。因此，行为主义是联系环境研究有机体的整体行为的。由于对大脑难以进行刺激—反应的研究，华生对中枢神经系统的研究不感兴趣，他把大脑称作"神秘之箱"。

（二）行为主义的方法

华生说过，在行为主义的实验室里，只允许使用客观的研究方法。在方法论上，华生继承了英国经验主义者建立的并由冯特采用的原子主义和机械主义传统：用物理学家研究宇宙时使用的方法来研究人，把人细分为组成人的元素或原子。华生认为，心理学的客观方法主要有下面四种：

1. 观察法

观察法有两种：一种是使用仪器控制的观察，也就是实验方法。因为有仪器帮助并对被试加以控制，所以能够精确地进行研究。另一种是不使用仪器的观察，这种方法由于缺乏严格的控制，所以只能是粗略的观察。

2. 条件反射法

条件反射法是行为主义者最重要的研究方法。华生认为，这种方法提供了一种完全客观的分析行为的方法，就是把行为分解为最基本的单元，即刺激—反应的联结。他主张可以把所有的行为分解为基本的刺激—反应单元，这样就为在实验室里研究人的复杂行为提供了方法。

3. 言语报告法

华生认为，言语报告法是专门研究正常人行为的一种方法。正常人有一种观察自己身体内部发生的变化并对这些变化进行言语报告的能力。人在顺应各种情境时通常用语言来实现，有时语言是唯一可以观察到的反应。因此，在研究正常人时，言语报告法不仅是可能的，而且是必须的。对华生的言语报告法，有人批评说：华生把内省法从前门猛烈地扔出去后，又以言语报告法的名义从后门拾了回来。

---

① （美）约翰·华生著.行为主义.李维译.杭州：浙江教育出版社，1998：12

4. 测验法

华生认为,心理测验并非是测量人的智力或人格,而是测量被试对测验情境所做的反应。

(二) 行为主义的一些观点

华生根据他的行为主义的思想,提出了一些自己的心理学观点。

1. 关于本能

华生认为,人类行为中的所有那些似乎像本能的行为,其实都是在社会中形成的条件反射。他拒绝承认能力、气质或才干方面的遗传,他说那些看来像遗传的东西,几乎都依赖于在摇篮中就进行的训练。由于不存在本能或遗传的能力或才干,所以成人完全是儿童时期条件作用的产物。因此,学习在行为塑造上起着非常重要的作用。基于这样的观点,华生主张环境决定论和教育万能论。

2. 关于情绪

华生认为,情绪不过是身体对特定刺激发出的反应而已。情绪能用客观的刺激情境、外显的身体反应和内部的内脏变化来解释。恐惧、愤怒和爱是人不学而能的情绪反应,人类所有其他的情绪反应都是通过条件作用的过程,从这三种基本情绪反应中建立起来的。

华生曾经做过一个著名的实验证明他的观点。有一个 11 个月大的名叫艾伯特的孩子,实验前从来不害怕白鼠。实验开始,在白鼠出现的时候,在艾伯特身后用锤击打一根钢条,发出刺耳的噪音,使艾伯特恐惧。重复几次后,艾伯特只要看到白鼠,就产生恐惧的表现。华生还证明,这种条件恐惧还能类化到相似的物体上,如白兔、白皮帽、白胡须等。华生认为,成人的恐惧、厌恶和焦虑都是通过童年早期的这种条件作用的方式形成的。

在证实了恐惧能够通过条件作用引起之后,华生进而研究消除恐惧的办法。在试验了多种方法后,发现无条件反射作用或重建条件反射作用的方法是有效的。有一个害怕兔子的儿童(不是艾伯特),当他吃饭的时候,把兔子带到室内,相隔的距离大到不致引起儿童产生恐惧反应。以后,每当儿童吃饭时,就把兔子带进来,相隔的距离逐渐缩短,使兔子逐渐接近儿童。最后,终于做到使儿童能够抚摸兔子而不再恐惧。华生也发现,类化到其他相似物体上的恐惧反应,都能用这种方法加以消除。现在心理治疗中使用的系统脱敏法,就来源于此。

3. 关于思维

华生认为,思维同言语一样,也是一种语言的习惯,或者说是语言形式的思维。两者的差异在于,言语是一种外显的、完备的和供社会使用的语言习惯,而思维则是一种内隐的、无声的和供个人使用的语言习惯。人类除了内隐语言的思维之外还有非语言形式的思维,如聋哑人的言语和思维都是以肢体运动来进行的。

三、行为主义后来的发展

华生提出行为主义后,强烈地影响了美国心理学的发展,许多心理学家关注行为主义和采用行为主义的方法研究心理学,其中一些心理学家在华生行为主义的基础上提出了自己的新观点,发展了行为主义理论,这些行为主义心理学家被称为"新行为主义",新行为主义的代表人物,主要有托尔曼、斯金纳、班杜拉。

1. 托尔曼

托尔曼(Edward Chace Tolman,1886—1959)是美国心理学家,目的行为主义的创始人,也是认知心理学的先驱。托尔曼主张,心理学研究的行为应当是整体行为,行为总是趋向或者避开某个目标,目的性是行为最重要的特征。

托尔曼认为,华生的"刺激—反应"行为公式,忽略了有机体的内部因素在行为中的作用。行为作为因变量实际上是环境刺激、生理内驱力、遗传、过去的经验、年龄等自变量的函数,有机体的行为随着自变量的变化而变化,用公式表示就是:

$$B=f_x(S \cdot P \cdot H \cdot T \cdot A)$$

公式中,B 代表行为,S 代表环境刺激,P 代表生理内驱力,H 代表遗传,T 代表过去的经验,A 代表年龄。

托尔曼认为,应当把对行为的表述从 S－R 改变为 S－O－R,O 是中间变量。

托尔曼的理论,提出和重视在刺激和反应之间的因素和过程,完善了华生的行为主义理论,对学习理论做出了很大的贡献。

2. 斯金纳

斯金纳(Burrhus Trederic Skinner,1904—1990)是行为主义的另一个重要代表人物,他的重要贡献是提出了操作条件反射理论,并根据操作条件作用规律和强化作用的原理发明了教学机器,提出了程序教学法,创造了行为矫正方法(behavior modification)。关于斯金纳的操作条件反射理论,本书在第一章中已经介绍,请读者参阅,这里重点叙述斯金纳对行为主义的发展。

斯金纳继承并坚持了华生的行为主义立场,他关心的是描述行为,而不是解释行为。他说:"如果我们要把科学的方法用于人类事务的领域,我们必须假定,行为是有规律的,而且是被决定的。一个人的所作所为,是由一些可以详细列举出来的条件发生作用的结果。一旦发现了这些条件,我们就能够预测和在某种程度上决定他的活动。"①这是源自伽利略和牛顿,经过英国经验主义者、冯特和华生,到斯金纳这里达到顶点的机械主义、分析的、决定论思想路线,这种思想直至今天还深刻地影响着美国的心理学。

斯金纳在他关于操作条件反射研究的基础上,提出了操作条件反射的习得律(law of acquisition):如果一个操作发生后,接着给予一个强化刺激,这个操作的强度就会增加。斯金纳和他的学生对强化作了一系列深入的研究。

3. 班杜拉

班杜拉(Albert Bandura, 1925—)是社会学习理论(social learning theory)的创始人。社会学习理论是解释人在社会环境中学习的行为主义理论,班杜拉认为,人的社会行为是通过观察学习(observational learning)获得的,在这个过程中,起决定性作用的是环境,人们只要控制环境条件,就能够促使儿童的社会行为朝着预期的方向发展。

美国心理学家,出生于加拿大艾伯特省的蒙台尔镇。1974 年被选为美国心理学会主席,1980年获美国心理学会杰出科学贡献奖。主要著作有《社会学习和人格发展》、《行为矫正原理》、《攻击:社会学习的分析》、《社会学习理论》和《思想与行为的社会基础:社会认知的观点》等。

图 4-6 班杜拉(Albert Bandura, 1925—)

班杜拉的社会学习理论主要有这样几个特点:一是强调人的行为是内部过程和外部影响交互作用的产物。人既不是完全自由的,也不是被动的。二是强调认识因素的重要性。由于人能够使用符号进行思索和提出问题,因而人能够预先知道个人行为的结果,并据此来改变或激发某种行为。三是强调观察学习的重要性,认为许多行为模式都是通过观察别人的行为和后果学来的,强调模仿对于激发特定行为的重要性。四是强调自我调节的作用。某个特定行为既会产生外在的后果,也会产生自我评价的反应,行为的强化来源于外界反应和自我评价。特别重视利用自我强化或自我惩罚的方式加强行为的自我控制。②

班杜拉的社会学习理论突破了传统的行为主义框架,把强化理论与信息加工理论相结合,使解释人的行为的理论的参照点发生一次重要的转变,出

---

① (美)杜·舒尔茨著.现代心理学史.杨立能,沈德灿,等译.北京:人民教育出版社,1981:278

② 车文博.西方心理学史.杭州:浙江教育出版社,1998:395

现了行为主义心理学与人本主义心理学的目标趋向一致的倾向。①

四、对行为主义的评价

行为主义诞生以后,对美国以及世界心理学的发展产生了巨大和深远的影响,行为主义对心理学发展的贡献主要有这样一些:

第一,强化了心理学研究的客观化和实证化倾向。行为主义者坚持用客观的方法研究动物和人的行为,反对使用内省等主观的方法,强调心理学研究的客观观察和可验证性,对现代心理学产生了深远的影响,客观的实证方法已经成为现代心理学的主流方法。

第二,推动了动物心理学和学习心理学的研究。行为主义者对动物心理的研究,取得了许多重要的成果。在这些成果的基础上,行为主义者进一步研究了学习心理学,提出了许多重要的学习心理学的概念、方法和理论,奠定了学习心理学的基础。

第三,促进了心理学的应用研究。行为主义强调预测和控制人的行为、重视环境对人的影响,积极将心理学应用于实际生活,促进了广告心理学、法律心理学、社会心理学、工业心理学、测量心理学的发展。将行为主义的理论应用于解决人的心理障碍,提出了行为矫正的方法和理论。

同时,行为主义也存在着严重的缺陷:

第一,把人的心理动物学化。行为主义继承了进化论的思想,肯定动物与人在进化上的连续性,以对动物行为的研究成果解释人的心理和行为,忽略了人与动物之间的重要差别,忽视文化和社会因素对人的心理的影响,把人的心理降低到了动物行为的水平,在对人的心理的理解方面有片面性。

第二,否认意识,抹杀心理与行为的差别。行为主义者为了坚持研究的客观性,否认意识,贬低脑与神经中枢在心理活动中的重要作用,仅以行为为研究对象,忽视人的主观能动性。他们很少对诸如概念形成、问题解决和思维等内部的学习过程等主题进行研究,把难以客观观察的意识摒弃于心理学研究范围之外,使行为主义的心理学成了"无头脑的心理学",研究范围和内容有着明显的局限性。

第三节　格式塔理论

与美国兴起行为主义差不多同时,在德国也出现了一股心理学运动,他们

---

① 高觉敷.西方心理学的新发展.北京:人民教育出版社,1989:48

反对把心理分解为元素,反对行为主义的刺激—反应公式,认为整体不等于部分之和,思维不是观念的简单联结,主张研究心理现象的整体、格式或形状,这种整体、格式或形状即德文的"Gestalt"一词,音译为"格式塔",意译为"完形",因此他们的流派被称为格式塔心理学(Gestalt psychology),又称完形心理学。格式塔理论(Gestaltism)是在心理学发展历史上产生过巨大影响的理论。

一、格式塔心理学的基本理念

格式塔心理学于1912年诞生在德国,后来在美国得到进一步发展,其主要代表人物是韦特默(Max Wertheimer,1880—1943)和他的助手苛勒(Wolfgang Köhler,1887—1967)、考夫卡(Kurt Koffka,1886—1941)。

格式塔心理学派的创始人,带领助手兼被试考夫卡、苛勒从事似动现象实验,据此提出格式塔主义的观点,倡导在教育过程中培养学生创造性思维的重要性。1933年因遭到纳粹迫害而逃至美国。主要著作有《创造性思维》、《格式塔心理学源考》、《对抗:心理学与当今的问题》、《心理学的基本问题》等。

图 4-7　韦特默(Max Wertheimer,1880—1943)

在格式塔心理学产生之前,传统的心理学在方法上是以分析为主的。许多心理学家把经验、心理、行为分析为元素,以为了解了研究对象的组成元素,也就了解了研究对象。格式塔心理学批判这种方法,认为整体大于部分之和,知觉不能由感觉元素的集合或者仅仅是各部分的总和来解释,知觉可以比感官了解更多的东西。

韦特默说:"格式塔理论的基本公式可以这样表达:有些整体的行为不是由个别元素的行为决定的,但是部分过程本身则是由整体的内在性质决定的。确定这种整体的性质就是格式塔理论所期望的。……格式塔理论应从事具体研究;它不只是一种结果,而且是一种方法;不仅是关于一种结果的理论,而且是一种有助于进一步发现的手段。这就是说它不仅仅在于提出一个或者更多的问题,而且在于力图看出科学中实际上在发生什么变化。"①

格式塔心理学有两个特点:一是强调整体性,认为心理现象是一个整体,

① (美)杜·舒尔茨著. 现代心理学史. 杨立能,沈德灿,等译. 北京:人民教育出版社,1981:296

不是彼此独立的元素的集合。二是描述现象,主张心理学要描述现象而不是分割现象去追求它的结构。①

格式塔心理学的这些基本理念,打破了当时过分强调分析的心理学研究的沉闷局面,启发了人们的思想,推动了心理学的发展。

二、知觉结构原则

韦特默在 1923 年提出了知觉结构原则:人在知觉事物时,是采用直接和统一的方式把事物知觉为统一的整体,而不是知觉为一群个别的感觉。下面是几个知觉组织原则:

（一）邻近性

在时间或空间上相接近的各部分倾向于一起被感知。图 4-8 被知觉为三列由圆圈组成的队形,而不是一个大的集合体。

（二）类似性

类似的各部分倾向于被知觉为一个整体。图 4-9 被知觉为一行圆圈和一行菱形相间,知觉到的是横行而不是纵列的队形。

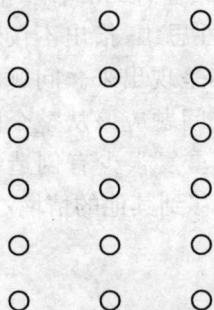

图 4-8　知觉的邻近性　　　　　图 4-9　知觉的类似性

（三）封闭性

人的知觉对不完满的图形有一种使其完满的倾向,即填补缺口的倾向。图 4-10 中的不完满的图形,人们也会直觉为三个方形。

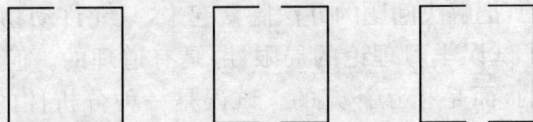

图 4-10　知觉的封闭性

---

① 车文博.西方心理学史.杭州:浙江教育出版社,1998:442

117

三、顿悟学习与创造性思维

苛勒曾经以黑猩猩为对象研究动物解决问题的行为,做过两个著名的实验。

在一个实验里,把一只猩猩关在屋子里,在屋顶上挂着一串香蕉,地上放着几只大小不同的箱子。猩猩站起来、跳起来或者站在一只箱子上都够不着香蕉。经过多次失败后,猩猩悟出了把几只箱子叠起来,然后站上去把香蕉取下来。

在另一个实验里,把一只猩猩关在笼子里,笼子里放着几根竹竿,笼子外面放着香蕉,猩猩在笼子里用任何一根竹竿都够不到香蕉。猩猩开始试图用竹竿取香蕉,几次都失败了。后来猩猩玩弄竹竿时,碰巧发现手上的两根竹竿能够接在一起,这时猩猩猛然转过身来,用接长的竹竿去取香蕉。下一次在同样的情境中猩猩不再进行无效的尝试,直接把竹竿接起来去取香蕉。

苛勒根据他的实验,提出了顿悟学习理论。他认为学习不是盲目试误的渐进过程,而是突然顿悟的结果。顿悟不是对个别刺激物产生的反应,而是对整个情境、目的和解决问题的方法之间相互关系的整体(格式塔)的理解。

韦特默把格式塔的学习原理应用于人的创造性思维,指出不仅学生必须把情境看作一个整体,教师也必须使情境作为整体呈现出来。问题的细节方面只应和整个情境的结构联系起来加以考虑,解决问题应该从整个问题向各个部分的方向进行,而不是相反。他认为,盲目的重复很少有创造性。一旦掌握了解决问题的原则,那么这种原则就很容易迁移到其他的情境。

四、对格式塔心理学的评价

格式塔心理学提倡从整体来把握心理活动,对于当时盛行的把心理现象分解为元素,把心理活动简化为刺激—反应的心理学思潮,给予了强烈的震动,促使人们开始以多角度、比较全面的方式来看待和研究人的心理,对心理学的发展起了重要的推动作用。

站在格式塔心理学的立场,苛勒批评桑代克的试误学习理论,认为桑代克的实验是人为的,把解决问题的办法隐藏起来,只允许动物进行盲目的、试误的行为。指出了试误学习理论的局限性,是有道理的。但是,试误和顿悟并不是互相排斥的,而是相互补充的。试误是一种分析性的对新经验的获得,顿悟是综合性的对以往经验的运用。[1] 在低等动物中,试误是基本的行为;而顿悟则更多地出现在高等动物身上。不考虑动物的心理发展水平,片

---

[1] 车文博. 西方心理学史. 杭州:浙江教育出版社,1998:429

面地夸大试误或顿悟的意义,都是不妥当的。

五、格式塔疗法

格式塔疗法(Gestalt therapy)也叫完形疗法,是德国精神病学家皮尔斯(Friedrich Salomon Perls,1893—1970)与妻子劳拉·皮尔斯(Laura Posner Perls,1905—1990)以格式塔心理学为理论基础,于20世纪40年代创建的一种心理治疗理论。

德国精神病学家。1921年,他获得柏林大学精神病学的医学博士学位。1935年,他建立了南非精神分析研究所,又于1952年同古德曼(Paul Goodman)和妻子劳拉一起在美国创建了纽约格式塔治疗研究所。皮尔斯于1947年出版了《自我、饥饿与攻击》一书,标志着格式塔疗法的诞生。

图4-11　皮尔斯(Friedrich Salomon Perls, 1893—1970)

(一)格式塔疗法的主要观点

1. 完形

格式塔疗法最基本的观点是"完形",即强调用整体的观点来看人和事物,强烈反对把人的功能和生活进行元素分解的做法。皮尔斯指出,每个人都期望过上一种整合的、高效率的生活,人们总是努力将自己各部分的生活协调、整合成一个健康的、有机的整体。他认为,人类最大的心理问题就是把自己的经验和行为分割得支离破碎,以致出现了很多矛盾、冲突和痛苦。因此格式塔疗法的重要目标,就是使来访者达到情绪、认知和行为方面的协调,对自己心理疾病产生觉察、体会和醒悟,了解自己所应负起的责任,通过调整自己的认识达到自我治疗。皮尔斯主张,凡事应从较宽广的角度去知觉、去思考,问题的意义才能明白,需求才会获得满足。人的一生成长就是形成完形之后又破坏它,破坏之后又形成新的完形的过程。格式塔疗法就是帮助当事人进行情绪、认知和行为方面的整合,建立适当的完形。

2. 人格

格式塔疗法的前提,是个体能有效地处理生活上所发生的问题,特别是能够完全察觉发生在自己周围的事情。格式塔疗法强调接纳真实的自我,不受自己或他人的合理化、期待、判断、曲解所操纵,而以自己所想的、所要的、所感觉的为基础来表现自我。皮尔斯提出个体的人格分成两部分:胜利者

(topdog)和失败者(underdog)。前者以"应该"、"必须"的方式对个体进行操纵与摆布,类似精神分析学派中"超我"的概念;而后者以"我想"、"我希望"表达个体的内在愿望,类似精神分析学派中的"本我"。由于胜利者和失败者都在不断试图夺取控制权,这种内在的矛盾与冲突,便对人造成一种持续不断的心理上的折磨。因此,格式塔疗法就是要帮助当事人认识这两个不协调部分的存在,解决内在冲突,以求达到心理安宁。

3. 自我觉察

自我觉察是指个体对自身的存在以及对世界"是什么"有所意识,并感受到自己当前的存在,如感觉到自己的思考、动作、身体姿势等。皮尔斯认为,自我觉察包括三个区域:一是内部区域,指个体对身体的感觉,如痛、疼、痒、热等;二是外部区域,指个体对外在世界的觉察,通过感觉与外界接触;三是中间区域,指个体对心理活动的觉察,如幻想、分析、思考、推理等。格式塔疗法认为,如果个人借助自我觉察可以觉察到自身或在其之外发生的事情,那么他就有能力进行自我调整,心理治疗就是为支持和恢复察觉能力提供环境条件与机会。

4. 重视现在

皮尔斯认为,除了现在,其他一切都不存在,只有现在才是我们真实的生活,才是最重要的。格式塔疗法强调此时此刻,强调充分学习、认识、感受"现在"的重要性,留恋过去或幻想将来就是在逃避体验现在。然而,格式塔疗法并非不重视过去,而是认为,过去和将来都与现在有关,当过去或将来对当事人现在的态度或行为有重要影响时,就要尽可能地把它带到现在的体会里来,要求当事人在此时此刻再次体验过去经验过的情感,再度体验当初受到的伤害,从心理上释放该伤害,从而进行心理治疗。

5. 未完成事件

未完成事件是指那些未表达出来的悔恨、愤怒、怨恨、痛苦、焦虑、悲伤、罪恶、遗弃等情感,虽然这些情感没有在意识中表达出来,但却与鲜明的记忆及想象联结在一起。由于这些情感没有被充分体验,因此在潜意识中徘徊,在不知不觉中被带入现实生活里,从而影响了人的心情和心理状态。未完成事件会一直持续存在,直至个人勇于面对并处理这些未表达的情感为止。完形疗法治疗者鼓励当事人充分表达以前从未直接表达的情感,完成对未完成事件的体验,以此解决当事人的心理困扰。

6. 对话关系与非言语的交流

皮尔斯主张,治疗者应当全身心地参与、投入、理解和体验当事人的经验世界,以真实的自我与当事人接触,应当在治疗者和当事人之间建立良好的对话关系(表4-3),使当事人更好地与环境互动。在治疗者和当事人之间建立起良好对话关系的同时,还应当重视非言语的交流。皮尔斯认为,语言的意识性高,容易撒谎或词不达意,而身体语言大多是潜意识的,潜意识比意识更诚实。因此,手势、姿态、面部表情、动作、声调、韵律等,才更能表现当事人的心理状态。

表 4-3　良好的对话关系

参与 (presence)	治疗者要尽可能真诚地投入当前的治疗情景,愿意以真实的自己和充分的自我觉察来接待当事人。治疗者表达和分享个人观点时,仅限于对现象的陈述,没有解释或评价
肯定 (confirmation)	治疗者在参与的基础上倾听、理解和接纳当事人的想法和体验,使当事人感到安全、有价值和被尊重,包括被当事人疏离、偏转或否认的部分
融入 (inclusion)	治疗者尽可能充分地进入当事人的体验之中,同时保持自身的存在感和自主性
开放式交流的意愿 (willingness for open communication)	即适当的自我暴露,治疗者真诚地与当事人分享或交流对其有帮助或有意义的东西,但这种分享和交流要视治疗关系的发展而定

（二）对格式塔疗法的评价

格式塔疗法继承了格式塔心理学的思想,重视人的整体感受、整体经验在人的心理生活中的重要作用,重视过去经验对现在的影响,意识到解决心理问题必须要做整体解决,这种对待心理问题的整体观点,是一种比较辩证的、系统的观点,在实践中也是有效的。因此,格式塔疗法 20 世纪 60 年代在美国提出后,曾风行一时。

对心理咨询师来说,他所面对的当事人表现于现在的各种心理问题皆形成于过去。解决当事人的心理问题,不仅要解决其现时的问题,更要解决问题的根源。格式塔疗法的"重视现在"、"未完成事件"的观点,为解决某些心理问题的根源提供了合理的理论和方法。这些方法,在实践中有较好的效果。

格式塔疗法运用活泼的方式,把过去带进现在,然后再处理这些过去的问题。引导当事人自己发现问题,协助当事人自己解决问题,尽量调动和发挥当事人的主动性,是一种积极的、具有人本主义色彩的心理治疗方法。

对皮尔斯式格式塔疗法的批评主要集中于它过分依赖技术和过度对抗,过分强调情感因素等,忽视了理性、思想等因素的作用。此外,对格式塔疗法的技术也有质疑,如过去的"未完成事件"现在是否能够完成,一种完形在形成后是否会进而产生新的完形,都是不能确定的。

第四节 人本主义理论

在西方心理学的发展历史上,曾经有两股很强的势力,一股是行为主义,被称作第一势力;另一股是精神分析,被称作第二势力。在 20 世纪 50 年代,出现了一种重视研究人的本性、动机、潜能、经验和价值的心理学思潮,即人本主义心理学(humanistic psychology),被称作西方心理学的第三势力。人本主义心理学发展迅速,很快成为当代西方心理学主要研究取向之一,对心理咨询和心理治疗产生很大影响,是当代西方心理治疗的三大流派之一。

一、人本主义理论的产生背景

西方一些心理学家在研究和工作中逐渐发现当时影响很大的行为主义心理学和精神分析心理学中存在着严重的问题,针对它们的问题,这些心理学家提出了自己的不同于行为主义心理学和精神分析心理学的心理学理论,在对行为主义心理学和精神分析心理学的批评中发展出了人本主义心理学理论。

(一)对行为主义的批评

自从德国心理学家冯特(Wilhelm Wundt,1832—1920)于 1879 年在世界上建立了第一个心理学实验室,使心理学成为一门独立学科以来,西方心理学一直以自然科学为榜样,极力借助物理学来建立自己的研究和理论模式,采用研究物质的方式研究人的心理,这种学科倾向在行为主义那里达到了顶峰。行为主义心理学把自然科学的实证研究方法绝对化,以实验方法作为根本的方法,只把可以观察的行为作为心理学的唯一研究对象,放弃对人的内部心理过程的研究。在行为主义者眼中,从研究方法和研究对象上来说,研究人与研究无生命物质、动物没有什么差别。

针对行为主义心理学的观点,一些心理学家对其进行了批评。

奥尔波特(Gordon Willard Allport, 1897—1967)主张在行为主义的 S－R 公式中应当引入一个 O,O 是中介变量,代表有机体,即 S－O－R。他指出,人格中一切有趣的事情就存在于对动机、兴趣、态度、价值观等这些中介变量引起的行为的推论之中。

马斯洛(Abraham Harold Maslow,1908—1970)认为,人类的行为不仅仅是单一的刺激引起单一的反应,而是受构成完整人格的全部感情、态度和愿望决定的。

罗杰斯(Carl Ransom Rogers,1902—1987)在 20 世纪 50—60 年代同斯

金纳就自由、教育与人类行为控制等问题进行了多次辩论,他强烈反对斯金纳主张的心理学应当强化对人类行为进行控制的观点。

奥尔波特等许多心理学家批评行为主义模仿自然科学、过分关注客观的、量化的、可验证的方法和动物实验,把方法高于一切,是一种方法崇拜。虽然行为主义运用精确的技术和方法给行为主义提供了一种科学的合法性,但是正是由于这个原因,在人本心理学家看来,行为主义者不过是一些"技术员"和"设备操作员"而不是心理学家。

布根塔尔(James Frederick Thomas Bugental, 1915—)概括了人本主义心理学与行为主义的六个主要区别:第一,对人类本性的正确理解不能只是根据研究动物的结果,以动物研究资料为基础的心理学显然排除了人类心理过程与经验的独特之处。第二,心理学选择研究课题必须是对人类有意义的,而不应仅仅根据它们是否适合实验室的研究和方便数量化。第三,心理学的注意力应当集中于人的主观的内部经验,而不应放在外显行为的要素上。第四,应该承认所谓纯粹心理学和应用心理学的相互影响,不应把它们分开或对立。第五,心理学应当重视个案研究(case study),而不是重视团体的平均作业成绩。第六,心理学应当探索可以扩大或丰富人的经验的那些东西。[①]

人本主义心理学家在批评行为主义的过程中,发展出了自己的注重研究对象的内心活动、研究现实社会生活中人的心理活动的理论特色。

(二)对精神分析的批评

人本主义心理学家中的许多人都同精神分析心理学家有交往,他们曾经学习和熟悉精神分析理论,这使得他们对待精神分析的态度与行为主义有所不同。他们比较崇敬弗洛伊德,认为精神分析在心理学发展中提出潜意识概念、引入动机理论、维护了自我概念是有贡献的。但是,他们也认为精神分析理论同时存在着许多严重的缺陷,并且从以下方面对精神分析进行了批评:

1. 反对精神分析的潜意识决定论

在精神分析理论中,潜意识具有很重要的地位,认为人的所有行为都是由潜意识引起和控制的。人本主义心理学反对精神分析的这种观点,认为不仅要研究潜意识,也要研究意识,意识和潜意识对于研究人格同样是重要的。

2. 批评精神分析的性恶论

精神分析理论把人的潜意识看成是黑暗的世界,在那里没有人的尊严,充满了本能的冲动,人性是恶的。弗洛伊德曾经把潜意识描述为非理性的、黑暗的和模糊的。对此,马斯洛指出,潜意识的冲动不一定是疾病、压抑和奴

① 车文博. 人本主义心理学. 杭州:浙江教育出版社,2003:31—32

役的,也可以是美好的、漂亮的和必需的。在艺术、灵感、幽默、爱等方面,潜意识也是人类本性的深层核心,人性中也有善的内容。

3. 批评精神分析的悲观主义

由于精神分析师是以精神疾病患者或心理变态者为样本来搜集心理学资料的,所以他们把人性看作是恶的,不知道和不关心人的积极的品质和特征,从而把人看作是被动的和无助的,人不能掌握自己的命运。人本主义心理学不赞同这种观点,认为人的心理中还有爱、互助、自我发展等积极的潜能,这些潜能更应该受到心理学家的重视。

人本主义心理学家借鉴了精神分析的研究方法和有关理论,抛弃了精神分析对于人性的消极看法,发展出了关心人的本性、尊严和价值的积极的心理学。

(三)人类潜能运动的影响

人类潜能运动(human potential movement)是 20 世纪 60—70 年代兴起的一种旨在充分发挥人的潜在能力的社会运动。[①] 早在 20 世纪初,美国心理学家詹姆斯(William James,1842—1910)就提出了人的潜能没有得到应有发挥的观点。美国心理学和人类学家米得(Margaret Mead,1901—1978)估计,普通人只利用了其能力的 6%。后来,还有不少心理学家对人的潜能进行了估算,认为人的没有发挥的潜能远远超出人们先前的估算。

在这种理论的影响下,心理学家建立了专门研究如何挖掘和发挥人的潜能的研究机构,这类机构后来成为人类成长中心(human growth center),其目的是开发人的潜力、提高人生的意义、增进创造能力、建立和谐人际关系。人类成长中心发展出很多方法,如交朋友小组(encounter group)、心理剧(psychodrama)、训练团体(training group)、沟通分析(transactional analysis)、超觉沉思(transcendental meditation)等。

人本主义心理学的兴起与人类潜能运动是密切相关的。一方面,人类潜能运动是人本主义心理学发展的社会实践基础,它提供了人本主义心理学的理论来源,丰富了人本主义心理治疗的技术与方法,扩大了人本主义心理学的应用领域与社会影响。另一方面,人本主义心理学又是人类潜能运动的理论支柱,它推动这一运动进一步健康而稳固地发展。[②]

二、马斯洛的理论

马斯洛(Abraham Harold Maslow,1908—1970)是美国社会心理学家、人格理论家和比较心理学家,人本主义心理学的主要发起者和理论家,心理学第三势力的领导人,曾任美国心理学会主席。他相信人类本性中存在着一种

---

①②　车文博. 人本主义心理学. 杭州:浙江教育出版社,2003:36

积极的倾向，它使人健康地向上发展着。所以，马斯洛从事心理学研究一开始就关心一些健康的、有期望的、支配性的样本，直到后来关心最杰出的人物，他一生都在开拓人格研究领域。

1908 年出生于美国纽约市布鲁克林区，1926 年考入美国康乃尔大学，三年后转至威斯康辛大学攻读心理学，1934 年获得博士学位。1935 年在哥伦比亚大学任桑代克学习心理研究助理，1937 年任纽约布鲁克林学院副教授，第二次世界大战后转到布兰代斯大学任心理学教授兼系主任，开始对健康人格或自我实现者的心理特征进行研究。著有《存在主义心理学探索》、《理想管理》、《人性能达的境界》等著作。

图 4-12　马斯洛(Abranam Harold Maslow, 1908—1970)

（一）需要层次理论

1943 年，马斯洛在一篇题目为《人类激励的一种理论》的文章里，第一次提出了需要层次论。

马斯洛提出，人至少有五种需要，这五种需要组成一个等级系列：生理的需要、安全的需要、感情的需要、尊重的需要、自我实现的需要（图 4-13）。这些需要互相联系并按照优先程度即心理驱力的紧迫性排成一个等级系列，最下面和最基本的需要是生理需要，如食物、睡眠、性的需要，人首先要满足生理的需要。当生理的需要满足以后，就会出现安全的需要，如住房、储蓄等需要。当安全的需要满足以后，就会出现感情的需要，如爱、友谊、协作等需要。当感情的需要满足以后，就会出现尊重的需要，如希望被人尊敬、晋级、升职等需要。当尊重的需要满足以后，才会出现最高的自我实现的需要，人的最高追求就是自我实现(self-actualization)，达到自我实现时，人会产生成就感，体验到难以名状的愉悦，这就是高峰体验。马斯洛认为，只有低一层次的需

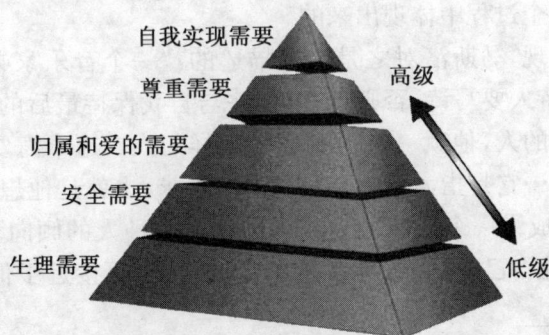

图 4-13　马斯洛的需要层次论

要得到满足以后,高一层次的需要才能够作为动机被激励。一种需要一旦得到满足之后,就不再对行为发生作用。

马斯洛的需要层次论最初带有一定的机械性,需要由低级到高级依次出现。对此,一些人曾提出不同的看法,认为人的需要不一定是五个层次,可以少于或者多于五个层次。也有人高层次需要的出现和满足,不一定都要在低层次需要都满足之后。但尽管有不同的意见,人们一般还是肯定人的需要是分层次的,分歧只是体现在对层次的划分上。马斯洛后来修正了他的理论,指出个人需要层次的演进不像间断的阶梯,低一层次的需要没有完全得到满足也可以有高一层次的需要,大多数人在正常情况下,只能得到基本需要的部分满足。一种需要得到部分的满足,新的需要就有可能出现,这个人的动机就有可能受新的需要支配。这样,马斯洛所描述的需要的发展,并不是间断的、阶梯式的跳跃过程,而是一种连续的、重叠的、波浪式的演进过程(图4-14)。

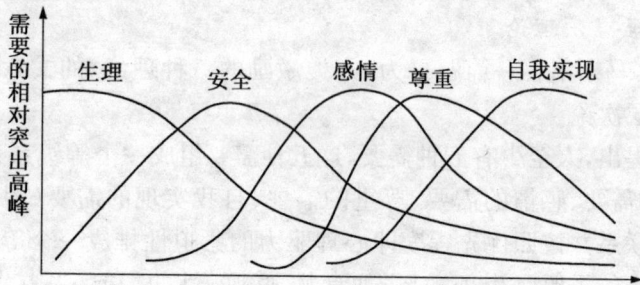

图4-14　需要层次的演进(马斯洛,1954)

(二) 自我实现理论

马斯洛从个体的主观需要探讨动机,把动机的基点置于需要之上,提出了需要层次说。马斯洛把人的基本需要分为两大类:一类是基本需要,一类是成长需要。成长需要是人的高级需要,尤其是自我实现的需要,它是人努力的最高境界。人对自我实现的追求,就构成了一个人的生活主题,人的生活风格就是在这个过程中体现出来的。

关于自我实现,马斯洛对之是这样描述的:"一个音乐家必须作曲,一个画家必须画画,诗人要写诗,否则,他就无法与自我保持最后的统一。一个人可以变成什么样的人,他就一定会变成什么样的人。这个需要,我们可以称之为自我实现……它是指人希望自我满足的需求,也就是他想成为他有可能成为的一种人:成为一个人有能力成为的任何一种人的倾向。"[①]也就是说,"更真实地成了他自己,更完善地实现了他的潜能,更接近于他的存在核心,

───────────────

① (美)亚伯拉罕·马斯洛著.马斯洛论管理.李斯译.北京:中国标准出版社,2004:20

成了更完善的人。"①在马斯洛看来,自我实现有两层含义:一是完满人性(full humanness)的实现,二是个人潜能(personal potency)或特性的实现。简单地说,自我实现就是一个人实现了自己理想时的那种状态。

不少人认为,自我实现是一种难得的体验,只有少数下层需要已经完全得到满足的事业成功人士才能体验到自我实现,普通人体验不到自我实现的快感。其实,按照马斯洛对自我实现的理解,自我实现是人实现了自己理想时的那种状态。因此,只有一个人有理想、有追求(理想和追求就是自我实现的需要),在经过努力实现了理想之后,体验到了成功,才会有自我实现的感觉,自我实现是成功后喜悦的心理体验,它使人感到人的价值和人的力量。如果一个人多次树立适宜的理想,又能够实现这些理想,他就能够多次体验到自我实现。马斯洛说:"自我实现不只是一种结局状态,而是在任何时刻在任何程度上实现个人潜能的历程。"②

马斯洛说:"自我实现意味着充分地、活跃地、忘我地体验生活,全神贯注,忘怀一切。"③就是说,自我实现不是难得的体验,只要一个人确立明确可行的人生目标或工作目标,为实现这个目标进行努力,必要时修正目标,修正目标后继续努力,在目标实现时就会体验到成功和自我实现。

从动机论来看,马斯洛把自我实现描述为人类最高级的需要,是人的内在固定趋势。从人格论来看,马斯洛把自我实现视为健康人格的特征及实现途径,自我实现被定义为人的潜力、才能和天赋的持续实现,人的终身使命的达到与完成,不断地向人的综合与统一迈进的过程。

马斯洛为论证自我实现的理论,又详细地分析了自我实现者的人格特征,这些特征是:有良好的自我实现知觉;对己、对人、对大自然表现出最大的认可;自发性较强;对工作和事业以问题为中心,而不是以自我为中心;有独处和自立的需要;较强的自主性和不受环境和文化的支配;具有永不衰退的欣赏力;周期性的神秘的或高峰的体验;关心社会,喜欢和所有人打成一片;仅和为数不多的人发生深厚的个人友谊;具有深厚的民主性格;具有强烈的审美感;有富有哲理的、非敌意的幽默感;有创造性;不受社会现存文化规范的束缚,进行独立思考和行动。

马斯洛的另一个重要概念是"高峰经验(peak experience)",这是指当人

---

① (美)亚伯拉罕・马斯洛著.存在心理学探索.李文湉译.昆明:云南人民出版社,1987:88

② (美)亚伯拉罕・马斯洛著.人性能达的境界.林方译.昆明:云南人民出版社,1987:55

③ (美)亚伯拉罕・马斯洛著.人性能达的境界.林方译.昆明:云南人民出版社,1987:52

感到与世界完全和谐时的微妙的瞬间体验,这时人们处于高度自律、自然自在、敏感、忘却时空的境界,这种境界正是在人们自我实现的过程中取得成就时体验到的。

三、罗杰斯的理论

在人本主义心理学的主要代表人物中,马斯洛的贡献主要表现在开创了人本主义心理学的理论取向和基本理论,而罗杰斯的贡献则集中表现在他把人本主义心理学的以人为中心的理论应用于医疗、教育、管理、商业、司法、国际关系等领域,使人本主义心理学成为重要的心理学流派。

美国心理学家和心理治疗学家,人本主义心理学最有影响的代表人物之一。曾任美国心理卫生协会副会长、美国应用心理学会主席、美国心理学会第55届主席、美国心理治疗家学会主席等。1956年获美国心理学会首次颁发的杰出科学贡献奖,1972年获美国心理学会杰出专业贡献奖。他的主要著作有《问题儿童的临床医疗》、《心理咨询与心理治疗》、《来访者中心的疗法》、《心理治疗与人格转变》、《论人的成长》、《学习的自由》、《罗杰斯论会心团体》等。

图4-15 罗杰斯(Carl Ransom Rogers, 1902—1987)

(一) 自我理论

自我理论(self-theory)是罗杰斯人格心理学的理论基础与核心。他认为自我是人格形成、发展和改变的基础,是人格能否正常发展的重要标志。因此,自我理论也是他的心理咨询与治疗的理论基础。

罗杰斯认为,人最初没有"自我"概念,随着个人与环境的交互作用,开始区别环境和自我,逐渐把自我从周围世界区分出来并符号化而形成"自我"的概念。自我是在人际交往中,特别是与重要人物交往中产生和发展起来的。随着自我的形成,出现了对积极关注的需要,即个体需要别人的关注,这是人类的一种普遍需要。在他人关注的基础上,个体形成了自我关注的需要,即个人需要对自己的行为持肯定态度。

罗杰斯指出,自我可以分为两类:一类是主体自我(subjective self),指人的心理经验和行为的主体,相当于英文"我"的主格"I"。弗洛伊德人格理论中的"自我"就是主体自我。另一类是客体自我(objective self),指人对自己的看法,又叫自我概念(self-concept),这种自我是被动者和被观察对象,相当于英文"我"的宾格"me"。

"自我概念"是罗杰斯人格理论的基础,它有四个特点:第一,自我概念属于对自己的认识范畴,它遵循知觉的一般规律。第二,自我概念是有组织的、有联系的、连贯的知觉系统。第三,自我只是表达那些关于自己的经验,并非指控制行为的主体。第四,自我虽然也包括潜意识的东西,但是主要是有意识的东西,它通常可以为人所觉察。

罗杰斯还对自我概念同"现实自我(real self)"、"理想自我(ideal self)"做了区分。自我概念是个人认知到的自我,即个人的知觉、看法、态度和价值观的总和。现实自我是真实存在的自我,即个体目前的真实状况。理想自我是期望中的自我,即个体所希望的自我形象。现实自我和理想自我在个体身上和谐一致,是人格健康发展的一个重要指标。一个人的现实自我与理想自我越接近,他就越感到幸福和满足。反之,现实自我与理想自我差距很大,他就会不愉快、不满足,甚至发生人格障碍和心理疾病。①

(二)人格理论

罗杰斯指出,人格由"经验(experience)"和"自我概念"构成,当一个人的自我概念与知觉到的、内隐的经验呈现协调一致的状态时,他便是比较完满的、真实的而适应生活的人,反之,他就会经历或体验到人格的不协调状态。罗杰斯的人格理论主要包含实现倾向、机体智慧、机能完善者等内容。

1. 实现倾向

罗杰斯把自我实现倾向(self-actualization tendency)又称作实现倾向(actualization tendency),即有机体具有一种天生的自我实现的动机。罗杰斯相信实现倾向不仅是人类的本性,在更普遍性的意义上,实现倾向是一切生物都具备的基本倾向,是最能体现生命本质的生物特性。罗杰斯认为,每个人均有一种内在的倾向,促使个人探索环境、学习知识,并致力于追求更能发挥自己的功能、更让自己满意的生活方式。这个过程,罗杰斯名之为实现倾向,它是根植于个人内部的一种能力或倾向,不论个人是否能够觉察到,它都能产生作用。

2. 机体智慧

罗杰斯认为,有机体本身的自发反应,往往比理性思考更符合该有机体物种的本性;在反映本性的要求上,有机体的身体比他的大脑往往更可靠,这就是机体智慧。个体凭借自身的机体智慧来估价什么是符合实现倾向的,什么是阻碍实现倾向的。那些同实现倾向一致的体验令人满足和愉快,因此个体就倾向于接近和保持它们;那些同实现倾向相矛盾的体验令人不快,个体就倾向于回避它们。机体评价过程实际上是实现倾向的一种反馈机制,它保证个体总是去追求那些与实现倾向相一致的需要的满足,自动地按照实现倾

---

① 车文博. 人本主义心理学. 杭州:浙江教育出版社,2003:175—178

向的方向去生存、去发展。因此,人不是被塑造、教育而成的,环境的作用只是帮助人的潜能现实化。咨询师不应该以指导者的身份自居,不要理所当然地认为自己应该告诉咨询对象做什么和怎么做,而是要成为咨询对象自我发现和自我探索过程中的促进者。

3. 机能完善者

罗杰斯把能够充分发挥机能、展现真实自我的人叫做"机能完善者(full functioning person)",机能完善者是他倡导的人格模式。他认为自我实现倾向是生命的驱动力量,它使人更加特异化、更加独立、更具社会责任感,成为"机能完善者"。罗杰斯认为,机能完善者的形成是一个过程,而不是一种结果;它是一个人的方向,而不是一个人的目的。自我实现处于不断前进的发展过程中,永远不会终止或静止,这个指向未来的倾向,推动着个体不断发展。机能完善者像一个小孩,他按照自己的机体智慧而不是外在的价值条件来生活,他的幸福不是个体生物性需要的满足和个人目的的实现,而是积极参与实现倾向、前进于持续不断的奋斗中。

罗杰斯指出机能完善者具有这样一些特征:第一,机能完善者能够以开放的态度对待任何经验,也就是说,他们不需要防御机制,不会拒绝和歪曲经验。他们的一切经验都能够被准确地符号化而成为意识。第二,机能完善者的自我结构与经验能够协调一致,并能够应付变化以便同化新的经验。第三,机能完善者以自己的实现倾向作为评价经验的参照系,对强加于世人的价值条件不屑一顾。第四,机能完善者相信自己能够掌握自己的命运,对自己的经验和行为给予积极肯定,感到自己有能力实现自己所希望的一切。人的心理越是健康,他体验到的自由度就越大。第五,机能完善者乐意给予他人以无条件的尊重,同情他人,为他人所欢迎。

(三) 对心理治疗的贡献

罗杰斯以他的自我和人格心理学理论为基础,在心理咨询和心理治疗领域做出了重要的贡献,而他的心理咨询和心理治疗的实践,又帮助他进一步丰富和发展了他的理论。

来访者中心疗法(client-centered therapy)是由罗杰斯于 1942 年首创的一种心理咨询与治疗方法,是人本主义心理学思想在治疗领域的体现,是罗杰斯的自我理论在心理咨询与心理治疗中的具体应用。这种疗法主张给来访者提供一种最佳的心理环境,促进来访者动员自身力量进行自我理解,改变他们对自我和他人的看法,不断完善自己,实现心理健康。来访者中心疗法在发展过程中先后有三个名称,最初为"非指导治疗法",1951 年改为"以来访者为中心的治疗法",1974 年更名为"以人为中心的治疗法(person-centered therapy)"。

交朋友小组疗法(encounter group therapy)又叫做会心团体疗法,是罗杰斯极力倡导的一种心理咨询和心理治疗方法,他于 20 世纪 60 年代后期以极大的热情投入到交朋友小组的运动中,亲自担任交朋友小组的领导人,与同事们一起推动这个事业的发展。交朋友小组疗法是自我发展疗法(self-developmental therapy)的一种形式,是以人为中心,以人本主义心理学的自我发展观为理论基础,利用集体的力量来帮助有心理问题的人改变其适应不良的行为或解决其心理问题的一种方法。这种疗法试图创造适当的人际环境,使小组成员最大限度地发挥个人潜能,消除心理障碍,达到自我实现的目的。

四、对人本主义理论的评价

人本主义心理学是西方心理学史上一次重大的变革。其对心理学发展的贡献主要有以下方面:

第一,突出了人的本性和人的价值。在以往的心理学研究中,精神分析把病人与正常人等同起来,用潜意识取代人的心理活动;行为主义把人等同于动物,走向了环境决定论;认知心理学用计算机模拟人的心理,把人等同于机器。这些心理学的主要流派在研究心理学时,事实上在不同程度上都离开了对现实的人的心理的研究。人本主义理论指出了它们的缺陷,把人的本性和人的价值提到了心理学研究的首要位置,对心理学的发展具有重要的意义。

第二,突出了人的动机和需要对于人的心理的重要性。人本主义心理学十分重视人的精神生活和人的价值,认为人的需要是人的心理和行为的动力,并且对人的需要划分了层次,提出了需要层次论,使心理学对动机的研究达到一个新的水平。

第三,提出了心理学研究的新方向。人本主义心理学对传统心理学强调实验的研究方法提出了批评,主张在心理学研究中突出人的主体和主观的作用,建议把客观的实验方法与主观的经验方法相结合,认为这样的研究方向更能真正把握人的心理。马斯洛指出,客观性并非只有实验方法才能达到,心理学家可以像母亲了解孩子那样不用实验方法达到另一种客观性。

第四,开创了新的心理咨询和心理治疗的途径。人本主义心理学强调从整体上把握人的正常心理和病态心理,强调人生的意义、人的价值、人的尊严、人的责任,强调人自身的洞察力和主观能动性,主张调动人格中原本存在的积极向上的东西。实践证明,这一切确实具有独特的积极意义。罗杰斯在开创以人为中心的治疗模式、创造团体治疗的新形式、建立良性互动的咨访关系、使用现代化治疗工具等方面均做出了重要的贡献。

人本主义理论对心理学和心理咨询、心理治疗的发展做出了重大的贡献,然而也存在着下面一些明显的缺陷:

第一，人本主义理论虽对激励人的主动性和创造潜能的发挥具有积极的意义，但他们往往把个人价值放在首要位置，过分突出"自我"而忽视了社会因素。个人在自我实现的过程中，自我的努力固然重要，却也受社会环境制约，不可能有脱离社会环境的自我实现和个人价值。

第二，人本主义疗法强调人的能动性，然而忽略了大部分来访者是知识不足、缺少主见的意志薄弱者，因而无条件地尊重每位来访者的所思所感，不加任何评价和指导，有时会影响疗效，甚至会加重来访者的心理问题，使其对情绪、行为的改善失去信心。人本主义疗法缺乏主动性与介入性，是它的一个缺陷。

第五节　认知理论

20 世纪 50 年代，美国科学家西蒙（Herbert A. Simon）等人用计算机信息加工模拟人的心理过程，创建了认知①心理学（cognitive psychology）②，又叫做信息加工心理学（information process psychology）。几十年来，认知心理学在世界范围取得了巨大的发展，成为当前世界占主导地位的心理学思潮，并对心理咨询和心理治疗的理论产生了重要的影响，在此基础上形成了认知疗法。

一、认知心理学产生的背景

西蒙在 20 世纪 80 年代指出："最近几十年来，关于复杂行为的理论主要有三个派别：新行为主义、格式塔学派和信息加工学派。"③"信息加工心理学既吸收了行为主义的看法，也吸收了格式塔学派的看法，其目的就是要解释人的复杂行为。"④

行为主义心理学是美国心理学家华生创立的。华生的心理学又称为"刺激—反应心理学"即 S - R 心理学，他从严格的决定论出发，认为一定的刺激

---

①　"认知"与"认识"的英文都是 cognition。长期以来，在我国的哲学和心理学界，都是使用"认识"一词的，直到现在仍然有许多人在继续使用。20 世纪 80 年代，我国的一些心理学家在翻译和介绍国外心理学时，用中国台湾和香港心理学家使用的"认知"一词翻译 cognition，随后"认知"在我国渐渐流行开来。在本书中，"认识"与"认知"是同义的。

②　在一些心理学文献中，有时也将一切对认识或认识过程的研究，包括感觉、知觉、注意、表象、学习、记忆、思维和言语等，都统称为认知心理学。

③　（美）司马贺著. 人类的认知——思维的信息加工理论. 荆其诚，张厚粲译. 北京：科学出版社，1986：4

④　（美）司马贺著. 人类的认知——思维的信息加工理论. 荆其诚，张厚粲译. 北京：科学出版社，1986：5

必然引起一定的反应;而一定的反应,也必然来自一定的刺激。如果完全知道刺激,就可以推断会有什么反应;反之亦然。研究心理学,就是研究和确定刺激与反应之间的联系的规律,从而预测和控制行为。个体行为不是先天遗传的,而是后天环境决定的,学习和训练都可以改变和形成行为。由于华生的行为主义完全排斥意识,遭到很多反对和责难,于是后来的一些行为主义者对华生的理论加以修正,在 S-R 公式里增加了一个"中介变量"O,O 是在有机体内正在进行的活动,即 S-O-R 新的行为公式,形成了新行为主义。

西蒙看到了行为主义中存在的问题,指出过去的经验(记忆)对行为有着重要的作用,认为决定反应的因素不仅是刺激,还有当前心理状态。他说:"行为主义必须承认,刺激和过去的经验这两方面共同决定产生什么反应。所谓经验,包括机体的状态和记忆存储的内容。因此,刺激和被试当前的心理状态这二者共同决定被试做出什么反应(图 4-16)。"[①]

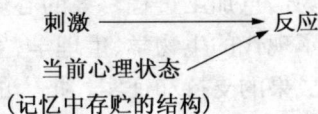

刺激 ——————→ 反应

当前心理状态
(记忆中存贮的结构)

**图 4-16 决定反应的因素
(西蒙,1986)**

格式塔心理学家苛勒根据他对猩猩的长期实验研究,提出了顿悟学习理论。他认为,学习(解决问题)不是盲目的试误渐进过程,而是豁然贯通、突然顿悟的结果。顿悟不是对个别刺激物所产生的反应,而是对整个情境、目的和解决问题的方法之间相互关系的整体的理解。韦特默发现创造性思维就是打破旧的完形和建立新的完形,认为对情境、目的和解决问题的途径等各方面相互关系的新的理解是创造性地解决问题的根本要素,过去的经验只有在一个有组织的知识整体中才能获得意义和有效的应用。

西蒙这样谈到格式塔心理学对他的影响:"考夫卡和苛勒等格式塔心理学家认为在解决问题的复杂过程中,不止靠简单的尝试错误,而且还要通过顿悟。……认知心理学与格式塔心理学一样,目标是要解决复杂行为的问题。例如,在解释顿悟中的理解过程时,我们承认格式塔'完好图形'的概念,同时又试图把这个'完好图形'分解为最基本的过程。又例如,格式塔心理学认为学习有机械学习和理解学习之分,而机械学习和理解学习是不被行为主义所强调的。信息加工心理学则认为机械学习和理解学习很重要,应该研究二者的具体过程是什么,它们的区别又是什么。"[②]

这样,西蒙吸收了行为主义心理学的把复杂问题分解为可以用实验验证

① (美)司马贺著.人类的认知——思维的信息加工理论.荆其诚,张厚粲译.北京:科学出版社,1986:5

② (美)司马贺著.人类的认知——思维的信息加工理论.荆其诚,张厚粲译.北京:科学出版社,1986:5—6

的简单问题和可操作问题、刺激决定反应的思想,又吸收了格式塔心理学关于理解和顿悟的思想,创建了用信息加工过程类比人的心理过程的研究方法和信息加工心理学,对心理学和计算机科学的发展做出了重要贡献。

二、对认知理论的评价

(一) 认知理论的贡献

1. 促进了对心理实质的认识

认知心理学诞生以来,发展十分迅速,因为它把人的心理活动正确地理解为信息加工过程。人的心理活动实质是人的信息加工过程的观点,已经得到了现代的生物学、生理学、生理心理学、马克思主义哲学等学科大量科学研究成果的支持和证实。把人的心理活动理解为信息加工过程,在哲学和心理学上都具有重要的意义,它破除了长期以来笼罩在心理实质上的神秘面纱,使人们对心理的理解建立在科学的基础之上。

2. 促进了对心理机制的研究

关于认知心理学对于心理学发展的积极意义,我国心理学家王甦和汪安圣有一段精辟的评价:"在认知心理学出现之前,心理学家主要关心的是心理活动的生理机制或神经机制,在某些情况下,甚至将心理活动的机制归结为其生理机制。当然,研究心理活动的生理机制是心理学的重要任务之一。但是,心理活动的机制不能归结为生理机制。认知心理学倡导信息加工观点,实际上是在高于生理机制的水平上来研究心理活动,也就是立足于心理机制研究信息加工过程。人们在认知心理学中看到的各种心理过程的模型就是如此。认知心理学的功绩主要不在于它主张研究内部心理机制,而在于它提出了研究这种机制的新的方向,即信息加工观点。……由于认知心理学强调研究意识和心理机制,它被称作心理学中的'心理主义'(mentalism),并且又由于它强调人的行为受其认知过程的制约,而被看作一种带有强烈的理性主义色彩的心理学理论。"①

长期以来,心理学家的一个重要目标是要科学地说明人的心理活动机制。要真正说明人的心理活动机制,需要真正了解人脑。由于研究人脑是件难度极大的工作,近期还难以有根本的突破。于是,行为主义采用放弃对心理、意识的研究,从刺激和行为的关系来研究和说明心理现象。而另一些心理学家采用了类比的方式(模拟的方式)来研究和说明人的心理现象。如皮亚杰的发生认识论采用了机能类比的方式,借鉴生物学的适应、图式、同化、顺应、表型复制等概念,加以心理学的改造,来说明人的心理活动机制,提出

---

① 王甦,汪安圣. 认知心理学. 北京:北京大学出版社,1992:4—6

自己的心理学理论。再如,认知心理学采用了过程类比的方式,借鉴计算机的信息输入、信息储存、信息加工、信息输出等概念,来说明人的心理活动机制,提出自己的心理学理论。这些类比研究的方法,都从某个方面反映了人的心理活动机制的某些特点,促进了人们对人的心理的研究。

3. 促进了心理治疗的发展

认知疗法(cognitive therapy)是认知心理学在心理咨询和心理治疗中的具体运用,它产生于 20 世纪 60—70 年代的美国。认知疗法认为,人的情感来自人对所遭遇的事情的信念、评价、解释或哲学观点,而非来自事情本身。人的情绪和行为受制于认知,认知是人心理活动的决定因素。认知疗法就是"根据人的认知过程影响其情绪和行为的理论假设,通过认知和行为技术来改变求治者的不良认知,从而矫正适应不良行为的心理治疗方法"。[①]

认知心理学认为,外部刺激并不能直接引起个体的情绪和行为反应,在刺激和反应之间存在着非常复杂的信息加工过程。在这个过程中,个体的认知发挥了重要作用,认知过程是刺激和行为之间的中介,是对事物认知导致了某种情绪和行为。认知疗法汲取了认知心理学的研究成果,强调任何情绪与行为的产生都有认知因素的参与,都是由认知发动和维持的,合理的认知产生合理的情绪和行为反应,反之,不合理的认知产生不合理的情绪和行为反应。

认知疗法关注对人的外部行为起控制作用的内在信念和认知,在心理咨询和心理治疗领域是一个具有时代意义的转折。认知疗法不同于行为疗法,它不仅重视适应不良行为的矫正,而且更重视改变病人的认知方式。认知疗法也不同于内省疗法或精神分析,它重视病人的认知对其心身的影响,重视意识中的事件而不是潜意识。

从心理治疗方法的发展来看,认知疗法是针对心理分析疗法的缺陷而发展起来的。运用心理分析进行心理治疗时,施治者常常关注于患者的潜意识和情感症结。而患者潜意识的欲望或情感往往只是施治者的分析推测,不容易向患者解释清楚,也难以被患者接受,更难以作为心理治疗的症结来操作。但是如果把心理治疗的症结放在认知上,施治者就不必去考虑难以把握的潜意识,只要纠正患者的那些可以用语言描述的观念、想法和信念,解决好患者的认知偏差即可,操作方便,容易取得患者的理解与配合。

认知疗法是当前应用最广泛的一种方法,它较容易被普通工作人员掌握,因此它得到了广泛的使用,尤其是在学校心理咨询和心理辅导中大受欢迎。

(二) 认知理论的局限

认知心理学从方便实证研究的立场出发,其研究领域目前主要是在感

---

① 季建林,徐俊冕.认知疗法的现状及趋势.中国心理卫生杂志,1989,3(3):129—131

觉、知觉、记忆、思维等心理过程,很少涉及社会心理、个性心理等领域。

认知心理学用计算机模拟和类比的方法研究人的心理过程,可以在一定水平上解释人的心理活动,促进了对人的心理机制的研究。但是,由于脱离人的社会生活研究人的心理过程,认知心理学只能抽象地研究心理过程,这就造成了正如西蒙指出的问题:"认知心理学所做的,也就是试图用物理符号系统假设中的基本规律来解释人类复杂的行为现象。……因为我们不能打开人的脑壳,看看里面到底发生着什么过程;我们只能从外表来观察行为,然后去推测脑子里发生了什么,从行为去推导在脑子里通过什么程序造成了这种行为。我们通过观察行为去推论程序是怎样的,即从结果去推论它的原因,这在科学上叫归纳法。哲学家都清楚归纳法有一个问题,就是从观察到的行为并不能准确地推论出它的程序是什么。因为有时不同的程序也可以导出同样的行为结果。……我们想用信息加工过程(程序)去解释所观察到的行为,但是又不敢肯定这个程序就是造成行为的唯一原因。"[①]所以,认知心理学其实只是一种帮助人们理解心理过程的解释性理论。尽管如此,认知心理学对人的心理现象的分析,对于心理咨询和心理治疗还是很有启发的。

第六节　交互作用分析理论

在心理咨询理论与实践的发展中,在关于心理障碍成因的问题上,人们都很重视周围环境特别是人际环境对人的心理的影响,人们注意到许多心理障碍的发生都与人际环境有关,调整或建立适宜的人际环境可以解决某些心理问题。20世纪50年代,美国心理学家埃里克·伯恩(Eric Berne,1910—1970)提出了交互作用分析(transactional analysis,简称TA)理论,交互作用分析理论是一种侧重人际环境的心理分析与心理治疗的理论模型和操作程序。有学者指出:"在某种意义上,交互作用分析理论被认为是人本主义取向的精神分析简写版,但同时又显现出其独特的魅力。"[②]

一、交互作用分析理论的形成和发展

埃里克·伯恩1910年5月出生于加拿大魁北克省蒙特利尔市的一个移

---

① (美)司马贺著.人类的认知——思维的信息加工理论.荆其诚,张厚粲译.北京:科学出版社,1986:14—15

② 郑日昌,江光荣,伍新春.当代心理咨询与治疗体系.北京:高等教育出版社,2006:155

民家庭,父亲是医生,母亲是作家。在埃里克·伯恩 10 岁时,他的父亲死于肺结核。他的母亲鼓励他继承父亲的事业,从事医学工作。1935 年,埃里克·伯恩获得麦吉尔大学医学硕士学位。1936 年,埃里克·伯恩到美国耶鲁大学研究精神医学。1938 年,他移居美国,加入美国国籍。1947 年,埃里克·伯恩出版了他的第一本著作《行为的思维》(*The Mind in Action*),介绍精神医学和心理分析。1958 年,埃里克·伯恩在《美国心理治疗周刊》发表文章,提出在心理治疗中咨询师和来访者要平等相待,要重视他们的交互作用。1961年,他出版了《心理治疗中的关系分析》,系统地阐述了交互作用分析理论。1964 年出版的《人们玩的游戏》(*Game People Play*)轰动一时,吸引了大量读者,广泛传播了交互作用分析理论。

柏恩指出,无论人们是以确定还是非确定的方式发生相互影响,当一个人对另一个人的影响做出回应时,就是一种社会交互作用。对人们之间的社会交互作用的研究叫做交互作用分析。

图 4-17　埃里克·伯恩(Eric Berne,1910—1970)

埃里克·伯恩去世后,交互作用分析理论继续传播和发展。他的后继者把一些新的技术结合到沟通分析实务工作中,并产生了一些有影响的人物和书籍,比如詹姆斯等人(Murial James & Dorothy Jongward)的《强者的诞生》(*Born to Win*),哈里斯(Thomas Harris)的《我好! 你也好!》(*I am OK,You are OK*)。之后,交互作用分析理论的学者之间出现了一些分歧和派别,他们的争论促进了交互作用分析理论的发展和完善。目前,交互作用分析理论和技术在世界范围传播和应用。

二、交互作用分析理论的基本理论与观点

(一) 人性理论

交互作用分析理论的人性理论是一种性善论,主张人本来是善良的。

交互作用分析理论认为,每个人与生俱来都有感知自己和他人的善良和友好的能力,交互作用分析理论常常说的一句话是"我好,你也好",这句话在心理咨询上的意义,就是充分肯定咨询师与来访者的积极的心理特征。

交互作用分析理论主张一个人的行为是由自己决定的,每个人都要对自

己的行为负责。交互作用分析理论认为,经验和环境对人的心理发展起着重要作用,一个人在成年期的行为方式,是由他的童年期的经验和生活环境决定的,环境比遗传对人心理发展的影响更大。既然早期的经验可以影响现在的行为,同样,一个人现在的决定,完全可以改变自己现在和以后的心理与行为。

交互作用分析理论很重视他人关注对个体心理发展的重要性。交互作用分析理论认为,人有很多伪装成其他目的的行为,这些行为背后的动机是为了引起他人注意。人发生心理问题,很大程度上是人际关系失衡的结果。修复人际关系,往往就能够解决许多心理问题。①

（二）人格理论

柏恩认为,自我状态就是"一种思想和感觉的系统,而这一系统又可以激励另一种相关的行为形态"。柏恩的人格理论称作 P‑A‑C 理论,又称为交互作用分析理论、人格结构分析理论、交互作用分析、人际关系心理分析,柏恩于 1964 年在《人们玩的游戏》一书中提出了这个理论。这个理论既是他的人格结构理论,又是一种针对个人成长和改变的系统的心理治疗方法。

1. 结构性自我状态

交互作用分析理论认为,个体的个性是由"父母"、"成人"、"儿童"三种比重不同的心理状态构成的,这三种状态在每个人身上都交互存在,它们是构成人类多重人格的三个组成部分。交互作用分析理论用"父母(parent)"、"成人(adult)"、"儿童(child)"三词的第一个英文字母组合来表示其理论,所以交互作用分析理论又简称为人格结构的 PAC 分析。

父母自我状态(parent ego state,缩写 P)保留了人在儿童时期父母所灌输的教导和准则,由于孩子当时不具备能力思考父母说的话是否正确,即使不正确也没有能力反抗,因此这些早期经验都被以不容违反的形式储存了下来,表现出保护、控制、呵护、批评或指导倾向。这种状态以权威和优越感为标志,通常表现为统治、训斥、责骂等家长制作风。当一个人的人格结构中父母自我状态成分占优势时,其行为表现为凭主观印象办事,独断独行,滥用权威,这种人讲起话来总是"你应该……"、"你不能……"、"你必须……"。

成人自我状态(adult ego state,缩写 A)是在儿童逐渐成长,能够理智地分析客观现实,能够根据事实做出适当的判断之后形成的自我,它能引导个体收集资料、处理信息、预测后果,合理地处理问题,表现出精于计算、尊重事实和理性的行为。这种状态表现为注重事实根据和善于进行客观理智的分

---

① 郑日昌,江光荣,伍新春. 当代心理咨询与治疗体系. 北京:高等教育出版社,2006:158

析,能从过去存储的经验中估计各种可能性,然后作出决策。当一个人的人格结构中成人自我状态成分占优势时,其行为表现为待人接物冷静,慎思明断,尊重别人。这种人讲起话来总是"我个人的想法是……"。

儿童式自我状态(child ego state,缩写 C)是儿童在他还没有或者不完全具备语言能力之前,对所有的行为和经验的情绪体验,因为当时的儿童不能进行很好的理性思维,所记录的情绪也多是冲动而难以控制的,反映了童年经历所形成的情感。它可能是本能的、依赖性的、创造性的或逆反性的。这种状态的表现像幼儿,容易服从和任人摆布,一会儿可爱,一会儿乱发脾气。当一个人的人格结构中儿童式自我状态成分占优势时,其行为表现为遇事畏缩,感情用事,喜怒无常,不加考虑。这种人讲起话来总是"我猜想……","我不知道……"。

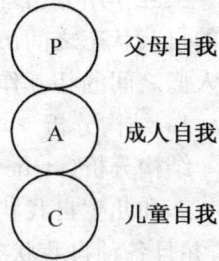

图 4-18 自我状态的三种结构

2. 功能性自我状态

交互作用分析理论认为,三种自我状态以其功能的不同,又可分为以下几种形式:

控制型父母自我(controlling parent,缩写 CP):总想控制别人、批评别人、为别人界定人生与现实,注重理想、良心、责任感、价值判断和道德伦理观,容易坚持偏见。

照顾型父母自我(nurturing parent,缩写 NP):有认同感、照顾关怀别人、包容别人、倾听别人的话语、觉得别人的需要比自己的需要重要,用亲切言语理解、关怀他人,具有深切同情心。

成人自我(adult ege state,缩写 A):与人的年龄没有关系,而是一个人成长、成熟过程中发展起来的对外界事物合乎逻辑的思维、判断及反应状态,以冷静的计算和推理对事情做出决断。

适应型儿童自我(adapting child,缩写 AC):年幼时为了使自己生存的环境更好,服从外界权威的规定。渴求他人的赞同,以减低对外在世界的焦虑感。

自然型儿童自我(free child,缩写 FC):表现为自由自在、特立独行,不会轻易受到外界的干扰,做事有主见、有个性、富有想象力、创造力和乐观精神。但容易沉溺于自我欣赏,不能够主动关心别人,能哭能笑,充分表达自我感情。

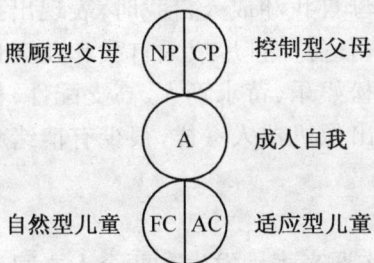

图 4-19 自我状态的五种功能

在以上五种自我功能中,每一种都很重要,各有积极和消极作用。交互作用分析理论认为,在一个人身上五种功能性自我状态的总能量是一定的,如果一个人的某种能量多,别的能量就会相对较少。从一个人的能量比例中,可以看出一个人的自我风格。

(三) 交互作用分析理论

交互作用分析理论认为,一个人出现心理问题都是自己的自我状态与他人的自我状态之间出现了问题而引起的。因此,交互作用分析理论特别重视对人们之间的相互作用进行分析。

1. 结构分析

结构分析(structural analysis)是帮助人们察觉其父母自我状态、成人自我状态和儿童自我状态的工具。在健全的人格中,个人有清晰明了的自我状态,并且各种自我状态的能量保持相对均衡,可以依据环境的不同展现不同的自我状态,表现出良好的适应行为。但是在实际生活中,人们的自我状态常常是"失衡"、"污染"或"排斥"的,从而使心理出现各种问题。

所谓"失衡",是指三种自我状态各部分在个体身上能量的不均衡造成的人格偏颇现象。当个体父母自我(P)占有过多的比重,则会表现出非常专横、控制感强(CP 过多),或表现出非常谨小慎微、瞻前顾后(NP 过多)。当成人自我(A)过多时,可以很好地在生活中周旋,通晓人情世故,但生活会变得很现实而不会有太多的自我。当儿童自我(C)过多时,会表现出我行我素、缺少规矩、自我放纵等(FC 过多),或是过分拘泥于现实的要求、唯唯诺诺(AC 过多)。

所谓"污染",是指父母自我或儿童自我中的一种自我或者两种自我对成人自我的侵入,它是个人产生心理问题或不适当行为的重要原因之一。当父母自我污染成人自我时,会表现为偏见。当儿童自我污染成人自我时,会表现为幻想。当父母自我和儿童自我同时污染成人自我时,会表现出顽固而又不切实际。

所谓"排斥",是指个人很少或几乎不采用某种自我状态,以一种压抑的、僵化的方式来处理现实问题。当排斥父母自我时,表现出容易迷失方向,无法妥善照顾自己。当排斥儿童自我时,表现出僵化、无趣。当排斥成人自我时,表现得无法处理好日常生活。当排斥父母自我和成人自我时,表现出孩子气、拒绝长大、不会思考、依赖他人、逃避责任等。排斥成人自我和儿童自我时,表现出好批评人、道德要求高、不能轻松娱乐、苛求别人、高支配性、权威性。当排斥父母自我和儿童自我时,表现出像机器人一样,很少有情绪和自发性。

2. 沟通分析

沟通分析(transactional analysis),即用沟通来表示发生在两个人之间自我状态的相互作用。当一个人对另一个人传达某个信息或某种刺激时,他期待对方有某种反应。这种一方传达某种刺激，另一方给予回应的过程就是一种最简单的沟通。简单的沟通只牵涉两个自我状态，复杂的沟通牵涉多个（3个或4个）自我状态。不同自我状态之间的沟通，形成多种不同的沟通形态，其中主要的形式有互补沟通、交错沟通和隐藏沟通。

互补沟通（complementary transaction），是指刺激的指向和反应的发出都在同一自我状态，回答也指向发出刺激的那个自我状态，在Ｐ－Ａ－Ｃ图中呈平行线，这种沟通一般自然顺畅，彼此配合得很好，见图4-20所示。比如，发起谈话的人以父母自我对儿童自我说话，答话的人用儿童自我回答父母自我，两者的方向相反但平行，谈话就能够顺利地进行下去。

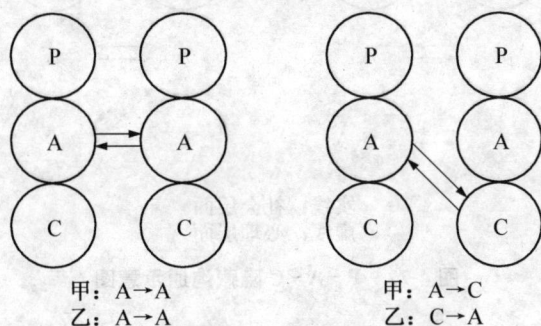

甲：A→A
乙：A→A

甲：A→C
乙：C→A

图 4-20　Ｐ－Ａ－Ｃ互补沟通示意图

交错沟通（crossed transaction），是指刺激的指向和反应发出处于不同的自我状态，反应的指向可能是发出刺激的那个自我状态，也可能不是，对刺激表现出非预期中的反应，在Ｐ－Ａ－Ｃ图中呈交叉或平行，见图4-21所示。这种沟通容易引发不适当的自我状态，使沟通交错而中断。此时，人们可能退缩、逃避对方或者转换沟通方式。交错沟通并非都是不好的。人有时可能会受困在一种无效的互补沟通模式中，此时如能改变自我状态或引导到另一种自我状态，使沟通交错产生，有时可引发出有益的想法面对问题，促进以后的沟通。

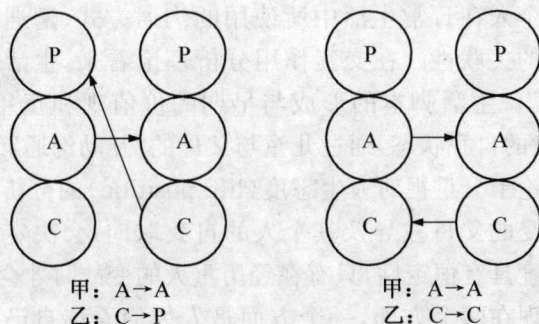

甲：A→A
乙：C→P

甲：A→A
乙：C→C

图 4-21　Ｐ－Ｃ－Ａ交错沟通示意图

　　隐藏沟通(ulterior transaction)，通常发生在两个或者两个以上的自我状态之中，一方面传达出一个公开的、社会生活层面的信息，另一方面表达一个隐藏的、心理层面的信息，见图4-22所示。在隐藏沟通中，沟通的结果通常由心理层面的信息决定。一般来说，每一个沟通行为都包含有社会层面和心理层面的信息，通常这两者之间是相符合的。但在隐藏沟通里，社会层面的信息和心理层面的信息往往不一致，往往只有发出信息的当事人自己才清楚自己的目的。

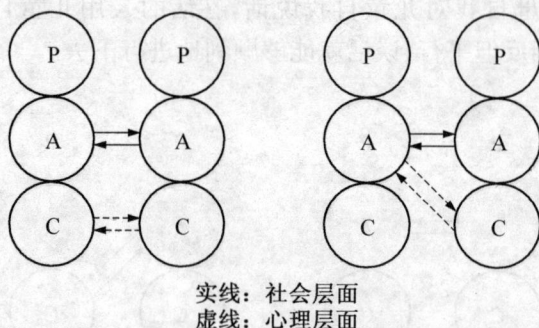

实线：社会层面
虚线：心理层面

图 4-22　P－A－C隐藏沟通示意图

3. 游戏分析

　　游戏分析(game analysis)，是指以心理游戏的方式，分析在人与人互动过程中，不知不觉表现出来的潜意识。交互作用分析理论对心理游戏的定义是，"一系列连续进行的互补隐藏式沟通，进展至一个明确且可预期的结果"。"心理游戏是藉着与他人交换安抚，而得到负面感受的结果"。换句话说，心理游戏结束时，至少会使一个玩者感到不舒服，因为玩心理游戏的真正本质是"阻止亲密"。

4. 脚本分析

　　脚本分析(script analysis)，是指分析一个人成长的背景及历史，它有助于从中整理出一个人在日常生活中所使用的沟通方式、遭遇的问题、困难与其成长背景之间的关联性。在交互作用分析理论看来，生活脚本就是"潜意识里的人生计划"。生活脚本的形成与早期的价值观和童年的心理状态有关，它形成于儿童的自我状态，通过儿童与父母的"互动沟通"编写而成。

　　交互分析理论十分重视对人生态度(life position)的分析，它认为一个人在其孩提时期所受的父母教导及其个人的自我取向，会决定他的人生态度，而且这种基本态度具有恒定性，只有在经历重大的变故时才会发生改变。

　　人生态度表现在两个方面，一个方面是人如何看待自己，另一个方面是人如何看待他人。如果把对人生态度问题的不同回答，以好或者不好进行组合,就能组成四种基本的人生态度。虽然某种人生态度往往会支配着一个人的交互作用方式,但是在特定的交互作用中,其他人生态度也会不时地表现出来。四种人生态度是:

"我不好,你好",这是自卑或抑郁症患者的典型态度。它是一种与他人相比觉得自己处于无能状态的生活观。

"我不好,你不好",这是严重精神紊乱或厌世者的典型态度。它是一种对自己和他人都不认可,放弃了生活的希望,失去了生活的兴趣,无力应对现实环境的自我毁灭性态度。

"我好,你不好",这是怀疑者或独断者的典型态度。它是一种通过有意贬抑他人来维持自己良好感觉的生活观。

"我好,你也好",这是健康的态度,认可自己,也认可他人,是一种双赢的状态。

理想人生态度是"我好,你也好",它表现了自我接受和对他人的尊重,最可能导致建设性的沟通、有益的冲突和彼此满意的结果。其他三种人生态度在心理上不够成熟、也不太有效。很重要的一点是,无论现在的生活定位是什么,"我好,你也好"的人生态度是可以学会的,学习和掌握"我好,你也好"的人生态度,就能够改进人际交互作用。①

三、交互作用分析理论的应用与评价

（一）应用领域

交互作用分析理论在心理治疗领域有广泛的应用,是一种影响很大的心理治疗理论。交互作用分析理论提供了一种系统的心理治疗方法,用于各种类型的心理疾患,从日常生活问题到严重的精神病。交互作用分析理论经常应用于个体心理治疗。比如,脚本分析的方法可以解释童年经验如何影响现在的生活,可以解释为什么人在成年以后还会不断重复年幼时的行为。交互作用分析理论也常常用于团体治疗,在瑞典还有运用交互作用分析理论进行团体治疗的社区,在社区里,提倡"你好,我也好"的温暖气氛,肯定人的价值和尊严,使社区居民在精神上得到鼓励和获得支持。

交互作用分析理论在教育领域也有应用,它可以帮助老师和学生保持清楚通畅的沟通,避免无益的冲突。

交互作用分析理论广泛应用于组织行为训练和组织建设。P－A－C人格结构理论的培训有助于在交往中觉察自己和对方的心理状态,做出互补性或平行性反应,使信息交流畅通,把自己的情感、思想、举止控制在成人状态,

---

① Thomas A. Harris. *I am OK , You are OK*. New York: Harper & Row, 1969

以成人的语调、姿态对待别人,给对方以成人刺激,同时引导对方也进入成人状态,做出成人反应,有利于建立互信、互助关系,保持交往关系的持续进行。国外对管理人员进行 P－A－C 分析理论教育,帮助他们了解人们在相互接触中的心理状态,取得了良好的效果。一些曾经运用过交互作用分析理论的组织指出,P－A－C 人格结构理论的培训能够帮助员工洞察自己的个性,也能帮助员工理解为什么有时别人的反应与自己是一致的,从而改进了人际沟通。P－A－C 人格结构理论在依赖于顾客关系的销售领域特别有用。

（二）交互作用分析理论的贡献与缺陷

交互作用分析理论的贡献主要有以下一些:

交互作用分析理论是一种以人为本的心理治疗理论。它的价值理念是:人可以主导、改变自己的行为,人应当对自己的行为负责。同时,交互作用分析理论不是抽象地谈论人的心理和行为,而是在人与人的现实关系中说明人的行为、调整人的行为,体现了对人的关注和重视。

交互作用分析理论是一种发展性的人格理论。它对人格的解释是从心理发展的角度展开的,把不同的人格看作是心理发展的不同阶段和水平,用简单易懂的方式说明人的心理现象,为心理治疗工作提供一种新的视野,有利于在理论的指导下比较有效地进行心理咨询与治疗治疗,有助于帮助来访者更好地理解人与人之间的交往,使来访者能够改进人际沟通方式,建立起健康的人际关系,促进来访者的成长与发展。

交互作用分析理论的缺陷主要有以下一些:

交互作用分析理论缺乏系统性。它缺乏自己的核心概念和系统的理论,它的理论将弗洛伊德、皮亚杰、艾里克森的思想混杂在一起,缺少自己的理论特色。

交互作用分析的人格理论以成人自我为核心概念,成人自我究竟是什么? 成人自我是否只有一种模式? 成人自我是否完全就是理性和冷静的,情感在其中起什么作用? 这些问题交互作用分析理论都未能做出清楚的回答。这种理论上的不完善,使得许多咨询师仅仅愿意使用其术语夸夸其谈,而不在行动上对该方法进行必要的实践。

交互作用分析理论过分强调认知的作用。来访者可以理智地了解各种事件,但对事件的理解仅仅是改变的开始,还需要来访者对这些事件的感受或经验,而这正是交互作用分析理论所忽视的。交互作用分析理论的方法使许多来访者对他们所面临的问题只做思想上的思考和推理,极少采取相应的行动加以修正,解决问题不仅要有认知的改变,而且更要有改变的行动。

第七节　儒家思想

心理咨询是一种人生辅导,是运用心理学的方法,对在心理适应方面出现问题并企求解决问题的来访者提供心理援助的过程。现代意义的心理咨询起源于西方,我们现在所学习和使用的咨询理论和方法也多是西方的"舶来品"。其实,心理咨询作为一门学科和专业,产生的时间并不长久,然而这并不表明在此之前就没有心理咨询的思想和实践,只不过那时人们是用教导、劝解、疏导等语句来说明和表达有关的思想和实践。正像心理学一样,虽然正式形成学科的时间不长,但是也有漫长的思想发展历史。中国有五千年的文明历史,中华文化中蕴涵着许多深刻的心理咨询思想,这些思想不仅滋养了伟大的中华民族,而且对现代社会的文明发展同样具有重大的价值。

孔子,名丘,字仲尼,春秋末期鲁国陬邑(今山东曲阜市东南)人。我国古代著名的思想家、教育家、儒家学派创始人。相传有弟子三千,贤弟子72人,孔子曾带领弟子周游列国14年。孔子还是一位古文献整理家,曾修《诗》、《书》,定《礼》、《乐》,序《周易》,作《春秋》。孔子的思想及学说对后世产生了极其深远的影响。

图 4-23　孔子(公元前 551—前 479)

由于人的心理受社会文化影响很大,因而,行之有效的心理咨询理论和方法应当充分顾及社会文化差异。在中国文化的历史发展过程中,由于受到封建统治者的推崇,两千年来儒家思想占据着中国传统文化的主流位置,对中国人的心理和文化影响极深。儒家思想蕴涵着丰富的心理学思想,了解儒家思想中的心理咨询学思想,对于理解中国人的心理和行为,促进心理咨询事业在中国的发展,是很有意义的。

一、儒家思想的心理咨询学价值

（一）天人合一

我们所常见的"精神分析治疗理论"、"行为主义疗法理论"、"人本主义理论"、"情绪治疗理论"等西方心理咨询理论,都是从个体入手研究人的心理与行为。虽然它们在促进人的健康发展方面都做出了独特的贡献,但却缺少了一种对整体和谐发展的人生领悟。而儒家思想的人生观是从整个宇宙的变化发展来探讨人的发展，主张人的发展与天地万物的发展息息相关，认为"天人合一"是人生发展的最高境界，这与心理咨询帮助人们解除现实生活中的心理困扰、促进人的自我完善和实现人生发展的目标是一致的。相对于西方注重个体自由发展的人生观来说，儒家提倡的"天人合一"的人生观对于做好中国人的心理咨询有重要价值。

孟子（公元前 372—前 289 年），名轲，字子舆，鲁国邹城人（今山东邹城市），中国古代著名思想家、教育家，战国时期儒家代表人物。

图 4-24　孟子（约公元前 372—前 289）

儒家的"天人合一"思想一般认为是孟子倡导的，孟子的"天"很少有人格神的含义，它有时指人力所无可奈何的命运，但主要是指道德之天。他的"天人合一"思想讲的是人与义理之天的合一。"尽其心者，知其性也；知其性则知天矣。"[①]人性在于人心，而人性乃"天之所与我者"[②]，所以天人是合一的。"天人合一"在孟子这里就是指人性、人心以天为本。人心有"恻隐之心，仁也；羞恶之心，义也；恭敬之心，礼也；是非之心，智也。"[③]人心有仁义礼智，所以人性本善。孟子就这样明确地奠定了儒家"天人合一"思想的核心。

孔子虽然讲"仁者爱人"，但是这种"爱"是差等之爱，即有差别的爱。明朝的王阳明（1472—1529）对"仁爱"进行了新的阐述，提出"万物一体"之"仁"的思想，使差等之爱与博爱相结合，发展了孔子的思想，把儒家的道德观提升到了一个新的高度。这是儒家"天人合一"思想发展的顶峰。王阳明认为，人之所以爱人，在于人与人之间的"同类感"。人与人同类"一体"，才能产生人与人之间的"一体之仁"。"万物一体"之"仁"的思想，还为人与自然的和谐相处提供了理论依据。"万物一体"远不止于人与人"为一体"，而且人与禽兽、

①②③ 《孟子·尽心上》

146

草木、瓦石都"为一体",见其"哀鸣"、"摧残"、"毁坏",亦有"不忍"、"悯恤"、"顾惜"之心。显然,"万物一体"乃人对自然万物产生"仁爱"的根源。①

王阳明(1472—1529),名守仁,字伯安,浙江余姚人,因被贬贵州时曾于阳明洞学习,世称阳明先生、王阳明,是明代著名的哲学家、思想家、政治家和军事家。

图 4-25　王阳明(1472—1529)

儒家认为人与人之间相亲相爱的情感是人之为人的本质所在,是处理人际关系的根本准则。儒家最为关注的是人与人、人与自然之间和谐、协调的关系,提倡人与人、人与自然和谐发展的"与天地同和、与万物同游"的人生胸怀。这种注重人与人、人与自然和谐的思想,对我们从更深远的意义上理解心理咨询的本质、心理咨询的目标,有非常重要的文化价值。

(二)人生态度

在心理咨询实践中,生命空虚感或人生意义失落是产生心理问题的一个重要原因。如何使来访者获得生命意义感,是心理咨询的重要内容之一。一些心理咨询学说甚至是针对这个问题而建立的,如弗兰克(V. E. Frankl)的意义疗法。

儒家的人生态度与其"天人合一"思想是一致的。在儒家看来,人性中包含了仁、义、礼、智、信,也包含了喜、怒、哀、惧、爱、恶、欲的情感体验。因此,人应当体认和发展自己的善端,养性、明心,成为有德性之人。这就是生命的价值和意义。

儒家既不像道家那样追求长生不死的神仙理想,也不像后来的佛家那样宣扬轮回报应,而是主张在现世中努力做事、认真生活,将生命视为最高价值。这就是儒家所推崇的积极进取的人生态度。这样的人生态度使"仁者不忧,智者不惑,勇者不惧"②,进入"仁者浑然,与物同体"的境界,实现人心的无限宽广。这种知命乐天、积极进取的人生态度是有助于心理健康的。当今社会竞争激烈,现代人经常生活在矛盾与压力之中,心理失衡的现象非常普遍。

---

① 张世英.中国古代的"天人合一"思想.求是,2007(7):34—62
② 《论语·宪问》

在这种情况下,培养和树立积极乐观的人生态度对于解除心理困扰、重新适应生活是非常重要的。

儒家认为,人可以通过内省、自我调整来维护自己的身心健康。孔子说:"吾日三省吾身:为人谋而不忠乎? 与朋友交而不信乎? 传不习乎?"①孟子则强调要养浩然之气。孔子说自己的人生态度是:"其为人也,发愤忘食,乐以忘忧,不知老之将至云尔。"②"饭疏食饮水,曲肱而枕之,乐亦在其中矣,不义而富且贵,于我如浮云。"③儒家认为保持良好的情绪,乐观地对待生活,是人生不可缺少的修养,也是保持身心健康发展的重要因素。

面对重大的挫折和不利的人生境遇时,儒家常常用"命"来化解,认为挫折和困境是命定的,顺应它、接受它就是了,不要为之忧郁。朱熹说"人物之生,凶吉祸福,皆天所命。然惟莫之致而至者,乃为正命。故君子修身以俟之,所以顺乎此也。"当人遇到不如意的事件时,个体常常出现各种不利于心理健康的反应,如后悔、自责、愧疚、愤怒、失望等,甚至可能出现心因性疾病。但是如果把事件结果归结为必然时,个人的责任感就会减轻或消失,不利于心理健康的反应可能就化解了。从一定意义上来说,儒家命定思想可以看作是一种心理防御机制。

（三）忠恕之道

孔子的学生曾参说:"夫子之道,忠恕而已矣。"按照朱熹的解释,"尽己之谓忠","推己及人之谓恕"。

"忠"是对自己而言的,指的是从自己的良心、善心出发,尽自己所能,时时刻刻处处忠实待人,尽心竭力地为他人服务。要求人们忠于职守,"尽己"、"尽职",认真做事,对人对事恭敬、谨慎、诚心诚意。

"恕"是对他人而言的,指的是宽恕、原谅别人,在人与人之间的关系中要做到"推己及人","己所不欲,勿施于人"④,不要将自己不愿做的事情强加给别人,互让互谅。要在人与人的关系中包容、宽容,做到宽以待人,设身处地,将心比心,使人际关系和谐。

儒家认为,只有在个人德性上具备"忠"的人,才能在群体的人际关系中施行"恕",所以"忠"是"恕"的基础。而"忠"作为个体的德性,只有在"恕"的基础上才能体现出来。"忠恕"互相依存,相辅相成。所以,"忠恕之道"的本质是引导人们趋善避恶,从道德低境界走向道德高境界。

---

① 《论语·学而》
② 《论语·述而》
③ 《论语·述而》
④ 《论语·卫灵公》

孔子说："君子坦荡荡,小人常戚戚"①,意思是君子心胸宽广,光明正大,因此坦然自在;小人自私自利,患得患失,所以常怀忧惧。所以,儒家的忠恕之道,既是道德规范,也是心理修养。认真做事、尽职尽责,会使人心坦然。待人宽容、将心比心,会使人际关系和谐。长期践行忠恕之道,可以防止和减少生活中产生矛盾,预防心理问题的发生。

（四）中庸思想

在儒家的思想体系中,中庸思想乃是个体的立身之道。

关"中庸"的含义,有两种解释:一种观点认为,"中"是不偏不倚;"庸"为平常普通。如朱熹说:"中者,不偏不倚、无过不及之名;庸,平常也。"②另一种观点认为,"中庸"为时中、中用、合理的选择之意。如王夫之说:"若夫庸之为义,在《说文》则云'庸,用也';《尚书》之言庸者,无不与用义同。自朱子以前,无有将此字作平常解也者。"③当代学者多有认同后一解释。如杜维明认为,"'中庸'的基本观念,实际上是在最复杂的时空交汇点上取得最好的解决问题的途径。'中'这个观点,不是指静态的中心,而是对动态过程的把握。"④这就是说,儒家的"中庸"有用"中"原则,即当个体在做某件事情时,会遇到来自不同方面的利益要求,为了更好地做某件事情,或更有效地解决问题,应折中地兼顾方方面面的利益。由此可见,"中庸"不是"随大流"、"混日子",而是更协调地积极做事。"中庸"可以作为个体处理复杂问题的基本原则。⑤

长期以来,按照中庸思想,儒家教导人们行为处世要不偏不倚、不走极端、调和兼顾,这样可以减少冲突,减少由冲突带来的心理问题。"惠而不费,劳而不怨,欲而不贪,泰而不骄,威尔不猛"的中庸思想,对形成讲求平稳的中国人社会心理和心理的自我保护起到了重要的作用。在客观上,儒家的中庸思想对于维护中国人的心理健康是有积极作用的。

（五）内圣外王

"内圣外王"是儒家关于人格的理想和追求。

"内圣外王"一语最早并不是儒家提出来的,它最早出现于《庄子·天下篇》,《庄子·天下篇》中说:"圣有所生,王有所成,皆原于一（道）。此即'内圣外王之道'"⑥。《庄子·天下篇》把"内圣"描述为一种理想的人格,它表现为

---

① 《论语·述而》
② 朱熹. 四书章句集注. 北京:中华书局,1996:71,350
③ 王夫之. 船山全书（第六）. 长沙:岳麓书社,1996:452
④ 杜维明. 儒家传统的现代转化. 北京:中国广播电视出版社,1993:217
⑤ 景怀斌. 儒家思想对于现代心理咨询的启示. 心理学报,2007,39(2):371—380
⑥ 《庄子·天下篇》

"不离于宗,谓之天人,不离于精,谓之神人;不离于真,谓之至人。以天为宗,以德为本,以道为门,兆于变化,谓之圣人,以仁为恩,以义为理,以礼为行,以乐为和,熏然慈仁,谓之君子。"①《庄子·天下篇》把"外王"描述为一种政治理想,它表现为:"以法为分,以名为表,以参为验,以稽为决,其数一二三四是也,百官以此相齿;以事为常,以衣食为主,蕃息畜藏,老弱孤寡为意,皆有以养,民之理也。"后来,"内圣外王"在历代儒家的不断阐发下,逐渐成为儒家追求的最高人格境界和人格修养目标。

在儒家思想中,"内圣"就是要人不断加强自我修养,完善道德,陶冶性情,增长才干。"外王"就是为家、为国、为天下做一番事业,建功立业。"内圣外王",就是道德修养和政治作为的统一。

按照"内圣外王"的人格理想和追求,一个人要想有所作为,必须先提高自己、完善自己。只有完善自己,才能有所作为。它鼓励人们在生活和事业的道路上,培育高尚的道德情操,掌握更多的知识和技能,依靠自己的努力,去做一番事业。它提倡的是一种积极的人格,对于保持和维护心理健康有重要的意义。

（六）自强不息

"自强不息"也是儒家积极倡导的一种人格。

自强不息最早出于《周易》。《周易》中说:"天行健,君子以自强不息。地势坤,君子以厚德载物。"意思是说,天（即自然）不停运行,君子亦应不断努力、发愤图强;大地坚强厚实,君子亦应胸怀宽广、容载万物。

《周易》是周文王的思想,是儒家所极力推崇效法的。孔子说:"三军可夺帅也,匹夫不可夺志也。"②孟子说:"富贵不能淫,贫贱不能移,威武不能屈,此之谓大丈夫。"③自强不息长期以来一直是儒家所说的君子人格的基本内涵,它包含了人格的自强,意志的坚强。

意志是重要的心理品质,身心健康的人往往有坚强的意志。人们在现实生活中都会遇到各种各样的选择、冲突,也难免遇到挫折、失败,如果没有坚强的意志,遇到困难就会放弃努力,严重的还会产生抑郁等心理问题。

挫折是导致心理问题的常见原因。个体面对挫折等困苦性事件时,会体验各种心理压力,产生负面身心反应。儒家主张正视挫折,知难而进,勇于斗争,把苦难挫折看作是成长和成功的阶梯。孟子说:"故天将降大任于斯人

---

① 《庄子·天下篇》
② 《论语·子罕》
③ 《孟子·滕文公下》

矣,必先苦其心志,劳其筋骨,饿其体肤,空乏其身,行拂乱其所为,所以动心忍性,曾益其所不能。"①儒家强调只有通过艰苦的磨练,自强不息,坚忍不拔,才能提高身心机能,才能实现生命价值。儒家自强不息思想,从积极角度解释了个体遇到的困苦境遇,升华了困苦的意义,使个体在心理上接受、而不是排斥困苦事件,从而化解了个体因挫折而产生的心理冲突和压力感,减轻了沮丧、压抑等身心反应。另外,儒家思想认为挫折是暂时的,对将来持积极乐观的态度,这在一定层面上也起到了维护心理健康的作用。

现代心理咨询中,咨询师扮演的是"助人自助"的角色,帮助来访者澄清事实,解除心理矛盾。但是归根结底,只有来访者自立自强并做出适当决定,心理咨询才有可能收到良好的效果。从这一层面来说,儒家推崇的正视挫折的思想与现代心理咨询的精神有着共通之处。

二、儒家思想对心理健康的贡献与局限

儒家思想作为中国传统文化的重要内容,长期以来对中国人的心理和行为产生了巨大的影响,既为增进中国人的心理健康做出了贡献,同时也有一定的局限性。因此,我们对儒家思想对于心理咨询和心理健康的价值和意义要有正确的认识。

（一）儒家思想的贡献

儒家思想重视道德修养和人格修养,认为一个人必须通过修身养性、通过精神修养来不断提升自己的精神境界和完善自己的人格,从而相融于天道,争取达到天人合一。这是一种心胸开阔、坚强进取的人生态度。这种人生态度从心理学上看,是高层次的价值观和人格,它可以使人胸怀坦荡,精神振作,不为琐事烦心。这就是儒家一直称道和追求的君子人格。儒家两千多年对君子人格的倡导,客观上培养和熏陶了无数中国人胸怀坦荡、积极进取的气质,优化了无数人的人格,为中国人增进心理健康、减少心理问题的发生做出了积极的贡献,也为形成中国人的民族性格提供了深厚的文化基础。

儒家思想重视协调人际关系,提倡忠恕之道,千百年来对中国人的民族心理产生了很大的影响,谦谦君子,尊老爱幼,礼貌待人,已经积淀为民族文化和人际交往准则,这种文化有效地减少了人际冲突,对于维护中国人的心理健康起到了积极的作用。

（二）儒家思想的局限

儒家思想崇尚权威,复古守旧,"以孔子之是非为是非",宣扬顺从和服从,造成了中国人的心理中常见的从众、温顺、迷信权威、缺少主动性、不愿创

---

① 《孟子·告子下》

新等性格特征。许多具有这种性格特征的来访者在心理咨询时,往往把心理咨询师当作权威人物看待,把解决问题的希望全部寄托在咨询师身上。一旦出现咨询结果不如人意的情况,就会失望和加重心理问题。

儒家思想以他人、以社会为行动取向,他人取向导致中国人心理禁忌过多,对人要求苛刻,在生活中稍微有一点没有达到或者违反了"应有"的标准,就会遭遇很多的不理解甚至受到指责,这种社会取向使得中国人自我抑制过于强烈。中国人提倡"和为贵"、"忍为上",这是一种强烈的自控和自制意志。但同时,又告诫人们"害人之心不可有,防人之心不可无",这是一种对陌生人的不信任和极强的防范心理。很多人有了烦恼和矛盾后,由于对他人心存警惕而不太愿意敞开自己的内心世界,往往倾向于自我解决,不愿意通过心理咨询来解决自己的心理问题。因此,我国的心理咨询要注意适合中国人情感和行为的特点,在心理咨询中顾及中国人开放性的程度,坚持人本取向,多采用引导、交流、倾听等方式进行心理咨询。

第八节 思想政治工作理论

新中国成立以后,思想政治工作作为一种有效的动员、教育、解决思想问题的工作方式,被广泛运用于学校、军队、企业等各种组织。在 20 世纪 80 年代以后,心理咨询在我国逐渐兴起和受到重视,许多组织的思想政治工作部门把心理咨询作为它的一项重要工作,在思想政治工作部门的推动下,我国的心理咨询事业获得了迅速发展。

事实上,中国共产党的思想政治工作理论在某种意义上,也可以看作是一种有鲜明中国特色的心理咨询理论,是一种行之有效的心理咨询理论,非常值得心理咨询工作者学习和借鉴。

一、思想政治工作理论的基本内容

思想政治工作理论有一个基本理论:存在决定意识,思想是对客观存在的反映,只要创设一定的环境和条件,通过深入细致的思想政治工作,人的思想都是可以转变的。思想政治工作的基本内容都是围绕这个基本理论展开的。

(一)思想教育

思想教育是思想政治工作最重要的内容,它是通过学习、培训、教育、活动等方式让受教育者接受某种思想观念的过程。从心理学上讲,思想教育实际上是一种认识的强化过程,人们经常反复接受某种信息后,就会逐渐认同这种信息。

思想教育的内容一般具有鲜明的时代性、针对性,大致可分为政治教育（主要解决人们的政治方向、政治态度等问题）、思想教育（主要解决人们的世界观、人生观等问题）、品德教育（主要培养人们的道德认识、道德行为）。

传统的思想教育方式的主要特点是硬性灌输。硬性灌输的表现是"我讲你听,我说你做,我打你通"。在思想教育的强度和密度足够高的条件下,这样的思想教育会收到明显的效果。但是,在这种条件下,教育对象是被动的,教育对象容易产生厌烦情绪,教育效率较低。

在思想教育中,教育者为了加强针对性,往往要了解和掌握教育对象的思想和有关情况,力求教育内容贴近教育对象、引起教育对象的共鸣。这种工作方法实际上与心理咨询中的共情方法在指导思想上是一致的。

为了改进思想教育的效果,思想政治工作者除了认真准备教育内容之外,开始注重与教育对象的交流和沟通,注意教育者和被教育者的平等交流,思想教育开始从传统的单向灌输向双向交流转变。

（二）疏导思想问题

人们在工作和生活中遇到挫折和困难时,往往会思想消沉、情绪低落,严重时甚至会发生一些极端的行为。在这种情况下,专业思想政治工作者（如军队中的指导员、教导员,大学中的辅导员）往往会找当事人做个别思想工作,疏导思想问题。疏导思想问题也是思想政治工作的重要内容。

疏导思想问题要想有较好的效果,就要准确了解被疏导者产生思想问题的原因,针对原因,晓之以情、动之以理,转变被疏导者的思想,使其振作起来。

从工作方式来看,疏导思想问题与心理咨询是很相像的。只不过思想政治工作者在工作中主要依靠的是自己的经验和智慧,而心理咨询师主要依靠的是心理咨询的方法和技术。由于两者的相似性,自20世纪80年代开始,我国一些大学将心理咨询引入到思想政治工作中来,思想政治工作者开始借鉴心理咨询的方法和技术,在思想政治工作中重视和推广心理咨询,心理咨询有助于思想政治工作效率的提高,已成为思想政治工作有效的手段。

（三）引导舆论宣传

思想政治工作特别重视舆论宣传,舆论宣传实际上是思想政治教育的一种特殊形式。舆论宣传是一种开放式的思想教育,它更讲究宣传的方式,在潜移默化中实现思想教育的功能。

舆论宣传工具包括报刊、广播、电视、歌舞、书籍、网络、戏剧等多种媒体和方式,具有覆盖面广、影响深入等特点,可以在寓教于乐中进行思想教育。

高尚的、优秀的舆论宣传可以提高人们的思想道德水平,有利于社会进步。低俗的、粗劣的舆论宣传可以降低人们的思想道德水平,阻碍社会进步。因此,正确引导舆论宣传是思想政治工作的一项十分重要的内容。

二、思想政治工作的优势与局限

（一）思想政治工作的优势

团体动员效果显著。思想政治工作常常可以产生显著的团体动员效果,思想政治工作之所以能够发挥巨大作用,其根本优势在于思想政治工作是建立在组织与成员的目标、利益一致的基础上的。组织与成员的目标和利益一致,思想政治工作就能发挥显著作用。关于思想政治工作最典型的例子,莫过于中国解放战争时期解放军以高昂的士气用小米加步枪的劣势装备打败了飞机加大炮优势装备的国民党军队。许多国民党士兵被俘虏后加入了解放军,一改过去在国民党军队时的胆小怕死而变为解放军的战斗英雄。解放军战士的士气从何而来？解放军的政治思想工作者针对解放军战士主要是来自农民的情况,用"打倒国民党,斗地主,分田地","保卫翻身农民的胜利果实"这样一些简洁明了的口号,使来自农民的解放军战士认识到他们是为自己而战,为争取和保卫自己的利益而战,激发起他们的革命热情,奋不顾身地投入到解放战争中去。

对专业技能要求不高。思想政治工作者不需要像心理咨询师那样必须经过专门培训、考核合格后才能上岗。思想政治工作者有时也需要进行适当的培训,但是更多的是用热情、责任心和经验做工作,只要具备一定的工作和生活经验,都可以从事思想政治工作。

简便易行。思想政治工作不需要专门的仪器设备,不需要特殊的场地,随时随地可以开展工作,便于及时发现问题,及时做工作。这个特点,保证了思想政治工作严密的组织,较少发生严重的心理问题和心理疾病。

（二）思想政治工作的局限

容易简单化。思想政治工作如果不去调查研究、根据实际情况制定工作方针,很容易变成上传下达、布置检查、评比表彰等程式性做法。这些做法看上去轰轰烈烈、动静很大,实际上没有什么效果。这个特点与思想政治工作缺乏专业化的理论、方法和规范有很大关系。

教育内容和方式不够灵活。思想政治工作由于政策性强,各级思想政治工作部门往往习惯于按照上级布置的内容和方法进行工作,较少创新,经常不能适应现实工作的需要。

第九节　森田理论

森田理论(Morita theory)是日本精神病学家森田正马(1874—1938)于20世纪20年代创立的。森田以东方文化为背景,依据自己对神经症的亲身体验以及多年临床经验的总结,通过对当时治疗神经症的一些主要方法(如隔离疗法、作业疗法、生活正规法等)进行综合概括和扬弃,创立了专门针对神经症的心理疗法。其本质是通过亲自体验去理解问题症结以达到治疗目的,是一种超越言语和理性的治疗方法。这种心理疗法冲破了当时盛行的西方心理疗法的束缚,提出了自己独持的理论。如今,森田理论经过几代学者的努力,不断完善,已经成为有鲜明东方文化特色、行之有效的心理治疗理论和方法。

一、森田理论的基本观点

(一) 神经症理论

森田在《我的神经质疗法的成功》一文中说:"如果回忆我立志于精神医学的原因,可以追溯到我的遥远的幼年时代。"他6岁时,在金刚寺看到彩色地狱图画,感到毛骨悚然。自从受到这次恐怖的袭击后,他总是担心生死的问题。在读大学初期,他患上严重的神经衰弱和脚气病,但由于经济困难他放弃了治疗,并且比任何时候都刻苦学习,没想到神经衰弱和脚气病竟不治而愈了。从自己的经历中森田领悟到,自己以前的头痛、脚气病等都是自己假想的结果,其实根本不存在。这使他形成关于他对于神经症的系统观点:神经症从本质来说是心因性的;对神经症要"听其自然",建设性的生活具有治疗作用;神经衰弱者不是真的衰弱,而是假想的,主观臆断的;神经症患者有很强的生存欲望。

日本精神病学家和心理学家。出生于日本高知县一个乡村家庭。1917年与中村古峡共同创设日本精神医学会。1919年开始尝试家庭疗法,1920年出版《神经质及神经衰弱的治疗法》,森田治疗法正式诞生。1921年出版了《精神疗法讲义》。1930年成立了神经质研究会,同时发行新杂志《神经质》。1937年退休,次年病逝。

图4-26　森田正马(1874—1938)

森田认为,神经症是具有疑病素质的人由于某种契机(疑病体验),把人们普遍存在的一些身心自然现象如用脑过度时的头痛、失眠,与生人交往时的拘谨不安,以及偶然出现的杂念、口吃等,误认为是病症,并把注意力集中在这上面,感觉愈敏锐,"病症"也就愈重。如果陷于这种交互作用中不能自拔而形成恶性循环,就会发展成影响工作和学习的神经症。森田根据症状,把"神经症"分成以下几类[①]:

普通神经症(神经衰弱):包括失眠症、头晕、头痛、头重、头脑模糊不清、感觉异常、极易疲劳、效率降低、无力感、胃肠神经症、失败感、性功能障碍、书写痉挛、耳鸣、震颤、记忆不良、注意力不集中等。

强迫观念(恐怖症):包括对人恐怖、不洁恐怖、疾病恐怖、不完善恐怖、阅读恐怖、卒倒恐怖、外出恐怖、口吃恐怖、罪恶恐怖、不祥恐怖、尖锐恐怖、杂念恐怖、高处恐怖、确认癖等。

发作性神经症(焦虑性神经症):包括发作性心肌亢进、焦虑发作、发作性呼吸困难等。

森田的理论体系不是出自某种理论的延伸或实验室的结论,而是来自森田自身的神经症体验和他多年的临床实践经验的总结。森田的核心理论是精神交互作用说。森田认为:"所谓精神交互作用,是指对某种感觉如果注意集中,则会使该感觉处于一种过敏状态,这种感觉的敏锐性又会使注意力越发集中,并使注意固定在这种感觉上,这种感觉和注意相结合的交互作用,就越发增大其感觉,这一系列的精神过程,称为精神交互作用。"该作用常常是神经症形成的原因。

森田指出,人的精神活动也存在一种类似于神经调节的拮抗作用,精神拮抗作用也是神经症顽固难治的原因。特别是在强迫观念中,这种心理活动的作用非常大。例如当我们感到恐怖时,同时会出现不要怕它的相反心理。这种作用是精神领域中的一种自然现象,可以保证生命安全和精神安全。这些在一般人只是一闪即逝、不留痕迹的想法,在精神拮抗作用很强的人身上,就会固执地出现,再通过精神交互作用而形成强迫观念症。

(二)生的欲望和死的恐怖

森田认为,神经质的人比一般人有强烈得多的生的欲望。森田所指的生的欲望包括自我生存、食欲等本能的欲望,以及想获得人们的肯定与尊重、想有知识、想成为伟人、想要幸福、想向上发展的社会心理的欲望。神经质者的内心往往充满了想出人头地的强烈愿望,但同时又为自己的笨拙而苦恼不

[①] (日)森田正马著.森田疗法与新森田疗法.崔玉华,方明昭译.北京:人民卫生出版社,1995:22

156

已。当神经质者面对头痛、心悸、失眠忧心忡忡时，并非是对这些症状本身的担心，而是害怕因为这些症状影响了自己的学业或工作，导致人生不能很好地向上发展。

如果说生的欲望是积极方面的精神动力的话，与之相对的死的恐怖就是一种消极方面的精神动力。死的恐怖包含了在对欲望追求的同时担心失败，对死和疾病的恐怖，害怕有价值的东西丧失等等。生的欲望和死的恐怖并非对立的，而是相互协调，甚至有时还会彼此交替。若两者平衡，则身心健康；如果两者对立，则死的恐怖便会占据优势，成为引起神经质病态的根源。从这个意义上，森田疗法就是将"死的欲望"向"生的欲望"转化，让两者恢复平衡的一种操作。

（三）顺其自然

森田疗法对于治疗强迫症比较有效，"顺其自然，为所当为"是森田疗法的精髓所在，正确理解"顺其自然"是有效治疗的基础。

有人仅仅从字面上理解"顺其自然"，以为"顺其自然"就是"任其自然"，就是对心理问题不加控制，痛苦就让其痛苦下去，这是对"顺其自然"的误解。

要正确地理解"顺其自然"，首先要搞清楚"自然"的含义，"自然"其实是指"自然规律"。比如白天与黑夜交替、四季轮回、刮风下雨，这些都是大自然的规律，它是不能被人为控制的，我们必须遵循、接受这些规律才会过得快乐。如果一个人抱怨为什么会有黑夜，或者认为下雨是不应该的，就违背了"自然规律"。

人的心理也有一定的自然规律，比如情绪，它是不能人为控制的，它本身有一套从发生到消退的过程，你接受它、遵循它，它很快就会走完自己的过程而结束，反之则会造成心理问题。比如，你马上要参加一个重要的考试，这时你感到焦虑、紧张，这是非常正常的心理反应，如果你不去管它，它很快就会消失或者转化为努力复习的动力。如果你认为自己不应该出现紧张或焦虑，那么你就违背了情绪的"自然规律"，焦虑、紧张就会越来越严重。再如，一个社交恐怖症患者，性格内向，他和陌生人说话时感到紧张和不自在。他觉得不应该如此，非要在陌生人面前故意表现得不紧张，结果是他越来越紧张，以至于看到熟人也开始紧张了。他之所以会如此，原因就是他违背了"自然规律"。

人本身有一种自然现象，就是人人都必然会出现一些古怪的、可怕的、肮脏的、无聊的念头，这些念头称作杂念。杂念与情绪一样，也有自己的从发生到消失的过程。如果你接受它存在，知道它是毫无意义的杂念，不去理会它，那么它将不会影响你，很快就消失了。反之，如果你去注意它，试图控制它，赶跑它，那么就会被它束缚。

森田认为,"顺其自然"就是认识心理的自然规律,不去在意那些符合自然规律的情绪或杂念,不去管它。在"顺其自然"的时候,还应当"为所当为",把自己的注意力放在客观现实中,该工作就去工作,该学习就去学习,该聊天就去聊天,做自己应该去做的事情。当然也许开始的时候,那些困惑你的观念、杂念仍旧让你感到痛苦,但只要你相信它们迟早会自然地消失,并努力地去做好现实生活中该去做的事情,那么杂念、不良情绪就会在你认真做事的过程中不知不觉地消失了。

二、森田理论的特点

森田理论与西方的心理咨询理论相比,有下面一些显著的特点:

（一）注重当前

森田理论认为,心理疾病患者发病的原因是有神经质倾向的人在现实生活中,遇到某种偶然的诱因而形成的。因此,心理治疗应当采用"现实原则",不去追究患者过去的生活经历,而是引导患者把注意力放在当前,鼓励患者从现在开始重新认识生活,让现实生活充满活力。

西方的一些心理咨询理论,如精神分析理论,认为人的一些心理问题往往是由过去的经验沉积在潜意识中引起的,解决问题就是要挖掘患者的意识或潜意识,找出问题的根源,再采取相应的措施。西方的心理咨询理论基本上都是分析主义的、决定论的,比较适合西方人的心理和文化。

森田疗法与其他心理疗法的根本不同点是:对患者所说的症状采取不闻不问的态度,也就是说,不以症状作为治疗对象。比如,患不洁恐怖的人,因反复洗手使手摩擦起了皮还是想洗,而且故作平静试图让人瞧不出来。这是对现实自我的否定,这就是森田所说的"内心冲突"。森田指出,其实,脏的东西就是脏的,必须承认这是事实。如果接受了这些事实,就不会再出现不洁恐怖;否则就会出现精神冲突,痛苦不堪,是典型的强迫观念。

森田理论的基本内容是指导和帮助患者按照客观规律和实际情况认识自己的症状,树立积极的生活态度,接受自己的症状,并辅以牵动注意、注意转移等措施,使患者顺应自然地适应病情、避免与症状的对抗,以打破并杜绝恶性循环,进而自觉放弃自己的症状,从而解决其特有的问题,达到减轻或消除症状的目的。这种疗法是建立在人与自然合一的东方传统文化之上的,因而能够得到东方文化患者的认同与积极支持和配合,治疗效果一般都比较显著。

（二）积极行动

森田理论认为,人的心理问题或心理疾病不过是情绪变化的一种表现形式,是人的主观性的感受。心理治疗要注重引导心理疾病患者积极地去生活、去行动。森田指出，"行动转变性格"，"照健康人那样行动，就能成为健康人"。

森田理论的治疗原则是"顺应自然，为所当为"。治疗的着眼点是"陶冶疑病素质，打破精神交互作用，消除思想矛盾"。"顺应自然"就是顺应人类生存欲望，顺应情感和精神活动的规律，接受事物的客观规律。"为所当为"就是去做力所能及的事情。森田疗法不使用任何器具，也不需要特殊设施，主张心理疾病患者在实际生活中像正常人一样生活，同时改变患者不良的行为模式和认知。在生活中治疗，在生活中改变。

（三）陶冶性格

森田理论认为，人的性格不是固定不变的，也不是由主观意志而改变的。无论什么性格都有积极的一面和消极的一面。神经质性格也是如此。神经质性格有许多长处，如反省强、做事认真、踏实、勤奋、责任感强；但是也有许多不足，如过于细心谨慎、自卑、夸大自己的弱点、追求完美等。人应该通过社会生活磨练自己，发挥性格中的优点，抑制性格中的缺点。

森田指出，神经症大多是由所谓"神经质"特质发展而来的，这种特质表现为过分的自我意识、不现实、过分追求完美、对焦虑采取克制态度、忽视自我满足等。因此，心理治疗的目标就是帮助当事人减少自我偏见、增强现实的思想和采取实际的行为。心理治疗师应当引导当事人，让他明白焦虑是一种正常的人类体验，是构成自我实现所需要的反应，用这种"正性强化"来修正当事人的自我挫败态度和逃避焦虑行为，并引导其产生新的社会和心理适应。当事人则需要养成"忍受痛苦、为所当为"的生活态度，对心理冲突不回避、不抑制、正视现实、顺应自然，并通过实际行动来加深信心，提高对实际生活的适应能力，从而建立起具有建设性的行为方式。

三、森田理论的贡献与局限

森田去世后，他的继承者对该疗法进行了不断的修正及多方面的研究，森田理论的影响日渐扩大。现在森田疗法不仅在东方文化背景的亚洲国家，而且在世界范围内也产生了一定的影响，在临床心理学和精神医学领域确立了相应的地位。

（一）森田理论的贡献

森田理论的主要贡献是关于神经症的理论。在心理学和医学领域，对神经症的理解和定义一直比较模糊，至今还没有统一的标准。

神经症又称神经官能症、精神症，是一组非精神病功能性障碍，其共同特征是心因性障碍，而非应激障碍。人格因素、心理社会因素是致病主要因素。它是一组机能障碍，障碍性质是功能性的而非器质性的，具有精神和躯体两方面症状,具有一定的人格特质基础但非人格障碍。神经症是可逆的,外因压力大时加重,反之症状减轻或消失,社会功能相对良好,自制力充分。由于神经症的这些特点,美国精神病学会1980年在精神病分类中删除了神经症,世界大部分国家不承认有神经症。

虽然许多国家的医疗机构不承认有神经症,但是神经症作为常见现象是客观存在的,它是在心理咨询工作中最常见的心理问题。由于神经症没有器质性的障碍,因此对神经症成因的说明和解释就对如何治疗神经症至关重要。森田理论提供的对于神经症成因的解释和治疗神经症的方法,为人们认识和治疗神经症提供了参考,而且在实践中也是卓有成效的。

森田理论的另一个重要贡献是关于神经症的治疗方法。从某种意义上来说,森田疗法是一种真正的心理治疗方法,它解决心理问题,完全采用的是心理学的方法,不使用任何器具和药物,完全依靠调整和改变患者的心理活动来解决患者的心理障碍。在这方面,森田疗法发展起一套系统的方法,治疗效果也是比较显著的。而且,森田疗法重视内心体验,讲究人与自然协调,更加适合东方文化的国家。

森田理论除了运用于神经症等的治疗,现在又有了进一步的应用。当人们衰老和患上致命性疾病后,通常会产生无助、懊丧、焦虑、抑郁等负性情绪,对生活失去信心。因此,有的心理治疗学家便借用森田理论来帮助老年、癌症或爱滋病等患者,并将该疗法称为"使生命富有意义疗法(MLT)",目的是提高患者的精神和身体的生存质量,使患者平静地接受疾病和衰老状态,积极过好每一天。该疗法的哲学基础是森田的一句名言:"只有事实才是真实的"。该疗法也通常被用作集体心理治疗方法。

(二)森田理论的局限

森田理论最受到人们质疑可能就是关于"神经质"的定义,"神经质"不论是在日本还是在世界,目前还没有一个统一的标准。森田疗法起源于日本,面对的患者是发生在日本社会背景之下的神经质。当森田疗法应用于日本以外的其他国家时,可能会出现文化背景的差异,需要心理治疗工作者加以注意,不宜简单照搬。

人的需要和愿望既有生物性的,也有社会性和时代性的。而且在现代社会中,社会性和时代性的因素对人的需要和愿望的影响常常大于生物性的因素,人的欲望更多的是社会性的。森田理论用生的欲望和死的恐怖来解释神经症的成因,能够说明一些问题,有其合理因素,但是把社会性因素也归结到生物性上,则显得简单化和生硬。

第五章　心理咨询过程

心理咨询是由一系列不同的活动和内容组成的过程,这些活动和内容围绕着一系列阶段性的任务展开。了解和把握心理咨询的过程,有助于心理咨询师开展咨询工作,使咨询工作变得更积极有效。

第一节　建立心理咨询关系

一、什么是心理咨询关系

心理咨询关系是存在于需要获得心理帮助的人与能给予这种帮助的人之间的一种独特的人际关系,通过这种关系达到心理改善的效果。心理咨询关系又可称为"咨访关系"或"治疗关系"。心理咨询关系有两层含义:一是心理咨询关系是特殊的人际关系,主要表现为咨询师帮助来访者分析内心的心理矛盾冲突,探讨影响其情绪和行为的原因,进而帮助他们确立咨询目标,提出解决问题的方案与措施。二是建立咨询关系是在咨询师的协助下,来访者通过对自己的重新认识达到自我转变,克服成长中的障碍,促进个人发展。

与一般的社会关系不同,心理咨询关系是一种隐蔽的、具有保密性的关系,咨询结束时这种关系即告结束。来访者希望得到咨询师的帮助,咨询师一旦同意,就构成了一种合同式的咨询关系,这种关系有可能在短时间内达到十分融洽的程度。

咨询师经常在不同的意义上使用"咨询关系"这个词。① 当咨询师接受一位特定的来访者时,他可能会说,"我们确定了咨询关系"。这时所说的关系,其实是指职业活动上的委托与受委托关系。咨询一段时间后,咨询师可能会说,"这个案例的咨询关系还没有建立起来",这里所说的咨询关系,是指心理

---

① 江光荣.心理咨询的理论与实务.北京:高等教育出版社,2005:103

咨询师与来访者融洽的沟通关系。

任何心理咨询过程都必须以良好的咨询关系为平台,所以建立良好的咨询关系是心理咨询的核心内容。咨询关系的建立受到咨询师与来访者的双重影响。就来访者而言,其咨询动机、合作态度、期望程度、自我觉察水平、行为方式以及对咨询师的反应等,会在一定程度上左右咨询关系。对咨询师来说,咨询态度对咨询关系的建立和发展具有更重要的影响。

二、心理咨询关系的特点

(一)心理咨询关系的外部特点

心理咨询关系是咨询师与来访者之间的相互关系,它不同于一般的人际关系,具有下面一些特点:

1. 心理咨询关系是一种特定的关系

心理咨询关系是双方为了特定目的有意识地建立起来的关系,咨询师熟悉人际关系知识,是能够娴熟运用人际关系技巧的专家,因此,他在咨询关系中会对咨询关系进行监督、评估和调整,使之符合咨询师的期望。可以说,这种人际关系表现出浓厚的以咨询师为主导的色彩。

2. 心理咨询关系具有非强制性

心理咨询关系的建立、维持和发展是以双方具有共同意愿为条件,不能迫使一方帮助别人或是接受帮助,任何一方都有权利中断或解除咨询关系。这种非强制性的特点能够给予来访者充分的自主性。

3. 心理咨询关系具有保密性

保密是来访者对咨询师产生信任的前提条件之一。帕特森(JoEllen Patterson)指出,咨询关系是一种在特定的时间内具有保密性的特殊关系,这是咨询关系不同于其他社会关系的特征。由于心理咨询关系具有保密性,来访者就会对心理咨询有安全感,有助于来访者自我暴露和自我探索内心世界。

4. 心理咨询关系具有职责明确性

心理咨询关系是咨询师和来访者双方为了达到特定的目的,在特定时间、特定地点有意识地建立和发展起来的,在这种关系的建立、维持和发展中,双方的职责始终是明确的。

5. 心理咨询关系是一种动态的关系

心理咨询关系并不是一成不变的。在咨询初期,咨询师和来访者的信任关系还未完全建立,随着咨询工作的开展,来访者渐渐融入到咨询关系中,这一阶段心理咨询关系的核心是聆听和接纳。在咨询中期,咨询师运用各种参与性技术和影响性技术,帮助来访者处理心理问题,改变来访者不良的情绪和行为,此时,心理咨询关系的核心是引导和参与。在咨询后期,咨询师协助来访者发掘自我的积极方面,帮助来访者增进社会适应的能力。心理咨询关系的核心是支持和领悟。

（二）心理咨询关系的特点

不同的研究者对心理咨询关系特点的描述不尽相同。例如,戈尔德斯坦等(Goldstein & Higginbotham)认为,咨询关系的三个基本成分是喜爱、尊重和信任。布拉默等(Brammer & MacDonald)提出咨询关系可以从四个维度进行描述:独特和一般、情感和理智、模糊和清晰、信任和不信任。

我国学者江光荣指出,良好的心理咨询关系具有以下特点:

1. 信任和理解

信任和理解是良好心理咨询关系最重要、最突出的特点。信任可能更多涉及来访者对咨询师的态度,理解则更多涉及咨询师对来访者的态度。应该说,信任和理解相互促进,咨询师的理解引起来访者的被理解感,被理解感又能促进来访者对咨询师的信任。

2. 情感联系

心理咨询的一大特点是咨询关系中存在较深厚的情感成分。需要特别指出的是两种情感:喜爱和温情。喜爱是指来访者对咨询师的喜爱,温情则是咨询师对来访者的一种感受。在咨询中,咨询师要创造一种能够自由表达情感的氛围,用一颗"感受情感的心"去体验来访者,促使对方充分地表达情感。

3. 承诺感

良好咨询关系的另一个特点是咨询双方愿意对咨询关系做出承诺。这意味着双方一致认可咨询目标,愿意为之付出心血和努力。同时,他们也了解要完成的任务类型,并且愿意通力合作,共同努力。[1]

三、建立良好心理咨询关系的意义

（一）帮助来访者显示问题,增加咨询的信心

宽容、理解、接纳的态度有助于来访者的自我表露。在实际生活中,来访者的情绪常常受到压抑,充满了焦虑和挫折感。在咨询中,来访者尽情的倾诉,表达自己的情感,即使咨询师只是倾听,也能增加来访者对咨询师的情感和展开咨询的动力。

对于来访者来说,寻求咨询师的帮助,解决自身痛苦,是一个重大决定。如果咨询关系建立不好,来访者看不到咨询的效果和希望,他继续咨询的动力就大大降低,甚至放弃咨询。因此,只有建立良好的咨询关系,来访者才能获得安全感、信任和支持,才能积极配合咨询师的工作,解决心理问题。

---

[1] 江光荣.心理咨询的理论与实务.北京:高等教育出版社,2005:105

（二）改进移情行为，减少来访者的阻抗

移情是来访者用适宜行为的方式来取悦咨询师，无意识地希望保持、增加咨询师对他的好感。许多研究表明，咨询师和来访者开始信任、彼此产生好感时，更易于接受对方的态度、观点，更容易依从、接纳对方的要求和建议，并且来访者的防御性、批判性会随之降低。只有建立在相互信任、彼此接纳的基础上的咨询师和来访者的关系，才能减少来访者对咨询的阻抗，增加咨询的效果。

（三）增强来访者的自尊心，提高自我效能感

在良好的心理咨询关系中，来访者看待自己比较积极，这是因为咨询师无条件地接纳来访者。同时，咨询师鼓励、支持的态度，以及相信来访者一定能改变的信念，一定程度上感染了来访者，提高了他的自我效能感。

利伯曼（Liberman）指出，重要人物的评价能够影响一个人的自我效能感。咨询师作为来访者生活中的重要人物，无条件的关注和鼓励来访者，安慰来访者，协助其进行归因练习等活动，是提高来访者自我效能感的重要原因。

（四）保证心理咨询的有效性

在咨询实践中，咨询关系是许多咨询师关注的焦点。伯特林（Bob Bertolino）在《问题青少年的咨询》一书中指出了心理咨询必备的四个要素：一是认识来访者的长处，可以起 40% 的作用。二是良好的咨询关系，起 30% 的作用。三是咨询技巧，起 15% 的作用。四是对咨询的期望，起 15% 的作用。所以，"认识来访者的长处"是形成良好咨询关系的关键之一，心理咨询的有效性很大程度是建立在良好咨询关系的基础之上的。

四、建立心理咨询关系

（一）咨询关系的建立和发展

在心理咨询过程中，良好的咨询关系有利于咨询工作的顺利进行。罗杰斯曾经指出：许多用心良苦的咨询之所以未能成功，是因为在这些咨询过程中，从未能建立起一种令人满意的咨询关系。[①]帕特森认为，心理咨询或心理治疗是一种人际关系的体现。尽管有些人不同意这种说法，但是大多数心理咨询工作者都认为，咨询师与来访者的关系是心理咨询中最重要的方面。

在咨询和治疗过程中，没有专门用来建立和发展咨询关系的阶段。建立、维持和发展咨询关系，是与收集资料、探索问题、说明指导等活动同时进行的。咨询师在运用各种反应技巧向来访者传递着尊重、关怀、接纳和理解等信息的同时，就在形成和建立着咨询关系。

---

① Beitman BD, Goldfried MR, Norcross JC. The Movement toward Integrating the Psychotherapies: An Overview. American Journal of Psychiatry, 1989, 146(2): 138—147

在咨询活动中,咨询的互动内容和方式要参考已经达成的关系水平,考虑现有关系能否提供相应的支持。例如,在会谈初期,咨询师过度涉及情感内容,或立刻探查来访者隐秘的事情,很可能是不妥的。在关系初期和关系成熟期间,咨询师的反应方式应该有所不同。一般来说,咨询初期,咨询师可以多应用一些倾听技巧,在后期可以增加影响性技术的比例。

从整个咨询过程来看,咨询关系的建立、发展主要集中于咨询的前几个阶段,即收集资料和明确问题、确定目标等阶段。在后期的咨询、评估、反馈等阶段,则重点在于咨询关系的维护、巩固、深化,以及终结等工作。

(二)建立相互信任的咨询关系

有人说建立好的咨询关系,心理咨询就成功了一半。那么,咨询师怎样才能与来访者建立起良好的咨询关系呢？一般来说,需要在咨询中注意和解决好以下问题:

1. 共情

共情(empathy)又称作"同感"、"神入"、"同理心"等,是指咨询师设身处地、像体验自己的精神世界那样体验来访者的精神世界的态度和能力。它包括态度和能力两个方面,其核心是理解对方的心理感受。

罗杰斯认为,为了最大限度地了解来访者,尽力体察来访者精神活动的每一个细微变化,咨询师必须将自己完全融化于对方观念之中,进入并欣赏对方的精神世界,并将对对方精神世界的理解准确地传达给对方。由此,咨询师才能接近来访者的体验与情感,从而促进来访者的成长。[①]

共情在咨询中的重要性表现在以下方面:第一,咨询师设身处地地理解来访者,有助于更准确地把握来访者的问题。第二,来访者被理解、悦纳,会感到愉快、满足,这会促进建立良好的咨询关系。第三,可以促进来访者的自我表达、自我探索,从而达到更深入的交流。第四,对于那些迫切需要获得理解、关怀和情感倾诉的来访者,会产生更明显的咨询效果。

正确理解和使用共情,应当注意以下几点:第一,咨询师应走出自己的心理世界,进入来访者的心理世界。第二,咨询师需要验证自己是否做到了共情。第三,表达共情要因人而异。第四,表达共情要善于使用躯体语言。第五,表达共情要善于把握角色。第六,表达共情应考虑到来访者的特点和文化背景。

2. 真诚

真诚(genuineness)是指咨询师在咨询关系中"做真实的自己",不特意取悦对方,不把自己藏在专业角色后面,不带假面具,不是在扮演角色或例行公事,而是表里一致、真实可信地置身于与来访者的关系之中。

---

① 林崇德,杨治良,黄希庭.心理学大辞典.上海:上海教育出版社,2003:429

真诚在咨询活动中具有重要意义。首先,真诚能够引发信任感、安全感和更开放的交流。在咨询师的真诚面前,来访者可以坦白表露自己的软弱、失败或过错而无须顾忌。其次,真诚提供的榜样作用能产生治疗效果,能让来访者获得切实的感受和体验,并可能模仿和内化榜样,从而起到积极改变的效果。

关于如何表达真诚的问题,伊根(Eagan)曾根据前人的意见,综合提出一些建议:第一,走出角色。咨询师很容易利用"咨询师"角色来避免个人卷入,这其实是一种防卫反应。第二,多一点自发性,少一点瞻前顾后。第三,不设防,避免防御反应。第四,表里一致。第五,分享自我,揭示自我。

在咨询关系的早期,咨询师要避免表达自己主观的评价。随着咨询关系的发展,咨询师可以表达对来访者的不足、缺点的看法和态度,但以不损害咨询关系为前提。

需要指出的是,真诚的表达存在尺度的问题。虽说表达真诚贵在真和诚,不应有掩饰、虚假,但是实际上并不是那么简单,运用不当,有时会起反作用。因此,在表达真诚时需要注意以下问题:一是真诚不等于说什么话都实说。二是真诚不是自我发泄。三是真诚应实事求是。四是真诚应适度。

3. 积极关注

积极关注(positive regard)指的是咨询师不以评价的态度对待来访者,不依据来访者行为的好坏来决定对待方式,无条件地接纳对方,关注来访者言语和行为的积极面,从正面引导来访者。积极关注涉及到对人的基本认识和基本情感,它要求咨询师抱有一种信念,即来访者是可以改变的,来访者有长处和优点,每个人都有潜力,都存在一种积极向上的成长动力。来访者通过自己的努力、外界的帮助,每个人都可以比现在更好。

在咨询中,积极关注具有重要的意义。它不仅有助于建立咨询关系,促进沟通,而且本身就具有咨询效果。尤其对那些自卑感强或因挫折看不到希望的来访者,咨询师的积极关注往往能帮助他们全面地认识自己和世界,看到自己的长处、光明面和对未来的希望,从而树立信心,消除迷茫。在咨询中,积极关注可以促进来访者的自我接纳,可以加深咨询师和来访者的情感联系。

咨询师积极关注的一个重要方面,是允许来访者做他自己的事,允许来访者有自己的感受、想法、情绪和行为,不把咨询师的好恶、价值标准强加在来访者头上。咨询师关注来访者是不附加任何条件的。需要指出的是,无条件积极关注并不是在互动中完全避免评价,咨询师要避免的是对人的评价,而不是评价行为。

4. 尊重

尊重(respect)是把来访者作为有思想感情、内心体验、生活追求、独特性和自主性的人去对待。

尊重来访者,其意义在于可以给来访者创造一个安全、温暖的氛围,帮助来访者最大程度地表达自己的感受。在尊重的氛围中,来访者会感到自己被尊重、被接纳,获得一种自我价值感。特别是对那些急需获得尊重、接纳、信任的来访者来说,尊重具有明显的正面效果,是咨询成功的基础之一。

恰当地表达尊重,需要注意这样几点:一是尊重意味着完整接纳。二是尊重意味着一视同仁。三是尊重意味着以礼待人。四是尊重意味着信任对方。五是尊重意味着保护隐私。六是尊重应以真诚为基础。

第二节　分析问题

心理咨询师在从事心理咨询活动时,经常要进行分析问题的工作,分析问题是心理咨询过程中的重要环节。

一、了解情况

了解情况是指咨询师收集来访者的资料,决定是否接受来访者并进行正式的心理咨询,它是进行心理咨询工作的基本依据。不了解情况,或者资料不完整,心理咨询就会陷入盲目或无从下手。

进行心理咨询,首先必须了解来访者的个人以及周围环境,具体内容包括:第一,来访者的人口学资料。第二,个人成长史。第三,个人健康史。第四,家族健康史。第五,个人生活方式、个人受教育情况。第六,对自己家庭及成员的看法。第七,社会交往状况。第八,目前生活、学习、工作状况。第九,自我心理评估。第十,近期生活中的遭遇。第十一,求助目的与愿望。第十二,来访者的言谈、举止、情绪状态、理解能力等。第十三,有无精神症状、自知力如何。第十四,自身心理问题发生的时间、痛苦程度以及对工作与生活的影响。第十五,心理冲突的性质和强烈程度。第十六,与心理问题相应的测量、实验结果。

通常,搜集资料的途径,一是会谈与记录;二是观察与记录;三是访谈与记录;四是心理测量、问卷调查;五是实验室记录。

在了解来访者的情况时,特别要注意弄清楚所咨询的问题究竟是谁的问题。有的咨询师往往认为来访者咨询的问题都是来访者的问题。其实,有一些来访者前来寻求帮助的问题,并不是来访者的心理问题,而是别人的问题使他成了替罪羊。例如,一位家长将孩子带到咨询中心请求帮助,经过了解发现,实际应该帮助的是家长而不是小孩。就受助的对象来看,有的问题不是一个人的,而是两个人甚至更多人的问题。所有这些情况,在搜集资料的过程中都应该留意,要据此考虑是否接受来访者,还是转介到其他帮助机构,或是应当让涉及问题的其他人前来咨询。

二、探询问题

探询问题是为了进一步界定和理解问题。界定问题在了解情况阶段就已经在进行,继续界定问题是在前一阶段基础上做得更深入一些、更明确一些,有的问题界定可能随着对问题了解的加深而做出调整。理解问题是将心理问题与可能的原因或有关联的条件联系起来,通俗地说,就是发现因果关系或关联关系。

（一）确定探询的目标与范围

第一,来访者主动提出的求助内容,比如,"我的孩子学习没兴趣,学习成绩不好","夫妻之间感情有了裂痕,不知怎么办"。来访者提出了问题,咨询师就可以将其确定为会谈的目标。咨询师在与来访者的交谈中,可以围绕这些问题收集有关资料。

第二,心理咨询师在接待中观察到的疑点。例如,来访者情绪低落并对心理咨询师说:"其实,我来找你,要谈的问题也没什么了不起,只是有时觉得生活没意思。"这些话很重要,咨询师可以从来访者的情绪状态和含混的表达中觉察来访者可能有自己未意识到的深层心理问题,此时咨询师应从了解来访者一般生活状态入手,把探索深层心理问题作为工作的目标。

第三,心理咨询师可以依据心理测评结果的分析中发现问题。如咨询师发现来访者的 MMPI 的测评结果中抑郁分很高,这时就要把寻找引发抑郁情绪的原因定位为会谈目标,去了解与此相关的各类问题。

需要指出的是,谈话中若有一个以上的内容,应当分别处理。如来访者说:"我的孩子学习上不去,他父亲也不管,为这事我经常与他吵,可是不管用,不知该怎么办?"这一谈话中,至少包括两方面内容:一是孩子学习状况如何;二是夫妻之间的关系如何。因此,应将两个问题区分开,弄清两者之间的逻辑关系,是孩子学习不好引发父母在教育态度上的不一致,还是夫妻之间的吵闹影响了孩子的学习。弄清其中的关系,分清问题的前后、主次,再依次提问,才能为下一步的咨询工作提供依据和方向。

（二）探询的内容

会谈是咨询的基本形式和手段。咨询师通过与来访者的会谈,了解来访者的问题,引导来访者的思路,找出问题的关键所在,为来访者的良性改变打下良好的基础。在会谈中,咨询师需要探询的问题有以下方面:

一是来访者的外表和行为。咨询师需要对来访者进行认真的观察:来访者如何表现自己? 给人的印象如何? 外表是否整齐、清洁? 衣着是否符合来访者的背景和现状？有无特别的装饰？有无明显的身体缺陷？他在过去的会谈中表现如何？有无离奇的表情和动作？有无重复性习惯动作？他的姿势怎样？他是否避免与人对视？活动缓慢还是不停地乱动？是否机敏？是否顺从？态度是否友好？

二是交谈过程中的语言特点。来访者的语速如何？是缓慢还是快速？会谈时直爽还是小心谨慎？是否犹豫？有无言语缺陷？有无咬文嚼字？健谈还是不健谈？有无松弛的联想？哪些话题避而不谈？是否海阔天空地闲聊？是否有自造的词汇？表情与语言表达是否协调？说话内容与声调所表达的是否一致？对交谈的兴趣如何？

三是思维内容。来访者有无不断抱怨和纠缠不清的题目？有无思想不集中现象？有无幻想、错觉、恐惧、执著和冲动表现？

四是认知过程及功能。来访者的各种感觉有无缺陷和损伤？来访者能否集中注意于手中的工作？时间、人物、空间定向力如何？能否意识到自己所在的地方？对年、月、日的知觉如何？能否说出自己的名字、年龄等？近期和远期记忆如何？会谈内容能否反映出他的职业和受教育程度？运算能力如何？阅读、书写能力如何？

五是情绪。在会谈期间，来访者的一般心境如何？一般情绪的表现是哪一种，痛苦、冷漠、鼓舞、气愤、易怒、变幻无常还是焦虑？来访者对心理咨询师有无献媚、冷淡、友好、反感等表现？情绪表现与会谈内容是否一致？他们的自我报告是否与心理咨询师的印象一致？

六是思维能力。来访者对自己前来咨询的目的是否判断准确？对自己的判断是否符合实际情况？对自己的心理状况有何想法？他是否能意识到自己的行为或情感已经有了问题？来访者对问题的原因是否有中肯的认识？在对问题原因的分析有无道德和文化因素的作用？来访者对自己工作的判断是否准确？来访者如何理解生活中出现的问题？对讲述自己的事情是否有兴趣？对改变自己的现状是否有要求？

（三）探询注意事项

咨询师在会谈中探询问题时要注意以下事项：

第一，态度必须保持中性。

第二，所提的问题尽量简单易懂、口语化。

第三，把大问题化成小问题。

第四，提问中要避免失误。

第五，会谈中除提问和引导性语言之外，不能讲任何题外话。

第六，不能用指责、批评性语言阻止或扭转来访者的讲话内容。

第七，会谈后不应给出绝对性的结论。

第八,结束语要诚恳、客气,不能用生硬的话做结束语,以免引起来访者的误解。

三、心理测试

心理测试(psychological test),又称心理测量(psychological measurement),是根据一定的心理学理论,使用一定的操作程序,对人的心理及行为进行测试,它的实质是对测量对象的行为进行客观的、标准化的测量。

(一)正确选择测量工具

心理测验是咨询师用来分析来访者心理问题的重要工具,在心理咨询过程中,咨询师应依据来访者的心理问题选择恰当的心理测验项目。

在心理咨询中使用心理测量工具时,应当有针对性,选择适宜的测量工具。咨询师使用心理测验需要注意以下几点:一是要正确选择测验工具。任何心理测验都有一定的适用范围,超出一定的范围,测验的信度和效度就不可靠了。二是不要滥用心理测验。如果通过与咨询对象的交谈,对其问题可以形成明确的看法,就可放弃心理测验。三是测验要可靠。在量表使用中,要有标准的指导语、标准答案和统一记分的方法,不可因人而异。同时,要使咨询或治疗对象打消思想顾虑,如实完成测验项目。[1]

(二)常用的心理测验

心理测验的种类很多,按照测验的功能来看,可以分为能力测验、成就测验、人格测验。目前,我国心理咨询中运用较多的心理测验大致有三类:智力测验、人格测验和症状评定测验。[2] 表 5-1 是心理测验常用的量表及用途。

表 5-1 常用心理测验种类及用途

测验种类	主要用途	具体测验工具
智力测验	这类测验可在来访者有特殊要求或对方有疑似智力障碍的情况下使用	1. 吴天敏修订的比内-西蒙量表
		2. 龚耀先等人修订的韦氏成人智力量表
人格测验	有助于咨询师了解来访者的人格特征,以便于对其问题有更深刻的理解,有助于了解来访者是否属于精神异常范围	1. 艾森克人格问卷(EPQ)(有两个版本:龚耀先修订的南方版本和陈仲庚修订的北方版本)
		2. 卡特尔 16 种人格因素问卷(16PF)
		3. 明尼苏达多项人格问卷(MMPI)

---

[1] Smith D. Trends in Counseling and Psychotherapy. American Psychologist,1982,37(7):802—809

[2] 钱铭怡.心理咨询与心理治疗.北京:北京大学出版社,1994:102

测验种类	主要用途	具体测验工具
症状评定测验	多用于检查对方某方面心理障碍存在与否及其程度	1. 精神病评定量表
		2. 躁狂状态评定量表
		3. 抑郁量表
		4. 焦虑量表
		5. 恐怖量表等

其中，明尼苏达多项人格问卷（Minnesota Multiphasic Personality Inventory，MMPI），是目前世界上应用最广、影响最大的人格量表，也被认为是有较高信度和效度的量表，不仅可用于检查精神病患者，亦可用于检查正常人。此量表包括 14 个分量表（10 个临床量表和 4 个效度量表）：疑病（Hs）、抑郁（D）、癔病（Hy）、精神病态（Pd）、男子气-女子气（Mf）、妄想狂（Pa）、精神衰弱（Pt）、精神分裂（Sc）、轻躁狂（Ma）、社会内向（Si）、说谎分数（L）、诈病分数（F）、校正分数（K）、不能回答的分数（Q）。

应该说，心理测验是咨询师分析来访者心理问题的重要工具，它可以检验咨询师的判断是否正确，还能帮助咨询师对来访者的问题进行深入的分析。但有一点需要提醒，心理测验应在咨询关系尚未建立之前实施，进入正式的心理咨询程序之后，要尽量避免心理测验。当然也有例外，当咨询过程无法进行下去、咨询师也不知如何进行下去的时候，使用心理测试可以再次确认与来访者的咨询关系，以便更好地了解来访者。在这种情况下，如果可能的话，心理测试最好由其他心理学工作者来实施。

四、分析和综合信息

来访者的心理问题是由多方面的原因造成的。有些表面上不相关的人和事，却是问题的关键所在。因此，咨询师通过与来访者的谈话和心理测试，可了解来访者的问题，对获得的信息进行分析和综合，找出来访者心理问题的症结，为下一步解决问题和评估打好基础。

分析和综合信息，就是对收集到的资料进行整理，主要内容包括：一是排序，按时间顺序将所有资料排序。二是筛选，按照可能的因果关系，将那些与问题无关的资料剔除。三是比较，将所有问题行为按时间排序，再按因果关系确定主问题和派生问题。四是将与问题有关的资料进行分析，找出造成问题的主因和诱因，形成关于来访者的心理问题的清晰认识。为了便于分析问题，咨询师可以使用如表 5-2 所示的表格帮助分析。

表 5-2　分析和综合信息表

1. 分析目的		
2. 问题范围		
3. 问题优先顺序		
4. 情感	前　因	
	问题行为	
	后果和补偿	
5. 躯体	前　因	
	问题行为	
	后果和补偿	
6. 行为	前　因	
	问题行为	
	后果和补偿	
7. 认知	前　因	
	问题行为	
	后果和补偿	
8. 背景	前　因	
	问题行为	
	后果和补偿	
9. 关系	前　因	
	问题行为	
	后果和补偿	
10. 以前的解决方法		
11. 应对技巧与个体和环境的潜力		
12. 来访者对问题的知觉		
13. 问题的频率、持续时间及严重程度		

　　在分析问题时,咨询师应注意来访者问题的个体差异,切忌把自己的想法作为事实,轻率地对来访者的问题给出解释或提供建议,这样会使咨询工作缺乏针对性,并有可能破坏双方的共情关系,最终导致咨询效果不佳甚至失败。所以,在对来访者的问题进行分析时,应当找出来访者问题的特殊性,重视具体细节,澄清重要的、具体的事实及情感,分清表面问题和深层次问题。绝大多数来访者由于情绪、心理问题的困扰,他们的叙述所涉及的内容基本都是问题的表面现象。而问题的本质、问题产生的真正原因及其与其他

事物之间的关系,却不易直接显露出来,需要咨询师由表及里进行挖掘。

五、确定问题

确定来访者存在什么样的问题,是咨询过程的一个重要阶段,通常由首次(或头一二次)会谈完成。它的核心工作就是界定来访者的问题性质,明确咨询需要,为下一步咨询工作指明方向。

咨询师主要依据来访者的言谈举止,从其主诉的问题中获取有关心理状况的信息和资料,并在谈话中重点探询关键性问题,在此基础上进行分析诊断,确定来访者心理问题的性质、原因、严重程度以及是否属于心理咨询工作范围等相关问题。具体工作程序见图 5-1。

来访者对问题进行描述之后,咨询师需要在头脑中

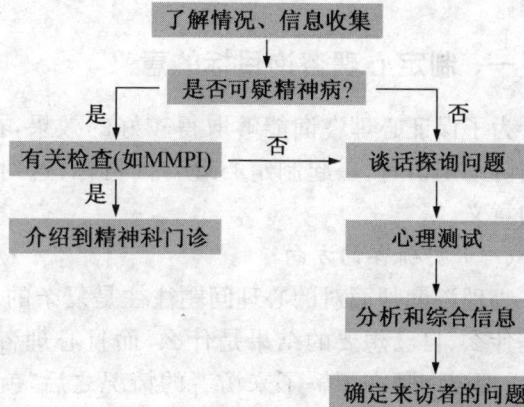

图 5-1 确定心理问题的工作程序

尝试性地理解和界定来访者存在的问题,考虑问题发生的多种可能性,排除一些无效假设,逐步接近问题的实质并确定来访者存在的心理问题。咨询师可以使用如表 5-3 所示的表格帮助分析。

表 5-3 常见的心理问题类型

		恋爱婚姻家庭	心理成长发育	情绪情感反应	社交适应人际关系	躯体疾病	其他
问题严重程度	轻 中 重						
问题的一般原因	生物学原因 认知原因 社会原因						
问题的具体原因	躯体情况 本人的人格因素 具体压力特点						

第三节　制定心理咨询目标

制定心理咨询目标就是咨询师根据来访者心理问题的性质和程度,通过与来访者协商讨论,确立双方都接受的、有效的预期咨询结果并加以明确的过程。

一、制定心理咨询目标的意义

为了保证心理咨询能够取得较好的效果,在咨询开始之前,心理咨询师应当协助来访者,一起制定心理咨询目标,这对于做好心理咨询具有非常重要的意义。

（一）明确咨询方向

心理咨询师面对的心理问题往往是复杂的,来访者往往不清楚自己的问题是什么、自己想要的结果是什么,而且心理咨询的效用也不是无限的。因此,心理咨询师在了解了来访者的情况之后,就要根据来访者的情况和自己的能力,在来访者的参与下,确定心理咨询的目标。

确定心理咨询的目标,可以明确心理咨询的方向,选择心理咨询的方案,调控心理咨询的进度和过程。有无心理咨询目标,是判断心理咨询是否科学规范的重要标志。没有目标的咨询没有针对性,难以解决问题,只是一般的聊天谈话,对来访者的帮助很小,严格意义上来说,这不能算作心理咨询。真正的、规范的心理咨询,一定要有咨询目标。

（二）评估咨询效果

心理咨询目标是检验和评估心理咨询效果的标准。评价心理咨询的效果,就是把心理咨询过程中来访者的状况,与心理咨询目标进行对照,看其与心理咨询目标的差距。在心理咨询过程中,应当经常评估咨询效果,根据咨询效果调整咨询内容和方法,以便尽量接近和实现咨询目标。

（三）促进咨询合作

心理咨询目标不仅是心理咨询师的目标,而且也应当是来访者的目标。心理咨询师应当帮助来访者参与制定咨询目标,让来访者了解和理解咨询目标,这样做容易获得来访者的配合和支持,有助于提高咨询效果,促进良好咨询关系的建立。

二、心理咨询目标的特点

心理咨询目标可以帮助咨询师和来访者明确地预知咨询能达到什么目

的以及不能达到什么目的。一个有效的咨询目标应该具备以下几个特点：

（一）具体性

具体的心理咨询目标可以为咨询提供方向，引导咨询过程，指示来访者问题的关键。目标不具体，就难以操作和判断，目标越具体，就越容易收到效果。有时候，来访者提出的目标可能比较模糊或抽象，比如，希望自己更有实力。这时，咨询师就应该和来访者共同讨论，"希望自己更有实力"的标准是什么，现在哪些方面存在不足，阻碍因素有哪些，需要发展哪些能力等。经过具体的分析，使来访者模糊的目标逐渐清晰起来，通过一个个具体的步骤来实现咨询的目标。大目标要分解成不同层次的小目标，通过小目标的实现累积成大目标。所以，具体目标应该是受终极目标指引的具体目标，而不是孤立的具体目标。

确定心理咨询的目标，一定要具体，要可以清楚地描述，要有可操作性。目标具体，可以使咨询师有明确的努力方向，便于评估和检查咨询效果，便于使来访者看到自己的进步、加强对心理咨询的信心。比如，咨询师面对一位人际交往恐怖的来访者，咨询目标不应笼统空洞地定为"调适人际交往认知"，这样的咨询目标难以操作，应当根据来访者的情况，制定诸如"敢于同陌生人说话"、"在人群中不感到紧张"这样一些具体的咨询目标。

（二）可行性

制定咨询目标应该结合来访者的可能水平和咨询师的可能条件来进行，咨询目标要可行。如果目标超出了来访者可能的水平，或超过了咨询师所能提供的条件等，那么目标就很难实现。对于不可行的目标，咨询师要重新修订使其符合实际，比如调整目标或把目标分解为可行的具体目标。

心理咨询目标的可行性包括两个方面：一是解决的问题的可行性，问题应当是心理障碍问题、心理适应问题、心理发展问题，超出这些范围的问题，不是心理咨询的对象，不具有可行性，不应列为心理咨询的目标。另一个是咨询师的能力和条件的可行性，咨询师应当根据自己的能力和条件，在自己能力和条件范围内确定咨询目标。对于超出咨询师能力和条件的问题，咨询师切忌不适当地确定为咨询目标，而应转介其他能力更强的专家或机构。

（三）积极性

咨询目标具有积极性，是指咨询目标符合人类发展需要，是来访者确实想做的事情。在这里，积极性包含两层含义：一是咨询目标性质是正面的，二是对咨询目标的正面陈述。

就咨询目标的正面性质而言，就是说咨询目标要有助于来访者的心理发展。有些咨询目标虽能解决来访者的问题，但却是消极的，不利于来访者的心理成长,不利于心理问题的合理解决,这样的咨询目标就应当加以避免。

从咨询目标的正面陈述来说,正面陈述咨询目标,可以帮助来访者更倾向于讲出他们能够做到的事情,引导来访者向积极方面发展,而不是把主要注意放在想要避免或停止的事情上。因此,咨询师要帮助来访者摆正他们的目标,帮助来访者对自我进行积极有力的肯定。

心理咨询的目标应当是积极的、建设性的,是有利于来访者心理健康和心理发展的。来访者所遇到的心理问题,一般是暂时的、不严重的,因此,心理咨询的目标应当能够调动来访者的积极性,能够鼓励来访者配合心理咨询师,面对问题,调适心理状态。

（四）接受性

一般来说,咨询目标应该由咨询师和来访者双方共同商定。无论是来访者提出还是咨询师确定的咨询目标,最好是双方都可接受的。若双方的目标有差异,应通过双方的协商交流来修正。若无法协商一致,应以来访者的要求为主。若咨询师无法认可来访者的要求,也可中止咨询关系或转介给其他的咨询师,但必须提前告知来访者,保障来访者的知情权。

（五）心理学性

心理咨询主要涉及心理障碍问题、心理适应问题、心理发展问题。咨询应把目标限制在心理机能、行为方式的改变上。例如,帮助来访者使其人际认知更准确客观、减少负性情绪、提高情绪和行为的自我控制能力、改善解决问题的策略,等等。但是,由于人的心理机能水平与人的实际生活密切相关,许多的心理咨询个案同时都伴随有具体的生活问题,于是经常有咨询师直接干预来访者的生活问题的情况,这是不恰当的咨询干预行为,应当警惕和避免。

需要指出的是,如果咨询中涉及来访者的生活问题,同时来访者又有心理问题,生活问题和心理问题两者之间的关系往往是后者更为根本,前者只是后者的表象而已。这时,心理咨询的目标应侧重后者即突出心理性,应把目标放在帮助来访者澄清自我认识、需要、价值,提高决策能力等方面,而不是直接对来访者的生活问题拿主意。对于既有躯体疾病又有心理问题的来访者,心理咨询的目标不是解决躯体疾病,而是针对躯体疾病引起的心理不适,或者针对引起躯体疾病的心理因素。在咨询中需要坚持心理性的原则,超出心理范围的问题就不属于心理咨询。

（六）可评估性

咨询目标要可以评估,无法评估的目标不能成为咨询目标。有些咨询目标的实现程度可直接从来访者的外在行为中表现出来。咨询师可以根据一些重要的行为指标,在实际会谈中有意识地观察来访者的行为,评估咨询目标的实现情况。有些咨询目标的实现程度则是通过观念的转变、情感的调节来间接反映,这可以用心理测验量表来评定。总之,制定可以评估的咨询目标,有助于来访者和咨询师看到咨询成果,鼓舞双方的信心,及时发现不足,调整咨询措施和方向。

(七) 多层次性

心理咨询目标是多层次的,既有近期目标,又有长远目标;既有特殊目标,又有一般目标;既有局部目标,又有整体目标。有效的目标应该是多层次目标的协调统一,如果同时存在几个咨询目标,就要排出一个优先顺序,并设法使先期达到的目标对后续目标有支持作用。咨询师应当合理安排阶段性目标,从一个阶段目标到下一个阶段目标要有一定的跨度,呈现出递进性。

心理咨询目标具有层次性,可以使心理咨询师和来访者清楚努力的方向和所要争取的结果,这对于促进咨询师与来访者的沟通和合作,提高咨询效果是十分重要的。

(八) 效益性

咨询双方应当充分考虑咨询目标的效益性,了解在达到咨询目标的过程中存在的有利和不利的方面,有助于来访者评价目标的可行性,预见咨询的结果,判断自己为心理咨询所付出的代价,决定是否进行心理咨询。为帮助咨询师和来访者对咨询目标的效益性做出判断,可以使用表5-4帮助分析。

表5-4　咨询目标效益判断表

期望的改变	近期利益	远期利益	近期弊端	远期弊端
1.				
2.				
3.				

实际上,多数来访者已经考虑到心理咨询对自己的益处,但他们常常难以做出清楚的判断和抉择,这是因为他们往往只想得到利益而不想付出代价,或者因为选择本身涉及到价值冲突。咨询师应该帮助来访者辨别各种咨询目标的短期利弊和长期利弊,提出选择方案,帮助来访者选择适宜的咨询目标。

(九) 接受性

制定心理咨询的目标,不是心理咨询师一个人的事情,而是咨询师与来访者相互沟通、相互理解的结果。只有来访者接受和理解的心理咨询目标,才是可行的目标。所以,在确定心理咨询目标时,心理咨询师不仅要从解决问题的角度,而且要从来访者的角度,引导来访者确定具体的、可行的咨询目标,取得来访者的同意。这样的咨询目标,才是有可能实现的咨询目标。

三、心理咨询目标的类型

(一) 一般目标

心理咨询的一般目标(general objective)是解决来访者的心理问题,挖掘来访者的积极心理潜能,帮助来访者完善人格,提高来访者的心理健康水平和社会适应能力。香港著名心理咨询专家岳晓东博士关于心理咨询目标有一个形象的比喻:"心理咨询就是要使人对自己感觉良好,犹如登天一样。"[①]

(二) 个别目标

心理咨询的个别目标(individual objective)是当下需要帮助来访者解决的具体心理问题,帮助来访者达到的某种心理状态,期待达到的心理咨询效果。心理咨询的个别目标可以分解为若干层次和阶段的子目标。

(三) 发展性目标

心理咨询的发展性目标(development objective)是帮助来访者完善人格,调适自己,发展潜能,建立和谐人际关系,发挥创造性,实现自我,使生活充满生机和更有价值。

心理咨询目标是一般目标和个别目标的统一,一般目标和发展性目标的统一。

四、心理咨询目标系统

(一) 最低目标

最低目标主要着眼于消除来访者问题行为的表现,克服来访者消极的、不适应生活的行为。例如,在某咨询案例中,咨询师判断来访者与妻子的矛盾是由于不当的心理防御机制所致,对妻子不满意,通过投射作用,怀疑妻子的不忠诚。因此,咨询师为这一案例设定的最低目标,就是让来访者领悟自己的无意识冲突以及不当的心理防御机制。

心理咨询的最低目标其实是最高目标的前置目标,确定最低目标其实是将最高目标具体化。在制定最低目标方面,不同的心理咨询流派和不同咨询师是有差别的,有的很具体,有的则提出一些笼统的目标。差异的原因是最低目标的确定与心理咨询的理论取向有关,与心理咨询各流派对心理障碍的原因和机制的认识有关。例如,心理动力学重视童年客体关系的再现,认知治疗重视对非理性信念的发掘,行为治疗则重视对来访者现实环境中强化力量的了解。

---

① 岳晓东.登天的感觉.北京:北京师范大学出版社,1997:2

（二）最高目标

关于心理咨询的最高目标，不少学者认为是人的自我实现①和健全人格。杰拉德(S. Jourard)认为，健全人格是引导一个人行动的方式，人在智慧以及对生活尊重的指引下行动，从而得到满足，在觉悟、胜任力，以及热爱自我、他人和自然的能力方面得到发展。袁章奎指出，健全人格是对世界抱开放的态度，乐于学习，不断吸收新经验；以正面的态度看待他人，人际关系融洽，有团队精神；以正面的态度看待过去、现在和将来，有现实而高尚的生活目标；以正面的态度看待困难与挫折，有良好的情绪状态。② 简单地说，健全人格就是具有健全心理活动的人的人格。表 5-5 是心理学家提出的关于健全人格的六条标准。

表 5-5　关于健全人格的六条标准

维　度	标　准
对自己的态度	有意识地对自身进行适当的探索，自我概念的现实性，接受自我，能现实地评价自己的长处和短处，心理认知的明确性和稳定性
成长、发展或自我实现的方式及程度	实现自己各种能力及才干的动机水平，实现各种较高目标的程度
主要心理机能的整合程度	各种心理能量适宜的动态平衡（如本我、自我和超我），有完整的生活哲学，在应激条件下能坚持并具有忍耐能力和应付能力
自主性或对于各种社会影响的独立性	遵从自身的内部标准，行为有一定之规，行为的独立程度
对现实知觉的适宜性	没有错误的知觉，对于所预期及所见之物重视实际证据，对于他人的内心活动有敏锐的觉察力和同情
对环境的控制能力	具有爱的能力并建立了令人满意的性关系，有足够的爱、工作和娱乐，人际关系适宜，能够适应环境的要求，具有适应和调节自身的能力，能有效地解决问题

（三）努力目标

努力目标就是经过咨询师和来访者的共同努力可以达到的目标。努力目标必须与咨询师的水平和来访者的个人情况相适宜，不能太低，不然目标

---

① 自我实现是由人本主义学家马斯洛提出的，他关于自我实现的人的发现来自他筛选出来的一些优秀人物，其中包括一些著名的历史人物，如林肯、杰斐逊、爱因斯坦、詹姆斯等。

② 袁章奎. 健全人格教育的现状及优生群体健全人格教育意义. 全国教育科学"十五"规划重点课题子课题《示范高中学生健全人格的现状调查与教育对策研究》研究成果之一。

太容易达到,对来访者的促进作用就不显著。如果努力目标超过咨询师的水平或来访者的个人条件,经过咨询师和来访者的努力仍无法达到,就容易挫伤来访者的改善心理健康的意愿和发展需求。因此设定的努力目标,最好是咨询师和来访者经过努力后可以达到的,这样才能取得最好的咨询效果。

可以说,最低目标为心理咨询设立开始工作的具体方案,最高目标为心理咨询的主攻方向,努力目标则是实现咨询工作有效性的阶段目标。

（四）建立咨询目标系统

咨询目标系统是指咨询目标的系统化、结构化,即形成一个目标层级。制定目标系统可以采取"两头开始,中间合拢"的策略,先确定最高目标和现状,然后分阶段设定努力目标。

1. 确定最高目标

咨询师和来访者先确定咨询最终要达到的目标,也就是经双方商量后,来访者可达到的最理想状态。

2. 现状评估

现状评估就是评估来访者在正式咨询开始前的心理情况,通常称之为"基线评估"。现状评估需进行定性和定量界定,就是对来访者的问题进行归类,判断其在所属类别中的程度如何。

3. 设立阶段目标

明确了最高目标和现状,这时就要依据来访者的情况设立阶段目标。布洛切（Blocher）介绍了一种"需要评估"（need assessment）方法,可用于设立阶段目标。这个方法就是在目标状态与现状之间设想一条"需要—差距"线,见图 5-2 所示。

需要指出的是,"需要评估"中的"需要"概念不是指人的心理需要,而是目标完全达到状态与现状之间的差距。

对不同的来访者和不同目标而言,需要—差距线有长有短,如果差距线太

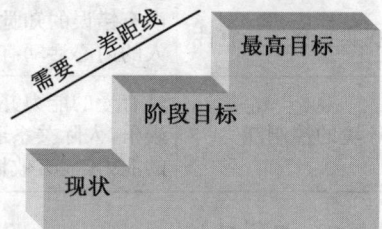

图 5-2   需要—差距线

长,就要在这条差距线上设立一个或几个阶段性的目标。设立阶段目标时需要考虑两点：第一,该阶段目标处在需要—差距线上；第二,阶段目标的难度要合适。

4. 确定目标成功的指标

在心理问题和咨询目标定义明确并且阶段目标较少的时候,如果咨询师和来访者双方比较有把握,可以直接以成功指标代替阶段目标。实际上,许多行为矫正程序都省去了阶段目标的表述。

5. 记录目标结构

所有工作完成后,还须以书面或计算机数据的形式把目标结构记录下来。目标描述可以采用文字或列表的方式。

五、制定合理可行的目标

(一)制定心理咨询目标的程序

1. 全面掌握来访者的有关资料,列出来访者的全部问题

心理咨询师在听取来访者自述和他人介绍情况后,应进一步询问和观察,尽量全面地收集来访者的有关资料。收集资料主要围绕七个问题:

"who",他是谁? 咨询师要尽可能详细了解来访者的相关信息,如年龄、职业、文化程度、健康状况等。

"what",发生了什么事? 了解事情发生的细节。

"when",什么时候发生的? 事情发生的时间,是过去的某个时间比如儿童的某个时期,还是现在? 这样的事情以前是否发生过? 次数有多少? 情况如何?

"where",在哪里发生的? 事情发生的地点,或者是在怎么样的环境下发生的?

"why",为什么会发生? 原因何在? 有什么直接原因和间接原因? 表层原因是什么,深层原因是什么?

"which",与哪些人有关? 事情往往与他人相关,或父母家人、或朋友恋人、或同事领导等,他们与来访者的关系如何?

"how",事情是如何演变的? 事情发生后,来访者是如何认识的? 情绪、行为如何反应? 有无得到外界的支持与帮助? 事情发生至今,有了怎样的变化?

2. 判断来访者心理问题的类型和严重程度

首先,咨询师根据正常与异常的心理活动的三项原则进行正常心理和异常心理的判断。这三项原则是:一是主观世界与客观世界的统一性原则。二是精神活动的内在协调一致性原则。三是个性的相对稳定性原则。只要背离三项原则中的一条就可定为可疑精神病症状,就不属于心理咨询的范围,因为心理咨询是在正常心理活动范围内进行的。

其次,根据心理问题持续的时间、问题泛化的程度、情绪问题的反应强度、思维是否合乎逻辑、人格是否无明显异常、是否经历过较强烈的刺激、是否有器质性病变、来访者的心理生理及社会功能各方面是否受到影响等来判断心理问题的严重程度。

3. 选择优先解决问题

首先,找出来访者的主要问题,即来访者最关心、最困扰、最需要解决的问题。

其次,确定从哪个问题入手,一般有两种入手途径:一种是先解决主要问题,再解决次要问题;另一种方法是先解决容易的问题,再解决困难的问题。

(二)需要注意的问题

1. 来访者并不都能提供有效的目标

来访者在阐明咨询目标时可能会存在一系列的实际困难,为此,咨询师可以通过一系列开放式的询问,促使来访者思考自己的咨询目标。

2. 咨询师对咨询目标存在的错误观念

某些咨询师认为,在咨询中应该持完全中立的态度,不能带有任何自己的价值观念;有些咨询师认为应给来访者灌输、传授一些正确的、健康的价值观;有些咨询师把来访者的快乐、满足作为咨询目标;有些咨询师则把来访者能否适应环境作为咨询目标等。这些观念是不可取的。

3. 不同的心理咨询流派有不同的咨询目标

不同的心理咨询流派所依据的理论基础不同,咨询目标也不同,参见表5-6。[①]

表 5-6　主要心理咨询流派的基本咨询目标

心理咨询理论流派	基本目标
心理动力学	将无意识意识化;重组基本的人格;帮助来访者重新体验早年经验,处理被压抑的冲突,理智的领悟
行为主义	消除来访者适应不良的行为模式,帮助他们学习建设性的行为模式以改变行为;帮助来访者选择特殊的目标,将一般性的目标化成确切的目标
人本主义	提供一种安全的气氛,引导来访者进行自我探索,以便来访者认识成长的障碍,能体验到从前被否定与扭曲的经验;使他们能开放地体验,更信任自己的机体和自我;有投入咨询的意愿,并且增加自发性和活力
完形学派	帮助来访者察觉此时此刻的经验;激励他们承担责任,以内在的支持来对抗对外在支持的依赖
理性情绪疗法	消除来访者对人生的自我毁灭观念;促使他们更能容忍,更能过理性的生活
相互作用分析疗法	帮助来访者有脚本自由、策略自由,成为有自主性的人;帮助他们做出选择,成为他们想要成为的人;帮助他们检验早年的决定,并能在意识的水平上作新的决定
现实疗法	引导来访者学习现实的与负责任的行为,发展成功的感受;帮助他们对行为作价值评估,并决定改变的计划

① 江光荣.心理咨询的理论与实务.北京:高等教育出版社,2005:64

不同流派之间关于咨询目标的分歧与各流派对健全人格的看法有关,也与它们对心理障碍、如何消除障碍的观点有关。近 30 年来,心理咨询领域理论整合的倾向越来越明显,多数心理咨询师不再囿于门户之见,对其他流派的理论、策略采取兼收并蓄的态度,因此现在许多心理咨询师在设定心理咨询目标时,往往吸取不同流派的观点进行综合考虑。

六、心理咨询的目标管理

目标管理是企业管理和公共事务管理中常用的有效管理方法,借用目标管理方法,可以有效提高心理咨询的效果。

（一）目标的分解与实施

心理咨询目标管理的第一步是分解目标,把总目标分解为若干相互衔接的子目标,确定子目标的内容和效果标志。然后按照子目标的顺序,陆续进行工作。

（二）检查和评估目标

经过一个阶段的咨询之后,心理咨询师要检查和评估目标的完成情况,检查实际情况与目标之间是否存在差距,如果存在差距,则要分析产生差距的原因,定出解决和改进的措施,并加以解决。

（三）目标的调整

在心理咨询过程中,心理咨询目标并不是不可以改变的。心理咨询师如果发现来访者的状况或咨询的问题发生较大变化、原定目标已经不再适合时,应当引导来访者调整或修订咨询目标,以适应变化了的情况。心理咨询的目标调整之后,可以再对目标进行分解与实施,进而检查和评估目标,以便不断改进咨询效果。总之,心理咨询的目标管理是动态的,以使心理咨询最大限度地符合实际情况,实现最终心理咨询目标。

第四节　制定解决心理问题的方案

心理咨询师在了解了来访者的心理问题情况、确定了心理咨询目标后,就要制定解决心理问题的方案。制定解决心理问题的方案是一个以咨询师为主导的综合过程,是做好心理咨询工作非常重要的一个环节。

一、咨询师要做的事情

（一）系统思考

解决来访者心理问题的核心问题,是确定对来访者采取何种咨询方法或干预方式可能最有效,这也是制定解决心理问题的方案时所要考虑的中心问题。这提出了一个深层次的问题:怎样改变来访者?怎样才能产生咨询效果？这表明，在制定解决心理问题的方案时，系统思考非常重要。

实际上，系统思考是一种整合性的思维活动，咨询师利用前期工作中收集到的资料，结合咨询师和来访者各自的情况，思考有关因素之间的关系以及与来访者的关联和影响。思考内容主要包括：第一，来访者的特征、问题表现、应对方式和阻抗水平。第二，咨询师的咨询方法偏好和自己掌握的、能够正确运用的咨询方法和技术。第三，涉及来访者心理问题的有关文献资料和操作经验，有研究材料支持的、对症的咨询方法。系统思考规则可参考表5-7。

表5-7　系统思考的规则

1. 来访者的心理状况如何？举出数据支持你的判断。基于这个判断，你认为该来访者进行治疗的时间应多长？
2. 来访者最主要的应对风格是什么？举出数据支持你的判断。基于这个判断，你应该对来访者选择哪类咨询方法，是针对其人格、行为还是认知？
3. 哪种治疗情景更适合该来访者？举出数据支持你的判断。
4. 你如何判断该来访者的阻抗水平？是高还是低？举出数据支持你的判断。基于这个判断，你会选择何种引导性或非引导性干预措施？
5. 你的训练背景、咨询环境和理论倾向是什么？对你的咨询方案有何影响？

咨询师进行系统思考时需要注意以下问题：一是不能迷失方向。随着咨询的不断深入，来访者会发生一些改变，可能是情绪的改善，或是认知的转变。这时咨询师就需要考虑咨询的各个方面，是继续做下去还是稍作调整，是增加干预强度还是维持现状。二是要把握重点。系统思考并不意味着事事考虑，而是在理清问题脉络的同时，分清问题的先后和主次，以及问题的主要方面和次要方面，把握问题的关键和重点。三是要有灵活性和创造力。这就要求咨询师对自己、对来访者以及两人之间的相互作用方式具有高度的意识水平，即在咨询中咨询师要能够变通地运用咨询方法和技术。

（二）选择适合的咨询方法和技术

咨询师在了解了来访者的心理问题的性质和程度后，需要根据咨询目标选择适合的咨询方法，选择咨询方法时需要注意以下一些问题：

第一，首先选择对症有效的方法，尽量选用能够标本兼治的心理咨询方法和技术。

第二，优先选用简单、易操作的心理咨询方法和技术。能够用一种方法解决问题，就不采用多种方法或复合方法。并不是难度愈高、愈复杂的方法就愈有效。

第三，尽量选用成本较低、能够降低来访者经济负担的心理咨询方法和技术。

第四，来访者的心理问题比较严重时，可以先选用适当的方法减轻他的心理痛苦,之后再用适当的方法从根本上解决他的问题。在一般情况下,咨询师遇到的多数问题属于轻度问题,这时,解决了来访者当时的心理痛苦,也就解决了来访者的心理问题。

第五,任何心理咨询方法都有局限性,都可能遇到不起作用的时候。

第六,心理咨询不是用药,必要时咨询师可以同时采用几种方法去解决来访者的问题,最多是效果不好或无效,不会有毒副作用。

（三）提出心理咨询方案

咨询师在选定咨询方法和技术后,就可以提出自己的心理咨询方案。由于心理咨询方案可能需要向来访者或他的亲友讲解介绍,所以心理咨询方案要具体和清楚。通常心理咨询方案包括以下内容:

第一,来访者心理问题的性质和程度。

第二,心理咨询拟使用的方法和技术。

第三,主持心理咨询的咨询师。

第四,心理咨询的时间安排,包括是否划分阶段、预计次数、每次需要的时间、咨询时间间隔。

第五,咨询的预期效果,咨询效果的检查。

第六,应变措施。如果出现心理咨询工作不顺利或收不到预期效果的情况,可以采取的补救或其他措施。

第七,咨询费用及收费依据。

应当注意的是,心理咨询方案必须征得来访者同意之后方能实施。

二、来访者要做的事情

来访者在咨询关系中尽管不是主导的一方,但是仍然具有主动性,来访者具有主动性,是好事情,咨询师应当要求和鼓励来访者在咨询关系中发挥主动性。来访者的主动性通常表现在以下方面:

（一）了解咨询目标和咨询方案

来访者应当主动了解咨询目标,同咨询师一起商讨和制定心理咨询目标。来访者了解了咨询目标,明白咨询目标对自己的意义,会更加信任咨询师,有利于心理咨询的开展。

来访者应当主动了解咨询方案,来访者了解了咨询方案后,会消除对心理咨询的恐惧和不信任感,对心理咨询产生良性期望,有利于心理咨询产生效果。

（二）配合咨询师的工作

来访者应当配合心理咨询师的工作,按照咨询师的要求讲述自己的情况,做咨询师吩咐的事情。咨询师要向来访者讲清楚,来访者积极配合咨询

师的工作,既是对咨询师的尊重,也是对自己负责。心理咨询是咨询师和来
访者的互动,只有来访者积极配合咨询师的工作,才能形成良性互动,心理咨
询才能产生效果。

当然,来访者的配合态度,也需要咨询师加以培育。咨询师在咨询过程
中的真诚态度、信任和理解,都会对来访者发生影响,促进来访者形成配合的
态度。

三、方案的辩证性与互动性

(一)方案的辩证性

心理咨询师在制定咨询方案时要有辩证思维,就是说咨询方案要有辩证
性。所谓辩证性,就是咨询师要以发展的、变化的思维来考虑、对待咨询方
案。要充分意识到咨询师对来访者可能还有不了解的情况,来访者在咨询期
间情况也会产生变化,咨询师对来访者的认识也许会继续深入。因此,心理咨
询方案也有可能会变化调整,在制定心理咨询方案时,就要预先考虑到方案可
能会有变化,要估计到这种可能性。同时,也应当让来访者了解这种可能性。

(二)方案的互动性

心理咨询是咨询师与来访者的互动过程,所以心理咨询方案具有互动
性。所谓互动性,就是咨询师要在与来访者的互动过程中制定和发展咨询方
案,要根据来访者在互动中表现出来的状况,在需要调整咨询方案时,细心同
来访者沟通,得到来访者的理解和支持,调整咨询方案。

咨询方案的互动性说明,制定心理咨询方案是一个以咨询师为主导的,
有来访者参与的互动过程。没有或者缺乏互动性的心理咨询方案,难以得到
来访者的配合,不易获得良好的咨询效果。

第五节 解决心理问题

咨询师为来访者所做的一切,都是为了解决来访者的心理问题。咨询师
在进行解决心理问题的实际操作中,应当注意以下问题。

一、认真准备

心理咨询的任务是帮助来访者化解生活、学习或工作中的各类心理问
题,克服心理障碍,矫治不良行为,理顺人格结构,纠正不合理的认知模式和
非逻辑思维,学会调整人际关系,深化自我认知,端正处事态度,构建健康的
生活方式,强化适应能力等。

　　鉴于心理咨询工作的特殊性,咨询师需要认真准备,才能帮助来访者解决心理问题。认真准备主要包括两方面内容:第一,掌握必需的专业知识和技能。咨询师要不断学习新知识、不断提高自己的专业水平。在遇到新的问题或疑难问题时,要认真查阅资料、向专家请教,努力思考,在专业知识的指导下去面对新的挑战,切不可轻率地用试误的方式进行咨询。第二,重视咨询工作。咨询师要理解自我,熟悉人际互动关系,知道职业伦理道德,了解人们在看待问题及寻找解决问题方法时存在着多样性,认真对待每一次咨询工作。

　　一名合格的心理咨询师不仅应当掌握心理咨询的专业知识和技能,还应当能够认识自己、能够解决自身的问题。如果咨询师只是掌握了出色的技能,但是不了解自己,不能认真对待自我与他人的关系,那他最多只能是一名好的技师。如果咨询师既懂得心理咨询专业知识又了解自己,并且认真投入到咨询工作中,他才算具备了进行心理咨询的能力。

二、问题意识

　　问题意识指的是一个人对周围的各种现象,尤其是在自己的专业领域里,不采取轻信的态度,自觉地抱着一种怀疑的、探索的、发现问题的态度来工作。也就是说,咨询师用发现问题、研究问题的态度来展开咨询过程,并在问题意识的指引下帮助来访者解决心理问题。

　　(一)评估问题

　　问题意识的形成,首先要评估问题。在咨询过程中,咨询师需要对来访者的问题做出评估,依据评估的结果,确定问题的性质和严重程度,提出解决问题的方法。

　　咨询师一般从以下方面对来访者的问题进行评估:第一,来访者目前存在的问题行为。咨询师要从情感、躯体、行为、认知、情境、关系几个方面进行观察和评估。第二,确定产生来访者心理问题的原因。第三,了解来访者的心理问题引起了哪些后果,有什么表现。第四,发现可能潜藏着的对来访者心理问题有影响的因素,也许正是这些因素维持了问题行为的存在。第五,了解来访者以前解决心理问题的方法,以及这些方法对心理问题所带来的影响。第六,了解来访者的生活和工作环境。第七,了解来访者对自己心理问题的知觉,让来访者描述自己对问题的看法。第八,确定来访者心理问题的严重程度,问题行为发生的频率以及持续时间。

　　(二)挖掘问题

　　挖掘问题是咨询师在咨询中有意识地探询来访者心理问题深层次的根源,从来访者的自我陈述和行为举止中发现不寻常的地方或极力回避的问题,从表面现象中找出来访者心理问题的原因和本质。

在心理咨询中,咨询师要注意来访者说话的句式,在貌似普通的话语中有时隐藏着来访者内心的矛盾、犹豫和冲突。比如,来访者说"我知道是知道,不过……"、"只有这一次"、"不过……"、"但是……",来访者语言的犹豫和不确定,往往提示来访者心中有话想说而又不敢说或难以启齿。这时,咨询师就应当设法打消来访者的顾虑,启发和引导讲出内心深处的心理压力和困惑。

咨询师还应当注意从来访者和他的亲友那里,挖掘在来访者的生活环境或工作环境中对来访者比较敏感的人、事情、环境因素。在许多情况下,环境是引起来访者心理问题的重要因素,任何人的心理问题都是在环境因素的作用下发生和发展起来的。有时候,来访者周围的环境是其心理问题的症结所在。恶劣、不适宜的环境会对心理敏感的人产生不利的影响,在这些环境中,某些心理特质被放大,造成心理的不适。

（三）抓住主线

在心理咨询初期,来访者通常只叙述一个问题,但随着咨询和讨论的深入,咨询师往往会发现其他一些心理问题,其中一些问题可能比来访者最初主诉的问题更严重、更重要。在这种情况下,咨询师需要抓住主线,确定问题的优先次序,把握问题的主要方面,从解决主要问题入手来解决问题。

三、持续咨询

持续咨询是咨询师通过会谈进一步界定来访者的问题,理清问题的前因后果以及事情发生的背景,并在咨询中应用参与性技术和影响性技术解决心理问题。主要目的是根据问题解决目标来检验所选择的解决方法,并证实这些方法是否解决了问题。

这个阶段可以分为四个步骤:第一步是进一步确定问题。咨询师帮助来访者了解存在的问题,为每一个问题制定相应的解决目标。第二步是列出多种问题解决方法。引导来访者考虑以不同的方法来解决问题。第三步是做出决定。咨询师指导来访者在可供选择的解决方法中进行判断和比较,选择适当的解决方案。第四步是解决方法的实施和验证。

通常,咨询师可以通过来访者的情绪反应来观察解决问题的效果。如果来访者的情绪反应积极和轻松,对咨询师表示感谢,说明咨询效果较好。如果来访者的情绪反应消极或迷茫,说明咨询没有什么效果,提示咨询师要重新思考来访者的问题性质和解决方法。

四、积极互动

心理咨询师在解决来访者的心理问题时,应当充分调动和发挥来访者的作用,鼓励来访者对解决心理问题提出尽可能多的意见。在这个过程中,咨询师不仅要指导来访者可以采取什么处理问题的方式,还要指导来访者树立解决心理问题的信心,努力建立咨询师与来访者的积极互动关系,在此基础上帮助来访者解决问题。咨询师可以参考表 5-8 所示的内容对来访者进行指导。

表 5-8　互动提示问题

1. 你一般怎样解决问题? 你的性别和文化如何影响你的问题解决方法?
2. 评估你的解决问题的风格? 它反映出了什么样的世界观?
3. 用下述问题来考察可能存在着的你的目标偏差:目标是什么? 应当是什么? 哪些障碍会妨碍问题的解决? 你如何……?
4. 你能有多少时间、精力投入到问题解决中?
5. 界定你的问题,确定问题主要是行为,还是情绪,或者两者都有?
6. 列出解决问题的各种方法,一定要使这些方法与你的情况相适应。
7. 选择最佳的解决方法。
8. 考虑怎样解决问题,并考虑一个评价解决问题的途径。

第六节　心理咨询效果评估

一个完整的心理咨询过程是由一系列步骤、若干次咨询组成的。要使每次咨询既有独立性又有连续性,达到循序渐进、步步提高的效果,就需要咨询师对咨询工作进行及时有效的效果评估。

一、主观评估

评估心理咨询效果最简便直接的方法就是主观评估,它建立在个体自我感觉和分析的基础上,具有直观性和即时性。主观评估主要包括咨询师的评估和来访者对咨询效果的评估。

咨询师的评估主要是咨询师观察来访者的情绪、认知和人格等方面是否有进步,来访者的自我评价是否更积极、是否敢于面对困难等。主要包括以下方面:第一,咨询师是否真切地感知到来访者的人格出现了所期待的变化。第二,咨询师是否明确感受到来访者的症状或问题得到了解决。第三,咨询师是否能看到来访者内在的人格变化与外在的问题解决的相关性。第四,来访者是否可以理解和认知以前所不能容忍的事情。第五,咨询师是否对咨询的结果感觉满意,达到了咨询师期待的目标。

通常,咨询师对咨询做出评估不仅是为了判断来访者的问题,也是为了改善咨询工作的服务质量,有效地保障来访者的权益。

对来访者来说,评估咨询效果可以从以下几个方面进行:一是来访者对咨询效果的自我评估。比如,来访者原来害怕的事物现在不再害怕了,原来无法接受的现实现在可以正视了,对自己的满意程度上升了,等等。二是来访者社会生活改变的客观现实。比如,可以正常上班、上学,与人交往、相处状况得到改善,工作和学习效率提高。三是来访者周围的家人、朋友和同事对来访者状况的评定。比如,不再乱发脾气、摔东西,与父母或孩子的沟通加强。

二、客观评估

要准确地评估咨询效果,不能仅仅依据咨询师的主观评估和来访者的自我报告,还需要使用客观标准化的方法来量化咨询的效果。

通常,客观评估有两种方法:第一,量表评估。量表是评估心理咨询效果最客观、有效的方法。第二,他人对来访者行为的评价,即由第三方对来访者的行为进行界定和评分,第三方可以是亲人、朋友、同事等熟悉来访者情况的人。表 5-9 是一些常用的评估量表。

表 5-9 客观评估常用的量表

1. 来访者满意度问卷(CSQ-8)
2. 会谈评估问卷(Session Evaluation Questionnaire)
3. 行为和症状判断量表(BASIS-32)
4. 健康状况问卷(SF-36)
5. 90 项症状检测表(SCL-90-R)
6. 成瘾程度指标
7. 物质滥用诊断表(SUDDS)
8. 贝克抑郁量表(Beck Depression Scale)
9. 卡茨每日生活活动量表(Katz activities of daily living scale)
10. FACES Ⅲ
11. 儿童行为检核表盒青年自我报告检核表
12. 疗效问卷(OQ45)
13. 抑郁自评量表(SDS)
14. 焦虑自评量表(SAS)
15. 生活事件量表(LES)

对团体心理咨询的评估,还需要注意以下问题:第一,设立对照组。除咨询组之外,还需有一个未经咨询的小组作为对照。第二,客观评分。在咨询前、咨询中及咨询后分别进行评估,对咨询对象的变化必须用可靠的方法进行评估。

三、近期评估

在中国目前的情况下,咨询次数很大程度上取决于来访者,如果来访者感觉心理咨询没有效果,可能就不会再来。有时,来访者的心理问题只要一次咨询就能解决。因此,对心理咨询进行及时有效的评估很有必要。

近期评估就是在近期一两次的咨询中,根据来访者的自我报告、他人评分,以及咨询前后的心理测验结果,评定咨询效果和来访者的变化。可以从下几个方面进行评估:

一是悦纳自我。在心理咨询初期,来访者往往消极地认识、评价自己,例如,"自己很失败"、"没有人欣赏自己"、"我很不幸"、"我很笨"。通过心理咨询,来访者学会了用积极的自我概念代替消极的自我概念,例如,"这次我是很失败,但是我会努力下次做好"、"我要先自己欣赏自己,有了自信,才会把事情做好"、"我的家庭很和睦,自己的爱情也很甜美,其实就已经足够了"。

二是接纳他人。来访者能够自我接纳,他的自我厌弃的感觉就会变少了,经过咨询,来访者可以接纳真实的自我,并开始逐渐接纳他人。例如,"我的老师很严肃,对我们很不近人情,可是为我好"、"我的朋友不愿意跟我交往,不是他们嫌弃我,是因为我自己太敏感了,让他们很不自在。"需要指出的是,接纳他人不代表深刻地自我反省,也不意味着必须承认或认可对方,而是一种理解他人的心境。

三是症状减轻或解除。咨询初期的问题或症状(如讨厌学习、对人很敏感、不愿意和人交往等)得以减轻、缓和或解除,说明咨询有一定的效果,来访者的状态正在发生变化。

四是对未来的信心。咨询初期,来访者经常谈论以前的痛苦和经历,以及现在所处的困境。时常想着过去,看不到未来,不愿意想象未来的日子。因此,对来访者未来信心的评估是一项重要指标。

五是他人的评价。在咨询过程中,来访者可能会谈及周围人对他的看法和评价,比如"同学说我变得开朗"、"老师说我的学习态度很好"、"爸爸表扬我了",这也是咨询效果的重要表现。

六是关注他人。通常来访者只关心自己的烦恼,很少考虑别人的感受和想法。来访者如果能够转移注意力到其他的事物上,比如"老师,你有烦恼吗?"、"别人要是处在我的位置会怎么处理事情",也是咨询效果的重要指标。对他人的关注是一种积极的变化。

四、长期评估

许多心理咨询不是一次就能完成的,需要进行多次咨询,也就是说,许多心理咨询是阶段性和连续性的统一,每一次咨询是相对独立的,各个咨询之间又有连续性,各次咨询不是独立的,而是存在着内在联系。上次咨询为下次咨询打下基础,下次咨询是上次咨询的深入和发展。这种心理咨询阶段性与连续性的统一所产生的效果是长期的,因此多次心理咨询应当进行长期评估。

（一）评估内容

长期评估是指把心理咨询的最低目标、最高目标和努力目标结合起来,考察咨询目标的完成情况,对来访者的发展状态、发展进度、发展潜力等方面进行综合评价。

在评估过程中,咨询师应当重点评估三个重要方面:一是来访者的满意度,主要是来访者对咨询师以及咨询结果的满意程度。二是咨询效果的显著性,主要是来访者是否有足够的改进,心理功能是否从缺陷、缺失恢复到正常水平。三是咨询效益问题,如果有几种可以采用的方法,哪一种具有最好的效益。

此外,评估长期的咨询效果,还要注意下面的问题:第一,对所评估的行为必须明确界定,观察和记录的行为应当明确清楚。第二,评估的行为定义必须有具体例子加以说明,以便把这些行为与其他行为区别开来。比如,咨询师记录攻击行为发生时,不是仅记录"攻击行为",而应观察并记录当时的情形:音调比平时谈话高、打别人或表示威胁等。

（二）评估方法

长期评估可采取多种形式,主要取决于来访者参与评估的可能性,以及评估所需要的时间。有几种可用的评估方法:一是把来访者请来进行会谈。会谈的目的在于考察来访者如何处理以前的问题行为。会谈可以采用角色扮演的方式。二是给来访者邮寄调查表和问卷,了解原先心理问题的当前状况。三是给来访者写信,询问现在的情况。在信中要附上一个贴好邮票、写好回信地址的信封。四是打电话给来访者,请他口头报告。长期评估可以采用长期评估图来记录(图 5-3),有助于更直观地观察咨询效果。

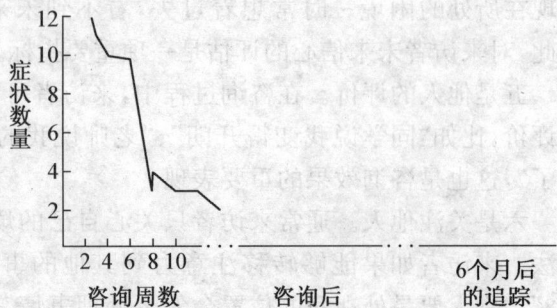

图 5-3　某来访者咨询效果长期评估图

五、综合评估

心理咨询结束时,咨询师需要和来访者一起进行咨询效果评估,评估心理咨询在哪些方面以及在多大程度上帮助来访者达到了预定的目标。

通常,综合评估有四项基本工作:第一,评估收获,也就是对整个咨询情况进行总结性评价。这不仅有助于来访者巩固咨询效果,增强自信心,也有利于咨询师提高专业能力。第二,处理咨询关系结束问题。在即将结束咨询关系的时候,咨询双方会对双方关系产生一种分离焦虑。对这种反应,咨询师一方面要让来访者树立独立处理问题的信心,另一方面,咨询师要向来访者保证自己对他的友谊,并且保证对他是开放的,来访者可以随时与咨询师取得联系或者来访。第三,为来访者自己解决问题做准备。咨询师要花一定的时间与来访者讨论,告诉来访者在结束咨询后如何自己解决问题。第四,友谊会谈。在各项咨询任务完成之后,双方作一些带有社交色彩的交流。

在评估心理咨询效果时,咨询师常常会遇到一些复杂的问题。比如,咨询效果的标准问题。如何确定一个来访者心理状况好转或痊愈呢? 通常需要来访者自己的报告和咨询师的报告,但两者都不一定是可靠的。也就是说,咨询效果并不是单一的,根据不同的标准可以有不同的判断。再如,要考虑到安慰剂效应。安慰剂效应就是由于来访者对心理咨询的期望而产生了解决心理问题的效果。如何判断有无安慰剂效应? 又如,相互作用的复杂性。在心理咨询过程中,来访者在接受心理咨询的同时,也可能接受了其他人的帮助。这些都给评估咨询效果带来了难题。

总的说来,只有在综合和分析所有材料的基础上,才能做出比较全面、准确的评估。通常情况下,一个比较理想的咨询过程,咨询初期的效果表现为自觉状态的改善,咨询中期的效果表现为行为的好转,咨询后期的效果表现为人格趋于成熟。

六、反馈调整

反馈调整是指在咨询过程中,咨询师根据来访者的表现和咨询效果评估,改变自己的咨询方案和工作,以便取得更好的咨询效果的活动。由于反馈是一个与调整相联系的动态过程,所以人们常常用"反馈调整"来表示依据有关信息进行相应调整这样一个综合的过程。

一个成功的咨询工作,反馈是必不可少的。通常,心理咨询的反馈通道有直接会谈、电子邮件、电话、网络、信件等途径。在心理咨询开始时,咨询师就应当考虑建立反馈通道的问题,考虑采用何种方式能够及时地、可靠地得到来访者的情况。一般来说,反馈通道有两个,一是来访者自己的报告,二是来访者周围的人的报告。来访者的报告往往带有比较强烈的主观性,周围的人的报告也难以及时和准确。在可能的情况下,咨询师最好同时建立这两个反馈通道,以获得尽可能多的有关来访者的信息,在此基础上,再加上自己的观察,做出综合的分析和判断。

反馈是有方向的,心理咨询中的正反馈是利用来访者经过咨询后产生的良性变化来促进和强化咨询效果。在咨询中,咨询师要鼓励来访者将咨询的积极效果从咨询情境中带入他的生活中,指导来访者在咨询以外的情境中推广应用这些良好效果。

心理咨询中的负反馈是发现来访者经过咨询后出现的负性变化,咨询师及时调整咨询方案、咨询方法以减少来访者的负性行为。在咨询中,如果咨询师与来访者明显不适宜,或者咨询师发现自己不善于处理这类心理问题或处理不当时,应该以高度的责任感和良好的职业道德对咨询活动进行调整。一般来说,调整应当是咨询师去适应来访者,而不是相反。如果咨询师自己无法调整,可以考虑终止咨询关系或将来访者转介其他咨询师。原先的咨询师对接手的咨询师,应详细介绍情况,提供自己的分析,但不宜泄露来访者出于对原先咨询师的信任而提供的隐秘。

一般来说,咨询师从中断咨询或咨询失败中可以学到很多东西,因此在最终的评估总结中,应该将心理咨询过中存在的问题、失败如实加以记录。

第六章 心理咨询的方法

第一节 精神分析疗法

精神分析疗法（psychoanalytic therapy）又叫心理分析疗法、分析性心理治疗，是心理治疗方法中最主要的一种。精神分析疗法是根据精神分析理论提出的，主要用于神经症的治疗。精神分析理论认为无意识是冲突和行为动机的根源，心理障碍是由无意识中的矛盾冲突引起的，因此精神分析疗法致力于挖掘病人压抑于潜意识里的幼年创伤性经验，并带入意识之中，启发病人重新认识这些经验，使潜意识的矛盾冲突获得解决，从而消除病人的症状。精神分析疗法已成为现代精神医学和心理咨询运用最广泛的方法之一。

一、精神分析治疗的常用方法

（一）自由联想

弗洛伊德发现，使用催眠的方法并不能达到让来访者回忆起早期的创伤事件的效果，弗洛伊德于是放弃催眠疗法，并于 1895 年开始使用自由联想（free association）治疗技术。所谓自由联想，就是让病人自由诉说心中想到的任何东西，鼓励病人尽量回忆童年时期所遭受的精神创伤。弗洛伊德把自由联想看作"要来访者想到什么就说什么，并且不给予任何思路的指引"①的一种治疗方法。弗洛伊德认为，在大脑中显现的任何场景都有一定的因果关系，借此便可挖掘出潜意识中的症结。通过自由联想，病人潜意识的大门不知不觉地被打开了，潜意识的心理冲突就可以被带入到意识领域，咨询师从中找出来访者潜意识中的矛盾冲突，并通过分析，促进病人领悟心理障碍的"症结"，从而达到治疗的目的。自由联想并不是真正意义上的自由的和容易

---

① （奥地利）西格蒙德·弗洛伊德著.弗洛伊德自传.廖运范译.北京：东方出版社，2005：40

的,来访者在自由联想过程中会不时地发现这是非常困难的任务。自由联想时,压制的习惯被激活,来访者倾向于坚持这类事情绝不可能彼此相关的"个人假设",来避开自由联想法则。① 自由联想法主要用来治疗各类神经症、心因性精神障碍与心身性疾病等,也可用于部分早期或好转的精神分裂症来访者,但不适用于发病期的精神分裂症、躁郁症与偏执性精神病等病人。

从操作层面看,咨询师事前要让来访者打消一切顾虑,想到什么就讲什么,咨询师承诺对谈话的内容保密。接着,在一个比较安静、舒适与光线适中的房间内,咨询师让来访者躺在床上或躺椅上进行随意联想。咨询师自己则坐在来访者身后仔细倾听,并鼓励来访者把每一件感受到的事都说出来,而不能屈服于自己的判断,不管想法与主题是否有关、多么零乱、不合逻辑、羞于启口或根本毫无意义。因为越是荒唐或不好意思讲出来的东西,可能对治疗的价值越大。在进行自由联想时,咨询师可对来访者进行适当的引导,但要以来访者为主,不可随意打断他的话。自由联想法的目的是挖掘病人压抑在潜意识内的致病情结或矛盾冲突,把它们带到意识域,使病人对此有所领悟,并重新建立现实性的健康心理。

由于自由联想方法要求来访者毫不保留地说出自己想到的任何事情,而来访者又可能经常受到一些障碍,即"阻抗",咨询师要设法穿过阻抗区,将无意识召回到意识中来。

图 6-1　自由联想时使用的躺椅

房间安静、光线舒适,来访者躺在躺椅上进行自由联想,咨询师
坐在来访者身后倾听。

---

① （美）约翰·多拉德,尼尔·米勒著.人格与心理治疗.李正云,王国钧译.杭州:浙江教育出版社,2002:250

（二）阻抗分析

阻抗（resistance）是指在自由联想过程中，来访者谈到某些关键问题时所表现出来的自由联想困难，自由联想受阻，来访者试图保持现状，拒绝任何改变。阻抗的表现是意识的，但根源却是潜意识中本能的、被压抑的心理冲突重新进入意识的倾向。阻抗可以是一种观念、态度、感觉或者行为，有很多种表现形式。阻抗可以分为有意识的阻抗和无意识的阻抗。有意识的阻抗，比如来访者在叙述过程中突然沉默，或转移话题；想到某些事情，由于羞愧而不想说；反复陈述某一件事，不能继续深入；甚至认为治疗没有意义，想中止治疗等，这类阻抗可以由咨询师和来访者之间关系的深入而渐渐消除。无意识的阻抗，往往来访者自己并没有意识到，表现为来访者口头上说迫切希望早日完成治疗，而行动上却不积极、不热心。

精神分析理论认为，当来访者出现阻抗时，往往正是来访者心理症结所在。咨询师要根据来访者阻抗的强度运用不同的分析方法。假如来访者的阻抗轻微，咨询师就可以从来访者直接的表述内容中，推论他的无意识里的材料；假如来访者的阻抗强烈，那么他们的表述和主题之间的距离也远些，这时咨询师可以从来访者的联想中辨认其特征，从而给予来访者解释和指导。咨询师需要花一定的时间帮助来访者了解阻抗的原因，然后不断辨认并帮助来访者克服各种形式的阻抗，将压抑在潜意识中的情感发泄出来。一般来说，咨询师会为来访者指出并解释最明显的阻抗，以减少来访者对这些解释的抗拒，进而增加他们消除阻抗的可能性。

（三）释梦

梦是一种主观经验，是人在睡眠时产生想象的影像、声音、思考或感觉，通常是非自愿的。释梦在我国古代的《黄帝内经》中早已涉及。《黄帝内经》中释梦的基本观点是，梦是人心身交互作用的结果，并认为恶梦是一种病态，所以提出"盛者，至而泻之立已"，"不足者，至而补之立已"的治疗法则。[①] 后来，释梦成为心理治疗中揭示内心矛盾冲突的一个重要手段，认为梦是被压抑的本能冲动的表现形式，反映了一个人内心深处的渴望和要求。

弗洛伊德在使用自由联想法时发现，来访者的很大一部分陈述与他们的梦境有关，因此弗洛伊德对梦进行了深入的研究，发现梦能揭示无意识材料，由此弗洛伊德提出了释梦（dream analysis）技术。弗洛伊德认为，不管是最近发生的事情还是很久以前发生的事情，对梦的内容来说都是一样的。也就是说，只要是那些早期事件的印象与做梦当天的某种刺激产生连带关系，那么

---

① 燕国材.中国心理学史资料选编（第一卷）.北京：人民教育出版社，1988：419—420

梦的内容就可以涵盖一生中任何时间所发生过的任何事情。但这里必须指出，梦的象征受到时代文化背景的束缚。弗洛伊德认为，只有从精神分析治疗中产生的梦的解析才有意义。① 弗洛伊德提出梦有两种，即显梦和隐梦。显梦比隐梦的范围宽广得多，内容比隐梦丰富。弗洛伊德认为，构造神经症症状的机制，也就是把隐梦转变为显梦的机制。把隐梦转变为显梦的过程叫做梦工作（dream-work）；而反过来，由显梦回溯至潜在思想的过程，便是咨询师进行梦的分析的过程。精神分析治疗中对梦的解释，就是循着显梦把隐梦的思想揭示出来，进而找出神经症的原因。

起初，弗洛伊德在《梦的解析》一书中提出了梦工作的两大机制，即凝缩作用和移位作用。随着他的释梦工作的深入，他又提出了梦工作的第三种方式，即梦中的场景会转变为视觉形象。凝缩（condensation）是指将心中所爱或所恨的几个对象结合成一个对象，并将它的形象表现出来。弗洛伊德提出凝缩显现的三种方式：某些梦的隐意成分完全消失；只有一些情节引入隐梦之中；某些同质的隐梦成分在显梦中合成并混合为一体。② 凝缩的结果可能是显梦的一个成分可能相当于隐梦的诸多成分，反过来，隐梦的思想的一个成分又可能被显梦中的几个形象所表示。也就是说，梦的显意和隐意之间的关系是相互交叉的。移位（displacement）是指将对某个对象的爱或恨的感情转移到另一个对象上去。弗洛伊德提出移位以两种方式显现：一个隐意元素不是由自己的一部分来代替，而是由其他无关的近似于暗示的事物来替代；其重点从一个重要的成分元素移植到另一个重要的成分元素，以至梦以一种异样的形态呈现出来。③ 移位的结果则可能是梦的思想中仅起次要作用的某种东西，在梦中却被作为主要东西而提至突出的地位。相反，作为梦的思想的本质东西，在梦中却只作为附带的、不明确的表现。梦工作的第三种机制是将梦中的思想转变为视觉形象（visual image），但这种形式并不多见，也不是所有的隐梦都能发生这种变化。有许多梦的思想仍然保留其原型，并在显梦内呈现为做梦者的思想或知识。

梦由来访者已知晓的又想不起来的某种东西组成。在分析梦时，假如来访者的表述琐碎、无意义、关系不大或者令人难堪，咨询师也不应阻止他们关于梦的联想。释梦的技术在于对这些成分进行自由联想，以便找出其他替代

---

① （德）赫尔穆特·E·吕克著. 心理学史. 吕娜，等译. 上海：学林出版社，2009：115

② （奥地利）西格蒙德·弗洛伊德著. 精神分析导论讲演. 周泉，等译. 北京：国际文化出版公司，2000：147

③ （奥地利）西格蒙德·弗洛伊德著. 精神分析导论讲演. 周泉，等译. 北京：国际文化出版公司，2000：149

结构的观念,在这种替代结构的观念基础上,咨询师推导出那些隐藏在背后的原有的观念。在睡眠状态下,超我的力量减弱,自我的力量加强,又满足了本我,因此在清醒时不可能的事情在梦中都有可能发生。释梦的关键是要抓住某些具有象征性的东西,结合做梦者的联想内容来进行分析和理解,并澄清受压抑的欲望和内心冲突。

（四）移情与反移情分析

弗洛依德在对其来访者进行言语联想治疗的过程中发现了移情的作用。移情(transference)是指在心理治疗过程中,来访者可能将咨询师看成过去与其心理冲突有关的人物,将自己的情绪、情感转移到咨询师身上。来访者的早期经历使他们扭曲地认识自己与咨询师之间的关系,并体验一系列他们原本没有机会体验到的情绪和情感。移情可表现为联想、情感、欲望、想象、幻想、感知和认知图式的重建,试图解释否认或压抑经历。对移情的解释和分析是精神分析疗法中的一项重要技术,其目的是通过分析来访者的联想和情感反应,使他们发现在其现有症状和感情方面与过去经历方面的关联,而咨询师可以从来访者的移情中深入了解他们的过去经验对其当前心理冲突的影响。借助移情,咨询师可以把来访者早期形成的病理情结加以重现,重新"经历"往日的情感,帮助他们缓解心理冲突。

在精神分析过程中出现的移情有正移情(positive transference)和负移情(negative transference)两种。正移情是来访者将积极的情感转移到咨询师身上,负移情是来访者将消极的情感转移到咨询师身上。这样,咨询师可能成为来访者喜欢、爱或性渴望的对象,也可能是憎恨、厌恶或讨厌的对象。在精神分析过程中,来访者往往会把咨询师当成自己的父母、兄弟姐妹或其他监护人,如爷爷、奶奶,甚至当成自己向往的性对象。

但精神分析过程中的移情可能会带来阻抗,因为来访者潜意识中的被压抑的性冲动或心理冲突被唤醒,进而成为对抗咨询师治疗工作的强大的心理状态。比如,在精神分析过程中,某些来访者渐渐不再注意自己的症状,也不关心如何解决自己的心理冲突,而开始对咨询师发生了特别的兴趣,他们顺从咨询师的意见,随时表现出感激之情,在他人面前对咨询师备加赞赏,甚至产生爱慕之情。

弗洛依德最早在1910年提出反移情。反移情(counter-transference)是指在心理治疗过程中,在咨询师身上所表现出来的移情反应,包括现实(realistic)和非现实(unrealistic)的反应。若咨询师的感受是基于现实的真实感受,将有助于治疗;若咨询师的感受是非客观的、神经质的扭曲,则不利于治疗。反移情是咨询师对来访者的活动产生情绪的、生理的和认知的反应,它是咨询师对过去的经历和病人现在行为的反射,从中衍生出的可能是咨询师意识中的责任感和焦虑。重视总体作用的人认为,咨询师对来访者的情绪反应是治疗过程中不可避免的一部分,合理的反移情技术可以使精神分析治疗达到最优效果。咨询师要充分认识并仔细分析反移情,包括反移情的来源(未解决的内心冲突)、触发(引起反移情的事件)、表现(行为、想法、感觉)和影响(对治疗过程和结果的影响)等各个方面,通过反移情来觉察、体验和分析来访者的内心冲突,促进精神分析治疗的进行,并帮助治疗的顺利完成。

（五）解释

解释(interpretation)是指咨询师向来访者指出、说明并解释他们出现在自由联想、阻抗或梦中的行为和表现形式的意义。解释是咨询师用来降低潜意识阻抗的主要而有成效的工具,咨询师要在适当时候给出正确的解释。来访者在解释的帮助下,可以吸收新的材料,并加速对潜意识意义的释放。一般来说,解释有三条原则:第一,解释通常选在要解释的现象接近来访者的意识层面时进行,解释的内容要在来访者可容忍的范围内。第二,解释要从表面开始,逐渐深入,直到来访者可以接受的最大程度。第三,在指出存在的阻抗后,再去解释阻抗的具体内容。在解释的初级阶段,咨询师告知来访者他们自身的潜意识愿望,并使其产生领悟。在解释的高级阶段,来访者自发性地理解潜意识愿望,并提高自我意识。

在治疗过程中,咨询师的中心任务就是运用自己的潜意识、共情和直觉以及理论知识,向来访者解释他们所说的话中的无意识含义,帮助来访者克服阻抗,使被压抑的心理材料源源不断地通过自由联想和梦的分析暴露出来。解释是逐步深入的,根据每次会谈的内容,用来访者所说过的话做依据,用来访者能理解的语言,告诉他们心理症结之所在。解释的程度随着长期的会谈和对来访者心理的全面了解而逐步加深和完善,而来访者也通过长期的会谈在意识中逐渐培养起对人、对事成熟的心理反应和处理态度。

二、精神分析治疗的一般过程

精神分析治疗可能会经历很长的时间,咨询师在充分了解来访者生活背景和早期经历的基础上,帮助来访者对病因做出判断,促使他们改变自己的情绪和心理状态,改善行为方式,并对来访者进行鼓励和督促,促进他们人格的发展和心理的成熟。精神分析治疗方法适应于来访者的能力、需要、态度、防御方式等的合成特征,方法的运用要结合不同阶段的不同任务。一般来说,精神分析治疗大致可分为以下五个连续性的阶段:

第一阶段:咨询师和来访者建立一个治疗约定,并划分咨询师和来访者各自承担的责任。在这一阶段中,咨询师要有共情分析能力和精神分析理论知识,为治疗提供一个良好、舒适的环境,做好一切准备工作。此外,咨询师要有适宜的收费方式,并与来访者之间谈妥治疗费用等相关事宜。

第二阶段：咨询师要认真倾听并收集来访者的资料,包括他们的性别、年龄、职业、病史、家庭背景、个人成长经历、病理表现、人际关系、价值观、处理问题的方式等信息,以便综合了解来访者的心理状态。此阶段一般至少需要2次以上面谈,咨询师最主要的任务是在充分了解情况后制定一套心理治疗计划。

第三阶段：在充分掌握来访者的基本信息后,咨询师要对来访者当前的心理状况进行评估,主要包括来访者的内省能力、领悟能力、自我防御体系、阻抗的产生与应对、移情的处理等方面,并确定治疗目标。

第四阶段：咨询师帮助来访者理解症状背后的深层原因,并使他们领悟,让来访者重新回到现实生活中来。同时评估可能出现的危险和问题,以及影响治疗效果的因素,并提出应对这些问题的措施和方法。

第五阶段：最后一个阶段为治疗的终止阶段。经过一段时间的治疗,来访者有了相当程度的进步,并且具有明确的努力方向时,咨询师可以考虑把整个治疗过渡到终止阶段。

第二节　行为疗法

行为治疗(behavior therapy)是 20 世纪 50 年代迅速发展起来的一种重要的心理治疗技术,它以减轻或改善来访者的症状和不良行为为目标。行为治疗根据条件反射原理和学习理论,按照一定的程序,采取正负强化的奖惩方式,对个体反复训练,以消除或矫正不良行为。行为治疗是目前运用最多、影响最大的心理治疗方法,具有良好的治疗效果。

一、行为治疗的常用方法

在行为治疗前,首先要对来访者的行为进行应用性分析,检查来访者以及他们所处的环境、制定特殊的干预方法,以改变来访者生活状态。艾维(Allen Ivey)认为,成功的应用性行为分析基于四个基本要素：咨询师与来访者的关系;通过行为的操作化来界定问题;通过功能分析,了解问题的来龙去脉;为来访者建立重要的社交性目标。[①] 在功能分析的基础上,再运用适当的方法和技术对来访者实施具体的治疗。

---

① （美）艾伦·艾维,迈克尔·丹德烈亚,等著. 心理咨询与治疗理论——多元文化视角(第 5 版). 汤臻,等译. 北京：世界图书出版公司,2008：158

（一）系统脱敏法

"脱敏"指的是去除对恐惧事物的敏感性。[1] 系统脱敏法（systematic desensitization）也叫交互抑制（reciprocal inhibition）心理疗法，由美国精神病学家沃尔帕（Joseph Wolpe）所创，是行为疗法中最早被系统应用的方法之一，它建立在经典条件作用理论的基础上。沃尔帕认为，刺激引起的恐怖程度可以通过调节刺激的强度来控制。不直接与恐怖情景接触，对于减少病人对情景的敏感性是必要的。[2] 系统脱敏法主要是诱导来访者缓慢地暴露出导致其焦虑或恐怖的情境，把所有焦虑反应由弱到强排列成"焦虑阶层"，并把放松技术逐步地、有系统地和焦虑阶层配对，抑制较强的焦虑反应。这样循序渐进地把焦虑反应一个个地消除，最后把最强的焦虑反应（靶行为）消除。

系统脱敏法的创始人。他的实验研究表明，动物神经性症状的产生和治疗都是习得的。因此，他认为治疗人类神经症的方法也可由此发展而来，于是提出了交互抑制理论以减少神经症行为，并从该范式出发，发展了系统脱敏法。沃尔帕于1958年出版专著《交互抑制心理疗法》，1966年出版《行为治疗技术》，1982年出版《行为疗法实践》一书。

图6-2 詹瑟夫·沃尔帕（Joseph Wolpe，1915—1997）

系统脱敏法包括放松训练、焦虑或恐怖的等级层次的建立和系统脱敏过程三个阶段。

1. 放松训练

咨询师选择一处光线柔和、温度适宜、安静幽雅的场所，让来访者坐在舒适的椅子上，双手自然下垂。咨询师接着用一种轻柔、愉快的声调来使来访者肌肉松弛，并引导他想象自己处于轻松的环境中。来访者先放松手指和胳膊上的肌肉，然后放松头部肌肉，接着是颈部和肩膀、腹部、胸部和背部，最后是大腿和小腿。一般的治疗过程都会向来访者播放已经录好的磁带，磁带中指导语的速度与实际训练的速度一致。放松训练的目的是使来访者消除紧张和焦虑的情绪，为下一步的治疗做好准备。

---

[1] （美）Phillip L Rice 著. 健康心理学. 胡佩诚，等译. 北京：中国轻工业出版社，2000：100

[2] （美）Roger R Hock 著. 改变心理学的40项研究——探索心理学研究的历史. 白学军，等译. 北京：中国轻工业出版社，2004：363

2. 建立症状的等级层次

焦虑等级量表是进行系统脱敏的依据,一般将引发最小焦虑的事件排在前面,最强的事件排在最后,中间由弱到强递增。咨询师让来访者描述产生各种不同焦虑程度的事件,再把这些事件的主观感受从低到高进行排序。等级量表通常以 5 分、10 分或 100 分制来表示,5 分制的焦虑等级分布如图 6-3 所示。

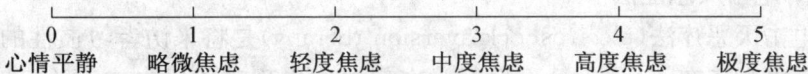

```
├─────────┼─────────┼─────────┼─────────┼─────────┤
0         1         2         3         4         5
心情平静   略微焦虑   轻度焦虑   中度焦虑   高度焦虑   极度焦虑
```

图 6-3　焦虑的主观评定量表

表 6-1 描述了某中学生的期末考试焦虑等级分布,共分为 6 个等级,从心情平静(等级 0)到极度焦虑(等级 5),表现出从考试前一个月到考试当天,来访者的焦虑递增情况。

表 6-1　考试焦虑来访者的等级

焦虑等级	焦虑情况	项　目
0	心情平静	回想考试前的一个月我正在书桌前复习
1	略微焦虑	回想考试前的那个晚上我在复习
2	轻度焦虑	考试当天早上醒来,想到今天要考试
3	中度焦虑	去考场的路上,想到今天的考试有点担心
4	高度焦虑	进入考场,坐在桌子前,开始考试
5	极度焦虑	在考试中,看到周围的人奋笔疾书,我惊惶失措

3. 系统脱敏的实施

在来访者学会放松、进行多次练习并完全放松后,咨询师指导来访者制定焦虑等级量表,进行具体的系统脱敏治疗。首先,咨询师指导来访者想象引发最小焦虑的事件,每次想象重复 3～4 次,如果来访者每次对这一事件都不会引发焦虑,便要求他们放松,接着可要求他们想象等级量表中下一个焦虑等级的事件。依次类推,直到来访者想象最高焦虑等级的事件也不会产生焦虑为止。如果来访者想象某一焦虑等级的事件时连续两次不能通过,即他们还会产生焦虑,则让来访者停止想象,等他们再次完全放松时,再让他们想象这一事件,如果这次没有产生焦虑,则继续进入下一焦虑等级事件的想象。在来访者通过全部焦虑等级的事件后,他们基本上不再会对实际的焦虑情境感到焦虑或恐怖了。最后,把系统脱敏过程中的效果泛化到实际生活中,使来访者不再对实际情境感到焦虑或恐怖。

（二）厌恶性条件疗法

厌恶性条件疗法（aversion conditioning therapy）是一种将来访者所要戒除的靶行为同某种惩罚性的刺激相结合，使来访者感到厌倦或痛苦而放弃这种行为，达到戒除或减少靶行为的目的。它以经典条件作用为理论基础，常见的厌恶性条件疗法有电击厌恶疗法、药物厌恶疗法、想象厌恶疗法、图片厌恶疗法和内隐致敏法。

1. 电击厌恶疗法

电击厌恶疗法（electroshock aversion therapy）是将来访者习惯性的不良行为与电击连在一起，一旦不良行为在想象中出现就予以电击。治疗时，让来访者想象某一情境，想清楚后，来访者向咨询师示意，咨询师立即对他们进行电击。每次治疗时间为 25 分钟左右，反复电击多次，电击一次后休息几分钟再进行第二次。电击强度的选择应征得来访者的同意。

2. 药物厌恶疗法

药物厌恶疗法（chemical aversion therapy）是将来访者的不良行为与药物连在一起，当不良行为出现时，让来访者服用呕吐药而产生呕吐反应，从而使该行为反应逐渐消失。药物厌恶疗法的缺点是耗时长，易弄脏环境。

3. 想象厌恶疗法

想象厌恶疗法（imagining aversion therapy）是将咨询师口头描述的厌恶情境与来访者想象中的刺激联系在一起，从而产生厌恶反应，以达到治疗的目的。这种疗法操作简便，适应面广，对各种行为障碍疗效较好。但咨询师描述的厌恶情境可能会给来访者带来不愉快，因此在治疗前要向来访者解释清楚。

4. 图片厌恶疗法

图片厌恶疗法（picture aversion therapy）是将来访者的不良行为与使来访者感到厌恶的图片连在一起，在来访者产生不良行为时，咨询师向他们展示这些图片，从而产生厌恶反应，以达到治疗的目的。这种疗法操作简便，但运用较少。

5. 内隐致敏法

内隐致敏法（covert sensitization）是将来访者不愉快的想象取代不愉快的、使其厌恶和痛苦的刺激，经多次重复联结后，不良行为同这种想象之间便建立条件化联系，这种联系有助于不良行为的消退，从而减轻以致消除症状而取得疗效。

（三）代币治疗法

代币治疗法（token economics therapy）是在操作条件反射理论的基础上形成并完善起来的一种行为疗法。它通过某种奖励系统，即正性强化物，在病人做出预期的良好行为时，马上给予奖励，从而使来访者形成和巩固良好

的行为,并使不良的行为消退。代币治疗需要三种材料:

第一种,一张记录靶行为的详细清单,包括正性与负性的靶行为。

第二种,与目标行为有关的代币数,代币可以用不同的象征性方式,如记分卡、筹码、小票券、小红旗等。

第三种,代币可以交换的支持性强化物的清单,代币(token)就像生活中的"钱币",可换取多种多样的奖励物品,或来访者感兴趣的活动。

代币治疗法的优点在于不受时间、空间等条件的限制,使用便利,只要来访者预期的行为出现,马上对其进行强化。

（四）消退法

消退法(extinction)是指在某一确定情景中,个体产生了以前被强化了的行为,如果该行为发生后没有得到强化,以后在相似的情景中,该行为会渐渐消失。其实,许多不良的行为是由于受到他人的注意而加强的。在刚开始使用消退法治疗时,可能不良行为会更多地出现,但坚持一段时间以后,不良行为就会消退。

（五）行为塑造法

行为塑造法(behavior shaping)根据操作条件反射原理设计,一般采用逐步进级作业,在完成作业时给予强化,促使良好行为增加出现的次数。在使用行为塑造法时,要制定每一步的目标,并使用行为记录表,要求来访者把自己每个阶段所取得的进展记录下来,这样做是对行为改善的一种强大推动力。还可采用来访者喜爱的食物或娱乐活动等来塑造新行为,以取代原先的不良行为。此外,为了保持和巩固治疗效果,咨询师要帮助来访者把在治疗中学会的行为泛化到日常生活中来。

（六）习惯反转训练

习惯反转训练(habit reversal training)是一种多成分的行为治疗方法,用于治疗反复性的行为障碍。习惯反转训练可以用来治疗抽动症、拔毛发癖、咬指癖、吮指癖、口吃等不良行为。它的治疗包括五项内容:

第一,识别不良行为训练。

第二,应对反应训练,依据不良习惯出现的情况,使用应对反应。

第三,突变管理,对突如其来的不良习惯进行引导。

第四,放松训练。

第五,泛化训练,把形成的良好习惯运用到生活中。

认识不良习惯是使用应对反应的必要条件。[①]

---

① （美）Raymond G Miltenberger 著. 行为矫正——原理与方法(第 3 版). 石林,等译. 北京:中国轻工业出版社,2004:359

咨询师要训练来访者认识每种反复性习惯出现的情况,并立即采取应对反应。此外,家属要帮助来访者在治疗外的日常生活中使用新的、良好的习惯。

（七）观察学习法

观察学习法(observational learning)的原理是班杜拉的社会学习理论。班杜拉认为,很多行为是在观察中进行模仿而获得的。在治疗中,咨询师运用观察学习的方法进行行为矫正,帮助来访者学习一些良好的行为。对于观察学习或模仿(imitation),心理学家华生(David Watson)是这样理解的:"如果你发现某人身上具有的技能正是你希望自己也具有的,就要毫不犹豫地对它进行直截了当的模仿。"①

用观察学习法来纠正不良行为需要四种条件:

第一,注意,即来访者需要注意榜样的行为,包括生活中的榜样、电影或电视中的榜样和想象的榜样三种。

第二,保持行为的细节,即在来访者注意到榜样良好的行为后,他们必须记住这些行为。

第三,行为再现,来访者在自己身上复制和再现榜样的行为

第四,具有动机和机会,即来访者具有使用这些良好行为的动机和机会,在平时的生活中体现良好的行为。

（八）满灌疗法

满灌疗法(flooding therapy),又称冲击疗法,它与系统脱敏法正好相反。满灌疗法不需要任何放松训练,鼓励来访者直接接触或想象引发恐怖或焦虑的情境,或咨询师在边上反复讲述恐怖情境,或采用录像的形式直接播放恐怖情境,让来访者加深焦虑程度。对来访者的刺激越突然、时间持续越长,他们的反应就越强烈,刺激一直持续到他们遇到恐怖情境时紧张、焦虑的反应消退为止。

（九）自我管理法

自我管理法(self management),体现了行为疗法角色倾向的转变。传统的行为治疗以咨询师为主,来访者是被动和依赖的,而在自我管理疗法中,来访者是行为改变的各个环节的积极扮演着,对自己行为的改变负责。自我管理表现为来访者以一种行为控制另一种行为的出现,并在咨询师的协助下制定一个详细的行为计划,坚持不懈,直到产生效果。

自我管理方案包括九个具体的步骤:

---

① （美）戴维·L·华生,罗兰德·G·夏普著.自我导向行为(第9版).陈侠,等译.北京：中国人民大学出版社,2009：253

第一，做出自我管理的决定。在经历一些自己不满意的行为后，来访者决定要采用自我管理程序来改善自己的行为。

第二，定义靶行为和竞争行为。自我管理必须确定改变的靶行为，并找出与靶行为相竞争的行为。有时人们缺少靶行为，这些行为都是让人期望的适应性行为。

第三，建立目标。目标是靶行为所要达到的程度。自我管理的目的是要达到希望程度的靶行为。因此，确定一个适度的靶行为是必要的，也就是确定一个基线行为，并把靶行为公开引起他人注意，这对治疗是有帮助的。

第四，自我监督过程。在采取行为改变的措施前，要先记录一段时间的靶行为，接着就可以实施自我监督方案了。在靶行为的水平稳定之前，不能实施自我管理方法。如果自我监督没有使靶行为维持在目标水平，就可以实施下一步的自我管理方法。

第五，功能性评估。评估的目的是明确靶行为以及应对性的替代行为是否出现，进而选择相应的自我管理方法，改变在评估中确定的前提和结果。

第六，选择适当的自我管理方法。来访者要选择一定的自我管理方法来矫正靶行为。自我管理方法包括：目标建立，写下目标行为的程度标准以及它出现的时间范围。自我监督，记录目标行为的出现，评价在取得目标过程中的进步。安排强化和惩罚，由自己或他人来安排强化或惩罚。寻求社会支持，由其他人负责实施强化或监督来访者实施强化。自我鼓励和自我指令，即用特殊的自我对话方式来影响自己的行为，告诉自己要做什么，要怎么做。行为契约，包括来访者确定的目标，收集资料的方法，在规定的时间内所要达到的目标行为的程度标准，安排相关强化项目以及负责实施强化以影响目标行为的人等。

第七，变化评估。在实施自我管理法一段时间后，就要重新评估来访者的靶行为是否正朝着期望的方向发展。如果靶行为朝着期望的方向变化，就继续实施自我管理法。

第八，重新评价自我管理的方法是否有效。在实行了自我管理方案后，如果靶行为没有按照期望发展，则可能有两个原因：没有正确地实施自我管理程序；采用的自我管理方法不恰当。

第九，保持并巩固结果。一旦自我管理中的靶行为达到了，就要使靶行为维持在期望水平。但此时不要停止实施自我管理，可以定期实施，以期达到巩固结果的目的。

（十）生物反馈疗法

生物反馈疗法由美国心理学家尼尔·米勒（Neal Miller）根据操作条件反射理论，于 20 世纪 60 年代创立。生物反馈的种类主要有脑电反馈、肌电反馈、心率反馈、血压反馈、皮肤电反馈和皮温反馈等。

在使用生物反馈疗法治疗时,咨询师首先让来访者收缩与放松前臂肌肉,并放松面部肌肉。告诉来访者治疗的目的和方法,以消除来访者对仪器的疑问和顾虑。让来访者尽量保持头脑清静,不考虑任何问题,让自己处于旁观者的地位,观察头脑中自发地涌现什么思想,出现什么情绪。施治者注意调节反馈信号,把每次练习控制在20～30分钟内,治疗结束后,让来访者做几次肢体屈伸运动,使他们感到轻松愉快,再离开治疗室。治疗的一个疗程约10次,巩固并随访疗效,持续3个月到半年。通过生物反馈治疗有助于来访者调整和控制自己的心率、血压、胃肠蠕动、肌紧张程度、汗腺活动和脑电波等几乎包括所有的身体机能的活动情况,从而改善机体内各器官的功能,矫正对应激的不适宜反应,达到治疗的目的。当前用于生物反馈治疗的仪器有肌电反馈仪、皮肤湿度反馈仪、皮电反馈仪、脑电反馈仪及脉搏反馈仪等。

二、行为治疗的一般过程

行为治疗有很多种方法和技术,但基本过程都是一致的。从整体上来说,行为治疗包括确定目标行为、选择方法和技术进行治疗、治疗效果的评估三个阶段。这里我们把行为治疗的三个阶段细分为以下十个具体步骤:

第一,了解来访者适应不良与异常行为或疾病产生的原因。

第二,确定来访者需要矫治的靶行为,也就是引起最强的焦虑反应的行为。

第三,向来访者说明治疗的目的、意义、方法和程序。

第四,让来访者树立治疗的信心,主动配合治疗。

第五,设计一种适合来访者的治疗方案。

第六,实施具体的治疗方案。

第七,根据来访者的行为改变情况和治疗进展程度及时调整治疗方法。

第八,客观记录治疗效果。

第九,对治疗效果进行客观评估。

第十,让来访者学会把治疗中的行为改变泛化到日常生活中去。

第三节　格式塔疗法

格式塔疗法(Gestalt therapy),又叫完形疗法,它的目标在于帮助来访者认识与接纳自我、了解环境以及自我与环境之间的关系。皮尔斯认为,如果人要达到成熟,就必须寻找在自身的生活方式中自己所应负起的责任。来访者的基本目标是去觉察他们正"体验到什么"以及自己"做些什么"。咨询师要帮助来访者获得更敏锐的察觉力、体验内在的冲突、解决不一致性和两极化的问题、突破构成阻碍的僵局,以解决未完成事件。皮尔斯认为,格式塔咨询师的任务是邀请来访者积极投入治疗,学习认识自己,在治疗历程中尝试新的行为,并注意自己发生了哪些改变。此外,格式塔疗法既注意到当前也关注背景,治疗关系在格式塔疗法中是非常重要的,这种"我与你"的对话关系表示出咨询师和来访者之间存在此时此地的接触。从现象学的角度出发,这种作为对话关系的人际模式在格式塔治疗中具有重要的价值。① 格式塔疗法把觉察和人际关系看作不可分割的两个部分。②

格式塔疗法一直在发展,虽然现代的格式塔疗法保留了许多皮尔斯原有的观点,但在许多方面已经改进,并变得更加柔和了。格式塔疗法已经从最初皮尔斯的强调技术上的挫败、个体经历和程式化的实验,转变为一个温和的、强调咨询师与来访者之间对话关系的格式塔疗法了。

一、格式塔治疗的一般步骤

格式塔治疗中的来访者是积极的参与者,他们为自己的表达和行为进行解释,同时他们主动、积极地提高自己的觉察能力,并决定做什么或不做什么。咨询师要把来访者看作一个唯一的个体,因为来访者的行为是具身化(embodiment)的。③ 所谓具身化,就是人的心理和认识要以具体的身体结构和身体活动为基础。格式塔治疗的程序可以分为三个阶段,即发现阶段、适应阶段和同化阶段。在这三个阶段中,咨询师把来访者看作唯一存在的主体,咨询师自己则作为辅助者和指导者,让来访者在他的帮助下成长。

（一）发现阶段

在发现阶段,来访者也许会产生令他自己惊讶和新奇的发现,包括他可能会对自己有新的认识,或者对过去发生的事情产生不同方面的理解和想法,或者对身边的重要人物产生新的看法。

（二）适应阶段

在适应阶段,来访者会发现自己在行为上或对事情的处理方式上有许多选择的机会,并不拘泥于一种方式。来访者在咨询师的支持和帮助下尝试新

① Jacobs L. Dialogue in gestalt theory and therapy. The Gestalt Journal, 1989, 12(1): 9

② Corsini R J, Wedding D. Current psychotherapies (5th edition). Belmont, CA: Wadsworth Pub Co, 2007: 339

③ Brownell P. Handbook for theory, research, and practice in gestalt therapy. Newcastle: Cambridge Scholars Publishing, 2008: 16

的行为,学会处理困难情境的技巧和方法,并逐步扩展他们对环境的觉察。

（三）同化阶段

在同化阶段,来访者学会如何改变他所处的环境。来访者已经感到自己有能力处理每天可能发生的各种意外事件,他会建立处理问题的信心,因为他已经掌握了处理问题的技巧和方法。来访者能主动处理一些事情,不再成为环境的跟随者,并从环境中获得他想到的资源和信息。在关键问题上,他能有自己的立场,并为自己的事情做出选择,对自己的情感、思维和行为负责。

二、格式塔治疗的方法

格式塔咨询师需要在治疗过程中设计"心理实验"(mental experiments),以帮助来访者进行对自己在做什么以及如何做的自我觉察。通过这种觉察,来访者能看到可以改变他们自己的其他的可能性选择,来访者因此被要求主动地去看、去感觉、去解释,并为他们自己负责。实验是为了帮助来访者进行良性改变而设计的,它们本身并非治疗的最终目的。[①] 格式塔治疗实验一般包括以下五个步骤:

第一,识别正在呈现的情形,也就是来访者的内在冲突与问题。

第二,咨询师建议来访者实验。

第三,评估实验的风险与面临的挑战。

第四,展开具体的实验,用格式塔治疗方法进行治疗。

第五,完成实验,从实验中吸收和整合经验,对实验效果进行评估。

通过实验,咨询师让来访者对某些新事件产生直接的体验,而不仅仅是谈论这些新事件的可能性。此外,咨询师要给来访者充分的时间去体验实验所带来的新领悟,接受新的行为。格式塔治疗的一些实验的方法包括空椅技术、绕圈子法、"我负责"游戏、投射法、反转练习、预演练习、夸张练习、感觉留置、角色转换、心理剧、完形梦境治疗等。

（一）空椅技术

格式塔治疗理论认为,人格的功能可分为"优势"(top-dog)和"劣势"(under-dog)两极,当个体为了夺取控制权而斗争时,个体就分裂为"控制者"和"被控制者"两个部分。咨询师要密切注意来访者人格上的功能分离和两极化,因此治疗的重点要放在人格功能两极之间的关系上。空椅技术(empty-chair technique)就是在此基础上产生的。空椅技术其实是一种角色扮演(role-playing),它是使来访者的内心活动外显的一种方式。咨询师在处理来

---

① （美）Gerald Corey 著. 心理咨询与治疗的理论及实践(第 7 版). 石林,等译. 北京：中国轻工业出版社,2004：143

访者的内部冲突时,使用不同的椅子代表来访者内心每个部分的冲突力量,并且使之持续对话,让双方接触与互动。通过对话,让不同的力量由冲突达到协调,进而促使来访者人格整合,或与外在环境和平共处。空椅对话的目标是将自我体验与内部评论相互联系,使来访者同时注意到两边,使隐藏的内部对话表达出来,并使来访者的自我接纳程度提高,发展出新的认知图式。空椅技术不限于两把椅子,有时候因情境的需要,可以使用多把椅子。

一般来说,有三种形式的空椅技术,即"倾诉宣泄式"、"自我对话式"和"与他人对话式"。"倾诉宣泄式"只需在来访者面前放一张椅子,来访者想象对面坐着一个人,他把自己内心想要对他说的话表达出来,从而使内心平和。"自我对话式"是自我存在相互冲突的两个部分之间展开对话,当来访者内心有很大的冲突又不知如何解决时,他可坐在一张椅子上,扮演自己的某一部分;坐在另一张椅子上,扮演自己的另一部分,依次进行对话,从而达到内心整合。"与他人对话式"主要用于自己与他人之间的对话,可放两张椅子在来访者面前,坐到一张椅子上扮演自己,坐到另一张椅子上扮演别人,展开对话,从而从他人的角度来理解别人。

（二）"绕圈子"法

"绕圈子"(making the rounds)法主要用于格式塔团体治疗。治疗中要求团体的某成员走到他人面前向对方说话,或做某些事,其目的是要达成当面质问、冒险、表达自我、表现新的行为模式,并促进其成长。当咨询师觉得某成员有必要向其他成员表述他存在的问题时,可以用此治疗方法。

（三）"我负责"游戏

格式塔治疗理论提出,人们对自身的生命具有基本的"存在主义的责任"(fundamental existential responsibility),[①]也就是说,每个人对自己的死亡、情绪、精神等负责,"我负责"法就是建立在这种理论基础之上的。"我负责"(I take responsibility for)游戏是咨询师在与来访者进行对话时,适当地要求来访者在某个陈述后加上"我会为它负责"的表述。如,"我觉得我的做法伤害了他,我会为我的行为负责"。"我负责"法可有效地拓展来访者的感觉领域,同时帮助他们接纳和认识自身的情感,以防止来访者把自己的情感投射到他人身上。

（四）投射游戏

投射(projection)是指个体否认或疏离的自我部分,无意识地将这种特质投射到他人身上。在格式塔治疗的投射游戏(playing the projection)中,来访

---

① Kennedy K, Tang M. Beyond two chairs: why gestalt psychotherapy? Clinical Psychology Forum, 2009, 194: 24

者在他人身上看到的,正是自己具有的却不愿看见也不愿接纳的事物。来访者在表达对别人的看法时,常常是其自身的投射。投射游戏主要用于格式塔团体治疗。咨询师要求说"我无法信任你"这句话的来访者去扮演一个不值得信任的角色,使他发现不信任是一种内心冲突。

(五)反转练习

来访者的某些症状和言行,常常是其潜在行动的逆转表现。反转练习(reversal exercise)要求来访者扮演他们很少表现出来的那一面,以此使他们能够认识和接纳自己的"消极面"与"积极面"。如,咨询师可要求过于胆怯而痛苦的来访者,试着扮演一个爱表现的人。反转练习要求来访者潜入使他焦虑和压抑的事件中,并与已经埋没和不想接受的那部分接触,藉此帮助来访者接纳从前被否定的某些特质。

(六)预演练习

皮尔斯认为,我们内心的许多想法其实都在预演中。我们常在想象的世界里预演我们在现实社会中所期望扮演的角色。当实际表演开始时,因为担心演不好或没有达到他人的期望,致使恐惧与焦虑的产生。内在的预演需消耗很多精力,这就抑制了我们去尝试新行为模式的主动性。在预演练习(rehearsal exercise)中,来访者和咨询师共同分享预演的情境,以此使来访者觉察自己怎样满足他人对自己的期望,以及自己实际被他人所接受的程度。

(七)夸张练习

夸张练习(exaggeration exercise)是要求来访者夸张地重复他们想要表达的动作,使他们更敏锐地觉察自己的身体语言所传达的微弱讯号、线索等信息,进而使他们的内心想法更清楚地表达出来。夸张练习也可用于语言表达中,咨询师让来访者重复地说出他们想掩饰的话,使他们能听到自己真正的心声。

(八)感觉留置

在面谈中,咨询师发现来访者会通过非语言的表达显露出一定的情绪。感觉留置(staying with the feelings)是指在来访者情绪、情感不愉快而想逃避时,咨询师要求他们保持这种感觉。面对恐怖或不愉快的感觉,大部分来访者都想逃避,但咨询师会要求他们停留并分析这些不愉快的原因。勇敢地面对,并在可能遭遇的痛苦中坚持,才能有所成长。

(九)角色转换

角色转换法主要用于格式塔团体治疗中。角色转换(role reversal)是指在团体中两个成员之间出现问题时,让双方互换座位并扮演对方的角色,感同身受,理解对方的想法和困难,站在对方的立场和观点上进行思考。

（十）心理剧

心理剧（psychodrama）是一种让来访者或团体成员扮演现实生活中的完整剧本，从而达到治疗效果的角色扮演方式。通过扮演某一角色，来访者可以体会角色的情感与思想，以及自我的各个方面，从而增强他们的自我觉察和责任感。每一次的心理剧过程都包括三个部分：暖身（warm up）、演出（action）和分享（sharing）。

（十一）完形梦境疗法

精神分析治疗认为梦是可以解析的，格式塔治疗则不主张解析梦，而主张把梦带至现实生活中使之重现。在完形梦境疗法（the gestalt approach to dream work）中，咨询师要求来访者把梦表演出来，使自己融入梦境，来访者就可以把分裂的碎片整合成一个完整的人。对梦的处理方式包括：展现梦境，回忆梦里出现的人、事、物及情绪、情感，并引出对话。

梦的每一部分都是自我投射，投射观念是皮尔斯梦境理论的核心，梦里的所有人与物都代表做梦者投射的对象。皮尔斯认为，来访者不需要探索梦境，而把梦当作一个剧本，并以梦里各部分之间的对话来进行实验。来访者会为梦里的每个角色或某种情境编造剧本，而梦中不同的部分，就是自己内心的矛盾和不一致的表现。通过这些对立层面间的对话，来访者便可逐渐觉察到自己的内心世界。此外，皮尔斯认为，梦是人类最自发性的表现，它不仅代表未完成的事件，也可能远远超越这些未实现的愿望。如果梦的全部内容都能被了解与同化，那么梦里的每件事物都能很容易地被觉察。如果来访者不愿表现梦的情境，那可以认为他们拒绝面对生活中的问题。因此，咨询师应当要求来访者谈论他们所遗漏的梦。

第四节　来访者中心疗法

来访者中心疗法（client-centered therapy）是罗杰斯的自我理论在心理咨询与心理治疗中的具体应用，而不是从实验室中推导出来的。罗杰斯认为，咨询成功的关键，在于咨询师与来访者之间的治疗关系，只要能投入治疗关系中，人们就能朝自我引导的方向成长。在此基础上，才能充分利用有利于咨询师的无条件积极关注、接纳和移情的治疗方法。来访者中心疗法在心理治疗实践中的有效性是毋庸置疑的。正如赫根汉（B. R. Hergenhahn）对罗杰斯的评论："自弗洛伊德以来，没有一个人比罗杰斯对心理治疗产生过更大的影响。它的广泛流传似乎有三种原因：它的有效性；掌握这种方法并不需要精神分析那样乏味的训练；它对人生抱着积极的和乐观的态度。"①

一、来访者中心疗法的发展历程

早在 1939 年,罗杰斯在对问题儿童的治疗过程中发展了他的心理治疗理论,接着,他又在夫妻治疗、家庭治疗和群体治疗中继续完善他的理论。1942年,以罗杰斯出版《咨询和心理治疗》一书为标志,以人为中心疗法正式诞生。来访者中心疗法的发展大致可分为三个阶段。

第一阶段,非指导治疗法,关注咨询师的行为,时间跨度 1939—1950 年。在《咨询和心理治疗》一书中,罗杰斯提出了一些与当时占主导地位的精神分析疗法不同的治疗理念,他认为,只有来访者本人才能充分、深刻地了解自己,要取得较好的疗效,就要建立积极的、客观的氛围,相信来访者的智慧,并给予来访者充分的表达空间。因此,针对精神分析由咨询师主导一切的倾向,罗杰斯将咨询师的行为分为"指导性"和"非指导性"两种,这个阶段的疗法又叫"非指导治疗法"(non-directive therapy)。此外,罗杰斯在治疗中放弃了诊断、劝说、指导、建议等干预措施。

第二阶段,以来访者为中心的治疗法,关注来访者的表现,时间跨度1950—1961 年,以 1951 年《来访者为中心疗法》一书的出版为标志。自此以后很长一段时间里,罗杰斯的治疗体系一直称为"来访者中心疗法"。在这个阶段,罗杰斯更深入地分析了人的自我概念、自我概念与机体经验的关系等理论问题。在实践方面,从重视来访者所表述的事实内容转为重视隐蔽的情感,从而真正"进入"来访者的内心世界。

接着,罗杰斯把治疗的重点放在咨询师与来访者之间的关系上,他开始探索需要什么条件才能使来访者发生改变,并力图使自己的理论受到严格的实践检验。罗杰斯于 1954 年到 1957 年期间提出,无条件积极关注、真诚、移情等是进行心理治疗的条件,并开始强调咨询师与来访者之间的关系,重视咨询师的态度对来访者的影响,重视双方情感的交流。1954 年,罗杰斯出版《心理治疗与人格改变》,书中收集了他带领的芝加哥大学课题组长期积累所做的一系列验证他的治疗理论的研究成果。1961 年,罗杰斯出版《论人的成长》,标志着他的理论开始扩展到以人格理论为中心的包括教育、婚姻、家庭和少数民族等问题中。

第三阶段,以人为中心的治疗法,关注人的成长,时间跨度 1961—1987年。这一阶段的治疗体系称为"以人为中心的治疗法"(person-centered

---

① (美)B・R・赫根汉著. 人格心理学导论. 何瑾,冯增俊译. 海口：海南人民出版社,1986：430

therapy），它的特点在于更多的个性化投入，更强调关系问题。治疗体系名称的改变反映了罗杰斯研究重点的转移，他希望把治疗体系扩展到心理治疗领域之外，使当代大多数人过上超出个人社会角色的、充分发挥机能的、整合程度高的生活。"以人为中心疗法"强调"人与人"关系，而不是"帮助者与被帮助者"的关系。罗杰斯认为，咨询师应把对治疗技术的关注降至最低，取而代之的是强调他们的态度，强调他们将自己看成是与他人相联系的一员。

二、来访者中心疗法的一般过程

通过来访者中心治疗，来访者会发生一些变化，表现为更客观地看待自己、有自信和自主能力、接纳自己和自己的感受、积极的自我评价、有健全的人格，以及能处理好人际关系等。一般来说，来访者中心疗法可分为 9 个阶段，这些阶段有机地结合在一起，促进来访者人格的改变和个性的成长。

第一阶段：来访者前来求助，咨询师向来访者说明治疗的情况。

第二阶段：咨询师以友好、诚恳的态度来鼓励来访者自由表现情感，接受、认识、澄清来访者的消极情感，接受和认同来访者的积极情感。咨询师对来访者的消极或积极情感不加以赞赏，也不进行道德评价。

第三阶段：来访者成长的萌动，他们开始领悟和了解自我。

第四阶段：在良好的、被人尊重、理解和接受的治疗氛围中，来访者开始接受真实的自我。

第五阶段：咨询师帮助来访者澄清可能的决定和应采取的行动。

第六阶段：治疗效果产生，来访者开始产生某种积极的、尝试性的行动。

第七阶段：治疗效果的扩大，咨询师开始帮助来访者发展领悟，并扩大领悟的范围。来访者体验到进步，得到人格的重建与行为的改变，进一步建立自信，并进一步搜索自我。

第八阶段：来访者的全面成长。此时，来访者处于积极的成长过程中，咨询师与来访者的关系达到顶点。

第九阶段：治疗结束，治疗关系终止。但此时来访者会体验到恐惧、丧失感和暂时的不情愿来独自面对生活。咨询师要鼓励并支持他们独立生活。

三、来访者中心治疗的方法

来访者中心治疗注重治疗关系的发展，注重咨询师的人格修养，把治疗与发展相结合，以发展来访者潜能的方式来弥补心理的缺失。

（一）重视治疗关系

在来访者中心治疗中，咨询师的任务是为来访者提供一个舒适的环境，而不是驱使或引导来访者走向康复。在治疗过程中，咨询师鼓励来访者讨论他们的经历,表达他们的感受。接着,咨询师向来访者重复情感上重要的陈述,其目的是让来访者通过检查他们自己的想法来解决问题。来访者自己可以决定他们向哪个方向去发展和成长。当来访者把咨询师感受为受欢迎的人,他会觉得咨询师是温暖的、关注和理解他的。罗杰斯认为,咨询师和来访者之间的治疗关系最重要的是"非个人"和"安全"。"非个人"指咨询师不能带着自己的需要进行评价和反应。"安全"意味着咨询师对来访者完全的、持续的接纳,并逐渐让来访者体验到一种无防御的关系。

罗杰斯提出:"在这样的咨询关系下,有意义的、积极的人格改变才会发生。"①因此,咨询师与来访者建立良好、和谐的治疗关系至关重要。如果治疗关系不能提供足够的安全感,那么来访者可能会用一种防御的方式重新修订他们的自我。良好的治疗关系提供了让来访者做出选择的机会,制造一种他们能为自己做决定的气氛。正如罗杰斯所描述的:"交流变成了一个提供不断练习做出更成熟和更负责的选择的场所。"②此外,咨询师还要学会倾听,倾听是相互理解的第一步。当咨询师能真正地倾听他人,并理解他们,咨询关系才能建立。

(二)无条件积极关注、移情与言行一致

罗杰斯于1957年发表的《治疗性人格改变的充分必要条件》一文中,提出了来访者中心疗法促进来访者人格改变和发展的6个条件:咨询师与来访者有心理上的接触;来访者处于一种不和谐的状态,脆弱或焦虑不安;咨询师在此关系中是一致的或整合的;来访者体验到咨询师对他们的无条件积极关注;咨询师对来访者的共情,并力图把这种体验传达给来访者;咨询师对来访者的共情和无条件积极关注,至少在一定程度上成功地传达给了来访者。

1. 无条件积极关注

无条件积极关注(unconditional positive regard)是指咨询师对来访者的无条件尊重和认可。无条件积极关注要求咨询师对任何来访者都要予以尊重,无论他们的性别、种族、民族、年龄、职业等,对他们要一视同仁。如果关注是出于咨询师自身的需要,就会抑制来访者的有建设性的改善。咨询师要积极地看待来访者,把他们看作有价值的人,认为他们能成长和发展。在这种情境下,来访者能够自由地表达并接受自己的感受,不用担心会被拒绝。

---

① Rogers C R. The necessary and sufficient conditions of therapeutic personality change. Journal of Consulting and Clinical Psychology, 1957, 21: 102

② (美)卡尔·R·罗杰斯,等著. 来访者中心治疗:实践、运用和理论. 李孟潮,李迎潮译. 北京:中国人民大学出版社,2004: 42

2. 准确的移情性的理解

在治疗中,移情(empathy)也是咨询师很重要的一个任务。咨询师要对来访者产生准确的移情性的理解(accurate empathic understanding),就是能准确地理解来访者的经历,明白他的体验,敏感地抓住他的感情,进入他的私人世界。移情的目的是鼓励来访者与咨询师积极沟通,深入了解自己,并认识和解决内心存在的不协调。罗杰斯认为,移情可以帮助来访者实现4种目标:注意和评价自己的经历;以新的方式看待早期经历;完善他们对自己、他人和世界的看法;增强选择和行为的自信心。在来访者中心治疗中,咨询师在处理来访者的问题时有不同程度的移情存在,而如何处理这些移情的态度产生了差异。对待移情的态度成为治疗的核心关系。①

3. 言行一致

言行一致(genuineness and congruence)意味着咨询师要真实、诚恳、值得来访者信赖。罗杰斯说:"言行一致,真诚透明,就是咨询师的体验、意识与表达三者之间的高度统一。"②言行一致要求咨询师坦率地与来访者交谈,直截了当地表达他的想法而不掩饰和伪装自己。言行一致并不是说咨询师应该冲动地说出他们的所有想法,咨询师的自我表现要在恰当的时间适度地进行。

4. 尊重与接纳

在治疗中,咨询师要做到尊重与接纳(regard and admit)来访者。尊重与接纳可使来访者在心理的许多方面得到补偿,情感得以调节,自信得以重建。尊重的前提是接纳,接纳是尊重的先决条件。咨询师要体会到两点:一是咨询师承认每个来访者在任何一方面都是不同的;二是咨询师认识到每个来访者的人生过程都是一个复杂的奋斗、思考和感受的过程。罗杰斯说:"咨询师对来访者的态度的尊重与接纳,无论他的态度是消极的还是积极的,无论他过去所持的态度同别人是多么的抵触。"③咨询师对来访者的接纳,会形成一种人际关系,使他们感到温暖和安全,这对良好治疗关系的建立是极其重要的因素。

(三)非指导性的治疗

罗杰斯反对在治疗中支配来访者,主张咨询师不给来访者劝告和评价,

① (美)卡尔·R·罗杰斯,等著. 来访者中心治疗:实践、运用和理论. 李孟潮,李迎潮译. 北京:中国人民大学出版社,2004:173

② (美)卡尔·R·罗杰斯著. 个人形成论——我的心理治疗观. 杨广学,尤娜,潘福勤译. 北京:中国人民大学出版社,2004:310

③ (美)卡尔·R·罗杰斯著. 个人形成论——我的心理治疗观. 杨广学,尤娜,潘福勤译. 北京:中国人民大学出版社,2004:31

也不给予指导,只是倾听,避免替来访者决策。帕洛特(Parrott)说:"咨询师要倾听来访者的身体语言、面部表情和声音中的起伏。"①积极倾听(positive listening)对于治疗来说是非常重要的。在非指导性的治疗中,咨询师要避免把自己的大量信息加在来访者身上,代之以集中注意分析和整理来访者的语言和非语言交流,以期洞悉来访者所表达的情感。非指导性治疗的步骤包括:

第一,识别并解释来访者在一般表达和特殊行为中流露出来的感情和态度。

第二,提出交谈的话题,并让来访者发表意见和自由地谈论。

第三,确认来访者谈话所要表达的中心思想。

第四,提出一些非常具体的问题,答案只限于"是"和"否"。

第五,解释、讨论、分析与治疗有关的情况。

第六,评估来访者对心理治疗的反应,并向他们说明和解释交谈的情况。

如来访者在诉说时语言中断,咨询师要给他们鼓励,支持他们继续说下去,避免对其批评。非指导性的治疗主张来访者有权为他们自己的生活做出选择,尽管有时候来访者的选择与治疗目标存在偏差。

第五节　认知疗法

认知疗法(cognitive therapy)是由阿伦·贝克(Aaron T. Beck)在 20 世纪 60 年代初发展出来的心理治疗方法。认知疗法认为人的情绪来自人对事情的信念、评价和解释,而非事情本身。人的情绪和行为受制于认知,认知是人心理活动的决定因素。贝克认为,有情绪问题的人倾向于一种特有的"逻辑错误",即将客观现实向自我贬低的方向歪曲。认知疗法的基本假设是人有许多"自动化思维"(automatic thoughts),很多思维往往与客观事实不符,在错误信息或信息不足的基础上进行不正确的推测,甚至扭曲事实,这些固执的想法影响到情绪适应及行为表现。治疗的重点在于教导来访者通过评估发现导致功能障碍的认知,并且认识、观察和监督负向的自动化思维,使来访者学会以合乎实际的、正确的解释取代存在偏差的认知。②

---

① (美)Les Parrott Ⅲ 著. 咨询与心理治疗(第二版). 郭本禹,等译. 北京:高等教育出版社,2009:195

② (美)Judith S. Beck 著. 认知疗法:基础与应用. 翟书涛,等译. 北京:中国轻工业出版社,2001:90

认知疗法的创始人。1967年,出版了有关抑郁研究的《抑郁症:临床、实验和理论》,1967年出版《抑郁症:原因与治疗》,1976年出版《认知治疗和情绪障碍》,成为认知疗法的经典著作之一。1980年出版《抑郁症的认知治疗》,2004年出版《人格障碍的认知治疗》。

图 6-4 阿伦·贝克(Aaron Temkin Beck,1921—)

认知疗法主张,改变功能失调的情绪和行为最直接的方式就是修正不正确的思维。正如贝克自己所描述的:"认知疗法包括所有通过改正错误的观点和自我信号来减轻心理痛苦的方法。"①认知咨询师的主要手段是使咨询师和来访者都了解治疗的过程,咨询师也尽可能寻找最有效的治疗方法。在认知治疗中,常采用"苏格拉底式"的对话,咨询师不对来访者的困境提供答案,也不和他们争论,而是通过一些问题使来访者逐步认识到自己的认知错误,动摇不恰当的自动化思维,形成正确的认知模式。认知疗法是一种短期的、方便的、针对现在问题的心理治疗方法,能直接、迅速地解决来访者存在的问题。

一、认知的概念化

认知的概念化是咨询师理解来访者的理论基础和基本构架。从咨询师第一次与来访者接触开始,他们便构建一个认知概念,并不断地修正和完善,直到治疗结束为止。认知模式是认知治疗的基础,认知模式认为,人对事件的知觉影响人的情感和行为。情境本身不能直接决定感觉,人的情感反应是被对事件的知觉所调节。

(一)认知模式的发展

认知疗法认为,人的信念在儿童时期就开始形成,早期经验引起个体对自己和世界的基本信念,最终形成根深蒂固的核心信念,每个人都认为自己的这些信念是真实和正确的。儿童的早期经验受父母的影响,如果儿童体验到父母的支持,则成年后他们对自己会有正性的信念,反之就会形成负性的信念。

---

① Beck A T. Cognitive therapy and the emotional disorders. New York: International Universities Press,1976:214

（二）负性的核心信念和中间信念

核心信念（core beliefs）是隐蔽的，难以被察觉到的，却支配着我们每一天的所有行为和情绪。核心信念可以归类为无能类和不可爱类，或者两类都有。[1] 无能类的核心信念相当于我不适合、我没用等，而不可爱类的核心信念类似于我没有价值、我被人嫌弃等。负性的核心信念通常是概括化的、绝对的，当某个核心信念活跃时，来访者很容易地接受和支持它的信息，但是他们经常不能认识与之相反的信息。从咨询的一开始，咨询师要明确来访者的核心概念的强度和广度。当资料收集完整时，咨询师就要概念化来访者的核心信念。但是，要选择何时以及如何去矫正来访者的核心信念，并培养一个新的、更好的信念。表 6-2 可以帮助咨询师确定来访者的核心信念。

表 6-2　核心信念作业表

核心信念作业表（空表）

原始核心信念：_____

现在你多大程度地相信旧的信念？（0～100%）_____

这个星期你相信它的最高程度是多少？（0～100%）_____

这个星期你相信它的最低程度是多少？（0～100%）_____

新的信念：_____

现在你多大程度地相信新的信念？（0～100%）_____

反驳原始的核心信念 支持新的核心信念的证据：	利用再组织 支持原始核心信念的证据：
(1)	(1)
(2)	(2)
(3)	(3)

核心信念影响信念中间阶段的发展，中间信念包括态度、规则和假设。这些中间信念影响个体对事情的看法，进而影响他们的思想、感觉和行为。核心信念影响中间信念，中间信念转而影响人的自动化思维。自动化思维是中间信念和核心信念进一步发展而形成的一些习惯性思维。

（三）认知歪曲

有情绪障碍的人倾向于以扭曲的方式来看待事物。认知歪曲（cognition distortion）是指造成来访者苦恼的、不符合事实的自动化思维。认知疗法需要找出来访者的自动化思维，进而辨认出隐藏在其中的歪曲的思维方式。贝

---

[1] （美）Judith S. Beck 著.认知疗法：基础与应用.翟书涛,等译.北京：中国轻工业出版社,2001：190

克认为,认知歪曲是一种思维的错误,它造成了人类处理信息过程的困难,最终导致了心理障碍。歪曲的认知系统是人们获得安全感而付出的代价,对于某些童年经历较多心理创伤的人来讲,这种歪曲就会更加强烈和固执。咨询师通过分析来访者的客观事实和负性自动化思维之间的关系,可以将其中的逻辑错误揭示出来。认知概念化的程序如图 6-5 所示。

儿童时期的相关经历

核心信念

中间信念

补偿性的策略

自动化思维

情绪 ← 自动化思维的意义 → 行为

图 6-5 认知概念化的程序

二、咨询师的任务和认知治疗的步骤

在整个认知治疗过程中,咨询师不仅要帮助来访者修正功能障碍性思维、信念及行为来减少他们的症状,还要指导和激发他在治疗结束后继续进行这样的修正。为达到这样的目标,咨询师要做到以下几个方面:

第一,与来访者建立健康、和谐的治疗关系。

第二,为来访者确立明确的治疗框架和过程。

第三,指导来访者的认知模式,和他们共同理解存在的问题。

第四,通过认知治疗的技术、问题的解决来帮助来访者缓解苦恼。

第五,指导来访者如何进行自我修正,帮助他们普遍应用,激发他们在将来的生活中也应用认知治疗的方法来自我调节。

认知治疗一般分为几次会谈来进行,它的治疗过程一般分为以下几个步骤:

第一,指导来访者认识不适当的观念和自己存在的问题。

第二,启发来访者寻找自己错误的自动化思维,并对其进行讨论和评价。

第三,通过一定的治疗方法改变原有的认知歪曲,形成正确的认知。

第四,取得正确可靠的治疗结论,对治疗效果进行评估。

第五,来访者认知方式的转变,并在生活中正确、自觉地使用认知治疗方法来修正自己的认知。

三、认知治疗的原则和方法

贝克认知治疗最主要的原则,是来访者感知和处理真实世界的方式会影响他们的感觉和行为。[①] 因此,认知治疗的目标是重构和调整这些歪曲的思维,进而重新构造来访者的实际行为,改进他们的情绪障碍。咨询师必须遵循以下八个原则:

第一,认知治疗基于每个来访者唯一的认知概念化的基础之上。

第二,一个稳固的治疗关系是必须的。

第三,认知治疗是目标导向的。

第四,治疗从当前的情境开始。

第五,认知治疗是一种对时间敏感的治疗方式。

第六,治疗的会谈是结构化的,需要咨询师和来访者都积极参与。

第七,来访者学习对歪曲的想法进行识别和反应。

第八,认知治疗强调心理教育和以防复发。

在遵守认知治疗原则的基础上,咨询师运用一定的治疗方法对来访者进行干预,常用的认知治疗方法可以分为行为方法、认知方法和情绪方法三类。

（一）行为方法

1. 家庭作业

家庭作业是让来访者在治疗以外的时间里也要寻找机会去运用所学的认知原则。例如,咨询师要求来访者,在生活中用一张自助表记录他们的想法和情绪,持续一周。在表的右侧记录负性清晰,表的左侧记录与负性情绪相关的想法(表 6-3)。也就是说,来访者要记录是什么想法导致他负性情绪的产生。这样,咨询师就可以知道来访者在生活中遇到的负性情绪以及当时他们的想法,就可以采取一定的治疗方法来解决来访者的问题。

表 6-3　来访者想法以及相应的情绪自助表

想法:我认为……	情绪:我感到……

---

① Knapp P, Beck A T. Cognitive therapy: foundations, conceptual models, applications and research. Revista Brasileira de Psiquiatria, 2008, 30(Suppl II): S57

2. 行为实验

用行为实验的方法可以直接测试来访者的思维或假设的信度。如果治疗方法有效,行为实验将是来访者认知和情感改变的有效途径。行为实验往往结合家庭作业进行,内容包括:来访者表达了一个消极的预测,咨询师建议他在一周内验证他的想法或认知;咨询师为来访者决定何时、何地以及如何去进行改变认知的实验,并提出改变的建议;咨询师询问来访者,假如实验结果肯定了来访者的担心,他们将如何应对,这样咨询师就可以提前做好进一步处理的准备。

3. 角色扮演

认知治疗中的角色扮演是用来揭示来访者的自动化思维,发展他的理性思维,修改他的核心信念。一些来访者缺乏社交技能,或虽然对某种形式的交流方式熟悉,但是当需要使用时却缺乏应用技巧。通过角色扮演可以练习生活中需要的技巧和方法。咨询师要与来访者进行一些自信练习和角色扮演,促进来访者社交技能的发展。

4. 分级暴露

在治疗中,来访者往往会因为他当前的状况跟治疗目标相差很远而感到不安和焦虑。咨询师在帮助来访者制定治疗目标和计划的同时,要帮助来访者每天进行减缓焦虑的活动,然后把治疗目标细分为一个个步骤,经过一个步骤的治疗便达到一定的效果,依次积累,最后完成治疗目标。把治疗目标步骤化的过程就是分级暴露,它可以帮助来访者树立信心,一步一步地靠近治疗目标,实现治疗的效果。

5. 制作"饼图"

很多时候,人们会用"全或无"的方式来看待事件,即要么全盘否定,要么全盘肯定。对这种思维方式最好的干预方法,就是制作"饼图"(pie chart)。饼图的做法是,要求来访者在仔细考虑的基础上,在图中分隔出大小不同的份额,不同的份额代表他们在某个事件中所占的重要性程度和所承担的责任。接着让来访者指出事件的原因,以及每种原因在图中所占的比重。最后让他们思考自己在每个事件中承担的责任有多大。

6. 成本—效益分析

咨询师让来访者检查他持有的某一信念的结果,包括正性的和负性的,一旦结果呈现给来访者,他就可以选择继续维持原来的信念还是用一个不同的信念来代替。成本—效益分析(cost-benefit analysis)就是让来访者写出他现有的信念的成本和效益各是什么,肯定正性想法,否定负性想法。可以让来访者绘制表格,在表的左边写出当前信念的有利之处,右边写出不利之处,当不利之处远远多于有利之处时,来访者会觉得当前的信念对他不利,就会做出改变信念的决定。

7. 辩护律师练习

辩护律师(defense attorney)练习,就是让来访者想象自己被带到一次审判中,并成为辩护律师,而原告则是他的自动化思维。他的任务就是反对原告的诉讼,也就是跟自己的想法挑战。通过辩护律师练习,很多来访者会发现把自己想象为别人的辩护律师,要比想象为自己的辩护律师容易得多。来访者可以将他们自己放到一个要求验证、质疑证据以及挑战原告,即我们期望律师去做的任何事情的角色中。① 辩护律师练习可以让来访者对自己的自动化思维提出挑战,形成新的信念和思维方式。

(二)认知方法

1. 猜测想法

有时候来访者的负性情绪太强烈,以至于他不能思考与情绪一起出现的想法。猜测想法就是咨询师对来访者提出一些可能的想法,让他来决定是否其中一些想法与自己的想法或情绪一致。咨询师和来访者都努力推测潜在的思维。如果来访者坚持说自己没有想法只有情绪,阻碍了他对想法的识别,咨询师可以在他负性情绪非常强烈的时候,对他进行引导,这样有助于来访者对想法的猜测。

2. 理解特殊意义

不同自动化思维的来访者对词的意义理解也会不同,因此,咨询师不能认为自己知道来访者用某个词所表达的意思,而要彻底地理解某些词在某种情境下的特殊意义。弄清来访者表达的意思,可以让咨询师对来访者的思维过程更加了解,有助于治疗的开展。

3. 重新归因法

重新归因法就是咨询师帮助来访者重新探究事情的原因,重新为他们分配责任,减轻来访者对不良结果事件应承担的责任。因为有时候不良结果的事件本来不是来访者的责任,而来访者却把责任归于自己,进而自责,感到内疚和抑郁。

4. 垂直下降

垂直下降(vertical descent)法是一种了解来访者的潜在想法的有效方法。对来访者来说,负性的想法有时候会是真的,对不良事件的预测会给来访者带来担心或害怕。垂直下降就是探索引发这种负性情绪的潜在信念,进而可以削弱担心或害怕的想法。咨询师将来访者当时的想法写在纸的最上

---

① (美)Robert L. Leahy 著. 认知治疗技术——从业者指南. 张黎黎,等译. 北京:中国轻工业出版社,2005:52

面,然后画一个向下的箭头,指向他们的想法背后隐藏的一系列想法或事件,进而获得这些想法所包含的潜在意义。

5. 两种标准

两种标准就是要求来访者思考,如果将他目前的判断标准应用到别人身上会得到什么结果。来访者被引导去思考他们对自己采用一个标准,对别人采用另外的标准。咨询师可以问他们以下的问题:为什么会对自己比对别人要求更加严格? 为什么在对自己和他人进行评价会采用不同的标准? 这些问题有助于来访者认识到什么标准才是最合理的。

(三)情绪方法

1. 书面发泄

书面发泄就是让来访者自由地写下困扰事件来表达情绪,可以减轻他们的焦虑、抑郁等负性情绪。这是一种自由表达情绪的方法,即让来访者的负性情绪得到发泄。尽管困扰事件引发的负性情绪可能短时间内会增强,但几天或几周的治疗后,负性情绪和压力就会降低。

2. 识别情绪图式

不同的来访者会对负性情绪产生不同的想法或行为,也就是说,来访者会对不同的情绪有不同的情绪图式。这种治疗方法的关键就是让来访者识别各种各样的情绪图式,咨询师考察来访者处理不同情绪的不同策略,根据他们的情绪图式,采用适当的治疗方法来帮助来访者。

3. 意象重构

意象重构(imagery restructuring)是让来访者用戏剧化的方法,重新建构事件,改变最初导致焦虑和不安的事件的性质。意象重构可以激活来访者的自我中更强大、更有力量的成分,来对抗自我中弱小的、失败的部分。意象重构可以结合家庭作业的方法使用,咨询师让来访者回忆过去的不良经历,并详细地写下来,之后马上进行意象重构。在重构的事件中,来访者变得更自信、勇敢、自主和强大,他可以完全控制自己,把不良的经历弱化,达到治疗的效果。

4. 情绪启动法

在来访者有焦虑情绪时,他们更容易高估某些事件的危险性。情绪启动法(emotional heuristics)就是让来访者考虑情绪是怎样影响思维的,即让他们考虑情绪与思维的因果关系是如何产生的。情绪启动法可以让来访者学会如何去创造一种特殊的心境,从而去矫正他们的情绪启动。如果来访者正在用一种负性情绪进行思维,那么这种负性情绪可以被引导和矫正为一个积极的情绪,他们的思维也会在一种积极的情绪下重新进行。

第六节　交互分析疗法

交互作用分析(transactional analysis,TA)理论由美国心理学家埃里克·伯恩(Eric Berne,1910—1970)提出,是一种侧重分析人际环境的心理治疗的理论模型和操作程序。国际沟通分析协会(The International Transactional Analysis Association)为交互分析疗法下的定义为:TA 为一种人格理论,是一种针对个人成长和改变的有系统的心理治疗方法。TA 的一个主要概念在于个体的发展是与他人互动时发生的,这种人际沟通对我们的健康是非常必要的。

伯恩把人类行为分为三种自我,分别是父母自我、儿童自我和成人自我。在人格发展中,无论是正常或不正常的发展,主要受父母自我和儿童自我的交互关系和行为所影响。很多人因为自己所作的选择和相应出现的人生,导致许多不适当的行为和生活方式,以致蒙受痛苦、遭受折磨。交互分析疗法的目的是,使来访者的父母自我、儿童自我和成人自我统合,使他们从父母自我和儿童自我的交互模式中解脱出来,增强成人自我的效能,积极地面对生活的挑战,增强信心。帮助来访者学会与人建立亲密的人际关系,并在交往中学会自我反省,这是交互分析疗法的核心任务之一。

一、交互分析治疗的过程

交互分析疗法主张,咨询师在治疗中扮演一个角色并经历一个过程,来访者也扮演一个角色并经历一个过程,虽然两者经历不同的过程,但是两者之间的互动就是治疗。治疗是一个相互影响、充满新意的过程,像螺旋一样盘旋而上,最后达到预期的目标。在治疗过程中,咨询师要以专业的或个人的自我来面对来访者。"个人的过程主要与儿童自我、父母自我有关,而专业过程则与成人自我有关"。① 咨询师与来访者之间的专业自我、个人风格以及个人脚本,在它们之间形成三种不同的关系:合约关系、自然关系和脚本关系。合约关系是与现实有关并且结构化的关系;自然关系是与现实有关且自发的关系;脚本关系是既与现实无关,又与结构化和自发无关的关系。在治疗初期,双方的焦点在于创造接触及建立合约,两者间的关系是合约关系与自然关系。当治疗进展到一定程度时,来访者的脚本将在双方的关系中更为清晰,来访者更依赖咨询师,此时咨询师也更可能进入自己的脚本过程。在治疗末

---

① (瑞典)欧嘉瑞,安妮卡,罗南著. 人际沟通分析——TA 治疗的理论与实务. 黄珮瑛译. 成都:四川大学出版社,2006:130

期,来访者已经发生一些改变,有一定程度的自主,两者之间以自然关系为主。

在交互作用分析治疗中,来访者经历 6 个典型的阶段:

第一阶段,防卫自己,并说其他人的感觉也像自己一样。

第二阶段,表达出生气,将自己的情况怪罪到他的父母和童年。

第三阶段,因为自己的需求未得到满足,他们感到受伤。

第四阶段,开始把自己看作是问题的来源。

第五阶段,承认自己的力量和责任,并以此改变自己的情况。

第六阶段,在心理上与他们的父母和童年"和好"了。

按照治疗的步骤,交互分析疗法可以分成合约阶段、澄清阶段、回溯阶段和结束阶段四个阶段。

（一）合约阶段

"合约"(contract)是建立在咨询师和来访者之间的明确协议,说明咨询的架构和每个咨询阶段的目标。制定合约目标是明确治疗的任务,建立咨询师和来访者之间的合作关系,并建立治疗的框架结构。首先,咨询师要先对来访者进行深入的了解,收集来访者的资料,倾听来访者前来寻求帮助的原因。接着,咨询师对来访者的问题做初步的诊断,并记录下来。最后,咨询师构思治疗程序,跟来访者一起建立治疗的合约,并确定治疗目标。合约应该一目了然,一旦被破坏,破坏方应主动重新建立一个新的合约。

（二）澄清阶段

澄清(clarifying)阶段是继合约建立后、回溯阶段进行前的阶段,主要目的是扩大来访者对此时此地的觉察,并了解各种问题如何呈现出来。这一阶段需要咨询师加强对来访者成人自我内容的引导,让来访者在意识层面上掌握并改变自己存在的问题。澄清阶段要求来访者和咨询师都用清楚、简单的方式表达自己。为了提升来访者对自己行为的了解,咨询师要鼓励他们分析自己的沟通与表达。如果来访者说不清楚或吞吞吐吐,咨询师不能认为自己已经了解了,必须追根究底,直到完全明白来访者的意思。

（三）回溯阶段

回溯(regression)阶段是指来访者退回到较早的状态。在这个阶段,来访者并没有运用他已经达到的发展层次,反而运用过去的行为方式。退回到较早的状态是有意义和正常的现象,是暂时性的,来访者会很快地回复正常的功能。治疗的回溯阶段需要先进行去污染工作,接着让来访者尽可能体验冲突的原始情境,之后咨询师再提供机会让来访者以新的方式来处理问题。回溯一般由合约阶段开始,从来访者的童年经验着手,更快地触及心灵深处的冲突。

（四）结束阶段

当咨询师看到来访者逐渐成熟,并能用成人自我来解决问题的时候,治疗就可以进入结束阶段。结束阶段对治疗效果是一种考验,因为这涉及来访者是否有能力面对新的情境与关系。若来访者与咨询师已经建立了强烈的情感关系,就意味着来访者需要依靠自己来排遣分离前的失落。治疗的结束阶段存在不同的效果程度,可以分为下面几种:来访者达成了治疗合约,不需要继续治疗;来访者已完成治疗,但不确定停止治疗后可能要面对的困难,希望持续某种支持性的治疗;来访者并没有完成治疗,继续参与定期的治疗;虽然没有完成治疗,但来访者产生抗拒,希望停止治疗。

结束阶段需要对治疗的效果进行评估,如果咨询师认为来访者完成了以下 5 项工作,就说明治疗是有效的,这 5 项工作是:来访者没有严重的漠视现象;存在较少的驱力行为;没有严重的心理游戏;觉得自己和别人都是好的;已经完成了回溯工作,不再有心理扭曲。

二、交互分析治疗的方法

(一) 空椅法

交互分析治疗中使用的空椅(empty-chair)法与格式塔疗法中的有些相似,也是在来访者面前放一把空的椅子,咨询师引导他们想象某一个重要人物或对自己影响较大的人物现在正坐在那张椅子上。椅子本身在空椅法中并不重要,站着、躺下、坐在地板上等方式都可以,只要与原始情境接近。空椅是要帮助来访者将内在的对话外显,表达他们人格的不同部分。"母亲"坐在椅子上则是父母自我的外显,发生在"自己"和"母亲"之间的对话就是儿童自我与父母自我之间的对话。由于这种对话通常发生在潜意识内心深处的过程,让其外显才有可能进行治疗。

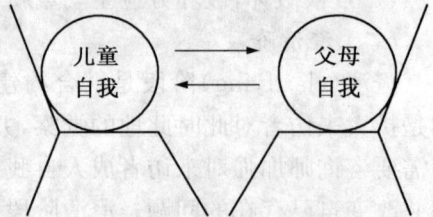

图 6-6 空椅法处理儿童自我和
父母自我之间的对话

(二) 强化自我界限

在交互分析中,正常的自我状态是"父母"(P)、"成人"(A)、"儿童"(C)三部分之间的界限明确,个人能直接地、轻松地从一个自我转换成另一个自我。对松散的自我边缘,咨询师首先要教会来访者 P-A-C 三种自我状态的含义,让他们熟悉这三部分之间的交互功能。接着,咨询师要求来访者运用知识来处理自己的行为,达到强化自我界限的目的。

(三) 去污染工作

"污染"是指父母自我或儿童自我,或两者同时侵入成人自我,造成重叠或干扰的现象。去污染工作(decontamination work)的主要策略是,让来访者了解到自己受污染的状况，并指出谁在污染、如何污染、污染的程度等，以达到去污染的效果。当来访者对事物的看法有偏差时，咨询师要指出他的成人自我状态受到什么样的污染，并对他现有的状态进行修正，以重建来访者谐和的自我状态。

伯恩认为，去污染可以用 4 个步骤来进行：一是将成人自我与儿童自我以及父母自我区分开来；二是加强各个自我状态之间的界限；三是教育与训练成人自我；四是使成人自我成为人格中的主导。

（四）再宣泄

宣泄（release therapy）是指一个自我能很稳健、很顺利且直接地转换到另一个自我。再宣泄是指将来访者所排斥的另外的自我状态激发出来，使他的行为反应能因环境的需要，随时宣泄或呈现更适宜的自我状态。有的来访者不善于直接表达自己的情感和需要，则可以通过非语言表达结合语言提示的方式来帮助他们宣泄。

（五）面质

面质（confrontation）是指咨询师用自己得到的信息指出来访者的不一致之处，咨询师要当面指出来访者自身存在的情感、观念、行为之间的矛盾。面质的目的，并不在于向来访者说明他说错了什么话或做错了什么事，而是暴露矛盾。在面质的情况下，会导致来访者心理能量的重新分配，此时来访者不得不使用成人自我状态中尚未用过的部分来面对，从而促进他们的成长。

（六）确认

确认（confirmation）是面质的延续，其目的也是进一步增强来访者运用成人自我状态的能力。在治疗的初级阶段，儿童自我状态往往想要持续以前的模式，咨询师要小心翼翼地以新的面质来连续先前已做过的面质。

（七）重新定向

重新定向（reorientation）是指咨询师使来访者明白童年经验对他们的影响，了解自己在困扰中的责任和主动性，重新以成人自我的状态来思考自己的决定，并把决定付诸行动。重新定向可以让来访者摆脱不良的行为，培养健康、良好的生活方式。

（八）澄清

澄清（clarification）是指咨询师将来访者所说的或想说的信息串连起来，或把他们没有明白表达的、内隐的想法和感受明确地指出来。同时，咨询师要求来访者将过去发生过的事或幻想以后会发生的事，以现在正在发生的方式加以描述。并鼓励来访者与有关的人直接对话，而不只是谈论有关某人的事，即使这个人不在现场也一样。使用澄清的方法可以帮助来访者深入洞察已经发生的或将要发生事情的原因,让他们在心理治疗后能够很自然地回到现实生活中去。

（九）解释

解释(explanation)是咨询师用简短的一句话强化来访者的成人自我状态,也就是向他们说明成人自我状态应该是何种状态和表现,让来访者摆脱儿童自我状态和父母自我状态,引发他们的成人自我状态。

（十）例证

例证(illustration)是指咨询师对来访者使用一些轶事、比喻、比较等方式,让来访者更好地理解咨询师的话。例证的方法通常在成功的面质后使用,可使面质的效果更好。

第七节　理性情绪疗法

理性情绪疗法(rational emotive therapy,RET)是由美国心理学家艾利斯(Albert Ellis, 1913—2007)于 20 世纪 50 年代创立的心理治疗理论与方法,它强调认知对情绪和行为的影响。理性情绪疗法的理论基础是艾利斯的"ABC 理论"。艾利斯认为,人的情绪不是由某一诱发性事件本身引起的,而是由经历了这一事件的人对事件的解释和评价引起的,这就是 ABC 理论的基本观点。在 ABC 理论中,字母 A 表示导致个体产生情绪的诱发性事件(activating event);字母 B 表示个体在遇到诱发性事件后形成的信念(belief),即他对事件的看法和评价;字母 C 表示在特定情景下个体的情绪及行为的结果(consequence)。一般认为,诱发事件引起行为结果,即 A 引起 C,而 ABC 理论则认为 A 只是 C 的间接原因,个体信念 B 才是直接的原因。

理性情绪疗法的创始人,提出著名的"ABC 理论"。理性情绪疗法最初所用的名称为理性治疗(rational therapy),1961 年改为理性情绪疗法(rational emotive therapy),强调在心理治疗过程中的认知、行为、情绪三者之间的关联性。1962 年出版《治疗中的理性和情绪》,1973 年出版《人本主义的心理治疗:合理情绪方法》,1977 年出版《理性情绪治疗手册》,1987 年出版《理性情绪治疗实践》。

图 6-7　阿尔伯特·艾利斯(Albert Ellis, 1913—2007)

一、理性情绪理论的人性观

理性情绪治疗是一种十分关注人性的心理治疗方法,它对咨询师提出了很高的要求,咨询师必须掌握精湛的治疗方法和技术才能进行有效的治疗。正如格里根(Russell M. Grieger)所说的,心理治疗是一门由高度发展的、精确的技术组成的手艺,巧妙地使用这种手艺能建设性地影响来访者的心理状态和行为。[①] 要掌握理性情绪治疗的方法,首先要了解理性情绪治疗理论有关人性的思想。

艾利斯认为,人天生就具有两种倾向:理性的和非理性的。理性的倾向使人产生合理的思维,非理性的倾向使人产生不合理的思维。而情绪的困扰是由不合理的思维引起的,进而不合理的思维内化为不合理的信念。理性情绪疗法就是以理性控制非理性,以理性的思维方式替代非理性的思维方式,减少由非理性的信念所带来的情绪困扰,以及随之而来的行为异常。人类常见的非理性的信念倾向可分为十种:

第一种,畸形的思维(如强迫思维)。

第二种,易受暗示的影响。

第三种,过度概括化,以偏概全。

第四种,过于要求尽善尽美。

第五种,对他人有过分的要求。

第六种,追求绝对化、肯定化,不能忍受不确定性。

第七种,夸大负性事件的危害性。

第八种,自暴自弃。

第九种,自我贬低。

第十种,过分关注自己身体的变化。

二、理性情绪治疗的原则

理性情绪治疗非常注重治疗关系的建立,治疗关系的建立并不是独立进行的,而是在帮助来访者解决面临的问题过程中建立起来的。只有来访者感到咨询师真正关心他们以及是胜任的,来访者不合理信念的改变才有可能,治疗也会更有效。一般来说,理性情绪治疗要达到预期的治疗效果,要遵循以下六条基本原则:

第一,认知对人类情绪来说是最重要的、起决定性的作用。

---

① Grieger R M. The process of rational-emotive therapy. Journal of Rational-Emotive Therapy,1985,3(2):139

第二,不正常的想法是人类悲伤的主要来源。

第三,最好的改变途径是改变想法。

第四,理性的和非理性的想法的病因存在多样化的因素。

第五,理性情绪疗法强调当前因素,而不是影响行为的历史因素。

第六,信仰是可以被改变的。

三、理性情绪治疗的过程

理性情绪疗法的治疗过程可以分为五个阶段,即心理诊断阶段、来访者领悟阶段、辩论干预阶段、再教育阶段和巩固治疗效果阶段。

（一）心理诊断阶段

心理诊断阶段是治疗的初始阶段,咨询师要与来访者建立良好的治疗关系,帮助他们树立信心,尊重与关心来访者。咨询师在这个阶段的一项重要任务是为来访者指出不合理的思维和信念,并使他们掌握ABC理论的主要思想。此外,咨询师还要认真分析来访者的所有问题,并选择他们迫切需要解决的问题,以此为中心确定治疗的目标。

（二）来访者领悟阶段

领悟阶段的主要任务是帮助来访者认识到自己不适当的情绪和行为表现或症状是什么,产生这些症状的原因是自己不合理的思维造成的,并找出他的非理性信念。

在寻找非理性信念并进行分析时,可按照一定的顺序进行:第一,了解激发事件A的客观证据;第二,了解来访者对事件A的感觉和体验;第三,要来访者回答为什么会有恐惧、悲痛、愤怒等情绪,找出造成这些负性情绪的非理性信念;第四,区分来访者对事件A所持有的理性和非理性信念;第五,将来访者的负性情绪和不安全感、无助感和负性自我评价等观念进行区别。

（三）辩论干预阶段

在辩论干预阶段,咨询师使用辩论的方式动摇来访者的非理性思想,这是理性情绪疗法的关键,其目的是让来访者放弃不合理的信念。正如格里根所说的,辩论不仅是来访者改变的基础,更是咨询师和来访者处理各种危险的支柱。[①] 在治疗的过程中,辩论一直存在。来访者渐渐地用理性的信念取代非理性的信念,发生认知层面的成长。艾利斯指出,辩论的过程包括3个要素:侦察（detecting）、争论（debating）与分辨（discriminating）。来访者要学会

---

① Grieger R M. The process of rational-emotive therapy. Journal of Rational-Emotive Therapy, 1985, 3(2): 146

如何发现他们的非理性信念,特别是绝对性的词句,如应该、必须等。接着,来访者与自己的非理性信念进行激烈的争论,说服自己摆脱它们,从而使自己学会分辨非理性信念与理性信念。

在辩论干预阶段,咨询师帮助来访者进行辩论的过程分为三个步骤:

第一步,咨询师向来访者以反问的方式提问,如"支持你的说法的证据在哪里",并指导来访者与他们的非理性思维辩论。

第二步,咨询师帮助来访者区分自己的理性与非理性思维。

第三步,咨询师帮助来访者清楚、明白地驳斥他们的不合理信念,通过反复的辩论,直到来访者认识到非理性信念是不合逻辑的,是荒谬可笑的。

（四）再教育阶段

再教育阶段是治疗的后期阶段,目的是帮助来访者在摆脱不合理信念的基础上,进一步建立合理的信念。在这一阶段的最后,咨询师还要鼓励来访者以批判的态度来检讨个人最基本的价值观,正视一切问题,学习理智地思考,快乐地面对生活。

（五）巩固治疗效果阶段

最后,进入巩固治疗效果阶段。虽然理性行为治疗法使用许多认知、情绪与行为的方法协助来访者克服非理性信念,但这种辩论除了要在治疗中进行,也要在生活中不断使用。如果治疗产生了效果,那么来访者就能以合理的思维取代不合理的思考,形成新的有效的信念系统。这样,使来访者发生深刻的转变,他的问题也才会真正好转。艾利斯称这种治疗效果为"深刻的哲学意义上的转变"(profound philosophic change)。[1] 此外,艾利斯认为,大部分心理治疗会使来访者产生有益的但是表面的改变,也就是说来访者感觉到好转但其实并没有好转。因此,治疗的真正效果是要促进来访者发生深刻的改变。

从理性情绪治疗的 5 个阶段可以发现,在治疗中最主要的是辩论干预(disputing intervention,以字母 D 表示)过程。此外,在治疗的最后阶段还要对治疗的效果(effects,以字母 E 表示)进行评估,如果治疗有效,来访者就会产生积极的情绪及行为,心理困扰因此消除或减弱,产生愉悦、充实的新感觉(new feelings,以字母 F 表示)。所以由 ABC 理论所建立的理性情绪疗法可以用 ABCDEF 这 6 个大写字母作为其整体模型(图 6-8)。

---

[1] Ellis A. Is rational-emotive therapy（RET）"rationalist" or "constructivist"? Journal of Rational-Emotive and Cognitive-Behavior Therapy，1990，8(3)：175

```
┌──────────┐      ┌──────────┐      ┌──────────┐
│ A诱发事件 │◄────│+B合理信念 │────►│  C结果   │
└──────────┘      └──────────┘      └──────────┘
       ▲                │
       │                ▼
       │          ┌──────────┐
       └──────────│-B不合理信念│
                  └──────────┘

┌──────────┐      ┌──────────┐      ┌──────────┐
│ D辩论干预 │────►│  E效果   │────►│ F新的感觉 │
└──────────┘      └──────────┘      └──────────┘
```

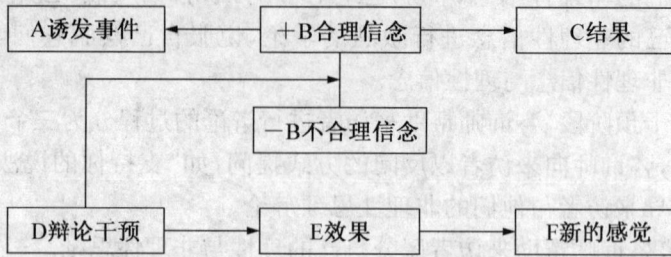

图 6-8 理性情绪疗法的 ABCDEF 模型

四、理性情绪治疗的方法

理性情绪治疗的方法是一种多模式整合的治疗方法,咨询师可以使用认知、情绪和行为的各种方法,但来访者适合哪种方法还需要根据诊断的结果来确定。理性情绪治疗最常用的方法是辩论法、认知家庭作业和合理的情绪想象。

（一）辩论法

辩论法要求咨询师在正确诊断的基础上,大胆地、毫不客气地对来访者持有的非理性信念进行辩论。使用辩论方法,咨询师必须对来访者进行不断深入的提问,提问的方式包括质疑式和夸张式两种。

1. 质疑式提问

咨询师直截了当地向来访者的不合理信念质问,但大部分来访者不会简单地放弃自己的信念,虽然他们往往不加批判地接受了许多现成的看法。面对咨询师的质问,来访者会为自己的信念辩解,因此咨询师要不断努力,使辩论过程重复。只有当来访者了解什么是合理的信念,什么是不合理的信念,才能真正意识到不合理的信念是不正确的,并以合理的信念取代不合理的信念。

2. 夸张式提问

咨询师针对来访者的不合理信念,故意提出一些夸张的问题,通过提问放大他们的不合理信念。其目的与质疑式提问一样,只是方式上有所区别,但治疗的效果比质疑式提问好。来访者在回答过程中会感到自己的想法荒谬、可笑,因此无法为自己辩护。

（二）认知家庭作业

咨询师可采用布置作业的形式,把治疗过程带到来访者的日常生活中。家庭作业的格式包括固定的和自由的两种。固定格式的作业是一种自助表格,其内容是,来访者针对问题找出 A 和 C,然后找出 B,填在表格中;再让来访者自己进行辩护,对自己的不合理思想辩护;最后填写 E 和 F。自由格式的作业,完全由来访者进行合理的自我分析,找出不合理信念并与之辩论。

（三）合理的情绪想象

合理的情绪想象是理性情绪治疗中使用最频繁的一种方法,它可以帮助来访者改变情绪体验,认清 B 和 C 之间的关系,并帮助来访者找出不合理的思想。合理情绪想象的方法可分为三个步骤,具体如下:

第一步,使来访者想象他们进入自己感到不良的情绪反应或受不了的情境中,体验不良的情绪或在这种情境下的强烈情绪反应。

第二步,咨询师帮助来访者改变不良的情绪反应并体会适度的情绪。

第三步,让他们停止想象,说出使自己的情绪发生变化的原因,并强化来访者的合理信念和新的感觉,纠正不合理的信念。

第八节　家庭疗法

家庭治疗(family therapy)是以家庭为对象而施行的心理治疗方法,始于20 世纪 40 年代末到 50 年代初,并于 70 年代末到 80 年代初达到繁荣。阿德勒(Alfred Adler)是现代第一位做家庭治疗的心理学家。家庭治疗与传统的心理治疗强调对个体进行干预的做法不同,它把焦点放在来访者与家庭成员之间的关系上。家庭治疗主张,要改变病态的现象或行为,不能单从治疗个人着手,应以整个家庭系统为治疗对象。家庭治疗的方法是调整家庭成员间的关系,通过交流、扮演角色、建立联盟、达到认同等方式,改变问题产生的家庭动力机制,从而解决个体与家庭共同面临的问题。

一、"个人"与"家庭"之间的关系

家庭治疗把家庭看作一个动态的系统,通过评定家庭成员之间的相互作用,个人行为才能被更好地理解。因此,把家庭作为一个整体能更好地促成改变。在进行家庭治疗之前,咨询师首先要了解"个人"与"家庭"之间的各种病理关系,即个人的症状与家庭成员的心理问题之间的关系,大致可分为以下几个类型:个人的精神生活并非全部是个人经历内化的过程;个人的心理问题影响整个家庭的心理生活;个人心理问题的形成源于过去的家庭问题;个人心理问题的形成源于当前的家庭问题;个人心理问题与家庭问题并存。

在进行家庭治疗前,咨询师要仔细分析"个人心理问题"与"家庭问题"之间到底是何种关系,在正确诊断后,才能进一步决定如何处理个人与家庭的心理问题。任何一个家庭成员的行为都会影响其他成员,而其他成员的反应又会对个体产生作用。此外,因为家人都是自己人,只要让对方有诚恳、关心、爱护的感觉,问题常会很快解决。只要能抓住情感,万事都可解决。

二、家庭的系统观

传统的心理治疗理论把个人放在首位,而他人的影响和环境因素则被降到辅助性的、次要的位置。而系统观则把家庭放在首位,并认为所有的家庭成员对来访者的心理功能和发展都会产生作用。系统观还认为,每个家庭都受家庭内的人际关系、规则和角色的影响,而后者又源于更大的社会系统。家庭可被看作是一个亚系统,家庭内的交流方式是理解家庭功能的焦点。通过观察和理解家庭中重复出现的交流方式,咨询师才能掌握家庭中的一些意识内或无意识的规则。在家庭系统内,任何成员的行为都受家庭其他成员的影响,而成员的行为也影响系统,这种连锁反应可导致许多病态的家庭现象,一个人的病态行为,也常因配合其他成员的心理需要而被维持。

三、健康家庭的特点

一般来说,健康的家庭应具备以下 6 条基本特征,家庭治疗的目的就是要促进家庭的健康,鼓励家庭成员的成长。

第一,积极地应对挑战与危机。

第二,拥有清楚、明确的世界观。

第三,家庭成员之间以及家庭系统与外部有良好的沟通。

第四,家庭成员在各种任务中共度时光。

第五,相互之间做出承诺,并遵守承诺。

第六,知道如何表达彼此之间的爱和理解。

四、家庭治疗的主要流派

针对个人出现的不同心理问题,可采用不同的家庭治疗方法,家庭治疗成为心理咨询和治疗领域的一股新生力量。根据不同的理论基础,家庭治疗流派包括结构性家庭治疗、行为性家庭治疗、策略性家庭治疗、分析性家庭治疗、代际互动治疗、功能性家庭治疗和家庭联合治疗。

(一)结构性家庭治疗

结构性家庭治疗(structural family therapy)的重点放在家庭的组织、关系、角色与权力的执行等结构上,咨询师通过帮助家庭调整各种界线来纠正家庭结构上的问题,促进家庭功能的改善。米纽钦(Salvador Minuchin)认为,家庭中存在一些显性或隐性的规则形成一个家庭的结构,咨询师只改变个人并没有很大的效果,只有帮助家庭建立良好的结构才能达到治疗的效果。结构性家庭治疗的咨询师是专家,是介入的设计者和家庭功能的调整者,咨询师承担改变的责任,影响和控制家庭。家庭成员间的沟通方式,权力的分配与执行,情感上的亲近与否,都可视为家庭的结构问题,也是促进家庭功能改善的要点。

结构性家庭治疗理论的创始人。1967年出版了《贫民窟的家庭:结构的探索与治疗》,书中描述低社会经济阶层家庭的结构特征,并首次采用结构家庭治疗方法来对这部分人进行治疗。《贫民窟的家庭:结构的探索与治疗》一书的出版,标志着结构性家庭治疗的诞生。1974年出版《家庭与家庭治疗》,1981年出版《家庭治疗技术》。

图6-9　萨维多·米纽钦(Salvador Minuchin,1921—)

在治疗过程中,咨询师首先要了解整个家庭结构,对所有的家庭成员进行评估,个人的症状来源于家庭结构的不平衡,家庭结构问题可以表现在以下方面:家庭的权力结构;家庭亚结构和代际间界线的清晰与模糊程度;家庭中的联盟及分裂;家庭成员间的情感纠葛或疏离;家庭成员间的包容程度。

在了解家庭结构问题的基础上,才能对家庭结构进行干预。结构性家庭治疗大致可分为4个阶段:

第一阶段,咨询师对家庭的社会文化背景和发展背景进行一定的了解。

第二阶段,咨询师与家庭建立良好的关系,消除部分成员的防御心理和焦虑,尊重整个家庭的结构。

第三,画出家庭的结构图,注明家庭的亚结构和各成员之间的关系。

第四,通过结构图进行分析,并修正存在问题的家庭结构。

常用的结构性家庭治疗方法包括介入(joining)、活现(enactment)、强度(intensity)、重构(reframing)、解决成员的交互作用(interaction)等。咨询师认为,家庭的结构只有在家庭的行动中才能暴露和被发现,因此需要咨询师倾听每个成员的述说,表示理解、尊重整个家庭的结构,从一开始就要主动"介入"家庭,促使家庭成员互动,让家庭系统和亚结构"活现",并借此来对家庭系统进行评估。此时,咨询师高度融入家庭,并对家庭进行强烈干预,这种技术被称为"强度",以修正成员间的互动,打破原有的平衡。此外,还有一种"重构"技术,即重新解释家庭成员所描述的行为,以此产生治疗上的改变,即把症状行为转换为适应良好的行为。咨询师还要处理家庭成员的交互作用,并帮助家庭理清界线。对于结构不清晰的家庭,咨询师会加强界线,使家庭亚结构或成员有足够的空间;对于分离的家庭,咨询师会削弱界线,增强家庭亚结构或成员之间的交流。

（二）行为性家庭治疗

行为性家庭治疗（behavioral family therapy）的着眼点放在可观察到的家庭成员间的行为表现上，即建立具体的行为改善目标与进度，充分运用学习的原则，给予适当的奖励和惩罚，促进家庭行为的改善。它强调环境、情景和社会行为的因素，通过定期监督，并建立以资料为基础的操作程序，将科学的方法引入治疗过程。

在行为性家庭治疗中，咨询师考察家庭成员的令人不愉快的行为是怎样产生的，他们怎样忘记这些行为，以及怎样学习更多的令人愉快的行为。行为性家庭治疗采用直接治疗的方法，在治疗中直接地确定目标，并发展和监控行为计划。目前这一取向的家庭治疗大部分用于婚姻治疗和亲子治疗中，治疗过程包括以下五个步骤：建立和谐；识别行为；把行为分成一定的等级；选择或剥夺回馈；发展契约。

行为父母训练（behavioral parent training）是帮助父母学习家庭管理的技巧，以有效地管理儿童的行为。行为父母训练的目的在于，指导父母管理儿童的技术或改变儿童行为的技术。父母首先要对儿童的行为进行评估，常见的评估方法包括：直接跟儿童对话、观察儿童的行为、基础资料的搜集。行为父母训练有六个步骤：

第一步，问题的鉴定（与父母交流以了解问题）。

第二步，测量与分析问题（注意与记录问题行为，以及行为的起源与结果）。

第三步，为父母寻找治疗的方法（评估父母控制环境的能力、训练父母的能力、评估父母心理上的问题、为父母选择有效的和经济的治疗方式）。

第四步，指导父母学习基本的技巧。

第五步，随时评估治疗的进程和效果。

第六步，对治疗的结果进行评估。

行为婚姻治疗（behavioral marriage therapy）结合社会学习理论和社会交换理论，满足夫妻改变行为的需求。咨询师要在情感上、关系上成为夫妻间互动的纽带，有效的治疗要求咨询师有能力驾驭三人之间的关系。① 行为交换（behavior exchange）和问题解决（problem solving）是行为婚姻治疗常用的两种干预技术。治疗从资料的使用开始，进而进入结构性评价，历经六个步骤：

---

① （美）JoEllen Patterson，等著.家庭治疗技术.方晓义，等译.北京：中国轻工业出版社，2004：124

第一步,对婚姻的满意度、当前的问题、夫妻关系和夫妻处理问题的方法、夫妻的经济能力、生儿育女、性和爱情等内容进行详细的评估。

第二步,让夫妻学习社会学习理论,咨询师帮助每个人解释他要求对方做到的积极的事情。

第三步,让夫妻学会下面一些技术：在一个清晰的行为模式下如何表达他们自己;行为交换的程序;发展交流的技巧;寻找分享权力和做出决定的途径;发展问题解决的技能。

第四步,培养夫妻双方的积极心理,减少消极心理。

第五步,教会夫妻行为交流技术,使夫妻对自身的需求能用行为的方式来表达。

第六步,改变夫妻双方关于对方的缺点和对对方的不良感受的归因和认知。

（三）策略性家庭治疗

策略性家庭治疗（strategic family therapy）需要咨询师提出一套有步骤的治疗策略,着手修正认知上的问题以求有层次地改变家庭问题。策略性家庭治疗关注的是如何解决家庭问题,而不是问题是如何产生的。遵循"抛弃过去,关心现在"的原则,咨询师制定治疗的先后步骤与策略,并选择一些策略来进行干预。

策略性家庭治疗包括弄清沟通的原则、再定义问题和反其道而行之三个基本的治疗方法。

1. 弄清沟通的原则

策略性家庭治疗主张咨询师和家庭成员首先要坚持清晰的沟通原则。这里应遵循两个基本的沟通原则,第一,人们在说出他们自己的想法时,只代表他们自己的意思。例如,在与咨询师进行交流时,家庭中处于支配地位的成员往往代表另一方回答问题,他们认为他的想法也是他人的想法,并用"我们认为……"的方式回答。第二,应当直接与对方进行交流。例如,来访家庭的某个成员在表达自己对其他成员的意见或看法时往往会说："我觉得他/她是……"的方式。

2. 再定义问题

再定义问题的治疗方法,就是要求家庭成员从另一个角度来看待问题,从新的角度来解释存在的问题。当家庭成员为问题赋予新的解释后,他们看待问题的方式会有所改变,原来的问题变得可以理解和接受,进而他们会使用新的行为来配合对问题的新解释。

3. 反其道而行之

海利（Jay Douglas Haley）认为,如果一个人表现出某种症状比放弃症状更困难,那么他将放弃这种症状。反其道而行之的方法,就是治疗过程与治疗目标相反的方法,就是要帮助家庭成员维持或增加现有的心理行为问题或症状。利用反其道而行之的方法,咨询师指导家庭成员继续表现出他们的症状,其出发点是如果成员能表现出症状,表示他们能控制症状并有改变症状的可能性和能力;如果成员不能表现出症状,那么他们就要放弃症状。反其道而行之一般分为三个阶段:第一,咨询师向家庭成员定义症状,使他们认为症状对解决家庭问题有利。第二,咨询师鼓励家庭继续表现出症状,也就是每天在固定的时间内故意表现出症状,而且要比原来时间更长、强度更强。第三,当家庭问题有所缓解时,咨询师继续要求家庭表现症状,此时咨询师抑制家庭问题的缓解反而会加速家庭的改变。

杰·道格拉斯·海利对策略性家庭治疗的发展产生了重要影响。他把结构性家庭治疗法和等级、权利、策略性干预等概念协调起来。1963 年出版《心理治疗的策略》,1967 年出版《家庭治疗技术》,1987 年出版《问题解决治疗(第六版)》,2003 年出版《策略性治疗艺术》。

图 6-10　杰·道格拉斯·海利(Jay Douglas Haley, 1923—2007)

（四）分析性家庭治疗

分析性家庭治疗(analytical family therapy)是把分析心理学(analytical psychology)理论运用到家庭治疗中而产生的家庭治疗流派。分析性家庭治疗以精神分析理论来了解家庭成员的深层心理与行为动机的发展,把家庭看作连锁的系统。分析性家庭治疗着眼于了解并改善成员情感上的表达、满足与欲望的处理,促进成员的心理成长。分析性家庭治疗认为,家庭中的成员之间不断进行着潜意识的交流,因此,某一成员的行为可能反映出整个家庭的问题或症状。

分析性家庭治疗认为,在家庭关系中,成员的童年经历是成年后产生症状的根源。成员早期与他人的关系在以后的关系中会产生持续性的满足需求。在治疗中,咨询师关注家庭成员如何对自己进行角色界定,如果所有成员都能清楚地区分他们自身与他人角色之间的区别时,家庭中的互动就可以顺利地进行了,进而可以建立新的家庭交流。咨询师试图唤起家庭成员潜意识的资料,解释这些资料,并借助他们与家庭之间的移情和反移情关系,促使家庭成员把过去内化的创伤性经验带入意识之中,从现有的家庭关系进行有意识的了解,产生顿悟,并产生改变行为和家庭关系的可能。咨询师较少关注家庭作为团体的交往模式,更多关注成员的感受,探索这些感受,有助于咨询师理解家庭成员行为背后的基本问题。

（五）代际互动治疗

代际互动治疗(intergenerational dynamics therapy)的中心思想是,在个人能分化出成熟、健全的人格前,个体对家庭的那种悬而未决的情感依附必须加以解决,而不能只是被动地接受或反抗性地抗拒。鲍恩(Murray Bowen)认为,除非家庭起源的关系模式得到很好地理解并直接受到挑战,否则当前在家庭中出现的问题不会得到明显的改善。

代际互动治疗理论的创始人之一。他认为从家庭三代的观点分析时,家庭能得到最好的理解,因为人际关系模式一代代地联结家庭成员。1966年出版《临床实践中家庭理论的运用》,1978年出版《家庭治疗的临床实践》。

图 6-11　莫瑞·鲍恩(Murray Bowen, 1913—1990)

鲍恩的家庭系统理论是一个情绪关系系统,他描述了具有多代网络关系的家庭对个体的影响。他提出了 8 个关联的概念来描述家庭系统,分别为:自我分化(self-differentiation)、三角关系(triangles)、核心家庭情感系统(nuclear family emotional system)、家庭投射过程(family projection process)、情感割裂(emotional cutoff)、多世代传递过程(multi-generational transmission process)、同胞排行(sibling position)、社会性退化(societal regression)。

鲍恩运用其家庭系统理论,探索家庭问题产生的原因,并在此基础上提出了代际互动治疗的方法。他认为,治疗的目标在于减轻焦虑,加强自我分化程度,重新开放封闭的家庭连结并化解三角关系,不能将困扰持续留在家庭系统中。代际互动治疗的一项重要方法就是代际图的使用。在代际图中,男性用方格表示,女性用圆圈表示,并在符号内记录各自的年龄;男女之间的连线表示结婚,在连线上标注结婚的时间,垂线连接父母和子女。两个成员间用一条线表示他们之间存在关联,两条平行线表示亲密,三条平行线表示非常亲密,虚线表示疏远,曲线表示有冲突。此外,代际图中在男性的方格和女性的圆圈内打叉表示死亡,见图 6-12 所示。

咨询师首先要通过代际图收集多代际家庭的资料,将出现的问题置于系统脉络中,同时界定主要的症状性三角关系及相关的三角关系,并在家庭内

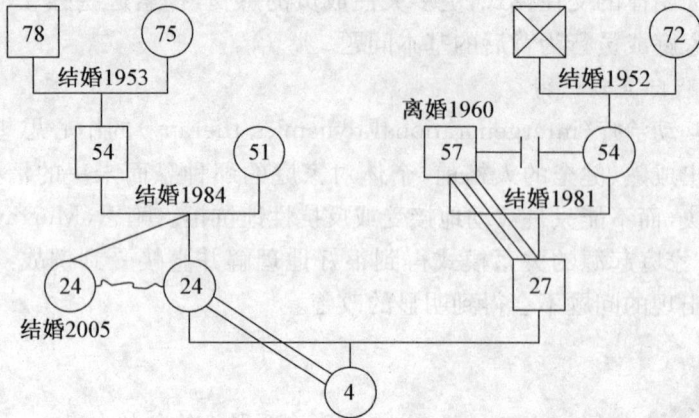

图 6-12　一个四代家庭的代际图

最为重要的三角关系上进行调整。但咨询师需要保持客观和中立,避免卷入家庭三角关系中。此外,代际互动治疗还需要开展家庭系统中各成员间的互动,使成员散发情感能量,这也是自我分化过程中的一部分。代际互动治疗的另一种方法就是让家庭成员清楚地表达出个人意见,说出自己的感受,而不对他人进行评价。让家庭成员明白每个人在家庭中所处的位置,避免攻击别人。

（六）功能性家庭治疗

功能性家庭治疗（functional family therapy）从家庭的范围来解释行为,它强调家庭内相互作用所产生的关系,可以达到家庭关系和睦、人际关系和谐,这是许多家庭内部行为的功能。这些功能性结果或者与有关成员的愿望一致,或者相反。功能性家庭治疗认为,当某种行为只唯一地满足个人的人际功能时,它就成为有问题的行为。

在功能性家庭治疗中,咨询师有两个任务:第一,测评和理解具体的问题行为所产生的人际后果;第二,选择和实施治疗策略。其治疗可分为早期、中期、后期三个阶段的干预。

治疗的早期阶段:使家庭产生求变的动机。咨询师力图帮助家庭改变原来对问题性质的认识,并为问题行为提出新的标签,这种标签将减少怨恨和防御心理,并产生对行为的新的价值观。这一阶段需要家庭成员建立联盟、发展交流、减少负面情绪、把无助感降到最低、发展家庭目标,并减少治疗中途退出的可能性。此时,咨询师使用的治疗方法包括确认（validation）、积极阐述（positive interpretation）、再归因（reattribution）和再组织（reframing）。

治疗的中期阶段:促进家庭成员行为的改变,以更适应的、有效的行为来取代问题行为。咨询师选择系统改变的策略,策略与家庭成员行为的功能性后果和咨询师在第一个阶段提供的新标签一致。接着,咨询师促进家庭成员改变问题行为,形成新的、有利的行为。这一阶段需要家庭成员发展和执行个人的改变计划,改变当前的不良行为,学会与家庭生活有关的方法(如交流、养育等)。此时咨询师使用的治疗方法包括:指导行为的建构、改变计划执行方式、新行为构建和训练。

治疗的后期阶段:为每个家庭的交互作用制定特殊的目标,并使之普遍化。咨询师帮助家庭成员之间的交互作用制定新的、特殊的目标,并使之习惯化,以后家庭系统内的行为模式就按照新的目标进行。这一阶段需要家庭成员维持和普及他们已经改变的行为,防止问题行为的再出现,并为家庭提供一定的外部条件来支持其改变。此时咨询师使用的治疗方法包括:家庭事件管理、资源补助、防止问题行为的复发干预。

(七)家庭联合治疗

萨提亚(Virginia Satir)的家庭治疗模式是家庭联合治疗,又称人类证实加工模型(human validation process model),它建立在系统理论的基础上,是一种经验性的方法。该治疗理论认为,个人系统的形成受家庭系统很大的影响,同时家庭系统的形成也是与个人系统互动的结果。萨提亚认为,每个人都有成长与发展的倾向,都有实现自己潜能的可能,咨询师只是帮助他们运用自己的潜能来成就自己。治疗的最终目标是个人达到身心整合,内外一致。

弗吉尼亚·萨提亚创立的家庭联合治疗,强调沟通和情感体验。美国著名的《人类行为杂志》(Human Behavior)称她为"家庭治疗大师"。萨提亚在 1964 年出版的《联合家族治疗》被誉为家庭治疗的《圣经》。1974 年出版的《尊重自己》、1976年出版的《与人接触》、1988 年出版的《萨提亚家族治疗模式》等书都极受人们重视与欢迎。

图 6-13　弗吉尼亚·萨提亚(Virginia Satir, 1916—1988)

萨提亚把家庭分为三个系统,个人本身是一个系统,家庭是另一个系统,个人与家庭所处的情境又是一个系统。个人系统与家庭系统彼此影响、彼此决定、互相塑造,形成了特定的家庭情境。个体与母亲、父亲所形成的最基本、最原始的三角关系,对个体与重要他人之间的互动模式、对自我价值的形成都有深远的影响。① 萨提亚认为,自我价值和沟通是组成家庭系统的元素,

---

① 王琪,杨帆. 萨提亚家庭治疗模式评析. 医学与哲学(人文社会医学版),2008,29(8):58

其中自我价值是个人力量的源泉,是一种面对自我的能力,并通过行为表现出来。据此,她把家庭系统分为封闭系统和开放系统两种形式。此外,萨提亚把个体与他人的互动模式称为沟通姿态(communication stance),这是人在压力下,对他人、环境、自己的应对方式。她归纳出 5 种家庭沟通模式:表里如一型(congruence)、讨好型(placating)、指责型(blaming)、超理智型(super reasonable)和打岔型(being irrelevant)。表里如一型的沟通是真实的、健康的表达,具有较高的自我价值,后四种都是不良的表达。

家庭联合治疗注重发展人的自我价值,改善家庭沟通,帮助家庭成员活得更"人性化"。萨提亚发展了一系列经典的治疗方法,包括角色舞会(parts party)、家庭重塑(family reconstruction)、互动成分(interaction part)、冥想(meditation)、模拟家庭会谈(family interlocution simulation)、沟通游戏(the communication game)。

家庭联合治疗是一种正向导向目标的治疗,它透过转化性改变使家庭成员走向成长。萨提亚认为,咨询师与家庭发展起来的关系比咨询技术更重要。① 家庭成员完整的改变过程包括 7 个阶段:封闭的现状,平衡或静态的阶段;外来因素,一旦受到激励,这个系统或系统的成员就会寻求帮助;冲破系统封闭的大门,显示脆弱,进入混乱;转化,进而做出改变,将自我的负向体验转化为内在力量,实现治疗目标;整合,形成新的自我形象;进行练习,产生实际的改变;新的现状,健康、和谐的阶段。

五、家庭治疗的原则与技巧

家庭治疗认为,家庭对每个成员的发展具有重要的影响,家庭成员的心理问题不是孤立的,而是家庭系统问题的外在反应。因此,在进行家庭治疗时必须坚持三个基本原则:

第一,针对整个家庭成员,进行集体治疗,纠正共有的心理病态。

第二,家庭任何单一成员所存在的问题只不过是症状而已,其家庭本身才是真正的症状来源。

第三,咨询师的任务在于使每个家庭成员了解家庭病态情感结构,改善和整合家庭功能。

咨询师遵循家庭治疗的原则,对来访者进行干预时,注意一些治疗技巧可以帮助提高治疗效果。

---

① (美)Gerald Corey 著. 心理咨询与治疗的理论及实践(第七版). 石林,等译. 北京:中国轻工业出版社,2004:290

1. 参加治疗的对象

凡与家庭问题的产生存在关联的成员均可参加,甚至可包括一些有关的社会成员,如朋友、同学、同事、监护人等。要克服参加人员的焦虑情绪和阻抗,如怕家丑外扬、互相抱怨、家庭被社会歧视等。

2. 接谈技巧

在了解家庭情况的基础上,咨询师首先要使气氛融洽,每个成员都能自由地、心平气和地发表意见。咨询师要注意各成员之间的关系,如谁和谁比较亲密,每个成员选择座位的方式,每个人发言的次数和话语量,其他成员的反应和表情等。而咨询师担任指导、启发、协调的角色,不替家庭作重大决定。咨询师鼓励家庭成员之间在思想和情感上直接交流,鼓励互相尊重,避免争吵、抱怨,每个人多作自我批评,让他们懂得家和万事兴的道理。

3. 分析问题

咨询师首先对家庭的结构和性质有一个分析和类化,因为家庭的结构和形式可以引导出家庭存在的问题。接着找出家庭存在的问题、当前的烦恼和困境产生的根源。

4. 协商讨论问题

咨询师和家庭成员一起分析、讨论问题,找出问题的症结,研究摆脱困境的策略和方法,解决家庭成员之间的关系。强调每个成员都应承担义务和责任,互通信息,相互了解和理解,相互尊重和宽容,不能只强调自己的家庭角色和家庭地位而一味指责他人的不是。家庭治疗还应包括家庭生活艺术、家庭管理、心理健康知识介绍,照顾老人和病人的护理知识,以及如何争取社会的支援等内容。

第九节　森田疗法

森田心理疗法简称森田疗法(Morita therapy),是一种顺其自然、为所当为的心理治疗方法,具有与精神分析疗法、行为疗法相提并论的地位。森田提出精神交互作用,是指对某种感觉如果注意集中,则会使这种感觉处于一种过敏状态,这种感觉的敏锐性又会使注意力越发集中,并使注意固定在这种感觉上,使感觉和注意形成交互作用,就越发增大其感觉。精神交互作用常是神经症形成的原因。森田认为,神经症主要表现为来访者具有某种非器质性的症状,而这种症状对他们的正常生活、学习和工作造成障碍。来访者本人对症状具有一定的内省能力,一直努力试图克服症状,因此,只有具有强烈求治动机的来访者才能使用森田疗法进行治疗。

森田疗法可以用来治疗的症状,包括普通神经质、强迫观念和发作性神经症,这三种症状都表示来访者的精神生活进展不顺利。森田疗法有三个重要的特点：帮助来访者了解自身的人格特征；分解来访者对心理内部的关注；缓解来访者冲突的想法。[①]

一、森田疗法的分类

森田疗法的治疗方式,可以分为住院治疗和门诊治疗两种。症状较重的来访者需住院治疗,症状较轻者可阅读森田疗法的自助读物,坚持记日记,并定期到门诊接受医生的指导。门诊治疗最初只为个别没有条件住院治疗的来访者所开设。因此,有人主张要是未经过住院治疗,就不能被称为森田疗法。正如增野肇所说的,真正的森田疗法,如果没有绝对卧床治疗就不去考虑。[②]

（一）住院治疗

来访者进行住院治疗前有一个预备时期。在这个阶段,咨询师向来访者解释他存在问题的本质,让他懂得其症状是心理上的,并非器质性的。同时,咨询师应让来访者对森田疗法做一个初步的了解,让来访者决定是进行住院治疗还是门诊治疗。大部分住院治疗需要花费 2 个月左右的时间,因此要让来访者妥善安排,至少要有 2 个月的空闲时间。此外,咨询师要向来访者澄清疑问,让来访者树立治疗的信心,让他们认为治疗的结果是有效的。来访者的求治欲望越强,治疗效果越好。正式的森田疗法的住院治疗程序大致可分为 4 个阶段。

第一阶段：绝对卧床期,一般需要 4 天至 1 周的时间。

病人一进入医院就进入单人病房,开始接受绝对卧床治疗。第一阶段的治疗需要来访者绝对卧床,禁止会客、交谈、看书、看报和看电视等一切活动,只能独自静卧,因无事可做,来访者会感到十分苦恼,使其体验"生的欲望"。此期的主要目的,是从根本上解除来访者精神上的烦恼和痛苦。来访者静卧不仅可以调整身心疲劳,咨询师还可以通过对来访者精神状态的观察进行鉴别诊断。让来访者任其自然地安静修养,通过情感的变化规律使烦恼和痛苦自然消失。

卧床的第二天,多数来访者烦恼消失,也不再为自己的症状担心,自然出现一些联想。此时咨询师要告诉来访者,如果出现联想或烦闷,不要企图去

---

① Takeda K. Morita therapy. Journal of Religion and Health, 1964，3：339.

② （日）增野肇著. 森田式心理咨询——处理心理危机的生活智慧. 南达元译. 上海：复旦大学出版社,2004：41

消除它,要任其发展。由于情感的自然变化,来访者的联想或烦闷,有时可使他们烦躁不安,但当苦恼达到极点时可能在短暂时间内迅速消失。也有来访者的苦恼时有时无,甚至持续到第四、第五天,有些来访者因没有绝对静卧而延长了这一治疗过程。

卧床的第三天,来访者回忆起前一天突然摆脱的苦恼和烦闷,精神上受到鼓舞,此时咨询师向来访者说明所提供的环境及条件的重要性,否则想摆脱苦恼也是不可能的。

卧床的第四天,来访者因摆脱了痛苦,开始感到无聊,出现想参加活动的愿望。此时来访者开始进入无聊期,可进入第二阶段的治疗。

第二阶段:轻微作业期,一般需要 3 天至 1 周的时间。

第二阶段的治疗主要是要求来访者相对隔离治疗,禁止谈话、交际和游戏等活动。卧床时间每天必须保持 7～8 个小时,但白天可以到户外活动,接触阳光,呼吸新鲜空气。咨询师要求来访者晚上写治疗日记以进一步确定来访者精神状态,以及对过去的治疗的感受。同时,为使来访者恢复精神上的自发性活动,允许他们做一些简单的劳动,如除草、打扫卫生等。自发性活动就是来访者要自发地投入工作,不需要他人吩咐他们去做。自发性活动使来访者安静地忍受各种病态体验,主动去做那些看来毫无价值的事,能迅速地着手工作并坚持下去。

从第二天起,除静卧 7～8 小时外,要连续不断地做些轻微的工作,根据场合、季节或时间等安排各种工作。经过这一阶段来访者会渴望做更重的劳动,以此为标准进入治疗的第三阶段。

第三阶段:重作业期,一般需要 3 天至 1 周的时间。

这一阶段的治疗是为了引出来访者的创造性思维、培养他们的忍耐力,让他们体验到完成作业后的愉快。在这一阶段,来访者的住院生活逐渐充实,并积极做恢复正常社会生活的准备,但他们仍不允许与别人谈论症状,只能专注当前的生活和工作,组织一些文体活动,并与他人交往。通过这样的活动,来访者自然而然地不再与其焦虑症状作强迫性的斗争。这一阶段的治疗使来访者树立"人生中没有不能做到的事"的信心和勇气,让他们认为不论职位高低和劳动的种类,凡是人可干的事自己都能做到。此外,激发来访者对工作的兴趣,通过工作体验成就感。来访者在此阶段的末期会感到工作太多,以此为标志进入治疗的最后阶段。

第四阶段:生活训练期,让来访者重新回到现实生活,一般需要 1 周至 2 周的时间。

在这一阶段,来访者开始打破人格上的执著,摆脱束缚,开始对外界变化进行顺应、适应方面的训练,为恢复现实生活做准备。此时允许来访者参加一些较为复杂的社会活动,但每晚仍要回病房并坚持写治疗日记,内容包括每天的活动、对治疗的认识等。日记由咨询师批阅,指出不良的思想方式及情绪。此外,允许来访者必要时外出,使之体验突然接触社会的新鲜感。咨询师要指导来访者去体验和发扬朴素的情感,以克服理想主义的情感。

(二)门诊治疗

对于那些还没有达到住院程度的来访者,可以采用森田疗法的门诊治疗。门诊治疗与住院治疗有不同的特点,每周进行一次,疗程约 2～6 个月,咨询师与来访者一对一地进行面谈,来访者接受生活指导和日记指导。门诊森田疗法特别强调日记的作用,正如增野肇所说:"门诊森田疗法与住院疗法的不同之处,在于没有卧床治疗。因此,要从一开始就以日记指导为中心,纠正出现在每天生活中的错误观念或态度。"[①]此外,在门诊治疗中,咨询师尽可能理解来访者的现实情况,不以他们的症状为交流的主要内容,应鼓励来访者面对现实生活,认识到客观事物不以自己的主观意志而转移,同时鼓励来访者承担必要的责任。

门诊治疗的基本要点是:

第一,详细身体检查以排除躯体疾病的可能,并解除来访者对治疗效果等问题的疑虑。

第二,咨询师指导来访者接受自身的症状,顺其自然,不要试图排斥。

第三,咨询师要求来访者带着症状去从事日常工作和活动,把痛苦的注意转向无意识,使痛苦体验在意识中减弱,甚至消失。

第四,告诉来访者切勿把症状挂在心上,并嘱咐来访者的亲友们不答复他们的病诉。

第五,咨询师按时查看和批阅来访者的日记。

二、森田疗法的新发展

(一)步行训练疗法

步行训练疗法是一种采用森田疗法的基本方法、在门诊治疗的基础上提出的、对森田疗法进行修正的全新的心理治疗方法。

步行训练疗法的基本步骤如下:

第一,咨询师首先让来访者确定一个目的地,目的地距离来访者所在地点 15～20 分钟步行距离为最佳,最好以一个公交车站或火车站为目的地。

第二,确定具体的路线,最好是一条固定的路线,尤其在治疗早期。

---

① (日)增野肇著. 森田式心理咨询——处理心理危机的生活智慧. 南达元译. 上海:复旦大学出版社,2004:45

第三,确定步行疗法的时间表。

第四,步行的速度由来访者自己来掌握,每天步行的速度发生变化对治疗更为有效。

第五,来访者独自步行,不允许其他人或宠物陪他们一起步行。

第六,不要让来访者一口气走到目的地,咨询师要鼓励他们在开始时进行短距离的步行,逐渐延长步行的距离。

第七,来访者步行的距离每天都应该一致。

第八,在来访者成功地到达目的地后,咨询师鼓励他们慢慢地步行更多的路,最好每天步行的距离是以前的两倍。

第九,咨询师要求来访者每天记治疗日记,除步行训练外,逐渐开始从事其他的工作。

例如,咨询师在接触对车辆或其他交通工具恐怖的来访者后提出的治疗方法是,在来访者步行到达目的地后,要求他们坐上火车或公共汽车,并把头朝向市区的方向,并在车上经过一个又一个的车站。此时咨询师不要对来访者症状的进步或其他转变进行评估,更重要的是来访者是否能继续走,或坐上汽车或火车。若来访者在一定时间的步行治疗后,能登上汽车或火车,并在车上经过一段距离,则他们对交通工具的恐怖会慢慢消除。

（二）日记治疗法

日记治疗法是在森田疗法的门诊治疗基础上发展起来的,因为门诊治疗注重日记的作用,强调来访者必须每天记治疗日记。日记的作用是纠正来访者在每天的生活中出现的错误的生活态度。记日记要体现森田疗法在治疗过程中区分来访者的情绪和行动这一特点。

日记治疗法的操作步骤如下:

第一,在每天的治疗日记中,咨询师在日记本的 1/3 处画一条线,让来访者在 2/3 处写下一天的主要活动。

第二,在需要来访者完成的 2/3 处,再分成两等分,要求来访者在一边写下一天做过的事情与工作,另一边写下来访者的情绪或一天中想过的事情。

第三,在剩余的 1/3 处,咨询师在审查来访者所写的基础上用红笔写下来访者需要注意的地方。

在日记中,为了让来访者把注意力转向外界,要求他在一天里只要发觉一件新鲜事或新的感觉就记下来。如此,来访者渐渐认识到对什么关心,对什么感兴趣,并扩大眼界。随着症状的好转,来访者能觉察到他们自己日记的内容变得越来越有意思。

（三）发现生活会

发现生活会(以下称"生活会")是在 20 世纪 70 年代由日本的长谷川洋三

为进一步弘扬森田理论和疗法而创立的一种团体治疗方法。生活会是一种以集体的形式学习森田理论和治疗方法的自助性团体,其目的是通过系统的理论学习和技术实践,使参加者领悟,并从神经质症状中解脱出来,更加建设性地工作、学习和生活。这种活动适合于那些症状较轻,能忍受痛苦,能坚持正常生活的人。生活会的学习形式一般分为地区座谈会、基础学习会、中级学习会和研讨会等。

生活会的主持者和学员以及指导者都可以是曾经体验过神经症所带来的苦恼的人,学员之间应相互理解、相互启发,有效地利用闲暇时间,根据自己的意愿自主地开展活动,其学习内容必须融入日常生活,学习与实践并重。学习过程中每天要写学习日记,学员间交流学习体会,老会员根据自己的体会批改日记,并解释说明。

生活会的学习内容包括以下几个部分:神经质症状的来源;人的欲望与焦虑的根源;情感的活动规律、行为的法则,以及情感与行为的关系;神经质的性格特征及其症状的治疗;顺其自然的生活态度。

第七章　心理测量的使用

　　心理测量(psychometrics)是心理学的一个应用分支,它依据一定的心理学理论,使用一定的操作程序,对人的能力、人格、心理健康等心理特性和行为进行评估,确定其数量化的指标。心理测量广泛应用于人才选拔、职业指导、临床诊断、教育评价、人事管理、企业管理、司法鉴定等领域。在心理咨询中,心理测量是非常重要的检测手段,它可以为咨询师判断心理问题的性质、程度提供可靠的专业参考,是心理咨询中经常使用的重要方法。

　　心理测验(psychological test)是心理测量的一种具体方法和手段,它是结合行为科学和数学方法,对某一特定个体,在特定素质上相对于一般群体所处的水平进行测量的一种手段,简言之,就是标定被测验个体的心理特质与常人相比处于什么水平。

　　广义的心理测量不仅包括以心理测验为工具的测量,也包括用观察法、访谈法、问卷法、实验法、心理物理法等方法进行的测量。

　　心理测量可以对智力、能力倾向、创造力、人格、心理健康等进行测量,说明个体的心理特性和行为方式。同时,可以对人的心理差异进行比较,确定其心理相对优势和不足。心理测量可以确定个体心理间的差异,并由此来预测不同个体在将来活动中可能出现的差别。心理测量可以评价个体在学习或能力上的差异,人格的特点以及相对长处和弱点,评价儿童已达到的发展阶段等,为科学、定量化地选拔和使用人才提供依据。

第一节　心理测量的原理

　　测量是按照某种规律,用数据来描述观察到的现象,即对事物做出量化描述。测量是对非量化事物的量化过程。

一、心理测量的基本原理

　　心理测量具有客观性。人的心理过程是在大脑中进行的,智力、人格、兴趣、情绪、自我等都是难以用形象直观呈现的心理活动,以今日的科学发展水平,人们还不能对心理现象进行直接的测量。然而,根据心理学的特质(trait)理论,某种内在的不可直接测量的心理特质,可以表现为一系列具有内在联系的外显行为,每个人的心理活动和特质必定会反映在行为中。心理决定行为。有什么样的心理特质,就会有什么样的行为表现。比如,性格外向的人在大多数场合都会表现出善于交往,很容易交朋友,不惧生人和陌生环境,做事比较冲动,喜动不喜静,喜欢与其他人一起工作,不喜欢单独工作,喜欢与人打交道。因此,心理学家可以根据对外显行为的评定间接地测量人的心理特质。心理测量的基本原理是,测量被测试者对测验项目所表现的行为反应,将测量结果与一般人在同样情境下的行为反应进行比较和分析,从而推测被测试者的心理特质。

心理测量具有间接性。心理测量是一种间接测量,所以有精确的测量工具还不够,还要有规范的测量程序和施测条件,否则测量结果就会受到各种因素的影响而产生严重误差。

心理测量是通过对人的行为进行比较来实现的。因此,心理测量没有绝对的标准,也就是说没有绝对的零点。所谓心理测量,就是分析一个人处于人群行为的什么位置上。由于人群的行为是经常变化的,一个人的行为在人群平均行为的位置也是变化的。所以,心理测量的结果具有相对性。比如,智力测验所测得的一个人智力的高低,是与他所在人群总体的行为表现或某种人为的标准相比较而言的,而且智力标准也不是一成不变的。

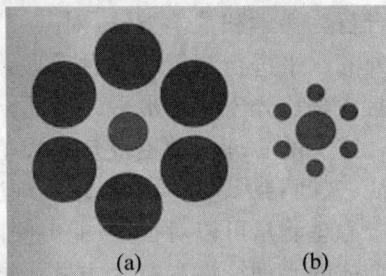

图 7-1   知觉测验图片材料

由于心理测量的间接性和相对性,所以心理测量可信,但不能全信;有用,但不能完全依靠它。心理测量要在专业人员的指导下正确使用测验材料,不要滥用心理测验,以免产生不良后果。

二、心理测量的基本概念

(一)项目分析

1. 项目的难度

难度是指项目的难易程度。在能力测验中通常需要一个反映难度水平的指标,在非能力测验(如人格测验)中,类似的指标是"通俗性",即取自相同总体的样本中能够回答该题的人数,其计算方法与难度相同。

难度的指标通常以通过率表示,即答对或通过该题的人数百分比,公式如下:

$$P = \frac{R}{N} \times 100\%$$

式中:P 代表项目的难度,N 为全体被试者人数,R 为答对或通过该项目的人数。

以通过率表示难度时,通过人数越多(即 P 值越大),难度越低;P 值越小,难度越高。因为 P 值大小与难度高低成反比,所以也有人将其称作易度。还有人将被试未通过每个项目的人数百分比作为难度的指标。

进行难度分析的主要目的是为了筛选项目,项目的难度多高合适,取决于测验的目的、性质以及项目的形式。大多数心理测验,都希望能准确测量个体的差异。如果在某题上,被试全部答对或答错,则该题无法提供个别差异的信息,也不会影响测验分数的分布,该题对测验没有作用。因此,为了使测验具有较大的区别力,应选择平均难度在 0.50 左右的试题比较合适,也就是测试题的难度应当在 0.50±0.20 之间。

2. 项目的区分度

项目的区分度也叫鉴别力,是指测验项目对被测验者的心理特性的区分能力。如果一个项目,水平高的被试能顺利通过,水平低的被试不能通过,那么就可以认为该项目有较高的区分度。

在理论上,项目区分度是以项目得分高低与实际能力水平高低之间的相关来表示的。但是,被试的实际能力水平很难直接测量。所以,在具体估计项目区分度时,常使用"鉴别指数"来替代,公式如下:

$$D = P_H - P_L$$

式中:D 为鉴别指数,P_H 为高分组的被测验者在该项目上的通过率或得分率,P_L 为低分组的被测验者在该项目上的通过率或得分率。

以上公式以高分组与低分组的得分率的差为鉴别指数的指标,其理由是高分组若在该测验上的得分率高于低分组,则 $D > 0$,D 越大,说明该项目区分两种不同水平的程度越高。若 $D < 0$,则反映高水平组在该项目上的得分率反而低于低水平组,说明项目有问题。因此,D 可以反映项目得分与测验总分之间的关系,将它作为区分度的指标是合理的。项目鉴别指数与评价标准见表 7-1 所示。

表 7-1 项目鉴别指数与评价标准[①]

鉴别指数(D)	项目评价
0.40 以上	很好
0.30～0.39	良好,修改后会更佳
0.20～0.29	尚可,但需要修改
0.19 以下	差,必须淘汰

---

① 郭念锋. 心理咨询师(三级). 北京:民族出版社,2005:371

项目区分度是评价项目质量和筛选项目的主要指标。通常区分度取值范围介于−1至+1之间。假如项目得分与实际能力水平之间呈负相关，则区分度为负值；若呈正相关，则区分度为正值；相关系数越大，区分度越高。当区分度为负值时，意味着被试实际能力越高，该项目的得分反而越低，这种情况一般很少发生，如果出现，该项目应该淘汰。

3. 项目区分度与难度的关系

区分度与难度之间有密切的关系。以鉴别指数（D）为例，假如样本中通过某一项目的人数比率为1.00或0，则说明高分组与低分组在通过率上不存在差异，因此D为0；假如项目的通过率为0.50，则可能是高分组的所有人都通过了，而低分组却无人通过，这样D的最大值可能达到1.00。用同样方法可指出不同难度项目可能的最大D值。D的最大值与项目难度的关系如表7-2所示。

然而，难度和区分度都是相对的，绝对的难度和区分度是不存在的。一般来说，较难的项目对高水平的被试区分度高，较易的项目对水平低的被试区分度高，中等难度的项目对中等水平的被试区分度高。

表7-2　D的最大值与项目难度的关系

项目通过率	D的最大值
1.00	0
0.90	0.20
0.80	0.40
0.70	0.60
0.60	0.80
0.50	1.00
0.40	0.80
0.30	0.60
0.20	0.40
0.10	0.20
0	0

不过，由于人群的大多数心理特性呈常态分布，所以项目难度的分布也以常态分布为好，即特别难与特别容易的项目少些，接近中等难度的项目多些，而所有项目的平均难度为0.50。这样不仅能保证多数项目具有较高的区分度，而且可以保证整个测验对大多数被试具有较高的区分能力。

（二）信度和效度

1. 信度

心理测量中所说的信度，是指测量结果的可靠性或一致性。信度概念中比较常用的是重测信度。重测信度是指用同一测验，在不同时间对同一群体施测两次，这两次测验分数的一致性（通常用相关系数来表示）。重测信度是衡量一个测验的结果是否可靠的标准之一。比如，我们用A测验测查某一被试的智商，第一次结果智商是100。一个星期以后，我们用同样的测验对他进行第二次测验，结果发现他的智商变成了140。若没有特殊的原因，一个人的智商是不可能在一周之内发生如此大的变化的。所以，在一般情况下，我们会认为这个测验的重测信度很低，测验结果是不可信的。

信度是衡量任何测验质量的基本指标，一个测验的信度较高，则说明它的分数是稳定的、一致的，它的测量结果是可靠的。信度的数值在 0～1 之间，数值越高，信度越高。一般来说，当信度大于 0.7 时，可以将测验结果进行不同团体间的比较；当信度大于 0.85 时，测验结果才能应用于个人之间的比较和评价。

信度只受随机误差的影响。随机误差是指与测量目的无关的因素，其存在会影响测量结果的可靠性和准确性。随机误差越大，信度越低。因此，信度也可看作测验结果受机遇影响的程度。而系统误差产生恒定效应，不影响信度。

每一个测验的实得分数（X）总是由真实分数（T）和误差（E）两部分构成，用公式表示如下：

$$X = T + E$$

当讨论一组测验分数的特性时，可用方差代表具体分数：

$$S_X^2 = S_T^2 + S_E^2$$

式中：S_X^2 是测验实得分数的方差，S_T^2 是测验真实分数的方差，S_E^2 是测验误差的方差。

在测量理论中，信度被定义为：一组测验真实分数方差与总方差（实得分数的方差）的比率，即

$$r_{XX} = \frac{S_T^2}{S_X^2}$$

由于真实分数的方差是无法统计的，因此计算信度的公式可转化为：

$$r_{XX} = \frac{S_X^2 - S_E^2}{S_X^2} = \frac{1 - S_E^2}{S_X^2}$$

因此，信度也可以看作在总的方差中非测量误差的方差所占的比例。以图示方法可以更清楚地理解信度（图 7-2）。

在图 7-2 中，r_{XX} 为信度，它是 S_T^2 和 S_E^2 的分界线，越往左，S_E^2 越大，信度越低；越往右，S_T^2 越大，信度越高。

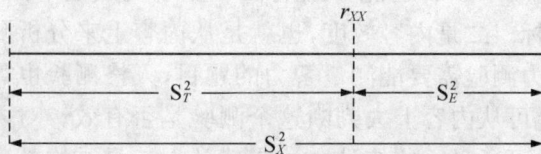

图 7-2　S_T^2、S_E^2 及信度的关系

2. 效度

一个测验光有信度还不够,测验分数是稳定的,并不能说明它就能够准确地测量想要测量的特质。比如一台磅秤,长期使用,弹簧早已疲劳,一个100斤的人站上去,显示的却是110斤,一天称10次,显示的都是110斤,"信度"足够好,但测得的结果却一点都不准。由此,效度的概念应运而生。通俗地说,测量的效度就是指测量的有效性。一个测验的效度越高,表明它所测得的结果越能代表所要测量特质的真正水平。

在心理测验中,效度是指所测量结果与所要测量的心理特点符合的程度,简单地说,就是心理测验的准确性。因此,心理测验无论是选用标准化测验或自行设计编制测量工具,必须首先鉴定其效度,没有效度资料的测验是不能使用的。

效度的定义也可以通过真分数的概念和方差分析方法加以说明。一组测验分数的总方差等于真实方差与误差方差之和,而真实方差又可分为两部分,即有关的方差和无关但稳定的方差,后者也就是所谓系统误差带来的方差,可用公式表示为:

$$S_T^2 = S_V^2 + S_I^2$$

式中:S_V^2 代表有关(有效)方差,S_I^2 代表无关而稳定的方差(系统误差)。将此公式带入公式 $S_X^2 = S_T^2 + S_E^2$,可得:

$$S_X^2 = S_V^2 + S_I^2 + S_E^2$$

在测验理论中,效度被定义为在一组测量中,与测量目标有关的真实方差(或有效方差)与总方差的比率,即:

$$r_{XY}^2 = \frac{S_V^2}{S_X^2}$$

式中:r_{XY}^2 代表测量的效度系数,S_V^2 代表有效方差,S_X^2 代表总方差。

分析一个测验是否有效度通常可以从三个方面来加以判断:一是效标效度。所谓效标是指那种已知能表现某种心理特征的标准。效标效度就是求取测验结果与效标之间的相关,比如在职业岗位中的实际工作成效可以作为一个职业选拔测验的效标,如果两者的相关高就说明职业选拔测验有很高的效度,这样测验的结果以后还能够预测在职业中的成就,所以效标效度也是一种预测性的指标。二是内容效度,也就是从内容上来分析测验能否测量要测量的特征。智力测验需要能测量智力的题目,人格测验也需要能测量人格特征的题目,由此可从内容上去判断这个测验是否有效。对内容的判断可以让专家来进行,也可通过一些统计方法来确认。三是结构效度。在心理测量中每一种测验的编制都需要依据理论,结构效度就是分析测量结果与理论中重要思想或观点是否一致。①

3. 信度和效度的关系

根据定义,可以知道信度和效度的差别在于所涉及的误差不同。信度考虑的是随机误差的影响,而效度还包括与测验无关但稳定的测量误差。信度不考虑与目的有关还是无关,只要是稳定的其信度就高,但效度还要考虑这一问题,所以如果与测量目的无关,那么哪怕它再稳定也不会使测验的效度提高。

由此可以看出效度与信度既有关又有不同:信度是效度的一个必要条件,一个测验的信度不高,效度也难以达到很高的程度,因为信度低也就是真实分数在测验分数中的比率小,而这也同样会影响效度。但是,如果一个测验的信度高其效度却未必高,因为如果真实分数中与测量目的无关的部分占很大比率,那么信度再高也不会使效度提高。所以,信度不是效度的充分条件,但信度是效度的必要条件。也就是说,可信的测验未必有效,但有效的测验必定可信。总之,信度是效度的必要而非充分条件,而效度受到信度的制约。

(三)测验的标准化和常模

1. 测验的标准化

一个人在心理测验中的表现,不仅决定于自身的素质,有时还会受到许多与测验无关的因素的影响,比如考场环境、主考官的指导语、评分者的水平等。为了使测验的结果更加准确、可靠,减少误差,我们就要在测验实施过程中尽量控制无关因素对测验的影响,使测验分数能够真正反映一个人真实的心理水平。这个控制测验的过程,称作测验的标准化。测验的标准化包括以下几个方面:

(1)内容标准化,即对所有被试施测相同的内容。测验的内容不同,所得的测验分数是无法相互比较的。

(2)施测过程标准化。首先,无论在何时何地给何人施测,主持测验者宣读的测验指导语必须完全一致。第二,测验的时间长短要统一,这一点对能力测验尤为重要。

(3)评分标准化,即客观评分。对于那些需要主观评分的测验,要求至少有两个以上受过专业训练的评分者同时评分,而且他们的分数必须具有一致性。

2. 常模

一个标准化的测验,不但内容、施测和评分要标准化,对分数的解释也必

---

① 陈国鹏. 心理测量的原理和应用. 诊断学理论与实践,2005,4(3):17—32

须标准化。在心理测验中,把一个人所得的分数与一般人同类行为的分数分布情况相比较,可以判别其所得分数的高低。这里的"一般人同类行为的分数分布情况",就是心理测验的"常模"。

建立常模的方法是,在将来要进行心理测验的对象中,选择有代表性的一部分人(称为标准化样本),对这些人进行测验,并将所得的分数加以统计整理,得出一个具有代表性的分数分布,这个分布就被称为常模。常模可因进行标准化处理时选取样本的不同而有不同的类别,形成不同的亚常模。常见的亚常模有年龄常模、年级常模、性别常模、地域常模、民族常模、职业常模等。

常模团体是具有某种共同特征的人所组成的一个群体,或者是该群体的一个样本。它用一个标准、规范的分数表示出来,以提供比较的基础。任何一个测验都有许多可能的常模团体。由于个人的相对等级随着比较的常模团体的不同而有很大的变化,所以在制定常模时,首先要确定常模团体,在对常模参考分数作解释时,也必须考虑常模团体的组成。

常模团体的确定离不开取样,也就是从目标人群中选择有代表性的样本。从统计学角度看,取样的方法有随机抽样和非随机抽样两种。前者根据随机原则进行,而后者则没有随机性。

常模有一般常模与特殊常模两种类型。测验手册上所列的常模通常为一般常模,不一定适合使用者的具体情况。特殊常模是为非典型团体建立的,一般比为小团体建立的常模范围更窄。其优点是,可使被试的结果与最接近的人进行比较;但这同时也是它的缺点,不容许分数在较广的范围内作解释。不过,测验使用者可将特殊常模与一般常模结合起来,从而获得更广泛的信息,效果也更佳。[①]

第二节　心理测量的功能与评价

一、心理测验的类型

(一)按测验的功能划分

1. 能力测验

从测验的角度看,能力通常分为实际能力和潜在能力两种。关于实际能力的测验通常被称为能力测验,它又进一步分为一般能力测验和特殊能力测验。一般能力测验即通常所说的智力测验。特殊能力测验多用于测量一个

---

① 郭念锋.心理咨询师(三级).北京:民族出版社,2005:335—339

人在音乐、美术、体育、飞行等方面的特殊才能；而关于潜在能力的测验则通常被称为能力倾向测验。

2. 学业成就测验

主要测量某人经过某种正式教育或训练之后对知识和技能的掌握程度。由于所测得的主要是学习成绩，故又称为学绩测验。最常见的是学校中的各种学科测验和考试，比如一些经过标准化的综合或单科测验。

3. 人格测验

主要用于测量个性中除能力以外的性格、气质、兴趣、态度等心理特征，目前人格测验中既有关于单项人格特征的测验，如性格测验、气质类型测验等，也有包括多项或全部人格特征的测验。

（二）按测验方式划分

1. 个别测验

个别测验指在一定时间内由主试（主持测试者）单独测量每一被试（被测试者），它多用于年龄较小的学龄前儿童或某些特殊被试，或某些特殊性质的测验。个别测验有许多优点，在测试过程中，主试可以观察被试的言语和情绪状态，能有效地控制被试的言语和情绪状态，以及被试的行为反应。其缺点是费时、费力，要求对主试进行严格的训练。

2. 团体测验

团体测验指在一定时间内由各主试同时对多个被试进行施测，如"中小学生团体智力筛选测验"即为典型的团体测验。团体测验省事、省力，在短时间内可以收集到大量资料，但它不易控制被试的行为，容易产生测量误差，得到的结果不如个别测验那么可靠。

（三）按测验材料划分

1. 文字测验

文字测验又称纸笔测验，指测验内容是文字材料，被试用文字回答。文字测验实施方便，便于回答和统计分析，但它容易受到被试文化程度和不同文化背景的影响。现在许多文字测验被编制成计算机软件，可以在计算机上进行。

2. 非文字测验

非文字又称操作测验，指测验内容不涉及文字，而是以实物、模型、图形和工具呈现，被试只需动手操作即可完成测验。因此它对幼儿或文盲十分适用，适合不同文化背景的比较研究。

（四）按测验目的划分

1. 描述性测验

描述性测验的目的在于描述个人或团体的能力、人格等特征。

2. 诊断性测验

诊断性测验的目的在于对个人或团体的某种行为问题加以诊断。

3. 预测性测验

预测性测验的目的在于预测个人将来的表现和所能达到的水平。

（五）按测验的要求划分

1. 最高能力测验

这类测验要求被试尽可能做出最好的回答，以供测验者对被测者的能力做出评定，智力测验、能力倾向测验、学绩测验等都属于此类。

2. 典型行为测验

这类测验主要测量人们在特定情境中的典型行为或心理特征，因此答案没有对错之分，人格测验即属于典型行为测验。

（六）按测验的运用划分

1. 教育测验

在教育单位进行的学生能力测验和人格测验都是教育测验。

2. 职业测验

企事业单位的人员选拔和安置经常进行职业测验，有能力测验、人格测验，也有专门的特殊能力测验或能力倾向测验。

3. 临床测验

在临床诊断和心理咨询工作中，常应用能力和人格测验来检查智力障碍或精神疾病，这些都属于临床测验。

除了上述各种类型之外，还可以按测验的难度和时限把心理与教育测验分为速度测验和难度测验；根据受测者的年龄特征把心理与教育测验分为婴幼儿测验、成人测验和老年人测验；按测验的性质将心理与教育测验分为构造性测验和投射性测验等。①

二、心理测验的使用

（一）心理测验的使用程序

心理测验一般应按照测验手册严格执行。它根据研究的目的选取一定的被试，在特定的场合和规定的时间内由主试（有时配备助手）对被试施行个别测验或团体测验。实施时首先是发放测验卷和记录纸（使用计算机测试则启动相应测试软件），然后宣读指导语和举例（文化程度在中学以上的被试可让他们自己阅读），被试填完后即回收测验问卷，最后对结果进行整理和统计处理分析。

---

① 董奇. 心理与教育研究方法. 北京：北京师范大学出版社，2004：230—232

在测验过程中,主试应注意以下几点:

第一,做好测验前的准备工作,包括熟悉测验手册,特别是指导语和准备测验所需的材料。

第二,选择适宜的测验环境,一般应为被试日常工作或学习的环境,如让学生在教室中进行测验,同时应尽力排除一切干扰。

第三,严格按照标准化的指导语和标准时限进行测验,如无特殊情况,不得随意改变。

第四,与被试建立良好的信任与人际关系,取得被试的合作,保证测验的效果。

（二）心理测验在心理学研究中的应用

心理测验在心理学研究中的作用主要表现在以下几个方面:一是收集资料。采用心理测验可以得到大量有关被试能力、性格、与群体的关系方面的资料,有助于发现问题,探讨规律。二是建立和检验假说。在心理的许多研究中,研究者可以通过分析测验结果,提出和检验心理理论。三是实验分组。在心理的研究中,经常用测验对被试进行实验分组,以达到等组化的要求。

三、心理测验的功能

在当今社会,心理测验已渗透到各个领域,不仅在传统的学校和医学领域,而且在人力资源、体育竞技、社区服务、心理咨询等方面也显现出巨大的功效。

（一）用于人才的选拔

随着现代科学的发展,对各种行业的人的心理适应性和操作准确性的要求越来越高,仅凭借个人经验来选拔人才已经不能满足实际的需要。因此,客观、全面、科学、定量化地选拔人才已成为人力资源开发与管理的起点和基础。

当今心理学界已有这类职业选拔测验,这种测验首先是通过对各种职业岗位特点进行详细而周密的分析,制定从事这一岗位的人所需要具备的能力模式,然后编制相应的心理测验来考察求职者是否具备了这些能力,以此来决定人员的录用。可以说,心理测验作为一种科学选拔人才的方法能够预测一个人从事各种活动的适当性,确定最有成功可能的方向,提高人才选拔的效率与准确性。

（二）用于评价个体

通过心理测验可以了解一个人的能力、性格等特点,从而为因材施教或人尽其才提供科学依据。学校可以对入学的学生按能力分班,工厂也可以将新工人安置到与其能力、性格相匹配的工作岗位上。

同时,心理测验能够将一个人的行为在许多方面进行比较,从而确定其相对长处和短处,找到行为变化的原因。例如,在教育实践领域,测验可以用于发现学生学习适应不良和学习困难的原因,为学生、家长和教师提供科学的指导。

（三）用于心理疾病的预防或诊断

了解一个人的人格特点,判断其适合什么样的环境,可以预防某些心理疾病的发生。目前许多人格量表都具有这样的功能,即对一个人的人格特点加以评定,发现那些与环境不相匹配的因素,进行介入和干预,把心理疾病消灭在萌芽状态。此外,还有测量心理健康的量表,用来评价一个人的心理健康水平。如发现有问题,则进一步了解问题出在哪一环节,并对其进行准确的诊断,实施有效的治疗。

（四）在心理咨询和治疗中的使用

在心理咨询中,咨询师首先要找到来访者的问题所在,这样才能对症下药。在这方面,心理测量发挥了巨大的作用。咨询师借助各种有关的心理量表来把握来访者的问题症结。比如一个人无法与同事和谐相处,总是与人格格不入,所以他感到非常的寂寞和无奈。引起这一问题的根源有很多,可能是性格原因,或是不良的沟通技巧,也可能是错误的观念,究竟是什么原因造成的,这时就可以用心理测验辅助咨询师寻找具体的原因。另外,在心理治疗中,心理测量也有用武之地,例如,对治疗的疗效就可以用心理测验来加以评价,看看经过一段时间的治疗是否产生了良好的效果,如果无效,就要考虑换其他的方法。

四、心理测验的评价

心理测验作为一种常用而又重要的研究方法,具有许多优点。但它也存在一些不足之处,特别是在实际应用过程中还存在不少值得关注的问题。

（一）心理测验的优点

心理测验的优点主要有以下几个方面:

第一,心理测验的量表编制十分严谨,效果准确可靠。心理测验是以量表方式进行的,这些量表在编制时一般都经过一整套标准化的程序,包括确定测验目的、制定编题双向细目表、编选题目、对其进行试测和项目分析、筛选出难度和区分度符合要求的项目并合成测验、编写测验手册、设立常模、检验测查的信度和效度等复杂过程。由于这些标准化的过程,编制出来的测验量表结构上更为科学合理,结果也更为准确有效。

第二,心理测验是一种定量化程度很高的方法,施测容易控制,结果处理方便。相对于其他方法来说,心理测验的定量化水平很高,问题和答案都是以封闭方式给出的,因此在施测过程中,主试很容易控制整个施测过程,减少被试在回答过程中主观因素的影响,因而可以得到较为客观的数据资料。另外结果处理也十分方便,有很多测验可以直接用计算机进行结果处理,从而可以大大提高研究的效率。

第三,心理测验是一种方便、省力的方法。无论是观察法还是访谈法,在进行每一次具体的研究时,都必须事先设计一份与研究目的密切相关的观察记录表等,离开了这些,整个研究工作就难以进行。而心理测验则不同,研究者可以根据研究的具体需要,在目前众多、已标准化或修订过的测验量表中加以选择,而不用自己去编制,在这一点上心理测验的优点是其他方法所难以比拟的。

第四,心理测验有常模,可以直接进行对比研究。在心理学研究中,为了进行对比研究,需要将两个样本进行比较,因此整个研究的工作量很大,而且对于那些没有定量化指标的方法,对比研究更是难以进行。而在心理测验中,一般的测验在编制过程中已经建立了常模,那么在进行某一项具体研究时,就可以将测验取得的数据资料直接与常模进行比较,从而达到对比的目的。

第五,心理测验的类型较多,可适应不同行业的需要。测验量表的种类众多,可以较好地满足各种心理咨询类型的需要。比如,在智力测验方面,有些智力测验有言语测验和操作测验两种,它可以很好地避免被试文化背景的影响而进行跨文化的研究,还可以适应特殊被试的特殊需要。

除上述优点外,心理测验还可以进行大范围的施测,在进行团体测验时省时省力,可以广泛应用于心理咨询等诸多领域。在电子计算机普及的今天,心理测验是一种非常有效的方法,它可以迅速、准确而有效地收集到大量的数据资料,为心理咨询服务。

(二)心理测验的缺点

当然,心理测验也存在缺点和不足,主要表现在以下几个方面:

第一,心理测验难以进行定性分析。通常,无论对于能力测验还是人格测验,其结果的分析大多采用定量的分析方法,咨询师较难对其进行深入的定性分析,因此结果多在静止的表面水平上进行描述和解释。

第二,心理测验难以揭示影响因素之间的因果关系,使用灵活性差。任何一项测查总是测量被试某一方面的特质,其题目固定,咨询师不能根据研究目的的需要随意增删,而必须按其要求严格地进行。

第三,心理测验对使用者有较高的要求。要求使用者具有一定的专业知识,了解测验的有关情况,熟悉有关测验技能。

第四,心理测验难以排除一些非人为因素的干扰。虽然心理测验大多是以标准化的量表方式进行的,但某一次的测验结果有时并不能完全反映一个人的特点,因为被测试者的文化程度、类似的练习或经验、身体或情绪状态都会对测验结果有不同程度的影响。

五、目前心理测验使用中存在的问题

通过对心理测验优缺点的介绍可以看出,在实际应用中,应当客观地看待和使用心理测验。但是,目前心理测验在使用中还存在着一些严重的问题,它对于心理测验的应用是不利的,下面是一些常见的问题:

第一,有的心理测验编制不科学。心理测验量表的编制和修订是一项科学性很高的工作,必须由有关方面的专家来主持。但是,在目前实际研究工作中,有的未受过专门训练的人,不按测验量表编制标准化的程序,较随意地编制和使用一些信度和效度都很低的测验,这严重损害了心理测验的科学性。

第二,发行上控制不严。心理测验的正式测题应该是保密的,不能轻易公布于众,否则测验就会失效。目前存在测验"泄密"甚至向一般人出售正式测验量表的现象。此外,还有非法翻印、篡改测试量表等现象。

第三,一些心理测验使用人员缺乏专业训练。任何一项心理测验的使用都应该由受过专门训练的专业工作者来进行。但是,目前有些人并没有进行过专门训练,甚至没有心理测验方面的专业知识也在使用心理测验。因此,这些人不仅不能很好地使用心理测验,而且不能对结果做出正确的解释,更不懂得避免测验带来的负效应,往往给心理测试带来负面影响。

第三节　心理咨询常用测量工具的使用

一、智力测验

目前,国内常用的智力测验主要有"中国比奈测验"、"韦克斯勒智力量表"和"瑞文测验"。

(一) 中国比奈测验

中国比奈测验是根据比奈—西蒙量表修订而成的。

1905 年,比奈(Alfred Binet,1857—1911)和西蒙(Theodore Simon)编成了世界上第一个智力测验,即著名的"比奈—西蒙量表",主要用于鉴别儿童智力的高低和诊断低能儿童。1916 年,美国斯坦福大学推孟教授对比奈—西蒙量表进行了修订,提出了著名的"斯坦福—比奈量表",简称"S - B 量表"。1937 年和 1960 年"S - B 量表"又进行了两次修订,并于 1972 年、

1973年又对常模进行了修订。1960年的S-B量表共142个项目,合成了20个发展水平,依发展顺序排列,每个发展顺序各有6个测验加一个备用测验(普通成人组是8个测验加一个备用测验)。比奈—西蒙量表的智商分布如表7-3所示。

法国实验心理学家,智力测验的创始人。1905年他与西蒙一同创造了测量智力的方法,编成了《比奈—西蒙量表》。1908年发表量表的修订本,1911年发表量表的第二次修订本。他们首先使用的"心理年龄"和"年龄量表",成为广泛应用的术语。著作有《智力的实验研究》、《推理心理学》等。

图 7-3　比奈 (Alfred Binet, 1857—1911)

表 7-3　比奈—西蒙量表的智商分布表

智力等级	智商范围	理论百分数
非常优秀	≥140	1.6
优秀	120～139	11.3
中上	110～119	18.1
中等	90～109	46.5
中下	80～89	14.5
边缘状态	70～79	5.6
智力缺陷	≤69	2.9

比奈测验于1922年传入我国,1924年陆志韦在南京发表了他修订的"中国比奈—西蒙智力测验",这个测验是根据1916年的S-B量表修订而成的,适合江浙儿童使用。1936年,陆志韦又与吴天敏进行了第二次修订,使用范围扩大到北方。1982年,吴天敏对"第二次订正的中国比奈—西蒙测验"再次作了修订,称作"中国比奈测验"。

"中国比奈测验"的内容包括说出物体、辨别图形、推断情景、指出缺点、计算等51个项目,分为语言文学、数目、解题和技巧四类。"中国比奈—西蒙测验"适用于2～18岁的城乡男女幼儿、儿童和成人。"中国比奈测验"各年龄组测题起点题如表7-4所示。

表 7-4 "中国比奈测验"各年龄组测题起点题

年龄	测验起点题	补加分	年龄	测验起点题	补加分
2～3	1	0	10	18	17
4	1	0	11	20	19
5	1	0	12	22	21
6	7	6	13	22	21
7	7	6	14	23	22
8	10	9	15	23	22
9	14	13	16～18	24	23

"中国比奈测验"在使用时首先要根据被试的实足年龄,从测验指导书的附表中查到测验的起点题,然后按指导书的测验程序和要求进行测验,通过一题记一分,连续五题不通过即停止测验。最后根据得分(包括补加分)查出智商。

（二）韦克斯勒智力量表

目前国内常用的韦克斯勒智力量表包括"修订韦氏成人智力量表"、"韦克斯勒儿童智力量表(中国修订版)"和"中国—韦氏幼儿智力量表"三种,它们都是我国心理学家对相应的韦克斯勒智力量表修订后提出的修订版,以下分别予以简要介绍。

1. 修订韦氏成人智力量表

韦氏成人智力量表(中国版)是根据韦氏成人智力量表修订而成的。

1939 年,美国纽约大学附属贝尔维医院的韦克斯勒(David Wechsler, 1896—1981)发表了韦克斯勒智力量表,这是第一个测量成人智力的量表。1955 年他发表了修订版,定名为 WAIS,即韦克斯勒成人智力量表,1981 年又对 WAIS 进行了修订,成为韦氏成人智力量表修订本(WAIS-R)。WAIS-R 包

美国心理学家。1896 年出生于罗马尼亚,6 岁随全家移居美国。1916 年毕业于纽约市立大学,后入哥伦比亚大学,成为当时著名心理学家 R·伍德沃思的学生。1917 年以其有关实验病理心理学方面的研究论文获硕士学位。1979 年韦克斯勒获耶路撒冷希伯莱大学授予的名誉博士学位证书和"荣誉事业"奖状。韦克斯勒是继法国比奈之后对智力测验研究贡献最大的人,其所编的多种智力量表,是当今世界最具权威的智力测验量表。

图 7-4 韦克斯勒(David Wechsler, 1896—1981)

括 11 个分测验,其中有 6 个言语量表、5 个操作量表,每个分测验的题目都由易到难排列。

国内的韦氏成人智力量表的修订版是在湖南医学院龚耀先的主持下,全国 56 个单位参加协作,从 1979 年开始,于 1982 年修订完成的。1982 年发表的 WAIS 的中国修订本名为"修订韦氏成人智力量表",简写 WAIS-RC。

在修订 WAIS 时,对其中完全不适合我国文化背景的项目进行了更改,其他均予保留。但在修订时根据我国城乡差别较大的具体情况,分别建立了城市和农村两套常模。

WAIS-RC 内容包括:常识(29 项)、理解(14 项)、算术(14 项)、类同(13 项)、背数(19 项)、词汇(40 项)、数字符合(90 项)、填图(21 项)、积木图案(10 项)、图片排列(18 项)和拼图(4 项)等。它有两个量表,一个适合城市,另一个适合农村,年龄在 16 周年以上的男性和女性都可采用。韦氏成人智力量表得分见表 7-5 所示。

表 7-5 韦氏成人智力量表得分表

	言语测验						操作测验						言语操作总分		
	合计	词汇	数广	相似	算术	领悟	知识	合计	拼图	图排	积木	填图	数符			
原始分	20	21	15	12	14	56		47	13	27	24	20		量表分	69	48	117
量表分	12	13	13	8	12	11	69	11	10	8	11	8	48	智商	108	93	102

在施测时,要求主试首先熟悉测验手册和指导语、记分及评分方式等,并原则上从言语测验开始,按测验序号进行。有时根据被试特点可略做改变,但仍要求 11 个分测验一次做完。最后进行原始分换算并得出智商分数。

2. 韦克斯勒儿童智力量表

韦氏儿童智力量表是 1949 年韦克斯勒根据其 1939 年的 W-BI 量表在年龄水平上向儿童扩展而成的,其形式与成人量表类似,只是增加了一个迷津测验,并降低了整个测验的难度。该量表后来被修订,并重新标准化,于 1974 年发表了修订版(WISC-R)。

国内的韦氏儿童智力量表是 1980 年在林传鼎和张厚粲等主持下,对 1974 年版韦氏儿童智力量表进行修订而成的。其中对文字内容和部分图像做了改编,并对指导语及施测步骤进行了必要调整。1980 年到 1981 年间先在国内 11 个省市测验了男女学生 2300 多例,并依据这些资料在 1981 年 10 月就测验文字、图像和指导语做了进一步修改,并在算术测验和背数测验中各增加了一个项目,同时调整了 5 个测验的内部项目的顺序。

目前的韦克斯勒儿童智力量表(中国修订版)的内容主要包括常识(30 项)、类同(17 项)、算术(19 项)、词汇(32 项)、理解(17 项)、背数(14 项)(以上为语言测验)、图画补缺(26 项)、图片排列(12 项)、积木图案(11 项)、物体拼配(4 项)、译码 A(45 项)、译码 B(93 项)、迷津(9 项)(以上为操作测验)。这套量表适用于 6～16 岁城乡男女儿童。

韦氏儿童智力量表在施测时,主试除了要做与韦氏成人智力量表相同的准备工作外,还应注意:第一,使测试项目的呈现次序适应儿童的反应;第二,主试应设法消除儿童的顾虑和恐惧的心理,使儿童在良好的情绪状态下参加测验;第三,适当给儿童一些休息时间。

3. 中国—韦氏幼儿智力量表(C-WYCSI-R)

中国—韦氏幼儿智力量表是根据韦氏幼儿智力量表修订而成的。

1967 年,韦克斯勒为 4～6.5 岁的儿童设计并发行了一套智力测验量表,即韦氏幼儿智力量表(WPPSI)。

WPPSI 包括 11 个分测验,其中有 8 个是 WISC 向低幼年龄的延伸和改编,另外又增加了 3 个测验以代替 WISC 中那些不适合幼儿的测验。

在龚耀先的主持下,国内完成了对 WPPSI 的修订工作,中国修订本称为"中国—韦氏幼儿智力量表(C-WYCSI-R)"。

C-WYCSI-R 也包括城市和农村用的两套量表,内容主要包括常识(23 项)、词汇(22 项)、算术(20 项)、类同(16 项)、理解(15 项)(这些为言语量表)、动物房子(1 项)、填图(23 项)、迷津(10 项)、几何图形(10 项)、木块图案(10 项)(这些是操作量表)。此外,还有一个备用测验是句子(13 项),以代替 WISC 中的"背数",让幼儿在主试口头呈现一个句子后马上重复。该测验可以替换言语量表中的任何一个测验,也可以作为补充测验。C-WYCSI-R 适用于 4～6.5 岁的我国城乡男女幼儿。

C-WYCSI-R 的施测与 WISC-RC 基本相同。

不过,日常所说的韦氏智力量表主要指 WAIS-R、WISC-R 和 WPPSI 这三个量表,三者均包括相同的分测验,只是有一些因年龄关系在形式上作了变更,还有少数量表中的分测验有增减。韦氏各智力量表的分测验名称见表 7-6 所示。

(三)瑞文测验

瑞文测验在国内目前常用的有两种修订版,"瑞文标准推理测验"和"瑞文测验—联合型(CRT)"。

1. 瑞文标准推理测验

英国心理学家瑞文(J. C. Raven)于 1938 年编制了一种非文字智力测验,即瑞文测验。这是一种标准推理测验,要求被试对量表中的图形关系进行推理。瑞文测验后来也经过了修订。

表 7-6 韦氏各智力量表的分测验名称

	WAIS-R (适用于 16 岁以上成人)	WISC-R (适用于 6～16 岁儿童)	WPPSI (适用于 4～63 岁幼儿)
言语量表	知识(I) 领悟(C) 算术(A) 相似性(S) 数字广度(D) 词汇(V)	常识(I) 类同(S) 算术(A) 词汇(V) 理解(C) ［背数(D)］	常识(I) 词汇(V) 算术(A) 类同(S) 理解(C) ［填句(Se)］
操作量表	数字符合(DS) 填图(PC) 木块图(BD) 表图片排列(PA) 图形拼凑(OA)	填图(PC) 排列(PA) 积木(BD) 拼图(OA) 译码(CO) ［迷津(Ma)］	物体拼凑(OA) 图画补缺(PC) 迷津(Ma) 几何图形(GD) 积木图案(BD) ［动物房子(AH)］

中国的瑞文标准推理测验是张厚粲教授于 1986 年主持修订的,名称为"瑞文标准推理测验(中国城市修订版)"。

"瑞文标准推理测验(中国城市修订版)"共 60 道题目,包括五个系列。测题形式是非文字式图形,被试根据图形的规律进行推理并填补(图7-5)。五个系列的图形主要测验知觉辨别力、图形比较、图形组合、整合、互换等抽象推理能力。这套测验对幼儿和成人都适用。

在施测时,除第一题属例题可按指导语进行指导外,其余一律按测验手册进行,并要求被试一定要按先后顺序在记录纸上进行回答,不允许在测验本上回答和做任何记号。

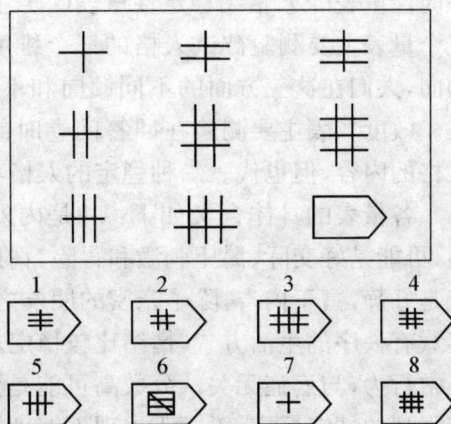

图 7-5 瑞文测验图例

2. 瑞文测验—联合型(CRT)

瑞文于 1947 年还编制了另外两个推理测验,一个是适用于年龄较小儿童和智力落后成人的彩色推理测验,即将原来黑白图的标准推理中的头两个系列加上彩色,并添加了一个系列,共 36 题。另一个是适用于高智力水平的高级推理测验。

1988 年,李丹教授主持修订了瑞文测验,将瑞文测验的标准型和彩色型联合使用,称为"瑞文测验—联合型(CRT)"。

"瑞文测验—联合型(CRT)"由瑞文彩色型(三个系列)和标准推理测验的后三个系列组成,共六个系统 72 题。这套测验适用于幼儿、儿童、成人和老人,有城市常模和农村常模。

在施测时,一般被试是按团体测验方式进行的,但对于学前儿童和 70 岁以上的老人宜进行个别测验。测验要求与瑞文标准推理测验基本相同。

二、人格测验

目前国内常用的人格测验主要有艾森克人格问卷、卡特尔 16 项人格因素量表、明尼苏达多相人格量表等。

(一)艾森克人格问卷(EPQ)

艾森克人格问卷是由英国心理学家艾森克(Hans Jürgen Eysenck,1916—1997)编制的,1952 年第一次正式发表。随后又在 1959 年及 1964 年进行了修订,最后于 1975 年再次修订并命名为艾森克人格问卷,又称艾森克个性问卷。

EPQ 是一种自陈量表,目前有成人问卷和青少年问卷两种。成人问卷大约有 90 个题目,青少年问卷大约有 80 个题目。EPQ 由四个量表组成,即内外向性量表(E)、情绪稳定性量表(N)、变态人格量表(P)和效度量表(L)。前三个量表主要测验被试人格的三个维度,即内外倾向性、情绪性和心理变态倾向,人们在这三方面的不同倾向和不同表现程度,便构成了不同的人格特征。效度量表主要测验在回答问卷时的掩饰、假托或自身隐蔽性,虽不属于人格的内容,但也代表一种稳定的人格功能。

各量表的具体含义如下:一是内外向性量表(E)。分数高表示人格外向,可能是好交际、渴望刺激和冒险,情感易于冲动;分数低表示人格内向,可能是好静,富于内省,除了亲密的朋友之外,对一般人缄默冷淡,不喜欢刺激,喜欢有秩序的生活方式,情绪比较稳定。二是情绪稳定性量表(N),反映的是正常行为,与病症无关。分数高可能是焦虑、担心、常常郁郁不乐、忧心忡忡,有强烈的情绪反应,以至于出现不够理智的行为。E 和 N 的关系如图 7-6 所示。三是变态人格量表(P)。变态人格并非暗指精神病,它在所有人身上都存在,只是程度不同。但如果某人表现出明显程度,则容易发展成行为异常。分数高可能是孤独、不关心他人,难以适应外部环境,不近人情,感觉迟钝,与别人不友好,喜欢寻衅搅扰,喜欢干奇特的事情,并且不顾危险。四是效度量表(L)。测定被试的掩饰、假托或自身隐蔽,或者测定其社会性朴实幼稚的水平。

测验分数在正常范围内可用于人格评定,比如性格是内向还是外向、情绪是否稳定等,超出正常范围则可以筛选或辨别有精神疾病可能的个体,比如艾森克发现,精神病人在未发病之前都在精神质维度上得高分,而一些罪

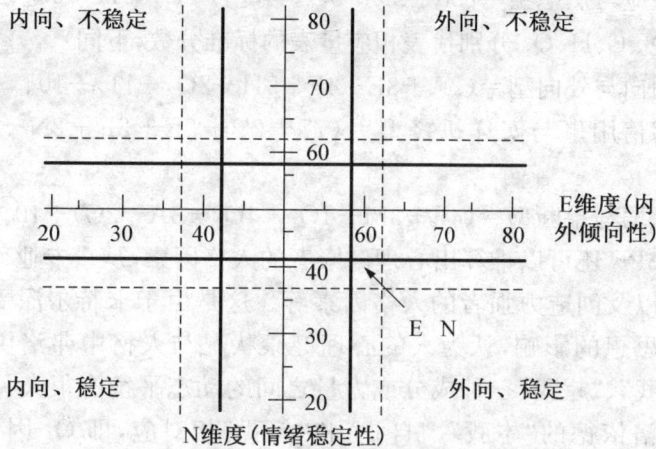

图 7-6　E 和 N 的关系图

犯在未犯罪之前也在神经质维度方面得高分,所以该测验可以早期识别一些精神疾患。由于 EPQ 具有较高的信度和效度,用其所测得的结果可同时得到多种实验心理学研究的印证,因此它也是验证人格维度理论的根据。

艾森克人格问卷首先由刘协和于 1980 年介绍到国内。目前,艾森克个性问卷中国修订本有几种版本。龚耀先和刘协和进行过修订。陈仲庚也进行过修订,他修订的成人量表把我国生活习惯不适应或意义不够明确的题目加以改动,增补或删减了几个题目,最后的修订版共有 85 个题目。另外,陈仲庚还修订了艾森克青少年问卷。

目前国内艾森克人格问卷(成人)适用于 16 岁以上成人,艾森克人格问卷(儿童)适用于 7~15 岁的青少年。在使用时首先要宣读指导语,记分时男女被试要分别记分,并与特定的常模进行对照和解释。

(二) 卡特尔 16 项人格因素量表(16PF)

卡特尔 16 项人格因素量表是由美国心理学家卡特尔(R. B. Cattell)编制的。16PF 英文原版共有 A、B、C 版本,于 1956—1957 年相继出版,每本各有187 题,每一种人格因素由 10~13 个测题组成的量表进行测量。

16 种人格因素指的是:乐群性(A)、聪慧性(B)、稳定性(C)、恃强性(D)、兴奋性(F)、有恒性(G)、敢为性(H)、敏感性(I)、怀疑性(L)、幻想性(M)、世故性(N)、忧虑性(O)、实验性(Q_1)、独立性(Q_2)、自律性(Q_3)、紧张性(Q_4)。这些人格因素是各自独立的,由这些因素的不同组合,就构成了一个人的个性。

16PF 不仅能明确描绘 16 种基本人格特征,还能根据实验统计结果所得的公式,用有关量表的标准分数推算出许多种可以形容人格类型的次元因素。主要的次元人格因素类型有:

其一,适应与焦虑型＝(38＋2L＋3O＋4Q₄＋2C－2H－2Q₃)÷10(式中字母 L、O、Q₄、C、H、Q₃ 分别代表相应量表的标准分数,下同)。

其二,内向与外向型＝(2A＋3E＋4F＋5H－2Q₂－11)÷10。

其三,感情用事与安详机警型＝(77＋2C＋2E＋2F＋2N－4A－6I－2M)÷10。

其四,怯弱与果断型＝(4F＋3M＋4Q₁＋4Q₂－3A－2G)÷10。

此外,16PF 还可以推算出心理健康者的人格因素,从事专业而有成就者的人格因素以及创造力强者的人格因素等。这是由于卡特尔深受弗洛伊德的心理结构思想的影响,认为人的心理健康状况与人格中弗洛伊德所谓的"本我"、"自我"、"超我"三种成分或力量之间的动态平衡有很大关系。16PF 的因素与弗洛依德的"本我"、"自我"和"超我"相对应,即 Q₄ 因素对应"本我",C 因素对应"自我",G 因素对应"超我"。不过,卡特尔比较强调自我的作用,认为人格的成熟就是自我力量的壮大。当自我力量太弱,即 C 因素得低分(标准分低于 4 分),本我力量和超我力量太强,即 Q₄ 因素和 G 因素得高分(标准分高于 7 分),特别是后者 G 因素太强时,容易造成心理冲突,损害心理健康。某被试的 16PF 剖析如图 7-7 所示。

人格因素	原分	标准分	低分者特征	标准分 1 2 3 4 5 6 7 8 9 10	高分者特征
A			缄默孤独	A	乐群外向
B			迟钝、学识浅薄	B	聪慧、富有才识
C			情绪激动	C	情绪稳定
E			谦逊顺从	E	好强固执
F			严肃审慎	F	轻松兴奋
G			权宜敷衍	G	有恒负责
H			畏怯退缩	H	冒险敢为
I			理智、着重实际	I	敏感、感情用事
L			信赖随和	L	怀疑、刚愎
M			现实、合乎成规	M	幻想、狂放不羁
N			坦白直率、天真	N	精明能干、世故
O			安详沉着、有自信心	O	忧虑抑郁、烦恼多端
Q₁			保守、服从传统	Q₁	自由、批评激进
Q₂			依赖、随群附众	Q₂	自立、当机立断
Q₃			矛盾冲突、不明大体	Q₃	知己知彼、自律严谨
Q₄			心平气和	Q₄	紧张困扰

图 7-7 某被试的 16PF 剖析图

利用 16PF 进行施测时,测验的指导语和测验题目可以由被试自己看,也可由主试宣读;可以个别施测,也可以团体测验。本测验要求被试不必仔细思考各题,被试应以直觉性反应,依题回答,不要遗漏和跳答。最后一般用计分模板计分,并通过查阅常模表将原始分数换算成标准十分(比标准九分多一个等级),再按标准十分在剖析图上找到相应圆点,最后将各点连成曲线,即可得到一个人的人格轮廓型。

目前国内使用的中文修订本主要是 1981 年由辽宁省教育科学研究所进行修订的,有辽宁省常模。从 1985 年起,祝蓓里、戴忠恒等人开始了全国常模的修订工作,并于 1988 年发表,现有成人、大学生和中学生男女的六个全国常模可供使用。

(三) 明尼苏达多相人格问卷(MMPI)

明尼苏达多相人格量表是由美国明尼苏达大学的哈撒威和麦金利于 20 世纪 40 年代初编制的。MMPI 采用经验法编制,即将大量题目施测于效标组(经确定属心理异常而住院治疗者)和对照组(经确定属正常无任何异常行为者),然后选择两组在反应上有差别的题目组成量表。后来编制者于 1966 年对测验又做了修订(称作 R 式)。MMPI 适用于年满 16 岁的被试,16 岁以上具有小学毕业文化水平、没有什么影响测验结果的生理缺陷的人均可参加测试,多用于对不良人格特征的诊断。

目前,国内使用的 MMPI 是宋维真自 1980 年开始、于 1984 年在有关单位协作下修订完成,正式确定了我国的常模,并称为明尼苏达多相个性调查表(MMPI)。MMPI 共有 566 个自我报告形式的题目(其中有 16 个为重复题目),内容涉及身体、心理状态和态度等方面问题。MMPI 的临床量表有 10 个,均以采用的效标组命名:一是疑病症量表(Hs),33 题;二是抑郁症量表(D),60 题;三是歇斯底里量表(Hy),60 题;四是精神病性量表(Pd),50 题;五是性度(男性化—女性化)量表(Mf),60 题;六是妄想狂量表(Pa),60 题;七是精神衰弱量表(Pt),48 题;八是精神病症量表(Sc),78 题;九是躁狂病症量表(Ma),46 题;十是社会内向量表(Si),70 题。

此外,MMPI 还有 4 个效度量表,主要用来检查被试反应的有效性。4 个效度量表是:其一,说谎分数(L),15 题;其二,诈病分数(F),64 题;其三,校正分数(K),30 题;其四,疑问分数(Q),表示漏答、无法答或"是""否"均作回答的题目数量,如超过 30 题,则此答卷无效。

MMPI 在施测时,主试必须熟悉测验的全部材料(包括内容、简介、指导语、记分方法等),了解被试的状况和测验的环境,并根据被试疲劳情况适当增加休息时间。题目可以是录音带式或问卷式让被试回答。MMPI 的计分有两种方法:一种是模板记分,借助 14 张模板(每个量表一张,Mf 量表男女各一张)进行;另一种是计算机记分,需要特制的磁性铅笔,设有固定型号的记录纸。然后将各量表的原始分数或修正原始分数登记在剖析图上,并将各点相连,即成为被试人格特征的剖析图,男女被试登在不同的剖析图上。在画出剖析图的同时,还应将各量表的原始分数换算成 T 分数,以便与常模进行比较。为了避免根据单个量表的分数可能做出错误的判断,该测验把两个或几个量表的结果组合在一起进行评价。某被试的 MMPI 剖析图如图 7-8 所示。

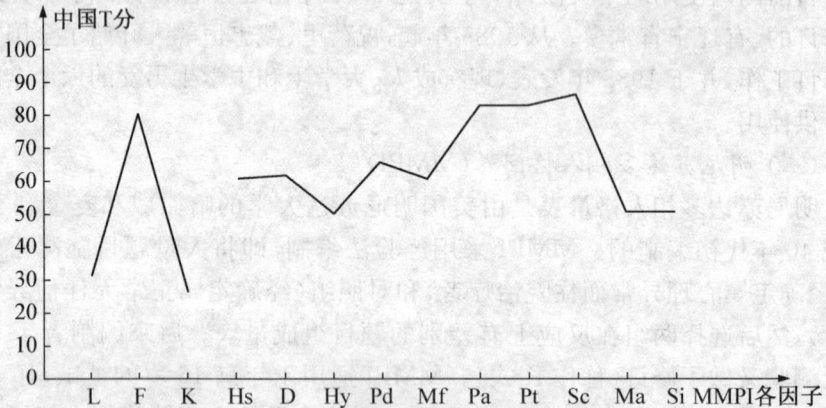

图 7-8　某被试的 MMPI 剖析图

(四)罗夏墨迹测验

罗夏墨迹测验是一种人格测验方法,在临床心理学中使用非常广泛,它通过向被试呈现标准化的由墨迹偶然形成的模样刺激图版(图 7-9),让被试说出由此所联想到的东西,然后将这些反应用符号进行分类记录,加以分析,进而对被试的人格特征进行诊断。罗夏测验因利用墨迹图版故又称为墨迹图测验,属于心理投射法。

图 7-9　罗夏墨迹测验图

通常,罗夏测验分四个阶段:一是自由反应阶段,即自由联想阶段,在这一阶段,主试向被试提供墨迹图,一般的指导语是“你看到或想到什么,就说什么”。应避免一切诱导性的提问,只是记录被试的自发反应。主试不仅要尽量原原本本地记录被试的所有言语反应,而且也要对他的动作和表情给以细心的注意和记录。此外,测定和记录呈现图版之后到做出第一个反应的时间,以及对这一张图版反应结束的时间。二是提问阶段。这是确认被试自由反应阶段所隐藏的想法,主试以自由联想阶段的记录材料为基础,通过提问了解被试利用墨迹图的哪些部分进行反应,并总结被试回答的决定因子是什么。三是类比阶段。这是针对提问阶段尚未充分明白部分所采取的补充措施。主要询问被试对某个墨迹图反应所使用的决定因子,是否也用于对其他墨迹图的反应,从而确定被试的反应是否由某个因子决定。四是极限测验阶段。当主试对被试是否使用了某些决定因子还存在疑虑时,加以确认。

罗夏编制的墨迹测验法来源于荣格和精神分析学派的思想,以知觉与人格之间存在反映和被反映关系的假说为理论前提。当主试要求被试描述自己在偶然形成的墨迹刺激中"看到了什么"并说出自己的知觉体验时,被试必然以自己独特的方式进行反应,在这些反应中,被试会无意地或不知不觉地将真实的自己暴露出来,有时甚至会反映出连自己也完全意识不到的某些人格特征。因此,通过观察被试对墨迹图的知觉反应,可以预测或推断被试的人格特征。

三、心理健康测验

(一)症状自评量表(SCL-90)

症状自评量表(SCL-90)由 L·R·迪洛葛迪斯于 1975 年编制,该量表包括 90 个项目,包括感觉、思维、情感、行为、人际关系、生活习惯等内容,可以评定一个特定的时间,通常是评定一周以来的心理健康状况。

分为五级评分(从 0~4 级),0=从无,1=轻度,2=中度,3=相当重,4=严重;有的也用 1~5 级评分,但在计算实得总分时,应将所得总分减去 90。该量表包括躯体性、强迫症状、人际关系敏感、抑郁、焦虑、敌对、恐怖、偏执、精神病性等 9 个症状因子,具体含义如下:

第一,躯体化,包括 1、4、12、27、40、42、48、49、52、53、56、58 共 12 项。该因子主要反映身体不适感,包括心血管、胃肠道、呼吸和其他系统的主诉不适,头痛、背痛、肌肉酸痛,以及焦虑等其他躯体表现。

第二,强迫症状,包括 3、9、10、28、38、45、46、51、55、65 共 10 项。该因子主要反映那些明知没有必要,但又无法摆脱的无意义思想、冲动和行为,还有一些比较一般的认知障碍的行为表现也在这一因子中反映。

第三,人际关系敏感,包括 6、21、34、36、37、41、61、69、73 共 9 项。该因子主要反映某些个人在人际交往中的自卑感、心神不安、明显不自在。

第四,抑郁,包括 5、14、15、20、22、26、29、30、31、32、54、71、79 共 13 项。该因子测查苦闷的情感与心境为代表性症状,还以生活兴趣的减退、动力缺乏、活力丧失等为特征。还反映失望、悲观以及与抑郁相联系的认知和躯体方面的感受。另外,还包括有关死亡的思想和自杀观念。

第五，焦虑，包括 2、17、23、33、39、57、72、78、80、86 共 10 项。该因子一般反映那些烦躁、坐立不安、神经过敏、紧张以及由此产生的躯体表现，如震颤等。测定游离不定的焦虑及惊恐发作是本因子的主要内容，还包括一项躯体感受的项目。

第六，敌对，包括 11、24、63、67、74、81 共 6 项。该因子主要从思想、感情和行为三方面来反映敌对的表现。其项目包括厌烦的感觉、摔物、争论直到不可控制的脾气暴发等各方面。

第七，恐怖，包括 8、25、47、50、70、75、82 共 7 项。恐惧的对象包括出门旅行、空旷场地、人群或公共场所和交通工具。此外，还有反映社交恐怖的一些项目。

第八，偏执，包括 8、18、43、68、76、83 共 6 项。本因子是围绕偏执性思维的基本特征而制订，主要测查投射性思维、敌对、猜疑、关系观念、妄想、被动体验和夸大等。

第九，精神病性，包括 7、16、35、62、77、84、85、87、88、90 共 10 项。该因子反映各式各样的急性症状和行为，精神病性过程的表现。此外，也可以反映精神病性行为的继发征兆和分裂性生活方式的表现。

此外，还有 19、44、59、60、64、66、89 共 7 个项目未归入任何因子，反映睡眠及饮食情况，分析时将这 7 项作为附加项目或其他，作为第 10 个因子来处理，以便使各因子分之和等于总分。

SCL-90 在国外应用广泛，20 世纪 80 年代引入我国。与其他自评量表相比，它具有容量大，反映症状丰富，能更准确刻画被试的自觉症状特性等优点。按 SCL-90 原设计者规定，该量表适用于精神科或非精神科的成年门诊患者，作为了解来访者心理卫生问题的一种评定工具，也可评定咨询前后心理健康状况演变的疗效。目前 SCL-90 常用于测量大学新生的适应水平，作为评估学生心理健康的依据。

（二）抑郁自评量表（SDS）

抑郁自评量表（SDS）由华裔教授张（Zung）编制于 1965 年。本量表包含精神病性情感症状（2 个项目）、躯体性障碍（8 个项目）、精神运动性障碍（2 个项目）和抑郁的心理障碍（8 个项目）四部分内容，有 20 个项目，分别反映出抑郁心情、身体症状、精神运动行为及心理方面的症状体验，每个项目按症状出现的频度分为四级，根据自己一个星期之内的感觉来回答，其中 10 个为正向评分，10 个为反向评分。

在回答时应注意，有的题目的陈述是相反的意思，例如，心情忧郁的病人常常感到生活没有意思，但题目之中的问题是感觉生活很有意思，那么评分时应注意得分是相反的。这类题目之前加上 * 号，提醒各位检查及被检查者注意。因为是自我评价，不要别人参加评价，也不用别人提醒。但如果是文盲,可以由别人念题目,并由自己判定轻重程度。

SDS 以总分为指标,即将 20 个项目的各个得分相加,即得总分。或者将总分乘以 1.25 后的整数部分,作为个体的得分。分值越低,状态越好。通常总分超过 41 分,或标准分大于 50 分,就可判断有抑郁症状。

本量表使用简便,能够评定抑郁症状的轻重程度及其在治疗中的变化,特别适用于发现抑郁症患者。其评定对象为具有抑郁症状的成年人,包括门诊及住院患者。因此,一方面可以作为辅助诊断的工具,另一方面也可以用来观察在治疗过程中抑郁的病情变化,作为疗效的判断指标。但是,此评定量表不能用来判断抑郁的性质,所以不是抑郁症的病因及疾病诊断分类用表。因此,测出有抑郁症之后,应该及时到精神科门诊进行详细检查、诊断及治疗。此外,SDS 对于文化程度较低或智力水平稍差的人使用效果不佳。

（三）焦虑自评量表（SAS）

焦虑自评量表（SAS）由华裔教授张（Zung）于 1971 年编制而成。从量表构造的形式到具体评定的方法,与抑郁自评量表（SDS）十分相似,是一种分析病人主观症状的相当简便的临床工具。由于焦虑是心理咨询门诊中较常见的一种情绪障碍,所以近年来 SAS 是咨询门诊中了解焦虑症状的常用量表。

SAS 采用四级评分,主要评定症状出现的频度,其标准为:"1"表示没有或很少时间有;"2"表示有时有;"3"表示大部分时间有;"4"表示绝大部分或全部时间都有。20 个条目中有 15 项是用负性词陈述的,按上述 1～4 顺序评分。其余 5 项（第 5,9,13,17,19）注 * 号者,是用正性词陈述的,按 4～1 顺序反向计分。SAS 的主要统计指标为总分。将 20 个项目的各个得分相加,即得总分;用总分乘以 1.25 以后取整数部分,就得到标准分,或者可以查表作相同的转换。SAS 样题如表 7-7 所示。

表 7-7　SAS 样题

	偶/无	有时	经常	持续
1. 我觉得比平时容易紧张和着急	1	2	3	4
2. 我无缘无故地感到害怕	1	2	3	4
3. 我容易心理烦乱或觉得惊恐	1	2	3	4
4. 我觉得我可能将要发疯	1	2	3	4
* 5. 我觉得一切都很好,也不会发生什么不幸	4	3	2	1
6. 我手脚发抖打颤	1	2	3	4
7. 我因为头痛、头颈痛和背痛而苦恼	1	2	3	4
8. 我觉得衰弱和疲乏	1	2	3	4

续　表

	偶/无	有时	经常	持续
*9. 我觉得心平气和,并且容易安静坐着	4	3	2	1
10. 我觉得心跳得很快	1	2	3	4
11. 我因为一阵阵头晕而苦恼	1	2	3	4
12. 我有晕倒发作或觉得要晕倒似的	1	2	3	4
*13. 我呼气吸气都感到很容易	4	3	2	1
14. 我手脚麻木和刺痛	1	2	3	4
15. 我因为胃痛和消化不良而苦恼	1	2	3	4
16. 我常需要小便	1	2	3	4
*17. 我的手常常是干燥温暖的	4	3	2	1
18. 我脸红发热	1	2	3	4
*19. 我容易入睡并且睡得很好	4	3	2	1
20. 我做恶梦	1	2	3	4

张(Zung)根据美国受试者测评结果,规定 SAS 的标准分 50 分作为焦虑症状分界值,其中 50~59 分为轻度焦虑,60~69 分为中度焦虑,69 分以上为重度焦虑。我国学者吴文源等人对 1158 例正常人(常模)的测评结果进行分析,15 项正向题平均值为 1.29 ± 0.98;5 项反向题均分为 2.08 ± 1.71;20 项总分均值为 29.78 ± 0.46,可作为代表常模总分均值的上限。

四、其他测验

除了以上介绍的智力测验、人格测验和心理健康测验外,心理测量还包括成就测验、需要测验、态度测验、兴趣测验以及人际关系测验等。下面简单介绍一下国内比较常用的爱德华个人偏好量表和应对方式问卷。

(一)爱德华个人偏好量表(EPPS)

美国心理学家爱德华(Allen L. Edwards)于 1953 年编制的"爱德华个人偏好量表"是一套著名的需要量表。

EPPS 包括 225 个题目,每个题目包括两个第一人称的陈述句,要求被试按自己的个人偏好选择其中一个,因此,这是一种强迫选择。

EPPS 主要测试 15 种需求,因此构成 15 个分量表,这 15 种需求是成就、顺从、秩序、表现、自主、亲和、省察、求助、支配、谦逊、慈善、变异、坚毅、性爱和攻击。最后根据被试在 15 个分量表上的得分分别绘制剖析图,即可对个人的心理倾向有所了解。

EPPS 已有中译本（1967 年）并在中国台湾使用，适用于高中生、大学生及一般有阅读能力的成人。可以团体施测，施测时应当注意被试在每一个问题中必须选择两个中的一个。

（二）应对方式问卷

"应对方式问卷"为自陈式个体应对行为评定量表，包括 62 个条目，共分为 6 个分量表，分别为解决问题、自责、求助、幻想、退避、合理化。每个条目有两个答案，"是"、"否"，如果选择"是"，则继续对后面的"有效"、"比较有效"、"无效"做出评估；如果选择"否"，则进行下一个条目。

计算各分量表的因子分，然后根据各因子与"解决问题"应对因子相关系数的大小排序，这就是"应付方式问卷"的统计方法。因子分计算方法如下：

$$分量表因子分 = \frac{分子表单项条目分之和}{分量表条目数}$$

"应对方式问卷"适用于年龄在 14 岁以上，文化程度在初中和初中以上的青少年、成年和老年人。它可解释个体或群体的应对方式类型和应对行为特点，比较不同个体或群体的应对行为差异，并且不同类型的应对方式还可以反映人的心理发展成熟程度。

第四节　心理测量需要注意的问题

一个测量工具无论制作多么精良，如果不按正确的方法使用，便不能很好地发挥效用。因此，使用心理测量应该特别注意一些问题。

一、主试的资格

（一）知识结构

主试的知识结构是指开展心理测验工作所必须具备的基础知识和专业知识。在基础知识方面，主要包括普通心理学、发展心理学、社会心理学等心理学基础知识，以及扎实的心理统计学基本知识。在专业知识方面，除了精通人格心理学、能力心理学、变态心理学外，还应根据自己的工作领域具有相应的行业知识。

（二）道德标准

1. 心理测验的保密和控制使用

对心理测验的保密是为了保证测验的价值，对于大多数心理测验来说，泄露测验内容，可能会使测验失效，其心理测验的内容只有被试事先未曾熟悉才有价值可言。不可在报刊杂志上原封不动地刊登测验的内容,在对测验进行宣传介绍时,只能引用例题,正式测题是绝不能公开的。

控制使用是指并非所有人都可以接触和使用测验,测验的使用者必须是经过专业训练和具备一定资格的专业人员,切不可将测验借给不够资格的人员使用,以避免滥用和误用测验。

2. 心理测验中个人隐私的保护

在测验工作中,尤其是人格测验工作中经常遇到的一个不可忽视的问题是被试者的个人隐私问题。例如,在人格测验中有的条目可能涉及人们的家庭关系、内心冲突、私人生活等问题。心理测验工作者应尊重被试者的人格,对测量中获得的个人信息要加以保密,并由有资格的专业人员妥为保管。

二、测验的选择

心理测验可供选择的测验工具很多,选择何种或几种心理测验进行施测,是测验组织者和使用者首先要考虑的问题,选择测验必须注意两个方面。

（一）所选测验必须适合测量的目的

心理测验是进行科学研究和解决实际问题的一个工具,测验的选择首先必须符合测验的目的。由于每一个心理测验都有其特殊的用途和使用范围,所以施测者首先应当对各种测验的功能及特长、优缺点有一个了解。此外,不但不同的目的要选用不同的测验,而且不能只是根据测验名称盲目选择测验,必须了解该测验的真正使用范围和功效,否则就会造成测验使用不当。

（二）所选测验必须符合心理测量学的要求

选择心理测验不能仅根据测验目的,还应考虑该测验是否经过了标准化,它的信度、效度如何,常模样本是否符合测试对象,常模资料是否太久而失效等等。即使是真正的心理测验,倘若由个人自行施测,不懂得分数如何解释,也会产生不良后果。因此,不具备心理测验知识的个人最好不要自己盲目选择测验及自行施测、解释,而应由专门的心理测验机构的专业人员来操作。

在选择心理测验这一环节上,出现的另一个问题是,许多人常使用没有重新标准化的经典测验。标准化测验必须经常修订,使测验内容、常模样本、分数解释更符合变化了的时代。目前,许多专业人员使用的测验是许多年前的老版本。更有甚者,有人还将国外的测验直接翻译过来使用,而不考虑是否符合我国国情,这种做法是有很大问题的。

三、测验前的准备及注意事项

（一）测验前的准备工作

心理测验前的准备工作是保证测试顺利进行和测验实施标准化的必要

环节。准备工作主要包括以下几个方面：

1. 预告测验

事先应当通知被试，保证被试确切知道测验的时间和地点以及内容范围、测题类型等，使被试对测验有充分的准备，及时调整自己的情绪和生理状态。心理测验一般不搞突然袭击，突然袭击会使被试的智力、体力和情绪处于混乱状态，不利于接受测验。

2. 准备测验材料

无论是个别测验还是团体测验，这一步都很重要。如是个别测验，应检查完整的问卷或器材一共多少，是否完整，有仪器时应经常进行检查和校验，保证良好的工作状态。如是团体测验，则所有的测验本、答卷纸、铅笔盒、其他测验材料都须在测验前清点、检查和摆放好，以免忙中出乱。

3. 熟悉测验指导语

对于个别测验，主试记住指导语是最基本的要求。如果是团体测验，虽说可以临场朗读，但熟悉一遍总比不熟悉要好，先熟悉指导语会使主试在朗读指导语时不至于念错、停顿、重复或结结巴巴，而且使被试在测验中感到自然轻松，否则会影响测验分数。

4. 熟悉测验的具体程序

对于个别测验来说，测验的实施必须由受过专门训练的人来完成，例如韦氏智力量表包括言语、操作两大部分，操作部分的测验涉及物体如何摆放、如何示范等具体程序。对于团体测验，尤其当被试量很大时，这样的准备还包括主试与助手的分工，使他们明确各自的任务。

（二）测验中主试的职责

首先，应按照指导语的要求实施测验，不带任何暗示，当被试询问指导语意义时，尽量按中性方式澄清，如询问有些词的含义时，应尽量照字典的意义解释。

其次，测验前不讲太多无关的话。例如测验时间为 50 分钟，主试竟占了 10 分钟作不必要的说明，就会使学生感到不公平。另外，这种与测验无关的说明不仅不会引起他们的注意，还会引发焦虑，或对主试产生敌意。

再次，对于被试的反应，主试不应做出点头、皱眉、摇头等暗示性反应，否则会影响被试以后的施测，主试应时刻保持和蔼、微笑的态度。另外，在个别施测时，主试不应让被试看见记分，可用纸板等物品挡着，这样做一是避免影响被试的测验情绪，二是避免分散被试的注意力。

最后，对特殊问题要有心理准备，比如在测验过程中出现突发事件（如停电、有人生病、计时器出现故障等），应沉着冷静、机智、灵活地应付，不要临阵慌乱、火上浇油，否则测验可能彻底失败。

（三）建立协调关系

协调关系是一个专业术语，在临床心理咨询、心理治疗中经常用到。在心理测验实施中，这种关系指的是主试和被试之间一种友好、合作、能促进被试最大限度地做好测验的一种关系。例如，在智力测验中，这种关系会促使被试尽最大努力发挥自己的能力；在人格测验中，它会促使被试真实坦白地回答有关个人一般行为特点的问题。建立协调关系要主试尽可能地激发被试兴趣，使其积极地应试。

测验的对象不同，建立协调关系的步骤也应有所不同。在测验学前儿童时，应考虑到儿童对陌生人的胆怯、恐惧和分心等特点，主试应以友好、愉快、轻松的自然态度与儿童交流。测试时也应当更灵活、有趣，像做游戏一样引起孩子们的兴趣。对于年龄大一些（三年级以上）的学生则应当通过竞争来激发测验动机。成人测验与对待儿童的方式有所不同，由于成人具有不认真做测验的倾向，因此主试应强调测验的目的，强调测验对他们有利的方面，这样才能激发他们在能力测验中作最大努力，也能减少在人格测验中的伪装。

四、测验实施的程序及要素

（一）指导语

指导语通常应包括两部分，一部分是对被试的指导语，另一部分是对主试的指导语。

1. 对被试的指导语

进行心理测验前，主试都要向被试说明如何完成心理测量。一般来说，只要被试能理解量表的意思，正确掌握回答方法就可以了。在施测过程中，有些被试故意装着对某些题目（项目）不理解而要求主试解释，以期从主试的解释中寻求答案。对此，主试只能重复一遍指导语，让被试按自己的理解真实回答。

2. 对主试的指导语

由于主试的一言一行，甚至表情动作都会对被试产生影响，所以主试一定要严格遵守施测指导，不要任意发挥和解释。否则，会向被试在无意间提供了某种暗示和导向，影响其回答问题的真实性。

（二）时限

时限也是测验标准化的一项内容。时限的确定，在很多情况下受实施条件以及被试特点的限制，当然最重要的是考虑测量目标的要求。

大多数典型行为测验是不受时间限制的，例如人格测验中，被试的反应速度就不很重要。但在有些测验中，速度是需要考虑的重要因素之一。在测验中，尤其要注意时间限制，不得随意延长或缩短。

测验的时间安排,也是影响测验结果的一个重要因素。例如在某项大规模活动的前后实施测验,则测验结果就很难反映被试的真正成绩。此外,个别被试的特殊情况,例如疲劳、饥渴等,也会影响到他的成绩。在测验时间安排上要考虑这些因素,必要时可依被试的状况,延长测验时间。

另外在一天中,下午 5—7 时是一个不适宜的时期,因为不论是主试还是被试,此时的身心状态都处于低谷。除了因疲劳困倦而导致注意力分散外,情绪也多显焦躁,被试很难做到心平气和、精力集中,稍有不慎,便会使测量失败。同时,从生理角度看,下午 5—7 时是大多数人"生理律动"的最低点,此时急需补充体能的消耗和恢复精力。而到了晚上 8 点左右,餐后的松弛状态使每个人对事物的反应灵敏度得以恢复,心情也较愉快。若此时进行心理测量,将会得到比较满意、真实、客观的结果。

（三）测验的环境条件

标准化的实施程序不仅包括口述指导语、计时、安排测验材料以及测验本身的一些方面,同时还包括测验的环境条件。

有许多研究表明,测验环境会对测验的结果造成影响,例如,一个在酷夏和正常天气下所做的智力测验的结果会有差别。因此,主试必须对测验时的光线、通风、温度及噪音水平等物理条件做好安排,统一布置,使之对每一个被试都保持相同。尤其需要强调的是,心理测验进行时,不能有外界干扰。为此,测验室的房门上应挂一个牌子,示意测验正在进行,旁人不许进入。团体测验时,可以把屋门锁上或派一名助手在门外等候,阻止他人进入。

当然,对于测验的环境条件而言,主试首先必须完全遵从测验手册的要求,其次是记录下任何意外的测验环境因素,最后在解释测验结果时考虑这一因素。

五、误差及控制方法

即使一个测验经过精心编制,题目取样具有代表性,又有标准化的实施和记分程序,由于被试本身的变化,仍然会给测验分数带来影响,这种误差需要加以控制。

（一）应试技巧与练习效应

1. 应试技巧

被试对测验的经验或应试技巧会影响测验成绩。对测验的程序和技能熟悉程度不同,所得分数便不能直接比较。

有些人由于经历过多次测验,具有相当的测验经验或应试技巧,他们能察觉出正确答案与错误答案的细小差别,懂得合理分配测验时间,而且常常是各种题型都见过,多数情况下会比与他们能力相当但缺乏测验经验或技巧的被试获得更高的分数。

2. 练习效应

在涉及个体认知功能的测验上,任何一个测验在第二次应用或重复测量时,都会有练习效应而使测验成绩提高。其具体表现为:一是教育背景较差、经验较少或智力较高者,其受练习效应的影响较大。二是着重速度的测验,练习效应较为明显。三是重复实施相同的测验,受练习效应影响的程度要大于复本的测验。四是两次测验之间的时距越大,练习效应越小,相距三个月以上练习效应可忽略不计。五是一般的平均练习效应,约在 1/5 个标准差以下,并且仅限于第一次及第二次重测,第三次以后练习效应增加不明显。

要控制应试技巧和练习效应,可以尽量使每个被试对测验材料的步骤和所需技巧有相同的熟悉程度。另外,还要提高标准化测验的题目编制水平,对编制较好的标准化测验题,再提高应试技巧也不能提高测验分数。

(二)动机与焦虑因素

1. 应试动机

被试参加心理测验的动机不同,自然会影响其回答问题的态度、注意力、持久性以及反应速度等,从而影响测验的成绩。

在测量成就、智力和能力倾向等变量时,只有被试动机强烈,才可能尽力回答,取得好成绩。某些社会经济地位不高的被试,对测验的动机不强烈,则其能力往往被低估。动机效应在测量态度、兴趣及人格等典型行为表现时也有影响。例如,在实施 MMPI 测验时,某些被试若欲给人以好印象,就会考虑主试的期望或社会赞许行为,而不按自己的真实情况回答,从而使测验分数降低。相反,为了某种动机欲给人以坏影响,则会使测验分数升高。

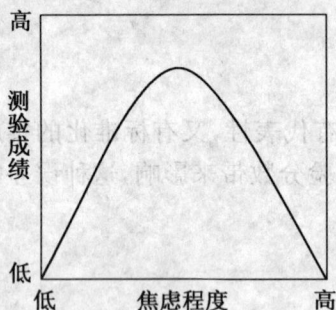

图 7-10 焦虑对测验成绩的影响

2. 测验焦虑

一般来说,适度的焦虑会使人的兴奋性提高,注意力增强,提高反应速度,从而提高智力测验、成就测验和能力倾向测验的成绩。过高的焦虑却会使工作效率降低,注意力分散,思维变得狭窄、刻板,记忆中储存的东西抽取不出来。但一点焦虑也没有,也不是好事情,因为被试往往采取满不在乎的态度而使测验成绩降低。也就是说,焦虑对测验成绩的影响呈现倒"U"形曲线形态(图 7-10)。

研究表明,测验焦虑会受到下列因素的影响:一是能力高的人,测验焦虑一般较低;对自己能力没有把握的人,测验焦虑较高。二是抱负水平过高,求胜心切的人,测验焦虑较高。三是具有某种人格特点,如缺乏自信、患得患失、情绪不稳定的人易产生测验焦虑。四是测验成绩与被试的关系重大,或被试受到的压力过大,容易使其产生测验焦虑。五是经常接受测验的人焦虑较低,而对测验程序不熟悉、尤其是测验中采取了新的题目形式或实施程序会增加测验焦虑。

通过教学或辅导可以降低测验焦虑,而熟悉测验程序也是降低焦虑的有效方法。因而主试在施测时应对测验的目的和测验程序做出清楚的解释,并适当地鼓励被试,以缓解焦虑、稳定情绪。

（三）反应定势

反应定势亦称反应风格,是指独立于测验内容的反应倾向,即由于每个人回答问题的习惯不同,而使能力相同的被试得到不同的测验分数。如饥饿、疲劳等生理原因会产生某种单调消极的反应定势,个人偏好或某种态度等心理原因会使被试爱选某一特点的答案。常见的反应定势有以下几种:

1. 求"快"与求"精确"的反应定势

某些被试,不管题目的内容和难度如何,总是谨小慎微,慢慢琢磨,答题比别人慢,表现为求"精确"的反应定势。另一些被试答题时则习惯于特别快而粗心大意,表现为求"快"的反应定势。一般来讲,如果测验有时间限制,或测验本身属于速度测验,则求"精确"的反应定势必降低测验成绩;如果纯粹是难度测验,则求"快"的反应定势必将降低测验成绩。

为了避免这两种定势的出现,除非"反应速度"本身即为重要的研究目标,否则应让被试有充足的时间反应,同时应该注明每题的答题时间,以减少求"快"与求"精确"定势的影响。

2. 喜好正面叙述的反应定势

大量研究发现,被试在无法确定"是非题"的正确答案时,选择"是"的人往往多于选"否"的人,或者说选"是"的人多于实际上应该选"是"的人,表现为喜好正面叙述的反应定势,亦称"肯定定势"。有趣的是,有些编制者在编制是非题时,也有"是"多于"否"的倾向。因此,在编制是非题时,"是""否"题大致相等或答"否"题略多,是控制肯定定势的有效方法。

3. 喜好特殊位置的反应定势

在完成测验过程中,被试如果完全不知道选择题的正确答案,则不会以完全随机的方式来决定该选哪一个选项,而有特别喜好选择某一位置的答题倾向,如 A、B、C、D、E 选项中的 B、C 或 D 选项。同时,有些测验编制者也存在喜好某一位置的反应定势,例如,很少将正确答案安排在第一选项或最后一个选项。在测验编制过程中,正确答案的位置在整个测验中出现在各位置的概率相等,就可以控制这种位置定势。

4. 喜好较长选项的反应定势

有些被试认为选项长、内容多,一般是正确答案,在无法确定何者正确时,有偏好长选项的反应定势。在编制测验时,只要尽量使选项的长度一致,就不难避免这类问题。

六、测验的评分

不管是心理测验还是平时考试,都希望评分是客观、公正的,因此评分或记分的标准化是必经的一步。

(一)原始分数的获得

只有评分客观时,才能把分数的差异完全归于被试的差异。一般来说,对于自由反应的题目,评分者之间很难取得完全一致。选择题、是非题的评分较为客观,因此有人将此类题目组成的测验称作客观性测验。

无论哪种测验,为使评分尽可能客观,需要遵循以下三点要求:第一,及时而清楚地记录反应情况,特别是对口试和操作测验,这点尤为重要,必要时可以录音和录像。第二,要有一张标准答案或正确反应的表格,即记分键。选择题的记分键包括每一道题正确反应的号码或字母;问答题的记分键包括一系列正确的答案和允许的变化;论文题的记分键包含各种可接受答案的要点;投射测验不可能有明确的统一答案,记分键上指明的是具有或缺少某种人格特征者的典型反应。第三,将被试的反应同记分键比较,对反应进行分类。对于选择题来说,这个程序是很容易的,但是当评分者的判断可能是一个起作用的因素时,就需要对评分规则作详细说明,评分者将每一个人的反应和评分说明书上所提供的样例相比较,然后按最接近的答案样例给分。

分数评出后还要进行合成计算,即将各题目分数合成分测验分数,再将分测验分数合成测验总分数。准确无误是对记分的基本要求。

(二)测验分数的综合分析

心理测验结束后的评分是给每位被试的智力、能力或人格特征做出一个量的分析,然而,错误的测验分数解释将使在测验的选择、施测及评分过程中所做的努力前功尽弃。因此,必须了解解释测验分数的注意要点,也就是说,一个合格的主试绝不会仅仅根据测验分数就轻易下结论,他会围绕测验分数进行一系列的综合分析。

1. 根据心理测验的特点进行分析

由于测验误差的影响,被试测验分数会在一定范围内波动,故应该把测验分数视为一个范围而不是一个确定的点。如在韦氏智力测验中,通常是用测得的 IQ 值加减 5(85％～90％的置信水平)的方法判断 IQ 值的波动范围,若测得某被试的 IQ 值为 105 时,他的 IQ 便在 100～110 的范围内变化。

2. 不能把分数绝对化

不能把分数绝对化，更不能仅仅根据一次测验的结果轻易下结论。一个人在任何一个测验上的分数，都是他的遗传特征、测验前的学习与经验以及测验情境的函数，这些因素都会对测验成绩有所影响。

为了能对测验分数做出有意义的解释，必须将个人测验前的经历考虑在内。同时，测验情境也是一个需要考虑的因素。例如，一个被试可能会因为身体不适、情绪不好、不懂主试的说明或意外干扰而得到较低的分数，也可能会因为某些偶然情况而得到意外的好分数。无论哪种情况，都要找出造成分数反常的原因，而不要单纯根据分数武断地下结论。

3. 必须有测验的信度和效度资料

为了对测验分数做出确切的解释，只有常模资料是不够的，还必须有测验的信度和效度资料。没有效度证据的常模资料，只能告诉一个人在一个常模团体中的相对等级，不能做出预测或更多的解释。即使有效度资料，由于测验效度的概化能力是有限的，在对测验分数做解释时也要十分谨慎。在解释测验分数时，一定要依据从最相近的团体、最匹配的情境中获得的资料。

4. 不同测验的分数不能直接加以比较

即使两个心理测验性质相同，由于所包含的具体内容不同，建立标准化样本的组成不同，量表的单位（如标准差）不同，其分数也不具备可比性。如来自两个智力测验的分数，在没有其他信息的情况下，无法判断孰优孰劣。

为了使不同心理测验分数可以相互比较，必须将两者放在统一的量表上。当两种测验取样于相同范围时，人们常用等值百分位法将两种分数等值化，具体做法是：将两个测验对同一样本进行施测，并把两种测验的原始分数都换算成百分等级，然后用该百分等级作为中介，就可以做出一个等价的原始分数表。另一种方法是不用相同的百分等级作为中介，而用相同的标准分数作等值的基础，此种方法叫线性等值。

5. 对测谎分数的处理

在一些心理测验中，为了检查被试回答的真实性和有效性，常常会在量表或回答中穿插测谎题。有时会发生被试的测谎分数超过常模的现象。对此，主试不能带着道德批判的倾向去指责被试，认为被试不诚实、虚伪等；否则，不仅会伤害被试的自尊心，使双方的关系对立，还可能会产生一系列消极的后果。实际上，主试面对测谎分数，需要有这样一种认识：测谎分数在心理测量学上称为"真实性校正分数"，它只是说明被试回答是否真实，用于鉴定量表的有效性，并不代表其他含义。

七、报告分数的注意事项

为了使被试本人以及与被试有关的人，如家人、老师等能更好地理解分数的意义，报告分数时要注意以下几个问题：

第一，不应把测验分数直接告诉被试本人或家长、老板等有关人员，应告诉的是测验分数的解释和建议。心理测验中的分数不同于一般情况下的分数概念，如 IQ 的 100 分的意义就不同于学科考试成绩中的 100 分，直接报告测验分数会引起不必要的误解。

第二，避免使用专业术语。测验像其他特殊领域一样，具有自己的专业词汇，你能理解的词并不意味着当事人也一定能够理解。例如，当事人可能不理解标准差和标准分数的含义。因此，必须用非技术性的用语来解释测验分数及所代表的意义，必要时可以问当事人是否听懂，让他说说是什么意思。

第三，要保证当事人知道这个心理测验测量或预测什么。这里并不需要做详细的技术性解释，例如你并不需要向当事人解释职业兴趣调查表的编制过程，但应该让他知道，职业兴趣量表是把他的兴趣和从事某种职业的人加以比较，如果在某一方面得了高分，就意味着如果他参加这个工作会长期干下去。

第四，要使当事人知道是和什么团体在进行比较。例如，统一智商分数对于不同文化水平的被试其意义是不同的。用平均初中文化程度的标准化样本的智力测验来测验一个不够小学文化程度的被试，如果测得 IQ 为 85 分，就可以认为是中等智力水平；如果被试原来文化程度是大学毕业，也测得 IQ 为 85 分，就可以解释为被试可能因疾病而智力有所减退，属于中下水平。

第五，要使当事人知道如何运用心理测验分数。当测验用于人员选择和安置问题时，这一点特别重要。要向当事人讲清分数在决定过程中起什么作用，是完全由分数决定取舍，还是只把分数作为参考；有没有规定的最低分数线；测验上的低分能否由其他方面补偿等。

第六，要考虑心理测验分数将给当事人带来什么心理影响。由于对分数的解释会影响被试的自我认识和自我评价，进而会影响他的行为。所以在解释分数时要十分谨慎，做好必要的思想工作，防止被试因分数低而悲观失望或因分数高而骄傲自满的情绪反应。

第七，要让当事人积极参与测验分数的解释。测验的分数是被试的分数而不是主试的分数，同样做出的决定会影响被试的生活而不是主试的生活，因此在解释分数的各个阶段，主试都要观察被试的反应，鼓励他提出问题。

第五节　心理测量的中国化

与心理学其他分支学科一样,心理测量学也是由西方主流心理学建立起来的。随着心理测量理论与技术在心理学各分支学科的广泛应用,心理测量学的中国化问题逐渐提了出来。

一、心理测量中国化的必要性

(一)目前心理测量工具过度依赖西方的研究

心理测量学以卡特尔1890年发表的论文《心理测验与测量》、比奈和西蒙1905年编制成的第一个智力量表、桑代克于1909年出版经典著作《心理与社会测量导论》及1908年和1909年相继编制成标准化的算术测验、书法量表为标志,于19世纪末、20世纪初建立。它的理论发展经历了由早期测量理论家创立的经典测量理论到"二战"以后的题目反应理论,直至20世纪60年代末提出的概化理论这样一个艰苦、求索、发展之路。从20世纪70年代末期开始,中国用不到20年的时间重复了西方近百年的发展轨道。心理测验在医疗、教育领域的应用促使大家消化吸收了经典测量理论,而大规模教育测验在20世纪80年代中期又引起了对题目反应理论研究的高潮,进入20世纪90年代资格考试的广泛应用和工作评价在人事心理学与工业心理学中的应用,又推动了概化理论的研究。同时,在对西方理论的学习中,我国又引进了大量的心理测验。在这不断重复和引进的过程中,国内出现了"言必称西方"的倾向,形成过度依赖西方理论和工具的研究趋势,制约了中国心理学的发展。

(二)中西文化存在差异

西方人与中国人具有不同的文化传统和心理特征。西方心理学家编制的测验,是以研究西方人的心理特征为依据,与中国人心理特征的变量十分不同。例如,在EPQ和MMPI量表中,许多题目的问法与我国的文化不符,与传统的道德价值观迥异,让人难以回答。如在EPQ问卷中的第8题:你曾贪图过份外之物吗? 第24题:你曾拿过别人的东西(哪怕是一针一线)吗? 第62题:你的母亲是一位善良的妇人吗?

在一次421人的测查中,第8题、24题只有两个人答"是",其余的99%的人均回答"否";第62题的答卷中无一人答"否",100%均回答为"是"。这样的反应倾向是怎样产生的呢? 在与被试交谈中得知中国人视"偷"、"拿"别人的东西为可耻行为,即使有这样的行为也不敢承认,怕万一传出会受到惩罚。再如,一些心理学家曾经用 MMPI 量表对中国人和其他文化群体的人比较,发现中国人无论正常人还是有心理疾病的患者,第 2 项和第 8 项得分都特别高,原因是这两个项目所描述的大多数是人际反应、一般活动水平和个体的价值观。这种分数的差异反映的是文化的差异,是由于中国社会对这些问题的不同期望和不同评价造成的,并不表明中国人心理疾病发生率更高。

以上事例说明,要研究中国人的真实个性特征和心理规律必须研究中国的文化背景,使心理测量的理论、编制乃至内容结构更适合中国人的实际,走心理测量中国化道路。

二、心理测量中国化的途径

中国化是指用中国人的眼光,以中国人的文化价值体系和社会结构制度为依据研究中国人。对于心理测试,要根据我国的国情进行适当修订以及自行编制中国人的心理测验量表,积极创立新的研究方法。具体途径包括以下四个方面:

(一)继续引进和学习西方心理测量学的理论与量表

心理测量学起源于西方,由此决定中国的心理测量学引进和学习西方是其发展的捷径。引进、学习的原则是取其精华,发展自身。只有在学习西方心理测量新的理论基础上,完善我国的心理测量理论,才能满足测验编制的需求。

同时,在引进外国的量表和成果中,绝不可照搬照抄,而要有选择地引进。由于社会文化、生态环境及遗传特征不同,各国人民在心理与行为方式上有明显差异,如果对外国的心理测量理论和量表采取"拿来主义",势必会失去客观性、真实性,从而影响心理测验的科学性。

(二)修订、改造西方的各种心理测验

在不同的文化背景下,同一种行为表现往往有不同的含义。同时,不同的人会对同一种行为有不同的理解和解释,特别是有关人格、态度、智力、情绪、思维方式等,文化差异是非常显著的。

因此,有必要对西方各种心理测验进行修订和改造。对于不适合中国人的行为方式的测验题目应当加以更改或取消,对于与中国文化相差太大的心理学概念,要理解它在本土文化中的确切涵义,并在量表中明确表示出来。

(三)编制中国的心理量表

要建立中国自己的概念与理论。例如,人格这样一个测验中常用的名词,来源于西方的个人主义,在观念上是将个人的人格从其社会与文化中分离,难以反映人的真实生存状况。因此,在建立中国的人格理论时,就要考虑到人人都是社会与文化的产物,必须在其与他人及社会文化事物的关系中,维持一种心理的人际平衡,考虑到社会文化对人格的制约,建立中国的人格理论。

同时,在测查中逐渐积累有关中国人的行为资料,编制出适合中国的心理量表。

（四）引进新的现代化技术,创立新的研究方法

心理测量中国化还需要研究方法的改良和创新。

心理测量学产生于西文方化背景之中,反映的是西方人的价值体系,当前从我国所公认的、公开使用的各种测验来看,也多是西方的心理测验。尽管我们的心理学专家进行了认真的、大量的、艰苦的修订工作,很多也都测定了国内常模,使用时也有一定的效度,但内容仍摆脱不了西方文化的偏向,自然就很难真实地反映出中国人的个性特点、心理发展规律。因此,心理测量学作为心理学的应用分支科学,更应走中国化道路,才能将心理测量更好地运用于心理咨询、心理治疗中。

第八章　团体心理咨询

心理咨询主要有两种形式,个体心理咨询和团体心理咨询(group counseling)。两者的目的都是帮助当事人维护心理健康,克服成长过程中的种种困难和障碍,迈向自我实现。但在帮助那些有着相似心理困扰的人时,团体心理咨询不失为一种经济而有效的咨询方式。人是社会的人,人的心理发展乃至一切发展都与社会环境有关,人的许多心理问题皆源于人际关系之中,团体咨询在人们的日常生活中日益显现其价值和功效。团体咨询的技术和方法也将被广泛应用于社会生活的各个方面。

第一节　团体心理咨询的概念和特点

一、团体的概念

（一）团体

广义的解释认为,团体(group)是两个或两个以上独立的个体通过彼此互动、相互影响的个人集合体。从团体动力学的观点来看,团体由三人或三人以上成员组合而成,成员彼此之间产生交互作用,且有共同一致的目标。团体心理咨询中的团体是为了共同目标,相互依存、彼此互动的人群集合体。

团体概念可以从五个方面来理解:第一,团体要有一定的规模,即由两个以上的人组成。第二,团体必须有一个共同的目标。在团体实现目标的过程中,成员共同解决问题、分享观念、切磋技艺、荣辱与共、寻找乐趣以及满足个人的归属感、自尊感和爱的需要。第三,团体成员之间具有互动性。团体成员借助语言、非语言的方式互相交流,分享感受和经验;成员之间的正向互动越多,则团体越健康、越有活力。第四,团体具有整体感,形成团体规范。团体不是个体的简单集合,而是成员之间互相依存的共同体。第五,团体会随着时间而改变。除了少数团体外,大部分的团体不是静止的,而会随着时间的进展而不断改变的,例如,成员由陌生到熟悉,互动由少到多,分享由浅入深。

(二) 团体的类型

心理学家们划分团体的方法各不相同。特罗泽(Trotzer)将团体分为 6 大类:指导和生活技巧团体、咨询团体、心理治疗团体、支持和自助团体、顾问团体以及成长团体。[①] 格莱丁(Gladding)列出的团体种类包括团体指导、团体咨询、团体心理治疗以及其他一些传统的和历史性的种类。[②] 美国团体工作专业者协会(ASGW)界定了 4 种类型的团体,即辅导或心理教育性团体、咨询或人际问题解决性团体、心理治疗或人格重整团体、任务或工作团体。我们认为根据团体的目的、团体成员的类型、团体结构和活动方式的不同可以将团体分为以下几种类型,见表 8-1 所示。

表 8-1　团体的分类方式

分类维度	类　型
团体目的	心理辅导团体、心理咨询团体、心理治疗团体
	发展性团体、训练性团体
团体成员的类型	自助性团体、支持性团体
	同质性团体、异质性团体
团体结构	结构性团体、非结构性团体
团体活动方式	封闭式团体、开放式团体

1. 心理辅导团体、心理咨询团体以及心理治疗团体

团体辅导(group guidance)是运用团体的情境,设计出活动、课程、内容,用来预防个体在各发展阶段中因碰到各类问题所引发的一般性困扰。例如,进入新学校的始业辅导,青春期的青少年人际关系、异性交往或生涯规划等内容,都可以用团体辅导来协助他们获得有关的正确知识、资料,使之建立正确的观念、认知及健康的态度与行为。

团体咨询的对象常常是经过选择另行组合起来的,咨询的目标主要是针对特定的问题或临时性适应困难,一般不需要大规模的人格重建,目的重在发掘每个成员内在的动力,完善个性的发展,促进自我觉察,以及排除成员成长中的障碍。团体咨询不仅仅是知性的传导,更注重感觉、情绪的表达与处理,兼具预防、成长及少许治疗功能,或者说具有补救性(remedial)的功能。

---

①② (美)Ed E. Jacobs 等著. 团体咨询的策略与方法. 洪炜,等译. 北京:中国轻工业出版社,2000:7

团体心理治疗（group therapy）是在一个较为正式组成的且受保护的团体中进行的，其团体活动的方式是特别设计的并且是在组织者控制下的，目的是帮助个人人格及行为上的改变。它与团体咨询最大的差异不是实施过程，而是实施对象。团体心理治疗是一种再教育的过程，重在促进个体对现在与过去事件意识与潜意识的觉察，矫正情绪和行为障碍，促进人格的转变，提高成员对社会的适应能力。

2. 发展性团体和训练性团体

发展性团体（growth group）是目前应用最为广泛的团体辅导形式之一，以自我成长和完善为重点，成员主要是健康的正常人或有某些烦恼的正常人，参加动机是为了更好地了解自己，充分发挥潜能，实现自我的发展，如自我成长小组、领导才能提升小组等。训练性团体（training group），又称 T 小组，主要关注的是人际关系技巧的训练和培养，强调通过团体成员相互作用的体验，学习对自己、他人及团体的理解和洞察，并帮助成员学习如何有效交往、如何解决问题、如何做决定、怎样表达自己的意见等处理人际关系的能力。团体成员希望提高人际交往能力，建立和谐的人际关系，强调此时此地不涉及成员过去的行为，同时也强调过程而不强调内容，强调真实的人际关系，如社交技巧培训营、敏感性训练小组等。

3. 结构性团体与非结构性团体

结构性团体（structured group）是以某种核心主题为特征的团体，旨在帮助成员发展某种特殊的技巧，认识特定的问题，解决特别的问题，或度过生活中困难的调适期。如学习人际交往的技巧、压力的处理、如何建立自信、如何控制焦虑、如何度过新生活适应不良期等。非结构性团体（non-structured group）是松散的且定义不明确的，只是为了个人一般发展的团体。

4. 自助性团体与支持性团体

自助性团体（self-help group）一般由具有相似生理、情绪、行为和社会问题或共同关心某个问题的人所组成，大多数是非专业的人员，领导者也是自发产生的，他们以一个单一的主题作为活动的核心，如减肥团体、癌症患者团体、酒瘾者匿名团体等。这些团体的组织目的是为了共享他们的经验和体会，相互学习，为新成员提供建议，为那些悲观失望的人提供帮助和鼓励。支持性团体（supportive group）则是由专业的机构或个人来协助的团体，如帮助寡妇、孤儿、无人照顾的老人等团体。

5. 同质性团体与异质性团体

同质性团体（homogeneous group）是指组成团体的成员，其年龄、学历、职业、婚姻或关心的事务、困扰、心理状况等方面相似，如老人团体、大学生的成长团体、教师的调适团体、未婚男女的学习团体等。异质性团体

(heterogeneous group)成员背景特质较不相同，通常它是"个案中心"的团体，常常在讨论一个问题时，团体中会有人无法理解或无法感受到别人的问题，因为他们之间背景经验差异较大。但是同质或异质有时候只是程度上的差别，并不是完全绝对的。

6. 封闭式团体与开放式团体

封闭式团体(close-ended group)是指一旦团体开始运行，在预定的活动期间内不再增加新成员，其稳定性和连续性较好，凝聚力较强，信任感、和谐度及认同感均较高，成员间比较默契、容易沟通。开放式团体(open-ended group)是指可以在活动的不同阶段让新的成员加入以替代那些离开的成员。开放式团体可能因为人员的流动性、新成员初期的不适应，或重复先前可能已经讨论过的问题，团体领导者必须花一定的时间来帮助新成员融入整体等问题而降低效率。开放式团体中成员的更替不能一次太多，否则可能会造成团体的瓦解。

二、团体心理咨询

团体心理咨询以心理学为基础，其技术和方法在社会生活中得到广泛应用，在人们的日常生活中亦具有重要的价值和意义。

（一）团体心理咨询的概念

团体心理咨询，又称集体心理咨询、群体心理咨询、小组心理咨询，一般来说，凡是同时对多个来访者进行咨询的方式即属于团体心理咨询。[①] 通过团体人际交互作用的方式，模拟社会生活的情境，来促进个体的自我认识、自我调整、自我发展，是一种颇有针对性的咨询理论和方法。

人的心理素质和能力是一个不断发展的过程，在人生成长过程中，每个人在心理方面都会遇到困难，若能克服一些不可避免的困难，人便获得心智成长。团体心理咨询是一种在团体情境下提供心理援助与指导的咨询形式，由领导者根据个体问题的相似性或个体自发组成课题小组，通过共同商讨、训练、引导，解决个体共同的发展或共有的心理问题，促使个体认识自我、接纳自我，调整、改善与他人的关系，学习新的态度和行为方式。团体咨询的特色在于培养个体的信任感和归属感，由对团体的信任扩大到信任周围的其他人，由对团体的归属感扩大到对学校、社会以及国家的认同感和归属感。咨询过程中团体的规模因咨询目标的不同而不等，少则三五人，多则十几人甚至几十人。通过几次或十几次团体聚会活动，参加成员互相交流、共同探讨、彼此启发、分享体验，以增加社会适应性，促进人格成长。团体咨询可用来满

---

① 李维. 心理学百科全书. 杭州：浙江教育出版社，1995：1461—1462

足各种特殊群体的需要,是当代发展最快的心理咨询和治疗的形式之一,也是一种有效的教育活动。

图 8-1 团体心理咨询——成员坐成大圈

团体心理咨询的初期阶段,全体成员(包括领导者)围成一个大圈,逐渐形成融洽的团体气氛。协助成员增进彼此了解,建立团体的基本规范。

图 8-2 团体心理咨询——成员坐成小圈

团体辅导的工作阶段,团体的凝聚力和信任感达到很高的程度。成员充满了安全感和归属感,充分开放自我,进行自我探索,进而得到成长和发展。

适宜团体咨询的人应具备下述基本特点:自愿参加,有改变和发展自己,使自己进步的愿望。愿意向组内成员倾诉个人包括家庭、工作和学习等方面的问题,而不封闭自己,把自己完全向其他成员展开。能坚持参加小组活动,持之以恒,而不随便缺席、迟到、早退。对团体咨询的价值和功效有良好的、恰当的评价,相信自己能从中受益,也不盲目迷信团体咨询。有能力参加小组活动,在身体上和心理上都适合。保护组内其他成员的隐私,不随便对小组外的其他人透露。

（二）团体心理咨询的功能

团体心理咨询的功能概括起来,主要有以下四种,分别为教育功能、发展功能、预防功能和治疗功能。

1. 教育功能

团体咨询的过程被认为是一个成员相互作用的过程,且非常重视成员的主动学习、自我评估、自我改善,有利于参加者的自我教育。学生在团体咨询中的学习内容有 10 项:学习对于问题有所了解,并且能够面对它;学习分析问题的技术;学习利用资源研究和解决问题;学习对于内心的了解,并改进行为;学习对于别人的了解,以及与人共处的方法;学习拟定长期的人生计划;学习对于当前的目标和长期的目标保持均衡;学习选择经验的标准;学习将知识、计划付诸实施;学习评鉴进步情形,及修正目标与计划等。团体咨询的过程还有利于培养参加者的社会性,学习社会规范、适应社会生活的态度与习惯,以及互相尊重、互相了解、相互模仿,尝试与创造,少数服从多数和民主作风,学习人际关系技巧,促进学习德智体全面发展等。

2. 发展功能

团体咨询的目的在于促进人的发展,这体现了咨询心理学强调发展的模式,它试图帮助当事人充分发展,扫除其正常成长过程中的障碍。通过团体咨询可以改善成员不成熟的偏差态度与行为,促进其良好的心理发展与成熟,培养健全的人格。团体咨询最大的功能在于它有利于正常人的健康发展。在学校里,理想的心理咨询工作不只是关心问题学生,更要注意对正常学生的引导。团体咨询能给予正常学生以启发和引导,满足他们的基本需要、社会需要与自我需要,促进他们自我了解,改善人际关系,学到建立充满信任的人际关系所需要的技巧和方法,养成积极面对问题的态度,对自己充满信任,对生活充满信心,对未来充满希望。

3. 预防功能

团体咨询可以使成员加深对自己的了解与认识,懂得什么是适应行为,什么不是适应行为;也为成员之间提供了更多的机会来彼此交换意见、互诉心声,讨论日后可能遇到的困难,研究难题的应对策略,增强处理实际问题的能力,这样就会预防心理问题的发生,减少心理问题发生的概率。同时,在团体咨询中,领导者不仅能发现那些需要个别咨询的人,并及时予以援助,同时还能使所有成员对心理咨询有正确的认识、积极的态度,心理上有所准备,一且需要帮助,能够主动寻求帮助。

4. 治疗功能

一般而言,治疗是减轻或消除已经表现在外的不正常行为。许多心理学家强调人类行为的社会相互作用。由于团体咨询活动的情境比较接近日常生活与现实情况,以此处理情绪困扰和心理偏差行为容易得到较好的效果。在团体中个人的心理问题或困扰可以借助一般化作用而勇敢面对,借助澄清与回馈获得了解,借助净化作用与洞察获得舒解。

（三）团体心理咨询的适用范围

团体心理咨询应用范围十分广泛,可以这样说,从理论上讲只要有人群存在的地方,团体咨询就有其用武之地。下面我们用表格来简单地概括一下团体咨询的适用范围(表 8-2)。

表 8-2　团体心理咨询适用领域

教育部门	学生学习辅导、人际关系、适应辅导、就业辅导、考试心理辅导、班级辅导等
医疗部门	精神治疗、一般患者心理调适、医护人员心理健康维护、患者家属服务
司法部门	罪犯改造、犯罪预防、司法人员心理健康维护、司法人员压力调节等
社区机构	家庭服务、老年人服务、青少年成长、妇女工作、社区志愿者培训等
福利机构	残疾人服务、危机干预、贫困者服务、下岗工人服务、救灾应急等
企业部门	员工培训、职场关系、工作技能训练、员工家庭关系调节、员工职业生涯发展等
政府机构	公务员选拔、公务员在职培训、上下级沟通技巧、压力管理等
军事部门	新兵训练、部队人际关系、团队建设、团体心理战术训练等

（四）团体心理咨询的特点和优势

团体咨询充分重视与利用人类的乐群性本质,是一种最经济、最有效的咨询方式。团体心理咨询与个体心理咨询最大的区别在于当事人对自己问题的认识和解决是在团体中通过成员间的交流、相互作用、相互影响来实现的。两者之间相比,团体心理咨询具有三个优势:感染力强;效率高,耗时少,简单经济;效果易巩固迁移。

唐宁(L. N. Downing)曾经将学校团体咨询的优点概括为 12 条:让学生了解、体验到自己是被其他学生支持的,以获得公德心、道义心以及增强自信心;让每个学生能够从与别人的相互关系中找出自己的利益,学生将可以得到与咨询师单独接触不能得到的利益;鉴别需要特别给予帮助的学生;增进个别的咨询,团体的经验可以提高咨询的需求,促进成员更快地走向成熟;有益于发展社会性,团体中所获得的社会化的实际经验可以促进学习与改进行为;可以提高治疗效果,使成员洞察自己以及更好地适应;使咨询师可以与更多的学生接触,这种接触可以帮助学生克服胆怯,减轻压迫感,改善自己的态度;使学生获得安全感,增强自信心;提供接近咨询师的机会,消除疑惑和戒心,增强和求助动机;综合各种教育经验以获得最大的利益;释放学生的紧张和不安,使其驱除烦恼,达成更充实的工作;咨询师和教师的工作将更加有效,能为更多的学生服务,并提高其素质。[1]

团体咨询的基本原理是它提供了一种生活经验,参加者能将之应用于日常与他人的互动中,也就是说,团体咨询创造了一个类似真实的社会生活情境,增强了实践作用,也拉近了咨询与生活的距离,使得咨询较易出现成果并且较易迁移到日常生活中,特别适用于人际关系适应不良的人。一般来说,团体咨询具有以下几个特点:群体的互动作用促进了信息的传递和自主性的激发,因此团体咨询感染力强,影响范围广泛,还能充分调动成员的积极性。团体咨询效率高,省时省力,能在较短时间内促进团体成员有大幅度的进步。团体咨询效果容易巩固,团体成员间良好的互动能促进成员更快更好地成长和发展,而且这些在小组中的发展能够迁移到成员生活、工作和学习的各个方面,使不良行为和态度有很大程度的改观。

(五)团体心理咨询的目标

汉森(Hansen)将团体心理咨询的目标分为过程性目标、一般性目标和成员个人性目标。[2] 其中,过程目标包括个人探索,让他人认识自己以及诚实而正确地对他人作出回应等;一般目标包括认识自己,发展人际关系,建立良好的团体关系等;个人目标则因人而异。

艾根(Egan)提出了团体心理咨询的 10 种过程性目标:成员个人自我探索;此时此地;实践新的行为模式;让别人认识自己;挑战自我和他人;敢于适度冒险;给予和接受反馈;聆听他人的谈话;有效而真诚地回应他人;正确地应对冲突和解决矛盾。[3]

帕特森(Patterson)将团体心理咨询的目标分为直接目标、间接目标和终极目标 3 个等级,终极目标是自我实现、自我成长和自我认识。[4]

科里(Corey)列举了团体心理咨询成员的个人性目标:学会信任自己和他人;增进对自我的理解和认识,发展个体独特的身份感;对小组成员的需要和问题形成认同感和一致感;加强自我接纳、自信心和自尊心,学会用新的视角来看待自己和别人;关心和同情他人;寻求一般发展性问题和特定矛盾冲

---

① 樊富珉.团体心理咨询.北京:高等教育出版社,2005:11—12
② 林孟平.小组辅导与心理治疗.上海:商务印书馆,1993:70
③ 刘勇.团体心理辅导与训练.广州:中山大学出版社,2007:11
④ 林孟平.小组辅导与心理治疗.上海:商务印书馆,1993:63

突的解决之道;促进自我指导、相互依赖,培养对他人和对自我的责任感;清楚自己的选择,并做出明智的决定;制定改变某些行为的具体方案,并具备将方案付诸现实、贯彻到底的意志;学会更多有效的社会沟通技巧;对他人的需要和感受更加敏感;学会如何通过关心、呵护、诚实和坦率来促进他人成长;澄清自己的价值观,并且决定是否以及如何对其加以改善。①

樊富珉将团体咨询的目标分为短期目标、长期目标和终极目标。终极目标就是增进心理健康,促进人的成长和发展,以达成自我实现。②

综合以上学者对团体心理咨询目标的分类,团体心理咨询的目标总体可以从两个角度加以阐述:根据目标的时间指向,可以分为短期目标、中期目标和长期目标;根据目标的表述方式,可以将目标进行分解,分为总目标和子目标两类。其中,总目标也可以理解为一般目标,子目标涉及团体心理咨询过程中所期待实现的目标及其具体到每个成员的目标。

团体心理咨询的目标可以概括为以下六个方面:通过自我探索的过程帮助成员认识自己、了解自己、接纳自己,使他们能够对自我有更适当的看法;通过与其他成员的沟通交流,学习社交技巧和发展人际关系的能力,学会信任他人;帮助成员培养责任感,关心而敏锐地察觉他人的感受和需要,更善于理解他人;培养成员的归属感与被接纳感,从而更有安全感,更有信心地面对生活中的挑战;增进成员独立自主、自己解决问题和抉择的能力,探索和发现一些可行而有效的途径来处理生活中的一般发展性问题,解决冲突矛盾;帮助成员澄清个人的价值观,协助他们做出评估,并做出修正和改进。

(六) 团体心理咨询的原则

为了发挥团体咨询的作用,完成团体咨询的目标,获得理想的效果,团体咨询中应遵循下面的基本原则。

1. 专业原则

团体咨询是一种有组织的活动,也是一项有计划的工作,应由接受过专业培训的人员负责,事先应制定周全而详细的实施计划。团体领导者应具有丰富的能力与经验来引导团体发展。此外对团体的效果要有客观的评定与记录。

2. 民主原则

民主有助于使团体保持轻松而有秩序的气氛,增强团体的凝聚力。为此,团体领导者应尊重每一位参加者,以团体普通一员的身份参与团体活动,鼓励成员发挥自己的创见,与他人平等沟通,共同关心团体的发展。

---

① (美)Gerald Corey 著. 团体咨询的理论与实践. 刘铎,等译. 上海:上海社会科学院出版社,2006:4—5

② 樊富珉. 团体心理咨询. 北京:高等教育出版社,2005:30

3. 共同原则

团体咨询是针对成员共有的问题而组织的,因此,团体咨询进展过程中始终要注意成员共同的志趣和共同的问题,使个人与团体相互关注,保持共同的信念、共同的利益和共同的目的。

4. 启发和引导原则

团体咨询的根本任务是助人自助,因此在团体咨询过程中,应本着鼓励、启发、引导的原则,尊重每个人的个性,鼓励个人发表意见,重视团体内的交流与各种反应,适时地提出问题,激发成员思考,培养成员分析与解决问题的能力。

5. 发展原则

在团体咨询过程中,领导者要从发展变化的观点来看待团体成员的问题,用发展变化的观点把握团体的过程。不仅要在问题的分析和本质的把握上善于用发展的眼光做动态的考察,而且在对问题的解决和咨询结果的预测上应具有发展的观点,积极洞察,把握方向。

6. 综合原则

团体咨询的理论、方法、技术种类繁多。只局限于某种理论和方法往往难以使团体咨询取得满意的效果。因此,领导者应该了解各种理论和方法,根据团体咨询的任务和性质,综合选取有效的技术,以达成团体咨询的目标。

7. 保密原则

尊重每一个团体成员的权利及隐私,是团体咨询中必须坚持的基本原则。保密的原则要求领导者在团体开始时向全体成员说明保密的重要性,并制定保密规则要求大家遵守,不在任何场合透露成员的个人隐私。若离开团体要承诺对团体中发生的人和事不言传、不议论,保护成员个人的隐私权。如果需要研究或发表,必须征得本人同意,并隐去真实姓名,确保当事人的利益不受损害。但保密不是绝对的,如果当事人的情况显示他或其他人确实处在危险边缘时,应采取合理措施,通知有关人员或组织救援,或向其他专业咨询人员请教。

第二节　团体心理咨询的领导者

从团体动力学的角度来看,团体领导(leadership)是指拥有一定权力和地位的个人或集团,通过其自身的作用,引导和影响他人或组织,在一定的条件下实现某种目标的行为过程。团体领导者(leader)是指在团体结构中的一个位置或一个拥有这个位置的人,通过权力和非权力的影响力带领团体朝向一定的目标前进。如果说领导是一种过程，那么领导者就是一个人或一种职位。

一、团体领导者的角色

有效的团体咨询必须依赖四个条件：一是成员要认同团体的目标；二是要有称职的、有爱心和责任感的团体领导者；三是成员积极参与投入；四是要有适宜生动的团体活动。在这四个条件中，核心问题是要有称职的团体领导者。我国台湾学者徐西森把团体领导者归纳为三种类型：促进团体的角色、活化和维持团体的角色以及反团体的角色。[①] 领导者基本上是一种"影响力的作用"，领导者可以提供情绪刺激、关怀、赞扬、保护、接受和解释。领导者也可以作为一个自我流露的典范或是设定限制、实施规则或控制时间的人。换言之，在团体咨询过程中，领导者扮演的角色是什么，不同类别和不同目标的团体咨询是不同的。

（一）领导者

领导者必须利用自己的知识和技能使成员发挥自身的能力，实现团体成员个人目标。具体体现在制定团体活动计划、配合成员需求与此时此刻（here and now）的考虑，开启团体讨论与互动的话题或关系，为成员提供适当的学习机会，控制情境，催化团体气氛，为成员建立行为模式，促进成员表达思想、情感等。团体领导者好比是一个舵手，始终把握团体行进的方向。

（二）调解员

团体成员来自不同的背景，具备复杂的特征，包括态度、个性、看法与价值观。成员的个体差异固然有助于交流成长，但也容易出现意见相左、对立冲突的场面。当团体成员之间产生矛盾，或者个别成员不遵守团体规范时，领导者具有法定权力、专业权力、人际权力，有义务、有责任也应有能力去协调成员的误解与团体的僵局。此时，领导者就要扮演调解人的角色，协助调解矛盾、冲突和纠纷，促使团体良性发展。

（三）教育者

在团体咨询过程中，领导者也扮演着教育者的角色，以其自身的活动来引起和促进团体成员的身心按照一定的方向去发展。必要时，领导者需要以教育者的角色向团体成员讲述相关心理咨询理论及其技术等，使团体成员对咨询的整个过程能有更好的理解和把握，从而有利于他们充分融入咨询过程。在咨询过程中，领导者对团体成员提出要求或有疑惑时，如有必要，都要先做示范，以增加团体成员融入咨询的直观性和规范性。任何团体咨询活

---

① 徐西森.团体动力与团体辅导.广东：世界图书出版公司，2003：76—85

动,都不是领导者的单向作用,而是领导者与成员之间的双向作用,因而领导者也必然应有独特的创造性,应对咨询过程复杂而多变的情景。

（四）好朋友

团体咨询中成员之间的互相依赖极为重要,而这种依赖感的产生要靠领导者自身在团体中的表现。团体领导者虽然承担了指导任务,但他仍然属于整个团体,应该与其他成员一起积极参与团体的互动,专心地投入,真诚地聆听他人的想法,细致地观察分析他人的行为举止,不妄加判断。必要的时候,进行真诚适当的自我暴露,让成员了解自己。在这种互动中领导者是团体成员的知心朋友,引导成员减轻自我防卫心理,真实地表现自己,安全地探索自己。

（五）咨询师

在治疗性团体中,团体领导者除了要掌握团体咨询的基本理论外,还必须了解并熟练运用团体咨询的各种技术、手段和方法。领导者常常需要利用积极倾听、复述、澄清、同理心、面质、催化以及反馈等心理治疗方法来帮助成员矫正偏常的认识和行为,才能有效地引导团体朝着健康的方向发展,从而达到团体咨询的目标,发挥团体最大的效能,促使成员的成长与改变。

（六）代理人

在团体咨询过程中,领导者又常常代表团体的整体利益去和外界打交道。要使整个团体心理咨询的开展井然有序,除了心理咨询过程中需要加以很好的控制和协调以外,在前期准备阶段,也仍有很多事情需要处理。此时,作为领导者,就扮演着代理人的角色,比如当团体活动需要有关部门或组织的支持,需要经费的来源,或者需要活动器材和活动场地的时候,团体领导者就成了团体的总发言人。

二、团体领导者的基本态度

团体领导者最重要的事情是在团体中开创、确立并维持一个安全和温暖的环境,以及信任和理解的气氛。无论领导者采用什么学派作为团体咨询的理论依据,他必须有能力在团体中建立一个良好的人际关系,帮助成员在团体中充分表达自己,迈向成长与成熟。领导者要建立良好的团体气氛,最主要的是要体现三个基本态度,即共情、真诚以及无条件积极关注。

（一）共情

共情是由人本主义创始人罗杰斯提出来的,他认为良好的咨询关系本身就具有治疗的功能,而共情是建立良好咨询关系的三个充分必要条件之一。共情包括三个要素:站在对方的立场去理解;了解导致如此情形的因素;把这种设身处地的了解让对方知道。

在团体咨询中，领导者要做到共情，就是要从观察聆听的过程中推断成员的感受、信念和态度，保持开放态度，放下自己的参照标准，与成员达到共鸣，并有效地将这些感受传达给对方，对方会感到领导者很明白他，从而产生一种温暖、被接纳以及舒畅的满足感。这种感觉可以诱发他与其他成员在彼此沟通中充满体谅和关心爱护的气氛。此外，让成员感受领导者同情的同时，要引导各成员对自身感受做进一步的思考。

（二）真诚

真诚是咨询关系中最重要的、具有治疗功能的因素。罗杰斯把真诚解释为咨询师在咨询关系中自由地表达真正的自己，表现出开放和诚实，让当事人认为咨询师是一个表里如一、真实可靠的人。

在团体咨询过程中，领导者对成员真情流露的关爱以及基于尊重和信任的坦诚，往往可以使成员逐渐敞开心扉，勇敢地学习以真实的自我与他人相处，也可以学习如何面对真实的自我。团体中的真诚沟通环境，会使成员感受到安全，进而产生改变。

（三）无条件积极关注

无条件积极关注即无条件地关怀与尊重。罗杰斯指出，如果咨询师的尊重和接纳是有条件的，那么在他面对不能完全接纳的事实时，当事人就无法做出改变与成长。罗杰斯把无条件积极关注看成是当事人成长与性格产生建设性改变的关键因素。咨询师在接纳一个人时，是整体的接纳，不仅包括其优点，也包括缺点。

在团体咨询中无条件积极关注通过领导者对成员的关注、聆听以及适当的应答，包括身体的关注和心理的关注，并向成员有效地传递共情，让对方感受到自己被尊重，使对方认为自己是一个有价值的人，产生一种满足感，重新对自己产生信心，并努力克服自己的不足。

三、团体领导者的人格特征

团体领导者是专业的助人者，他必须了解团体咨询理论，掌握技术和方法，并具备丰富的经验。所以我们可以这么说，团体领导者能走多远，带领团体就能走多远。

（一）领导者人格特征的代表性观点

不少心理学家依据各自的评价尺度，提出了关于团体领导者必须具备的人格特征的标准。这里介绍几种较有代表性的观点。

林孟平提出团体领导者应具备 11 项人格特征：认识自己，接纳自己，自爱自信；敏锐自觉，知觉自己，把握环境；自我肯定，欣赏自己；投入并参与，身体力行，以身作则；个人的协调和表里一致，心口如一；愿意做典范，严于律己;愿意接触和面对个人的需要;清楚地了解个人的价值观;信任团体过程的功能;保证自己不断更新经验;个人力量与勇敢,勇于创新。①

格拉尔德(Gerald)和卡拉曼(Callanan)曾明确指出成功的团体领导者必须具备17项人格特征:良好的意愿,对他人有真诚的兴趣,尊重、信任他人;有能力与他人分享情感,以开放的态度对团体成员充满感情;认识并接纳自己的能力,致力于帮助成员发现个人的能力和学习自主性;一种个人性格的咨询风格,向不同治疗学派学习理论和技巧,综合发展而成自己独特的咨询风格;愿意开放和冒险,乐意与他人分享自己的感受和想法;自我尊重和自我欣赏,对自己的价值十分肯定,以自己的长处和别人建立关系;愿意做成员的典范,发挥示范作用;愿意冒可能出错的危险,并敢于承担曾经的错误;具有成长的取向,不断拓展自己的视野,不断自我探索;具有幽默感;对人生模糊性的忍受力;能不占有地去同理他人的经验;真诚关怀他人的福利;投入工作寻得意义;以现在为导向;持续和深入地觉察自己和他人;诚信。②

亚伦(Yalom)认为优秀的团体领导者应具备4种良好的心理品质:关怀;明确的意图,能对行为明确的变化、解释提供一种认知框架;善于情感的激发,向成员提出挑战性的任务,鼓励成员的自我揭露和冒险精神,激发他们的行动热情;行为的表达,形成规范的、有组织的、有程序的行为。③

樊富珉认为,优秀的团体领导者应具备4个方面的特征:健康的自我形象,认识自己,了解自己,接纳自己,肯定自己,欣赏自己,相信自己;敏锐的自我意识,具备很强的自觉能力;建立良好关系的能力,建立协调的人际关系,尊重并接纳每一个成员;不断成长的意愿,保持良好的心理健康水平。④

(二)领导者人格特征的四项标准

我们可以看到,心理学家对于领导者人格特征的看法是有差别的。根据我国团体咨询的实际情况,在吸收国内外关于团体咨询理论与实践经验的基础上,我们提出关于团体领导者人格特征的四项标准。

1. 知

有健康的自我意识,了解自己、相信自己、悦纳自己;具有自我成长的意识和能力,掌握不同学派的理论和技术,不断更新经验;具有敏锐的洞察力,能对团体成员的行为及其周边环境的微秒变化提供一种认知框架的解释。

---

① 林孟平. 小组辅导与心理治疗. 上海:上海教育出版社,2005:8—14
② 刘勇. 团体心理辅导与训练. 广州:中山大学出版社,2007:111
③ (美)Irvin D. Yalom 著. 团体心理治疗:理论与实践. 李鸣,等译. 北京:中国轻工业出版社,2005:67—81
④ 樊富珉. 团体心理咨询. 北京:高等教育出版社,2005:105

2. 情

真诚地关怀团体成员,愿意做他们的典范;有能力与他人分享情感,以开放的态度对成员充满感情并保持信任;积极鼓励成员的自我揭露和冒险精神,激发他们的行动热情,尊重并接纳每一个成员。

3. 意

对成员始终保持耐心,不断鼓励他们成长,在不同的团体阶段对他们提出不同的任务。对工作始终保持热情,始终以成员的成长为导向,保护成员的权利和尊严。

4. 行

能够准确并恰当地运用各种理论、方法与技术,促进良好的团体凝聚力和融洽气氛的形成,培养成员之间的信任和成员的责任感;认真审视和对待成员的问题,促进其人际关系的改善和个人的成长。

第三节 团体心理咨询的发展阶段

任何一个团体心理咨询都会经历一个启动、过渡、成熟、结束的发展过程,并且每个阶段都是连续以及相互影响的。团体运作是一个很复杂的过程,作为一个优秀的团体领导者,必须对团体的发展阶段及其特征有清晰的了解,才能把握团体的发展方向,有效地引导团体向健康的、既定的方向前进。不同的学者在研究团体发展阶段时,因其注重的层面不同,对团体发展提出不同的观点,产生不同的理论。

一、团体咨询发展阶段的代表性观点

（一）三阶段论

斯科兹(W. Schutz)将团体咨询发展划分为接纳、控制和影响三个阶段。[1]

杰克布(Jacobs)将团体咨询过程划分为开始阶段、中间或运作阶段以及结束阶段。后来,在原来三阶段论的基础上,他又增加了团体咨询过程的第四个阶段,即附加阶段,认为由于团体的类型或领导者的风格,某些团体咨询会经历更多的阶段。[2]

亚伦(Yalom)区分了团体咨询的三个阶段:第一阶段是初始阶段,成员

[1] 刘勇.团体心理辅导与训练.广州:中山大学出版社,2007:125

[2] （美）Ed E. Jacobs,等著.团体咨询的策略与方法.洪炜,等译.北京:中国轻工业出版社,2000:40—43

的犹豫和寻找意义;第二阶段是冲突、控制和反抗;第三阶段是士气、信任、充分自我表露和较高凝聚力的形成。①

（二）五阶段论

格兰德(Garland)、琼斯(Jones)和科勒迪(Kolodny)提出团体咨询发展的五阶段模式:组合前期、权力与控制期、亲密期、分辨期以及分离期。

迈勒(Mahler)也将团体咨询发展分为五个阶段,依次为形成阶段、接纳阶段、过渡阶段、工作阶段和结束阶段。

沃特(Warnter)和史密斯(Smith)认为,团体咨询过程包括初始期、冲突或对抗期、凝聚力产生期、成效获得期和终结期。②

我国学者樊富珉把团体咨询划分为五个阶段,即创始阶段、过渡阶段、凝聚阶段、工作阶段和结束阶段。③

（三）六阶段论

科里(Corey)提出了团体咨询的六阶段发展理论,包括:组团事务阶段,此阶段的主要任务是形成团体。初始阶段,在此阶段,成员开始了解团体的气氛并彼此认识、互相试探,并担心会被拒绝和排斥,承担的风险相对较少,成员之间学习互助,逐渐建立团体的凝聚力和信任感,团体的基本规范在此阶段建立。转换阶段,这个阶段是团体发展的关键期,随着焦虑和自我防卫的不断增强,成员内心会有许多矛盾和冲突,成员会经历权力的争夺,会向领导者挑战;成员自我觉察提升,而开始有矛盾的心情,想安全地躲着,又想冒险地说出。工作阶段,此阶段团体的凝聚力高,成员之间的信任感高;成员彼此互为领导者,坦诚自由地表达,开放地接受反馈及给予回馈;成员较愿冒险,让别人更深入了解自己,并试着改变自己;成员间的矛盾冲突较能直接且有效地处理,并相互鼓励。最后阶段,此阶段是团体发展中最具决定性的时期。此时成员会产生分离的感觉,担心没有团体的支持是否能继续其所学;成员还会对整个团体的历程做回顾及整理,使之成为自己认知的一部分,并尽量将所学带到日常生活中。后续事务阶段,此阶段的主要任务是对团体咨询的效果进行评估和追踪研究。追踪不仅可以使领导者对团体咨询的效果有所了解,也让成员体会到团体对大家的现实影响。④

---

① （美)Irvin D. Yalom 著.团体心理治疗:理论与实践.李鸣,等译.北京:中国轻工业出版社,2005:191—198

② 刘勇.团体心理辅导与训练.广州:中山大学出版社,2007:124

③ 樊富珉.团体心理咨询.北京:高等教育出版社,2005:141—143

④ （美)Gerald Corey 著.团体咨询的理论与实践.刘铎,等译.上海:上海社会科学院出版社,2006:73—115

（四）十五阶段论

罗杰斯根据他多年来领导团体咨询的经验，将团体咨询的发展过程划分为 15 个阶段：第一阶段，无目的漫游。第二阶段，对自我表达或探索的抗拒。第三阶段，对过去感受的描述。第四阶段，消极感受的表达。第五阶段，对个人有意义资料的探索与表达。第六阶段，在团体内能直接表达对他人的感受。第七阶段，在团体中发展出治疗的能力。第八阶段，自我接纳与改变的开始。第九阶段，虚伪、假象的舍弃。第十阶段，个人接受回馈。第十一阶段，面质。第十二阶段，在团体外的互助关系。第十三阶段，成员感受到与他人间的亲近和高度的共情。第十四阶段，对积极亲密感以及积极感受的表达。第十五阶段，团体中的行为改变。[①]

二、团体咨询发展阶段

我们根据多年的实践经验，在吸收国内外关于团体咨询理论与实践经验的基础上，提出关于团体咨询发展的四个阶段的观点。

（一）团体的创立阶段

团体的创立阶段是团体定位与探索的时期，此时要确定团体的结构，促使成员之间、领导者与各个成员互相熟悉，成员提出他们的期望。在这一阶段，团体成员最重要的心理需求是获得安全感，成员逐渐地被团体接纳，并建立安全和信任关系，逐步培养归属感、认同感和信任感。在这一阶段，成员主要的表现都是试验性的，承担的风险相对较少。成员主要解决以下几对矛盾：信任与不信任、被团体接纳与排斥、在他人面前的沉默与表现、对其他成员的喜欢与厌恶等，其中信任与不信任是主要矛盾。

此阶段领导者的主要任务是：制定详细的团体咨询计划书，对团体咨询进行过程中可能会遇到的问题做好心理准备，并慎重地选择团体成员，形成一个团体。同时，领导者要协助成员相互之间尽快熟悉，增进彼此了解，澄清团体目标，教导成员一些团体的基本规则，并告诉他们如何才能积极参与团体活动。同时要让成员了解团体的基本过程，帮助成员建立具体的个人目标。领导者要鼓励成员表达内心的真实感受，也要做适度的自我开放，表达自己内心的情绪情感，推动团体建立信任感。

（二）团体的前工作阶段

这一阶段的特征是成员产生焦虑状态和各种抗拒形式，心理防御行为不断增加。此阶段成员的核心任务，是认识和处理各种形式的心理抗拒。成员

---

① （美）Carl R. Rogers 著.卡尔·罗杰斯论会心团体.张宝蕊译.北京：中国人民大学出版社,2006：11—36

之所以产生焦虑，是害怕别人在超出一般公众认识的程度上认识自己，或害怕遭遇他人的批评和误解，或源于缺乏对团体的目标、规范、期望的明确认识。这些负性情绪和行为将会被随后而来的各个阶段的真诚袒露和信任的建立所取代。一般来说，成员通过对自己或团体以陈述或询问的方式，来表达他们的焦虑与抗拒。在前工作阶段的后期，团体经过冲突后进入一种平稳的状态，成员逐渐懂得他们的行为是自己选择的结果，而且每个人也必须对团体过程和团体中的其他成员负责。团体的凝聚力和成员之间的信任感迅速升高，为工作阶段奠定良好的基础。

此阶段团体领导者的主要任务是提供鼓励与挑战，使成员勇于面对并妥善解决冲突和消极情绪以及因焦虑而产生的抗拒心理，增强团体凝聚力和促进成员间的互动，引导团体逐渐走向成熟。领导者要协助成员表达他们的恐惧、困惑和期望，营造团体成员间信任的气氛。此外，领导者还要协助成员建立具体的个人目标，并向成员说明他们对团体的发展方向和效果负有的责任，陈述领导者对这个团体的预期和希望，协助成员认识个人行为的主动权，体验和建立责任行为，鼓励成员彼此尊重和互相帮助。

（三）团体的工作阶段

这一阶段是团体咨询的关键时期。成员认识到要对自己的生活承担起必要的责任，利用团体解决自己的问题，开放自我，表露更多的个人信息及其生活中的问题，并愿意探索问题和解决问题。此时，团体的凝聚力和成员之间的信任感达到最高程度，团体内沟通流畅自由，成员能将自己想要讨论和想了解的个人问题带给其他成员。成员对来自领导者和其他成员的回馈可以自由地接收，同时也积极地给予，心理防御明显减弱甚至消失。但此时成员也可能会出现一些问题，如成员可能陶醉于已经熟悉的舒适状态而忘记了挑战，或者可能因对其他成员具有强烈的情绪反应表现出退缩行为。

在这个阶段中，领导者的重要工作是自我开放，分享成员的感觉体验，为成员树立榜样；鼓励成员形成认识自我的信心和勇气，尝试新的行为方式；协助成员解决问题，进一步增强成员之间的相互支持和帮助。及时引出、把握和深入探讨核心问题，引发成员的积极讨论，通过成员之间的互相合作共同寻找解决对策，鼓励成员从团体中学习并获得最大收益。此外，领导者还要适时关注团体内每一个成员的表现和反应，评估成员对团体的兴趣与投入的程度。同时，领导者要鼓励成员牢记并追求他们想从团体中获得的东西，给愿意冒险的成员提供心理支持，协助他们将团体中学到的行为迁移到日常生活中去。

（四）团体咨询的后工作阶段

在此阶段中,主要完成团体咨询的巩固以及团体的解散。这一阶段团体成员必须对自己的团体经验做出总结,并向团体告别,团体任务也就随之告终。在这一阶段中,团体成员会因团体的解散和成员之间的分离而产生焦虑和伤感,表现出行为的退缩,不再以高昂的热情参与团体。同时成员可以评价团体经验,他们也会担心在日常生活中运用在团体中所体验到的、学习到的感受和行为模式是否有效。

此时,领导者的任务是回顾与总结团体经验,使成员能够面对即将分离的事实,给予成员心理上的支持。对成员的成长和变化做出评价和肯定,提出希望,协助成员对团体经历做出个人的评估,帮助成员整理他们在团体中学到的新的东西,鼓励他们坚定信心,并检查团体中未解决的问题以待进一步探讨和完善。团体咨询结束后,领导者还要对团体咨询的效果做出评估,总结经验,找出不足,以便今后加以改善,并强调在团体结束之后保守团体秘密的重要性。此外,领导者还必须对团体咨询结束后的一段时期进行评估和追踪研究,使领导者对团体咨询的效果有所了解的同时,也让成员体会到团体对大家的影响。

第四节　团体心理咨询理论

心理咨询理论为团体心理咨询提供了理论基础,也为团体心理咨询的方法和技术提供了依据。心理咨询的主要理论流派我们已经在第四章中重点介绍过了,在这里不再赘述。本节的主要内容是介绍心理咨询主要流派在团体咨询方面的观点、贡献,以及在不同理论指导下的团体目标、领导者的任务、团体基本技术,可以为读者构建自己的团体咨询理论、指导团体心理咨询提供参考,参见表8-3。

表8-3　团体心理咨询的理论流派

理论流派	团体目标	团体基本技术
精神分析团体咨询理论	发掘成员被压抑的情感,激发矫治性的情绪体验	自由联想、解释、梦的解析、领悟和修通等
行为主义团体咨询理论	协助成员排除适应不良行为,学习有效的行为模式	系统脱敏法、厌恶治疗、肯定训练、强化和支持、示范作用、回馈、教导等
格式塔团体咨询理论	增强当事人的觉知,将此作为衡量健康或成长的标准	语言活动模式、想象法、非语言表达技术、反转练习、梦的作用、承担责任的技术、对话实验等

理论流派	团体目标	团体基本技术
理性情绪团体咨询理论	协助成员消除非理性与自我挫败的观念,改善成员个人不适应的情绪、行为和观念	认知策略、情绪策略、行为策略
个人中心团体咨询理论	利用团体的互动克服疏离感,使成员发展开放、诚实、自然的特质,表现出新的适应行为	积极倾听、感受的反映、澄清、支持、连接、摘要、分享个人经验、非批评性、与成员会心、支持与面质等
人际相互作用团体咨询理论	帮助成员确立成年自我状态,促进人的成长,建立良好人际关系	结构分析、沟通分析、游戏分析、生活脚本分析等
存在主义团体咨询理论	促使成员更加真诚地对待自己,扩大对自我和世界的视野,澄清赋予现在和未来生活的意义	沉默、询问、解释等

一、精神分析团体咨询理论

精神分析治疗理论的创始人是弗洛伊德,但首先在团体咨询中使用精神分析原理和技术的是沃尔夫(A. Wolf),他强调在团体咨询中的精神分析并不是治疗整个团体,而是着眼于同其他个体相互交往的每一个成员。沃尔夫还强调原生家庭的再创造,以及自我人格强度系统性退化的控制能力。精神分析团体咨询的推动作用取决于个体本我或自我的创造性成长。

(一)团体咨询的目标

精神分析团体咨询的目标,是为成员提供一种重新体验早年家庭关系的气氛,使成员能发掘出那些影响现在行为的、被压抑的情感,促使成员提高洞察力,激发成员矫治性的情绪体验。穆兰(Mullan)和罗森堡(Rosenbaum)曾提到在团体精神分析治疗中运用回归—重构的方法来重新构造个人的家庭动力关系。这种回归就是退回到个人的过去状态以达到人格重构的治疗效果,既考虑到了人格发展的社会因素,也体现了对个人自我成长的关注。

(二)团体领导者的任务

在精神分析团体咨询中,领导者的任务是创造一种接纳性的宽容气氛以增进成员的互动。领导者要有客观、温暖、中立的态度,目的是促进成员投射与移情作用的发生。领导者的主要任务是发现并处理好成员投射到领导者和其他成员身上的移情反应。但是对移情反应的处理一定要小心,以防止成员产生阻抗。在团体中,领导者需示范简明、真诚和直率,在团体摇摆不前时,要保持乐观的态度。领导者必须注意团体中的个别差异,鼓励成员自由地表达自己。当出现各种抗拒与移情现象时,领导者要解释这些现象的意义,并协助成员勇敢地面对并妥善处理问题。

（三）团体咨询技术

1. 自由联想

在团体咨询过程中,自由联想(free association)是鼓励成员揭示被压抑的意识或潜意识的过程,以便能达到对自己心理动力更深刻的洞察。成员们常常被要求报告自身的经验,团体讨论保持充分开放,允许其他成员提出任何问题。当成员通过袒露自己的梦和幻想,营造出一种活跃的团体气氛时,就可以鼓励成员对团体中的每一个人进行自由联想。沃尔夫认为,成员之间随意交流的方法使所有的团体成员都成为咨询师的助手,即成员不是被动地接受团体领导者的观念,而是积极地贡献具有重要意义的解释。这种方法还有助于促进团体的整体性和成员对团体历程的积极参与。

2. 解释

解释(interpretation)是一种针对自由联想、梦、口误、抗拒、移情等进行分析的治疗技术。解释包括领导者的提示、认同、澄清、界定、联结、比较等具体方法,其目的是解释症状背后的潜意识动机,指出成员行为中防御和逃避的成分,促使成员对产生其症状的潜意识冲突获得领悟,从而导致行为的改变。解释的内容通常聚焦于主要的关系、问题的模式、实质以及与症状的关系。在解释时,领导者必须指出并解释行为的潜在意义。

3. 梦的解析

梦表达了个人隐藏在潜意识里的需要、矛盾冲突、愿望、恐惧和被压抑的经验。在团体中公开讨论梦时,成员对隐藏于梦背后的动机和未解决的问题可以获得新的认识,从而带出有价值的领悟。领导者应该在第一次团体聚会时,明确告诉成员积极袒露自己的梦、幻想、自由联想的重要性,鼓励成员进行自我分析,学习用一种具体的方式来应对那些他们过去无法面对的情感和动机。

4. 领悟和修通

领悟(insight)是指当事人对自己现时情绪困扰的原因的认识,是对过去经验和现时问题之间关系在情绪、理智层面的认识。解决领悟到的问题和矛盾是精神分析团体咨询的归宿点,如果成员希望改变人格的某些方面,就必须修通抗拒性和原有的行为模式。修通(work through)是指反复解释和克服抗拒,从而使当事人解决其在童年期产生的功能失调的模式,并在新领悟的基础上做出决策。修通是精神分析团体咨询的最后阶段,领导者发现了成员的核心问题和症状原因之后,要极其谨慎地设计一个行动方案,促使成员的进步和改变。

（四）贡献与不足

精神分析团体咨询的优点在于对家庭动力学的关注使之能够适合很多团体，领导者采取的一套程序对尊重专业人员的成员构成吸引力，自我防御的观点有利于理解内部的动力机制和处理环境方面的压力。

它的不足之处在于注重顿悟、心灵内部的动力，因而疗程漫长，这常为那些期望学会应对外界压力技巧的成员所诟病。

二、行为主义团体咨询理论

行为疗法指的是那种以学习理论为基础的技术和程序进行心理治疗的方法。行为主义取向的治疗方法越来越被广泛地应用到团体咨询和治疗中去，其中一个原因就在于这种方法强调指导当事人如何控制自己的生活，有效地解决现在和未来的问题，并且试图一劳永逸地解决心理问题。行为治疗方法强调教导当事人自我管理技能，控制自我的生活，以有效地应付现在和未来的问题。行为主义团体咨询可以协助当事人解决诸如抑郁、焦虑、恐惧症、性障碍、冲突情感，人际关系紊乱、适应不良等很多问题。

（一）团体咨询与治疗的目标

团体行为治疗的目标是协助成员排除适应不良行为，学习有效的行为模式。团体行为咨询与教育过程相类似，教导成员建立有关学习方法的新观点，尝试更有效地改变其行为、认知、情绪的方法。在咨询或治疗过程中，清晰的目标是整个治疗活动的方向，尽管领导者指导咨询目标的讨论，但是目标本身还是由成员本人做出。

（二）团体领导者的任务

行为团体的领导者是富有技能的咨询师，拥有真诚、尊重、热情、非批判性的观点、责任心等。领导者担负着教育的功能，在团体中扮演一种主动的、指导性的角色，积极运用行为原理的知识与技能解决问题，认真地观察成员的行为，准确标定与特定问题相关联的情景和促进改变的条件。领导者主动教给成员应对技巧和行为矫正方法，以便成员能在团体外进行实践，并鼓励成员学习和锻炼那些能够应用到日常生活中的必要的社会技能。此外，领导者还需要收集资料，对成员的问题进行不断地评估，以确定对每一个成员的治疗效果。

（三）团体咨询技术

行为疗法的主要技术是以行为和学习原理为基础而发展出的各种具体行为咨询策略，包括系统脱敏法、厌恶治疗、肯定训练、强化和支持、示范作用、回馈、教导，以及各种挑战和改变认知的方法。在团体的初级阶段，重点在建立团体凝聚力,鉴别要矫正的问题行为。团体工作的阶段,按照成员的问题,分别使用不同的治疗策略和技术。在团体结束阶段,领导者主要关心如何使成员把在团体中学习到的适应行为迁移到日常生活中去。

（四）贡献与不足

团体行为治疗关注行为而非情感,和很多文化是相容的。其优势在于,通过告诉成员活动的目的让成员做好准备,协助成员锻炼技能,对成员着重进行教育以及强调自我管理的策略。

团体行为治疗的不足之处在于,领导者需要帮助成员评价行为改变的可能后果,家庭成员也许对团体成员新近学习的自信风格不以为然,所以必须指导成员如何处理他人对其新行为的阻抗。

三、格式塔团体咨询理论

格式塔疗法是由弗雷德里克·皮尔斯与其妻子劳拉·皮尔斯于 20 世纪40 年代创立的,是现象学与行为主义的整合,其理论前提是人必须自己找寻生活道路,并接受个人责任。该疗法的基本假设是人们能够很好地理解周围的环境。格式塔团体咨询的基本出发点是为成员提供一种氛围,使他们能够提高对自身体验和所作所为的自我意识水平。

（一）团体咨询与治疗的目标

格式塔疗法的基本目标在于增强当事人的觉知(awareness),并将此作为衡量健康或成长的标准。觉知需要自知、对自己的选择负责、与环境接触、自我接纳以及和他人交往的能力。通过觉知,当事人可以发掘内在潜力,这些能力对于解决自身问题、寻求自我转变的资源是必要的。辛克尔(Zinke)描述了格式塔团体成员的个人目标和团体目标。成员的个人目标包括:整合个人内在的各种倾向;与自我以及他人进行接触;学习自我支持;逐渐觉察到自己现时的感觉、体验、思考、幻想和行动;明确地定义自己的界限;将领悟转化为行动;乐于从事创造性的尝试,进行自我认识。团体目标包括:学习如何明确与直接地寻找自己想要的东西;学习在面对冲突的情境下如何处理人际关系;学习互相给予支持和帮助;能够互相激励,突破安全的和已知的领域;创造一个信任性团体气氛,使成员能够进行深层次的有意义的活动;学习如何运用团体内部资源,而不是单纯地依赖领导者。

（二）团体领导者的任务

格式塔团体领导者应该是一个有创造性的咨询师,要拥有丰富的个人背景,能够自我开放并接受广泛的生活经验,充分地赞美生活,具备特殊能力、技术和技能,善于利用自己的、成员的和团体情景中的客体与事件,积极地为成员创造崭新的景象。领导者要放弃某些陈旧的主题,进入更具活力的领域,以促进自我保持弹性的能力。愿意推动和面质成员,以便成员能够完成自身工作,以及有能力协助成员表达感情。此外,领导者积极地参与到成员们的互动中,经常对成员进行自我表露,并且通过这种方式和成员建立良好的关系,在团体中建立一种亲密感,便于团体自身的创造性和独创性发挥出来。

（三）团体咨询技术

1. 语言活动模式

格式塔团体强调语言模式与人格之间的关系。成员的语言模式表达了他们的情感、思想、态度,通过关注自身的言语习惯模式,可以增强他们的自我观察。语言可以使我们接近自我,也可能使我们远离自我。领导者的任务之一就是协助成员仔细检查他们的语言活动风格的影响价值。

2. 非语言表达技术

在格式塔团体中,团体情景提供了许多机会来探索非语言表达的意义,尤其当成员的非语言信息和他的语言信息并不相符时,这种探究更为重要。有创造性的领导者能发明出多种自发性的技术,协助成员关注到他们整个身体以及他们的目光接触、举止、微秒手势和身体姿势等表达的内容,以增强成员觉察此时此地的真实体验。

3. 想象法

格式塔团体试验各种各样的想象情景,促进成员的自我觉察和有意义的发展。想象法可针对成员的非决断行为、恐怖的预期、羞耻心与内疚感的表达和探索、恐惧参加团体等情景。

4. 反转练习

一些症状和行为通常是潜在冲动的反转表现。格式塔团体反转练习要求成员成为自身很少表达的那一部分,因为他们不想看到和接受这部分内容。强调成员愿意投入到那些会导致焦虑的情景中,并且愿意和那些曾经被自己否定的内容接触的时候,进行这种干预将使人格整合成为可能。团体可提供进行反转练习的大量适时机会。

5. 梦的作用

格式塔团体疗法将梦里的内容返回到现实生活,对梦进行再创造,并且使成员体验到这一切都好像是在当下发生的。格式塔团体领导者要求成员按照当下发生的状态来叙述自己的梦。这里介绍一种叫"戏剧化梦作业"的方法。戏剧化梦作业不仅仅处理单个成员的梦,而是在一个梦被报告和处理之后,创造一个团体实验,便于其他成员能够治疗性地获益于这个做梦者的所有原始表象。所有的团体成员都共有某种原型主题,一个梦中不同的形象可以用于增强自我的了解。每个人都可以扮演这个梦中的一个角色,扮演者提供了许多机会表现梦中的某些既与做梦者又与自己的生活相关联的部分。

6. 承担责任的技术

承担责任是指当事人承担全部责任，认识到他们的投射，重新鉴别它们，并成为他们所经验的内容。格式塔领导者要协助成员正视其不愿意承担责任的问题，构建起"我为……负责"的概念，不将责任投射到环境或让他人为自己负责。

7. 对话实验

对话实验是用来促进当事人对自我内在分离的觉察和最终的人格统整。领导者经常采取的形式有：成员自身相对立的两方面的对话（温柔—粗暴，理想—现实，爱慕—憎恨等）；与父母、重要的他人、想象中的人以及无生命的客体之间的幻想式对话。对话实验可以帮助成员增加对其自身两极化的认识，描述自己那些看似相反的人格层面，加强对内射和投射的自我觉察，最终整合这些不同的极性取向。

（四）贡献与不足

格式塔团体疗法的优点是，关注个体非语言表达的特点以及与语言隐性含义的文化相一致的部分，这种方法对那些受到文化禁锢不能自由表达情感的成员比较有效，帮助成员意识到身体语言的表达也是一种认识冲突的内隐途径。

其不足之处在于，那些因为文化影响而较为保守的成员可能不适应这种疗法。情感的表达一定要关系建立之后再开始，因为某些成员可能不明白当前的体验可以解决自身的问题。

四、理性情绪团体咨询理论

理性情绪治疗（rational emotion therapy，RET）理论是 20 世纪 50 年代后期、60 年代初期由美国心理治疗家亚伯特·艾利斯（Albert Ellis）创立的。理性情绪疗法的基本假设是人的情绪主要是由信念、评价、解释，以及对生活事件的反应而产生的。通过理性情绪的治疗过程，当事人学习一些技巧去找寻和驳斥非理性信念，取而代之的是理性的认知，将会使由事件而引起的情绪反应有所改变。该疗法强调人的价值观在治疗心理障碍中的作用，主张采用纯理性的方法帮助当事人解决问题。

（一）团体咨询与治疗的目标

理性情绪团体的目标是协助成员消除非理性与自我挫败的观念，并以更坚忍、更理性的观念取代之，从而改善个人不适应的情绪、行为和观念，处理他们在生活中可能遇到的各种不愉快的事件和问题。艾利斯认为理性情绪治疗团体的理想在于发展出心理与情绪健康的特质,包括自我兴趣、自我接纳、社会兴趣、自我教导、容忍、接纳暧昧和不确定、有弹性、科学式的思考、冒险、履行自我承诺、广泛的快乐主义、愿意接受不完美、为自己的情绪困扰负责。①

（二）团体领导者的任务

理性情绪团体领导者的任务是教导成员为自己的情绪困扰反应负责,协助他们辨别进而摒弃导致他们困惑产生的非理性观念,并使成员认识到自我挫败的行为和非理性观念之间的联系,教导他们如何改变自己思考和行为的模式。领导者在无条件接纳与尊重成员的前提下,在团体过程中不断地担任解释、教导和再教育的工作。领导者要向成员显示他们如何突破自己的困境,澄清其情绪、行为困扰与其价值观、信念和态度之间的关系。

（三）团体咨询技术

理性情绪团体的基本技术是积极性指导,包括认知策略、情绪策略和行为策略。领导者通过探测、面质、挑战、强制性的指导,示范并教导理性的思考方法,团体中强调思考、驳斥、辩论、挑战、说服、解析、说明、教导和鼓励,甚至直接反驳和训诫,来证明成员的自我语言以及对事件的看法是不合理的,然后再协助成员采用较合理而健康的方式思考。在团体中,领导者广泛使用的咨询技术有角色扮演、行为研究、家庭作业以及肯定训练等。

（四）贡献与不足

理性情绪团体疗法的优点是,有利于辨识和质疑那些不再有效的个体思想和价值观,关注思想和合理性的观念为很多成员所接受,关注教和学的过程,避免死板的思维方式。

不足之处是,如果领导者的领导风格是强迫性的,成员也许会退缩;在领导者对成员的不合理信念强行质疑的时候,理解成员的内心世界是十分必要的。

五、个人中心团体咨询理论

个人中心治疗理论(person centered approach theory)是由美国人本主义心理学家卡尔·罗杰斯于1940年创立的一种心理咨询和心理治疗方法所发展而来的理论。其基本假设是,人在本质上是可信赖的,人有不需咨询师直接干预就能了解及解决自己困扰的极大潜能;只要能投入治疗关系中,他们就能朝自我引导的方向成长。罗杰斯特别强调咨询师的态度、个人特质以及治疗关系的性质是治疗过程中最基本的决定因素,个人中心治疗最好被理解

---

① 刘勇.团体心理辅导与训练.广州：中山大学出版社,2007：72

为一种存在方式,而不是行为方式。

（一）团体咨询与治疗的目标

个人中心团体提供一种安全气氛,使成员能开放自己,充分探索自己的感觉及表达自己的感受。个人中心团体的目标在于鼓励成员以此时此地的经验与感受,利用团体的互动克服疏离感,鼓励成员体验现实生活,使成员发展开放、诚实、自然的特质,表现出新的适应行为。

（二）团体领导者的任务

个人中心团体的领导者主要扮演催化者的角色,创造一种宽容与信任的团体气氛,强调成员之间充分互动的重要性,让成员勇敢地袒露自己,学习如何倾听自己以及信任自己。领导者的主要任务是在团体过程中呈现真实的自我,关心、接纳、尊重并了解成员,积极地投入团体中。此外,领导者要避免给予建议、促发行为的技术、诊断与评价、组织结构与指导性干预以及安排团体活动之外的家庭作业。

（三）团体咨询技术

个人中心团体注重成员的责任与能力,以便去发现更能面对现实的方法。个人中心团体强调催化者的态度与行为。基本技巧包括:积极倾听、感受的反映、澄清、支持、连接、摘要、分享个人经验、非批评性、与成员会心、支持与面质、肯定成员的自我决定能力、团体的自然发展而不试图指导团体发展等。

（四）贡献与不足

个人中心团体疗法的主要优势在于尊重成员的价值观、积极倾听、接纳差异、非判断性的态度,理解以及允许成员本人决定探索什么问题,崇尚文化多元主义。

其不足之处在于,这种疗法的核心价值观也许和某些成员的文化是不一致的;对很多期望从知识渊博的领导者那里获得帮助和答案的成员而言,缺乏指导和结构是不能接受的。

六、人际相互作用团体咨询理论

人际相互作用分析也称沟通分析,是由美国心理学家艾里克·伯恩于1959年创立的一种心理治疗理论和方法。相互作用分析是以精神分析原理为基础创立的,又结合了人本主义思想,是一种互动式的治疗方法,强调认知、理性和行为,强调一个人改变决定的能力。这种方法通过增强一个人的觉察力,使当事人重新做出选择,改变其生活。伯恩认为,每个人的人格中都积压着三种自我成长状态:父母式自我状态(parent ego state)、成人式自我状态(adult ego state)与儿童式自我状态(child ego state)。尽管人们主要遵循童年时期为自己所规划的生活脚本而发展,但在实际生活中每个人始终不停地从一种自我状态转换到另一种状态。人在任何时刻都与当下的某种自我状态相关联，而人际冲突与矛盾就可能发生在当事人用一种过去曾经合适、但现在又不再有效的角色来做出反应。

（一）团体咨询与治疗的目标

相互作用分析的目的，在于通过分析相互作用的类型，帮助人们确立一个强有力的成年自我状态，从而促进人的成长，建立良好的人际关系。相互作用分析团体给予成员某种程度的觉察，协助成员去除与他人互动中所使用的不好的脚本或游戏，激发成员重新检视早期的决定，应用自己新的觉察来做出新的、有效的决定，对生活的方向做出新的选择。

（二）团体领导者的任务

相互作用分析团体领导者扮演着教师的角色，注重成员认知方面的改变，教导成员如何了解和认识所玩的游戏、成员沟通时所表现的自我状态，以及生活计划中自我妨碍和自我挫败的情况，发展处理人际关系的策略。领导者要解释相互作用分析的有关概念，轮流对每个成员展开治疗工作。但在某一时刻只将焦点集中在一个成员那里，并应用自身的知识和技能协助完成成员所制定的契约。

（三）团体咨询基本技术

1. 结构分析

结构分析是指使成员意识到自己的父母、成人和儿童自我状态的内容与功能。其目的在于协助成员学习如何鉴别和分析他们的自我状态，以便能够改变他们感到僵滞的行为模式。

2. 沟通分析

沟通分析是指人们对他人所做的和所说的内容的描述。沟通来自某一个人自我状态的刺激以及另一个人自我状态的反应。伯恩讨论了三种类型的沟通：互补沟通，指来自一个自我状态的信息，收到了来自另一个特定自我状态的预期反应。交叉沟通，指当一个人发出信息后，没有得到预期的反应，相互作用是交叉的、矛盾的，这时交流就会中断，甚至发生冲突。隐含沟通，指涉及两种以上的自我状态，真正的信息并没有明确地表达，而是以一种伪装的信息表达出来。

3. 游戏分析

游戏分析的目的在于为成员提供机会，认识到游戏的本质以及自己在游戏中扮演的角色，使其停止各种游戏，建立起亲密的非操纵性的关系，做出真诚的反应，找到改变否定性抚慰的方法，学习给予和接受肯定性的抚慰。

4. 生活脚本分析

生活脚本分析，是指相互作用分析治疗过程中，用于鉴别一个人生活风格以及早年生活规划的部分,它与沟通分析和游戏分析有关。生活脚本分析的目的是帮助成员获得改变早期规划的机会。其方法包括:要求成员回忆童年时喜欢的故事,了解他们是怎样适应这些故事及故事怎样融入现在的生活经历;使用脚本检核表。

(四)贡献与不足

人际相互作用分析团体咨询理论的优点是,契约的制定防止了领导者将与成员不一致的文化观念强加给成员,为理解家庭和文化的禁忌提供了基础,受到很多成员的好评。

其不足之处在于,人际相互作用分析这个词本身可能与某些成员的文化相抵触。在对成员的生活脚本、文化和家庭禁忌进行质疑之前,要根据成员的需求达成清晰的契约,在探查家庭事务的时候务必小心谨慎。

七、存在主义团体咨询理论

把存在主义融入到心理治疗实践中的人物是罗洛·梅。梅认为,成为一个人并非是自动化的过程,人们拥有实现自己潜能的欲望,而这需要付诸勇气,我们的选择决定了我们会成为何种人。我们的内心冲突连续不断,因而,尽管我们想变得更加成熟和独立,但是我们都意识到成长是一个痛苦的过程,所以只得在依赖性安全和成长的痛苦快乐之间遭受不断的冲突。

(一)团体咨询与治疗的目标

存在主义团体咨询的目标在于促使成员更加真诚地对待自己,扩大他们对自我和世界的视野,进而澄清自己赋予现在和未来生活的意义。愿意开放对待生活,并且勇于探索生活未知领域。治疗过程意味着鼓励成员倾听自己并且关注自己内心世界的体验。团体可以帮助成员解决他们深层的人生问题。治疗过程中关注成员即时的、连续性的体验,帮助他们在追求生命意义和目的的时候发展更好的存在感。

(二)团体领导者的任务

存在主义疗法认为治疗是一种伙伴关系,咨询师和当事人共同承担风险,如果想要与团体成员发展一种有效的治疗关系的话,就必须展示存在为何物。存在主义疗法团体领导者的一个中心任务是创造一种治疗性同盟,这种同盟的关系本身会促进改变的发生。领导者的主要角色是促进成员之间有意义关系的形成,通过让成员关注主要的存在概念,并且为他们提供一个可以充分探讨这些概念的氛围来实现这一目的。此外,领导者还要鼓励成员重新审视自己的生活,对如何增加自己的选择进行反思,并对自己的选择承担责任。

（三）团体咨询技术

存在主义团体咨询的基本技术有沉默、询问以及解释等。沉默是最重要的干预手段之一，在对话之间提供了考虑时间。领导者要以一种接受性的态度仔细聆听成员，以便促使成员做出自我抉择。询问不仅仅是指询问更多的信息，更重要的是倾听成员所吐露的内容。如果领导者能对成员的潜在信息或者话中有话的地方进行深入询问则效果更佳。将成员的陈述和他们的体验联系起来，对成员叙述的个人故事进行重新阐释，从而挖掘更加丰富的深层意义。

（四）贡献与不足

存在主义团体疗法的核心价值是强调理解成员的包括文化背景在内的现象世界。这种方法可以促进成员在压抑的社会中获得力量，帮助他们在文化现实的背景中做出最佳的选择。

存在主义团体疗法的不足是，对个性、自由、自主和自我实现的重视可能会与强调集体主义、尊重传统、服从权威、相互依赖的文化形成冲突。缺乏某些技术可能让一些成员感到踌躇，而某些成员则可能期望更多地关注在这个世界上的生存。

第五节　团体心理咨询的常用技术

为了使团体心理咨询发挥应有的作用，团体领导者除了要掌握团体咨询的理论外，还必须了解并熟练运用团体咨询的各种技术、手段和方法，才能有效地引导团体朝着健康的方向发展，达到团体咨询的目标，发挥团体最大的效能，促使成员的成长与改变。

一、积极倾听

积极倾听（active listening）是指领导者要关注成员说话的内容、声音和肢体语言等信息，让谈话者感觉到自己的讲话正在被领导者关注。积极倾听包括两种类型：支持性倾听和记忆性倾听。前者以正强化理论为基础，重在鼓励对方表达，由开放式的问题、内容反应以及"嗯"等三种反应组成。后者是一种保存和评估信息的聆听。积极倾听的作用主要表现在增强成员的信任、自我开放及自我探索。

二、反映

反映（reflection）是指领导者以重复的方式传递对成员说话的内容和情

绪体验的了解。反应可以分为内容反应和情感反应。前者要求领导者将谈话成员的主要言谈、思想加以整理后再反馈给当事人,以使其有机会再次剖析自己的困扰,重新组合那些零碎的事件和关系,深化谈话的内容。后者要求领导者将谈话成员的言语和非言语行为中包含的情绪所表达的内容整理后反馈给当事人。反映技术的作用,主要是协助说话的成员深入觉察自己的想法和感受,让说话成员感觉到领导者愿意了解的态度。

三、澄清

澄清(clarification)是指领导者协助成员清楚觉察自己的叙述。其主要作用是帮助成员弄清楚内心冲突及混淆不清的感觉和想法,导向更有意义的沟通,并有效地避免团体产生挫折和团体能量的耗竭。

四、面质

面质(confrontation)是指领导者指出成员存在于各种态度、思想、行为之间的矛盾。其主要作用是鼓励成员诚实地自我思考,激活成员的潜能,并引发他们对自我矛盾的反省。在团体过程中,焦点成员出现信息混乱时,领导者应给予面质。面质可以分为三种类型:成员的现实自我与理想自我的差异;成员的思维、情感与实际行动之间的差异;成员自身体验与领导者对其体验印象的差异。

五、概述

概述(summarizing)是指领导者将成员互动过程中的重要信息,简要地进行综合归纳并表述给成员。其主要作用是澄清并避免误解成员的意思,引导成员继续表达。概述可以用于团体的开场,尤其是当上次团体尚有未完成的任务,或部分成员有强烈的兴趣持续这个主题时,也可以用在某次团体结束阶段。

六、支持

支持(supporting)是指领导者对成员提供鼓励以增强信任的一种态度和能力。领导者可以通过言语和非言语两种方式来鼓励和支持成员。支持技术的主要作用,在于帮助建立团体良好的气氛,鼓励成员并促进他们的信任感,促动成员向困难挑战。

七、截断

截断(cutting off)是指领导者以非惩罚性的方式来终止成员的谈话,以使团体朝预定的方向前进。其作用主要是保护成员并推动团体的进行过程。当成员漫谈时、当成员意见和团体目标有冲突时、当领导者想转移话题焦点时、当成员之间发生争吵时,都可以用截断技术。截断技术的使用首先要把握好时机,还要语调温和,避免伤害成员,并简要解释中断成员或团体的理由。

八、询问

询问(questioning)是一项重要的技术,指通过提出问题,引发成员自我探索问题的内容以及解决的方法。其作用主要是引导更深层次的讨论,这样便于收集资料,刺激成员的思考,帮助成员探索自己的内心世界,增强澄清及汇聚焦点,提供成员更深度的自我探索。询问的问题与成员的自我资料密切相关,包括开发式和封闭式两种。

九、引导

引导(drawing out)是指领导者诱使成员发言,防止在团体过程中产生成员沉默。其作用是使成员更多地参与到团体中去,协助有困难的成员,促使成员提升自信心,并使团体焦点转移或保持。一般来说,引导成员发言的方法有:直接询问法,领导者直接地询问成员是否有话要说;活动导入法,运用配对、绕圈发言等;肢体语言引导法,领导者以简短的目光接触或手势比划等邀请成员谈话。

十、催化

催化(facilitating)是指领导者运用各种手段,协助团体升温和成员进入状态,以促成团体发展的动力。催化团体的方法有以下几种:营造安全、可靠、信任的团体气氛;邀请成员参加团体活动;鼓励成员的自我开放;支持成员之间的互动和分享。

十一、自我揭露

自我揭露(self-disclosure)是一种领导者将自己过去的或现在的经验、体会、感受与成员进行分享的技术。自我揭露技术有助于个人或团体经验的共享,催化团体更深层地互动,进一步建立信任感,示范使他人了解自己的方法。自我揭露可以分为现在积极的经验、现在消极的经验、过去积极的经验以及过去消极的经验四种类型。

十二、反馈

反馈是指领导者在对成员专注观察后给予真诚并且具体的反馈。它的作用是对成员在团体中的具体行为提出意见,以帮助团体成员自我观察,利于成员利用这些信息改变自己的行为。反馈的时机要恰当,尽量运用非判断性的语言。

十三、联结

联结(linking)技术是指领导者运用敏锐的洞察力和反应力,将成员之间所表达的内容及相关的题材、人物、事件、情境等和团体目标之间做一种有效的联结。其主要作用是,提升团体的凝聚力,有助于成员重新检查自身的看法和经验,使得团体互动更有意义。

十四、共情

共情(empathy)是指领导者站在成员的立场去体会说话成员的感觉、需求、经验和想法等,不加入任何主观的见解,可用假设性口吻响应,避免"鹦鹉学舌"的重述。其主要作用是获得共鸣性的了解并回应成员,以建立信任、关怀的团体互动关系,促进成员间的沟通与了解。

第六节　团体心理咨询方案的设计

一、团体心理咨询方案设计的概念、特点和原则

(一)团体心理咨询方案设计的概念与特点

团体心理咨询方案设计(program planning for group counseling)是指运用团体动力学以及团体辅导、团体咨询等专业知识,有系统地将一连串的团体活动加以设计、组织、规划、安排,以便领导者带领成员在团体内活动,最终达到团体心理咨询的功能和目标。团体心理咨询方案设计虽然没有统一的格式,但是必须考虑团体类型、团体目标、理论依据、设计的背景、适用的领域、领导者的专业素养以及效果评价等一系列因素。

一般认为,团体心理咨询方案设计必须符合以下七个要求:计划的合理性;目标的明确性;计划的可实施性;团体的可控制性;团体过程进行的阶段性和发展性;促进成员成长的有效性;团体效果的可评价性。

(二)团体心理咨询方案设计的原则

不同的团体领导者有不同的领导理念、个性、习惯、经验、技巧以及专业训练,因此在团体方案设计时必须加以考虑。一般认为,在进行方案设计时应遵循以下几个原则:

第一,领导者要了解自己的特质、能力、偏好以及带领风格。

第二，领导者要了解自己所要带领团体及其对象的特质与目的。

第三，评估自己与所要带领团体之间的适配性，即领导者必须选择、设计自己熟悉或有把握带领的活动，避免带领不了解、不熟悉的团体活动。因此，在设计新活动时，领导者在带领前至少自己要实际操作一遍，以积累实际经验。

第四，若有多个团体领导者，设计方案时应明确各自的分工，事先要充分沟通、研究和讨论。

第五，制定备用设计，包括整个团体方案以及每次团体计划的相关内容。

第六，方案设计要实际、具体可行，掌握团体的目标与性质。

第七，方案内各项活动的设计要有一致性，前后连贯。基本上遵循由易而难，由浅到深，由人际表层互动到自我深层体验，由行为层次、情感层次到认知层次的原则，渐进式引导成员融入团体，开展团体活动。

第八，方案设计应考虑成员的特性，如性别、年龄、表达能力、职业背景等因素。一般来说，不同特性的团体，其方案设计的重点也有所差异。

第九，方案设计要有弹性以及安全性考虑，避免团体过程受阻或对成员造成不必要的身心伤害。特别是深层次、治疗性的团体，方案设计时更应考虑领导者的能力、经验及其危险性。

第十，方案设计时，活动选择的标准应根据成员的需求、团体的目的和预期的结果。活动不是团体娱乐，不应只为有趣好玩、有新鲜感、使人兴奋或产生高昂的情绪。团体活动只是达成团体目标的一种手段或方法。

二、团体心理咨询方案设计的内容

一般而言，团体心理咨询都有事先安排、设计好的团体计划书和具体程序，团体计划书不但可以作为正式带领团体时的指引，而且也是向行政部门申报计划、申请经费以及对外宣传、招募成员的重要依据。一般团体计划书的内容包括以下几项：团体性质与团体名称、团体目标、团体领导者、团体对象与规模、团体活动时间、团体设计理论依据、团体活动场所、团体评估方法、团体方案以及其他。

（一）团体性质与团体名称

团体性质包括说明该团体是结构式的还是非结构式的，是开放式的还是封闭式的，是同质团体还是异质团体等。团体名称包括学术性名称及活泼化宣传用的副标题。团体名称的设计要符合团体性质、团体目标以及对象的特征，力求新颖、生动、活泼、独特，具有吸引力和可理解性。此外，还要避免"标签效应（label effect）"，例如为离婚者组织的团体咨询最好不要出现类似"离婚者"、"离婚"、"再婚"等词语，可以用隐喻的、转意的词语，力求体现助人成长的含义。

（二）团体目标

团体目标包括整体目标、次目标、阶段目标和每次活动的具体目标,也就是说,经过团体咨询后,成员在认知、情绪和行为方面应达到哪些改变。在团体咨询开始前,最重要的一个环节就是确定团体咨询的目标。目标可以看成是成员参加团体的期望,也隐含着领导者的期望和目的。作为团体咨询的设计者,在确定目标时要充分考虑以下几个问题:为什么要组织团体咨询,团体咨询的主要任务是什么,采取哪些方法来达到团体目标等。

（三）团体领导者

团体计划书应明确领导者的基本资料,如领导者与协同领导者是谁,他们的基本背景与经验是否合适带领团体,带过哪些团体,专业知识和技术是否扎实等。为了保证团体的效能得以实现以及成员的利益不受损害,最好能聘请具有团体经验并受过督导训练的专家担任督导员。同时,若能邀请同行或团体学习者担任观察员,可以协助领导者提高专业技能。

（四）团体对象与规模

团体计划书要明确团体招募成员的类型、人数、来源、招募与甄选方式。成员的特征包括成员的性别、年龄、表达能力、职业背景、问题性质等因素。而对象的确定是与团体目标密不可分的。一般来说,不同特性的团体,其方案设计的重点也有所差异,下面的分类可供活动设计时参考:

年龄层低:倾向动态性活动设计,例如小学儿童的团体。

年龄层高:倾向静态性活动设计,例如社会人士的团体。

异质性高:倾向多元化活动设计。

同质性高:倾向情感性、支持性活动设计,例如离婚团体。

同性团体:可设计肢体性的活动。

两性团体:可设计分享性的活动。

内向性者:倾向催化性活动设计。

外向性者:倾向多元化活动设计。

学历高者:倾向认知性活动、学习性活动设计。

学历低者:倾向技能性活动、训练性活动设计。

团体咨询进展是否顺利,效果是否理想,与团体规模有直接关系。如果团体规模过小,人数太少,团体活动的丰富性及成员之间交互作用的范围欠缺,成员会感到不满足、有压力,容易出现紧张、乏味、不舒畅的感觉。如果团体规模过大,人数太多,领导者就难以关注每一个成员,成员之间的沟通不易,参与和交往的机会受到限制,团体凝聚力难以建立,并且会妨碍成员分享足够的交流时间,以至于在探讨原因、处理问题、学习技能时流于表面化和片面化,过于草率,进而影响活动的效果。一般认为,少年团体以 3～5 人最为适宜,大学生团体可取 8~15 人,成年人大多已在性格和情绪行为上趋于稳定,团体的大小可视团体咨询的具体目标而定。

（五）团体活动时间

团体活动时间包括团体时间的总体安排、何时进行、所需时间、次数、间隔时间、每次多长等。这些因素都是方案设计时必须考虑的,团体持续时间太短,就不能达到很好的效果;但如果持续时间过长,成员容易对团体产生依赖,而且领导者和成员的时间、精力都不允许。一个团体持续多久为好,多长时间聚会一次,每次多少时间,取决于团体的类型以及成员的特征,一般认为,团体活动为 8~15 次为宜,每周 1~2 次,每次 1.5~2 个小时,持续 4~10 周。

（六）团体咨询设计理论依据

团体咨询设计的理论依据是团体咨询方案形成的关键。团体咨询方案依据的理论模式不同,团体形式、介入处理的原则与具体的步骤也就不同。如果团体咨询方案设计缺少理论支持,团体咨询的各种活动和团体过程就会缺乏内在的逻辑联系,因而难以达到团体目标。另外,团体咨询计划书必须详细列出参考文献和参考方案等。

（七）团体咨询活动场所

对团体咨询活动场所的基本要求是：没有干扰,避免成员的分心;有安全感,保护成员的隐私,不会使成员产生被偷窥、监视、监听的感觉;有足够的空间,可以随意走动和围圈坐;环境舒适、温度湿度适意、温馨、优雅,使人情绪稳定、放松;活动场所的选定要方便成员来往,不要太偏僻。一般来说,一间宽敞、清洁、空气流通、气温适意的房间,最好有隔音条件,没有固定的桌椅则最为理想。团体活动中成员可以席地而坐,随意围坐成大圈,或分组坐成小圈。

（八）团体咨询评估方法

团体咨询是否达到预期的目标,成员的反应是否满意,领导者的工作方式和技巧使用是否得当,成员间的合作是否充分,今后组织同类团体咨询可以做哪些改进,为了得到以上问题的答案,团体评估不可缺少。团体评估的方法因团体的目标不同、层面不同、对象不同、类型不同而各有所区别。一般而言,团体评估包括过程与结果评估、团体互动状况与个别成员评估、评估方法或工具及预定评估的时间等。

（九）团体咨询方案

团体咨询方案包括总体方案设计、团体流程设计、单元执行计划设计,可以详细到每次具体活动如何组织实施,观察成员的反应并及时进行调整和反馈。表 8-4 是清华大学樊富珉等人拟定的团体心理咨询方案设计表。表中注明了每次活动的单元名称、单元目标、预定活动名称和内容、时间安排、步骤、活动方式以及所需活动资源(人力资源、物力资源和财力资源)等。

表 8-4　团体心理咨询方案设计表①

一、团体名称：

二、领导者：

　　团体经验简介：

　　督导员：

　　学历经历简介：

　　观察员：

三、成员性质：

　　人数：

　　筛选方式：

四、团体聚会时间：

　　聚会次数：

　　每次：　小时　　　合计：　小时
五、团体理念：

六、团体目标：　（分为几点）

七、团体评估计划：
包括过程与结果评估、团体互动状况与个别成员评估、评估工具
项目一：

评估方法或工具：　　　　　　　　　预定评估时间：
项目二：

评估方法或工具：　　　　　　　　　预定评估时间：
项目三：

评估方法或工具：　　　　　　　　　预定评估时间：

---

　　① 樊富珉.团体心理咨询.北京：高等教育出版社,2005：265

（十）其他

包括团体经费预算表、广告等宣传品、成员申请报名表、成员筛选工具、参与团体契约书、团体评估工具以及其他的相关材料。如活动中所需的图、表、文章等资料，录音机、DVD、电视机等设备，这些都要准备充分，以备不时之需。

三、团体心理咨询方案的设计步骤

一般来说，方案设计的步骤涉及个人理念，因此并无一定的程序和规定，但团体形成前的准备作业，方案设计是必要的一环，尤其是成员背景及其相关资料的搜集更为重要。

夏林清认为团体心理咨询方案设计包括下列几个步骤：确定对象；目标的制定；进行方式及活动的设计；思考配合团体进行时所需要的场地、设备及材料；将设计好的活动先行组成一次试验性小团体试用一次，与其他领导者讨论试用的结果，并加以修正和完善；准备每一活动进行的大纲以及必需的材料；领导者需要准备一些备用的活动，视团体咨询发展的状况弹性地调整原先的设计；团体咨询结束时，领导者可以用问卷或其他方法得到大家对团体咨询的反馈，以评估团体咨询是否达到了目标；团体咨询的反馈、自己的检讨以及所有记录的资料均加以保存，作为下次改进的参考。①

（一）团体咨询方案设计的步骤

1. 确定服务对象，了解服务对象的潜在需要

要举办团体心理咨询活动，必须先确定服务的对象（如中小学生、大学生、教师、公务员、医生等），进而了解服务对象对团体咨询的需求有哪些。咨询人员可以通过所接个案的困扰问题，或各类服务对象常见的比较普遍的问题，看看团体咨询方式是否有组织的必要。最常用的了解需求的方式是直接对人群进行观察或评估。如大学新生环境适应有哪些课题，儿童是否经常出现某些不适应行为，医院医生工作压力过度会带来哪些身心症状等问题。

2. 确定团体咨询的性质、主题与目标

在确定所要设计的团体咨询是针对什么人之后，进一步了解他们的年龄、职业、性别以及存在的问题。要解决什么问题，希望达到什么预期的目标，哪种类型的团体心理咨询适合所要帮助的对象？团体属于发展性的、训练性的还是治疗性的？组成同质团体有利还是异质团体有利？

3. 搜集相关文献资料与相近的方案

在团体咨询的性质、主题和目标确定以后，咨询师就要通过查找相关的

---

① 夏林清. 大团体动力：理念、结构与现象. 台北：五南书局, 2002

资料、阅读有关文献,为团体咨询设计提供理论的支持。同时,也要了解和搜集同类团体是否有人带领过,有哪些可以借鉴的经验,有哪些需要注意避免的问题,以后带领类似的团体需要注意些什么。同时,这些经验和理论知识还可以与成员分享。

4. 完成团体方案设计

在资料准备充分以及调研充分的前提下,设计者就要思考和讨论解决问题所涉及的各类因素,例如,明确带领团体心理咨询的人员及其有无助手的要求及条件,领导者与助手如何分工;若需要搭配其他领导者,决定找谁,以及如何搭配等;团体咨询以何种形式进行;团体咨询的时间何时最为适宜;团体咨询的地点设在何处比较合适;成员的招募采用哪些方式等等,并要考虑到可能的突发事件及其处理方法。此外,还要思考配合团体咨询进行时所需要的场地、设备及材料等。

5. 规划团体咨询整体框架,完善团体咨询方案

在充分思考的前提下,编制团体咨询详细的过程计划和活动流程,认真安排每次聚会活动,即进行活动方式及活动程序的设计。活动的设计是为了引发成员在团体咨询中经历学习的三个阶段,即:个人的经验转化为与他人分享自己经验的过程;个人回顾与整理自己的感受和看法转化为个人归纳、分析出一些概念、原则或新的自我了解;个人进一步尝试将新的自我发现或之前所习得的概念、原则,应用到团体之外的情境中,以达到预定的目标。同样的设计对不同的团体实施时,由于不同领导者的带领风格、成员的反应、活动引发及积累的效果均会影响团体咨询的过程发展,因此可能会有不同的内容及结果出现,但是团体咨询的总目标保持不变。需要领导者准备一些备用的活动,还要准备每一次活动进行的大纲及必需的材料。在团体咨询活动的流程设计完成后,最好先行组成一次试验性小团体试用一次,与同行、督导者讨论试用的结果,再加以修改以及完善。在活动进行过程中团体的反馈、自己的总结以及所有记录的资料均加以保存,以作为下次改进的参考。

6. 设计招募广告,招募、甄选成员

团体咨询计划书完成后,就要开始设计团体成员的招募广告。一般而言,发展性、教育性、预防性的团体咨询针对人格健康的正常人群,团体咨询目标也具有普遍性,使用广告招募的方式简洁可行、方便且容易产生预期的效果。例如,提高社交能力、提升生活适应能力等团体,均可以通过精美的广告以吸引成员的加入,成员的范围可以适当放宽。而对于治疗性的团体,除了广告之外,可以通过专业人员的介绍、领导者的面试来招募成员。

团体方案设计的步骤见图 8-3 所示。

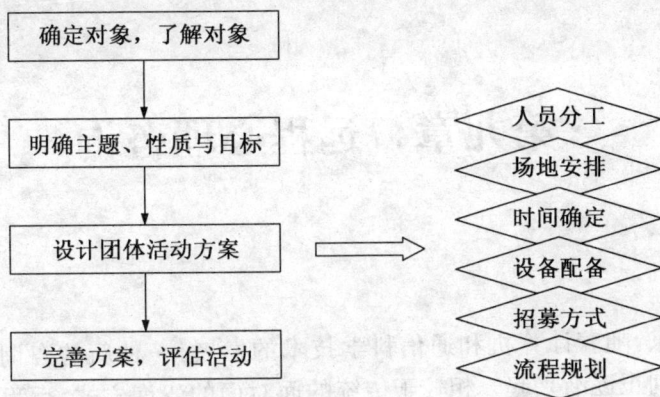

图 8-3　团体方案设计流程图

（二）团体咨询方案设计的注意事项

方案设计过程中有以下几点注意事项：

（1）设计团体咨询活动的目标和方式要考虑成员的熟悉度、个性、互动习惯等因素。

（2）设计成员的座位应考虑团体活动的大小，如小团体的活动，成员座位安排可以是钻石形、圆形、八边形和枫叶形；大团体活动，成员座位安排可以是扇形、小半圆形、圆形剧场和大半圆形。

（3）设计时要注意人文关怀，要考虑到团体成员的素质、价值观和文化观念等。

（4）设计时领导者要了解自己的特质、能力、偏好和带领风格。

（5）方案内各项活动的设计应具有一致性，前后连贯。

（6）方案设计的活动应适合领导者的能力范围和曾有的经验，还要考虑场地的适合性以及时间的适当性。

（7）方案设计要考虑成员的特性，如性别、年龄、成熟度、表达能力、职业背景、需求等因素，还要考虑团体咨询的目的与预期的结果，应让所有成员都有参与的机会，如小学儿童团体，可多设计一些动态性活动，中学或成年人团体可多设计些静态性活动；同性团体可设计肢体性活动，两性团体可设计分享性的活动等。

（8）方案设计要有弹性和计划性，还应考虑安全性和实用性。

第九章　远程心理咨询

近年来,随着计算机和通信科学技术的发展,一种新的咨询模式——远程心理咨询正逐渐兴起。相较于传统的面对面的咨询方式,远程心理咨询以其方便、灵活、价格相对便宜的特点受到越来越多人的青睐,成为现代心理咨询的一股重要力量。

第一节　远程心理咨询的概念

一、远程心理咨询的定义

目前,对远程心理咨询的定义不下十几种。例如,美国心理协会主席库柯勒(Koocher)认为,远程心理咨询是非传统面对面的、远距离的心理服务。澳大利亚心理学会认为,远程心理咨询是在科学技术协助环境下提供的心理服务,譬如电话、手机、互联网或者视频会议等方式。

我们对远程心理咨询的定义是:咨询师和来访者通过大众传媒或信息通讯科技进行的非面对面的心理咨询。

二、远程心理咨询的特点

(一)隐匿性

在一般的心理咨询与治疗中,来访者往往有心理顾虑与人际压力,尤其是涉及一些隐私问题的时候,有时对自己的情况难以启齿,特别是中国人由于传统文化的影响,不善于表达自己的感情,往往顾左右而言他,难以直接地说出问题所在。而远程心理咨询的匿名、远距离、非面对面的方式,使来访者不用直接面对咨询师,比较容易袒露自己的心理问题,敢于更真实地表达自己,而不必担心社会评价,可以避免面对面交流中出现的顾虑和尴尬,方便咨询师了解来访者求助的问题。

在远程心理咨询中,来访者直接面对的只是一台电脑或者电话,来访者的倾诉压力大为减轻,产生人际紧张或者社会道德约束的情境因素大大减少。在网络上,来访者以虚拟的身份登录,可以隐瞒真实姓名、外表形象以及声音等个人隐私,即使将个人资料放在电子布告栏(BBS)上,别人也无法对号入座,猜测到你究竟是谁。这个时候,来访者完全有可能浸入到一种面对"日记本"的状态中,仿佛倾诉的对象不再是咨询师,而是他的日记本,来访者内心世界得以最大程度地暴露。

(二) 不受时间空间限制

远程心理咨询使人摆脱了时间与空间的束缚,免除了在固定时间去固定地点的麻烦,浓缩了空间与时间,来访者来去自由,行动方便。无论来访者身处何地,只要有可以远程咨询的媒介,如一台可以上网的计算机,就可以寻求心理专家的帮助。这样可以及时解决心理问题,而咨询师也可以不受时间、地点的限制随时进行回复。

来访者可以随时根据自己的需要选择咨询或终止咨询,可以自由选择自己喜欢的咨询师,或以新的身份重新登陆,提高了咨询效益。同时,可以更轻松地面对自己的问题,也不必担忧周边人对你产生负面影响,心理问题和生活困惑能够及时地得到帮助。

(三) 可以共享优质资源

有些来访者心理症结的形成是因为缺少阅历和信息闭塞,往往要求心理治疗师有丰富的经验。但现实生活中,每个人的经历和精力都是有限的。网上交流可以接触到形形色色的人,接触范围的广泛程度和丰富程度是在现实生活中无法相比的。来访者可以通过与他们的交流和相处,间接地进行心理咨询。这种咨询方式赋予个体很大的主动性,对于问题的解决和心理的成长都大有裨益。

远程心理咨询在一些特殊的情境下有难以取代的价值。一是推动经济欠发达地区的心理咨询。中国东西部发展差距很大,如果大力发展中国的远程心理咨询,就可以缩小差距。即使是远在西藏的来访者也可以享受到全国优质的专业心理咨询服务。二是在监狱开展心理咨询。监狱是一个特殊的环境,在很多情况下,心理咨询师难以直接介入,而远程心理咨询可以为犯人提供服务。三是在疫区进行心理咨询。患者如果需要心理咨询的话,远程心理咨询是及时和方便的。四是在宇宙航行中进行心理咨询。在宇宙航行中,有时需要对宇航员进行心理咨询,这时只能进行远程心理咨询。

(四) 与现代通信技术和媒体共同发展

随着现代通信技术和现代媒体的快速发展,远程心理咨询从简单的单一服务向复杂的综合服务的方向发展。

远程心理咨询借助网络科学技术的进步，发展出了多种模式，如在线咨询。咨询师在网上为来访者提供高质量的远程心理咨询服务，以类似 QQ 聊天的形式，实现来访者与咨询师一对一的提问与回答的功能。再如，在线论坛。采用 BBS 的形式设置"在线心理论坛"，方便咨询师与来访者交流思想，沟通心灵，也可以作为来访者之间互相讨论、交流心理相关问题的场所。通过互相讨论和交流，可以提供需要的心理咨询服务。又如，网上留言。在来访者想联系的咨询师不在线时，可以就想咨询的问题在网上留言，等待咨询师在线时进行解答。又如，视频点播。心理咨询网站提供有关心理咨询的音像资料，供来访者点播。

（五）远程心理咨询的局限

远程心理咨询也存在着一些局限。

一是咨询关系不稳定。来访者和咨询师往往是随机相遇，难以提出有约束力的要求，遇到一些情况后，很容易单方面终止咨询关系。

二是信息获得受限。网络咨询是一种间接的人际互动，有时听不到对方的声音，看不到对方的相貌、表情、动作、姿势，双方沟通中缺少许多有价值的信息。在面对面咨询中，咨询师会结合来访者的谈话表情、举止对其加以综合分析并及时做出恰当反应，尤其当语言信号和非语言信息不一致时，有经验的咨询师会更加相信与重视非语言信号所代表的意义。而在远程咨询中，倘若来访者或咨询师文字表达能力不强，会影响咨询的进程与效果。不能面对面的心理咨询有可能隐藏或忽略了一些问题。

三是需要一定的物质和技术条件。网络心理咨询要求来访者与咨询师具有便利的上网条件，具备一定的网络知识和电脑水平，要求网络运行正常，传输快捷。

第二节　网络心理咨询

根据中国互联网络发展状况第 21 次统计报告的数据显示，2007 年我国网民已达 2.1 亿，仅次于美国，位居世界第二位。网民群体以青年为主，总体网民中的 31.8％属于 18～24 岁的青年。与人口总体相比较，网民中学生所占的比例最大，达到 28.8％。有固定单位的网民中，以在民营企业工作的网民居多，占到总体网民的 41.8％。[①]

中国网民的整体特征非常符合一般寻求心理咨询人群的特征，这部分人群

---

① 中国互联网络发展状况第 21 次统计报告，2008.1

从物质上和心理上都容易接受心理咨询,当他们开始利用身边的网络资源来寻求心理支持时,实际上是在尝试一种新的心理咨询方式——网络心理咨询。

一、网络心理咨询的概念

国外对网络心理咨询早有研究和应用。葛洛欧(Grohol)最早将网络心理咨询定义为一种新型的帮助人们解决生活和工作问题的咨询模式,它是通过互联网在来访者与专业人员之间实现同时或即时沟通,进行有关心理咨询与治疗的信息互动过程。[1] 墨菲(Murphy)认为网络心理咨询主要包括阅读、写作以及由网络咨询师参与的具有叙事治疗和阅读治疗成分的各种活动。[2] 美国国家注册心理咨询师协会则把网络心理咨询定义为"心理咨询师与来访者使用电子邮件、聊天室或网络视频设备进行远距离的同步/实时或异步/非实时的互动。"[3]

我国学者陈龙国、蒋年韬指出,网络心理咨询是在虚拟空间的前提下,以网上文本语境为基础,由咨询人员对网上来访者在学习、生活、工作等方面遇到的心理问题、心理困扰甚至心理危机进行了解、分析,并通过网际互动来达到助人自助效果的新型心理咨询方式。[4] 崔丽霞等人认为,广义的网络心理咨询包括来访者通过专业网站提供的信息,学习掌握有关心理健康的知识和技能;主持网络的来访者通过网站的各种互动功能,向来访者介绍心理学知识,提供心理咨询服务和心理援助的一种活动。[5] 杨晶、余林提出,网络心理咨询泛指那些具有专业资格的,或有一定的心理学知识的,或从属于某些特定社会性服务机构的相关人员,通过电子邮件、在线聊天室和视频等网络通讯工具,与来访者在实时或延时的交流中建立一种自然、亲密的关系,并在此基础上提供具有心理咨询与治疗性质的各种心理服务(如在线心理咨询与治疗、在线建议、在线援助、在线心理健康知识或心理学知识介绍、在线心理测

---

① Grohol J. Best practices in e-counseling: definition and scope of e-counseling [online]. Available: http//psych-central. com/best/best3. htm

② Murphy L, Mitchell D. When writing helps to heal: E-mail as therapy. British Journal of Guidance&Counselling,1998,26: 21—31

③ Wehrman JD. A survey of CACREP liaisons attitudes regarding the ethics training and practice of internet counseling in counselor education programs. PhD. South Dakota: Division of Counseling and Psychology in Education of University of South Dakota,2004

④ 陈龙国,蒋年韬. 高校网络心理咨询的现状及其运作模式研究. 重庆工商大学学报(社会科学版),2007,24(2): 158—160

⑤ 崔丽霞,雷雳,蔺雯雯,郑日昌. 网络心理咨询的疗效与展望. 心理科学进展, 2007,15(2): 350—357

试和测量等等),使来访者在认识、情感和态度上有所变化,解决其在学习、工作、生活、疾病康复等方面出现的心理问题,从而更好地适应环境、保持身心健康的过程。[①]

图 9-1　某心理咨询网站页面

尽管学者们对网络心理咨询的定义各有不同,有的是站在狭义的角度定义网络心理咨询,有的是站在广义的角度定义网络心理咨询,但是他们指出了网络心理咨询的一些共性:第一,以网络为媒介;第二,远距离互动;第三,提供心理咨询服务。

因此,网络心理咨询可以定义为:以互联网为媒介,向来访者介绍有关心理学知识,提供心理咨询和心理援助,帮助来访者解决心理困扰的服务。

二、网络心理咨询的特点

(一)匿名性

这里的匿名性是针对来访者说的,在网络心理咨询过程中,来访者可以以虚拟的身份登陆。来访者没有面谈的压力,会产生更大的安全感,从而能更好地自我表露。对性格内向、有焦虑障碍、体象障碍的来访者,网络心理咨询提供了更大的表露空间。因此这类来访者选择网络心理咨询是较佳的。值得一提的是,有的来访者担心网络视频会泄漏真实身份,实际上,目前已有软件可以对影音进行编辑处理,因此是不必多虑的。

---

① 杨晶,余林. 网络心理咨询的实践及其存在的问题. 心理科学进展,2007,15(1):140—145

对咨询师而言,情况正好相反。为维护来访者的利益,咨询师在网络心理咨询过程中应公布自己的真实身份,这有利于来访者的选择。

来访者可以隐匿的内容,包括真实姓名、地址、固定电话。为了保证咨询的有效性,应当如实介绍自己的性别、年龄、职业、文化程度、婚姻状况、宗教信仰、民族风俗以及成长环境、生活经历、教育背景、作息规律、身体或个性特征、兴趣爱好、婚恋史和性情况等信息。

由于网络心理咨询隐匿性的特点,咨询师无从知晓来访者所提问题是否真实,来访者是否领悟了咨询师的真实意图并在行动中正确执行,所以网络心理咨询不同于传统心理咨询的一个很大特点是,咨询师只对向来访者发出的信息负责,而不是对来访者负责,这有利于保护咨询师的合法权利。

（二）便利性

网络心理咨询可以突破空间和时间的限制,来访者只要拥有一台计算机和一定的计算机知识,就可以根据自己的需要进行咨询。

在网络心理咨询中,绝大多数的来访者都具备运用网络进行咨询的条件。行动不便或交通受到限制不便前往心理咨询室的人可以选择网络咨询,减少来访者舟车劳顿之苦,具有很大的社会效益。

网络没有时间限制,可以 24 小时使用。来访者可以在深夜穿着睡衣、涂着面膜、坐在床上通过网络吐露心声,也可以在清晨边吃早餐边和咨询师探讨人生方向,当然这必须是来访者和咨询师事先协商好的。

（三）有效性

网络心理咨询提供了海量的信息供心理咨询双方使用,这使得咨询师在咨询过程中更加游刃有余,可以随时调用网上资源给来访者,可以凭借行之有效的软件程序进行心理问题的评估和测量,甚至可以开发软件来虚拟现实让来访者身临其境。对于来访者来说,可以通过网络和多个咨询师沟通,弥补一个咨询师的局限性,即使有相互矛盾的地方,在网上也可以进行讨论和澄清,因此,来访者拥有更多的自主权。

同时,网络心理咨询关系是在放松的氛围中建立起来的,心理咨询师的建议较易被来访者所接受,来访者的心理压力也能得到及时缓解。此外,由于网络和计算机系统的功能,咨询过程的内容能很好地保存、记录下来,咨询师进行深入反思后,对来访者的问题能够进行更进一步的分析,对其进行更有效的指导帮助。对来访者而言,他也能够复习自己在咨询过程中所获得的启发,更好地进行自我探索,提高心理咨询的有效性。

（四）文字性

通过网络进行心理咨询,往往受技术条件限制,咨询师和来访者之间缺乏非言语信息的交流。玛连(Mallen)等的研究显示,与在线聊天相比,面谈使人体验到更高的亲密性,更多的自我揭露。但在对情感的理解程度及对个人的影响程度方面,网络心理咨询和面对面咨询没有显著差异。一些研究者认为通过语言的强度、即时反应和内容方面的变化,或通过词汇的变化也可以传递感情等信息,并不一定要通过面对面的接触。

现在大多数的网络心理咨询主要以文字交流为主。文字作为非言语信息的替代物,在咨询中广泛使用。使用文字沟通,咨询师和来访者有更多的时间对问题本身进行思考。此外,大多数的咨询师本身阅历比较丰富,通过文字,咨询师可以进行更精确的反映和关注,准确地运用各种咨询技术。

（五）准专业性

目前在网上提供心理咨询服务的人,除了心理咨询师和治疗师之外,还有心理学专业的学生、心理学爱好者和社会性服务人员等,这些网络咨询人员由专门的教师对他们进行专门的培训,包括心理咨询理论和实践操作的培训以及网络操作方面的培训,很大程度地提高了他们咨询的专业技能。但他们作为网络心理咨询人员毕竟专业能力还是有限的,且缺乏长期的实践经验,能够辅导、咨询的范围还比较有限,属于准专业性人员。从长期来看,网络心理咨询人员专业水平在不断提高,正在朝专业的水平方向上逐渐发展。

三、网络心理咨询的主要方式

（一）即时通

即时通（real-time text exchange）就是通过 ICQ、QQ、MSN 等通讯软件进行的一对一咨询以及通过聊天室进行的一对多咨询。咨询师和来访者在约定的时间内同时在线,双方主要通过文字信息以及具有特定含义的网络符号进行实时同步交流,具有互动更直接、信息反馈更快等特点。

同时,心理咨询师在咨询过程中身份是公开的,扮演着引导者的角色,要始终保持心平气和的态度和理性的头脑,与来访者相互沟通,用自己积极向上的人生观、价值观去影响他人。

玛连的研究表明,基于文本信息的在线咨询与传统的面对面咨询在对情感的理解程度及对个人的影响程度方面没有显著差异。然而,这种形式所面临的主要问题是非言语信息的缺失,受文字输入速度的影响,咨访双方都难以对具体情况进行详尽的阐述。[①]

虽然,目前网络心理咨询大多采用在线文字交流,但现有的技术已经允许聊天的同时进行音像传递,也就是说咨询师与来访者文字交流的同时可以

---

① 颜剑雄,刘宏程. 网络心理咨询的实施及面临的问题. 社会心理科学,2008,5:
94—96

有音像交流,这使得网络心理咨询和传统心理咨询更加接近了。

(二) 电子邮件

电子邮件(E-mail)对不愿暴露身份或是内向的来访者来说,是很好的咨询方式。来访者将心理困扰以电子邮件形式发送给心理咨询师,心理咨询师在限定时间内予以解答,并通过电子邮件发送给来访者。大多数情况下咨询师的回复周期在 24~72 个小时以内。

这一方式是目前大多数心理咨询机构与网站常用的服务形式之一。相对于传统的面对面咨询而言,电子邮件心理咨询的优点,一是来访者可以随时主动发邮件进行联系而无须事先约定时间,这有利于增加来访者与咨询师的接触频率。二是书写电子邮件的过程本身也为来访者审视自身的困扰,寻求情感宣泄提供了条件。三是由于电子邮件心理咨询采取的是异步延时交流,咨询师和来访者双方都不存在面对面咨询时所面临的快速思考压力,可以对问题进行充分斟酌后再陈述。

然而,与其他咨询形式比起来,它的缺陷也是显而易见的,最大的不足是咨询周期长,一次咨询往往需要数天时间,对于那些紧急突发的事件,这种咨询显然是不适合的。同时,如果来访者书面表达能力差,对问题不能很清楚地叙述,咨询师无法做出准确判断而要重新确定问题,会浪费大量时间。鉴于这些特点,这种咨询形式可以在时间要求不高的日常心理保健中发挥作用。

需要注意的是,这种咨询方式需要咨询师公开个人的电子邮件地址,让需要帮助的来访者自主选择咨询师。收到邮件的咨询师要及时给来访者回信,并以认真负责的态度对来访者的问题进行解答,如对问题不能很好地把握,要请教有关专家或老师,再对相关邮件进行回复。

(三) 博客

博客(Blog)是以网络作为载体,简易、迅速、便捷地发布自己的心得,及时、有效、轻松地与他人进行交流,集丰富多彩的个性化展示于一体的综合性平台。它的优点是覆盖面大、科普性强,缺点是针对性不强。

对于心理咨询而言,博客的主要作用是进行心理健康知识宣传,介绍心理咨询、心理健康的一般情况,并针对一些典型问题进行分析、解答。此外,咨询师可以将心理知识发布在博客上,供来访者浏览,从而了解心理保健的知识。与此同时,来访者也可以将心理困扰发布在博客上,等待心理咨询师收集信息后进行解答。

可以说,博客是网络心理咨询的一种新兴的重要方式。以博客为载体进行心理健康知识宣传会使越来越多的人了解心理咨询,对普及心理健康教育起到很大的作用。需要注意的是,目前各类心理博客如雨后春笋般纷纷呈现,所发布的信息也是五花八门、良莠不齐,来访者应慎重选择。

（四）BBS

BBS 的英文全称是 Bulletin Board System，翻译为中文就是"电子公告板"，又称"网上论坛"，是一种交互性强、内容丰富而及时的 Internet 电子信息服务系统。

各个心理咨询论坛都有不同的主题，是具有相同特质的人集中在一起交流的平台。它可以按来访者经常咨询的问题，划分为不同的聊天室板块，比如说划分为情感心理咨询、学习心理咨询、人际关系咨询等几类。心理咨询师也可根据自己的专长和兴趣爱好，在不同的聊天室里担当管理员，帮助前来咨询的来访者。

在心理咨询的论坛中，来访者受到较多的关注，能够得到诸多的建议，对于那些想要征求别人意见的来访者来说，可以得到较满意的结果。通过论坛的交流和案例的演示，来访者能够找到与自己具有相似问题的情况，产生归属感和认同感，在情感上承认和接受自己。在心理问题的认识上，也能够在其他人的经验或者教训中获得感悟和理解。如果需要单独的交流，也可以将想说的话直接发到某个人的电子信箱中。如果想与正在使用论坛的某个人聊天，可以启动聊天程序加入闲谈者的行列，虽然谈话的双方素不相识，却可以亲近地交谈。

然而，论坛交流咨询也会出现一些问题，论坛中不乏有一些认知偏激或本身存在心理问题的当事人，他们对于心理问题有着过于主观的认识，带有浓厚的个人色彩，有的甚至出现具有指责性、伤害性的言论，这种由非专业人士提出的观点或看法，在一定程度上会误导来访者。对于一些确实出现心理问题的来访者，由于论坛的回复往往具有一定的延时性，因而难以把来访者心理的发展、演变过程准确地传达给咨询师，缺乏咨询师的有效引导，咨询效果难以得到保证。

（五）心理网站

信息网络技术突飞猛进地发展，网络心理咨询发挥出特有的优势，不仅方便、快捷、生动、形象，为人们所喜闻乐见，而且，对于受条件限制不能直接寻求心理咨询师以及因种种原因不愿直接面对心理咨询师的来访者来讲，心理网站的应用就显得尤为必要。国内的"中国心理热线"、"上海心理热线网站"等心理咨询网站运行以来，点击率非常高，产生了很大的社会效益。

通常，心理网站有以下几种功能：

一是信息发布。咨询机构在网上发布心理咨询相关信息，并对信息进行分类处理。相关信息包括心理常识、心理新闻、心理文章、典型心理案例分析等。

二是心理测试。将目前国内外通用的心理测试量表电子化，方便他人登录或测试，测试结果可下载。通过心理测试，可以让来访者初步了解自己的心理类型或存在的心理问题，也可以让咨询师初步了解来访者的基本心理状况。

　　三是资料查阅。将与心理学和心理咨询相关的资料存入数据库,方便来访者根据各自的需要进行查询、查阅。

　　四是视频点播。提供有关心理学的音像资料,供点播观看,如著名心理学专家对某一心理问题的专题辅导或访谈,与心理问题相关的电影、电视等。

　　五是统计分析。将常用的统计工具电子化,供咨询师或管理者进行网站后台管理,建立来访者心理档案数据库。

　　六是心理热线与网上预约。来访者通过网上咨询与咨询师取得相互信任,觉得有必要与咨询师进行语音沟通或面对面咨询,可以通过拨打心理热线,或进行见面预约,实现与传统心理咨询模式的对接。

　　另外,还有网上留言、在线咨询等相关功能。

　　此外,心理网站还提供交流空间,来访者可以在一定的空间充分表达问题,来访者之间、来访者与咨询师之间具有互动性。总的来说,心理网站可以为相关人士提供具有代表性的心理问题的解答,其问题及答案是经过选择和整理过的。同时,网站的公开性也使得咨询解答具有示范他人的作用。因此,咨询解答的准确性高、普遍性强。

四、网络心理咨询应当注意的问题

　　（一）保密性问题

　　在网络上没有绝对的秘密可言,尤其是当网络心理咨询师使用一些不太安全的商业性互联网站时,更可能在有意或无意中泄漏来访者的秘密,并因此违背了"保密性"原则。

　　目前,在网络心理咨询过程中出现隐私泄露的问题,主要集中在防护不恰当或蓄意攻击上。一些个人的或敏感的信息容易通过互联网,被陌生人或系统操作者截取,这种存在隐私泄露的可能性,使某些来访者在自我暴露时感到犹豫。

　　（二）资格许可问题

　　由于来访者无法核实网络心理咨询人员的资格,给来访者提供帮助的所谓"专家"可能只是来自高校的心理学专业学生,甚至只是一般的心理学爱好者。

　　那些在网上提供所谓"专业"咨询和治疗的人员,他们的合法身份和资格都有待考证。这将对咨询安全性和效果产生最直接的影响。

　　（三）伦理问题

　　网络心理咨询不仅需要法律和制度来保证其有序,也需要有一定的伦理规范。布卢姆(Bloom)等人在评论和分析了大量的网络心理咨询中的伦理规范问题后提出,应大力采用和最大限度地强制执行相关的伦理指导方针。20世纪90年代末开始,美国全国合格咨询师委员会(NBCC)、美国心理咨询协会(ACA)等专业协会相继制定了网络伦理守则或标准。

虽然伦理规范的研究将网络心理咨询带入了规范化和科学化的发展阶段,但是这些颁布的伦理规范却缺乏强制力,对它们的遵守完全出于"自愿原则",这种"自愿原则"将成为规范推广和遵守中的一大问题。凯斯琳(Kathleen)等人的研究表明,有资格认证的心理服务从业人员对 NBCC 标准遵守的程度显著高于没有资格认证的从业人员。艾沃斯(Ainworth)和葛洛欧(Grohol)提出了可以通过审核咨询师的资格证,以此促进专业的、有伦理规范约束的网络心理咨询服务。

（四）不完整信息问题

对网络心理咨询师而言,他们面临的问题是来访者问题中缺乏直接支持(比如缺乏非言语线索和其他社会性线索)的信息,这些信息往往很难被接受并引起情绪反应。在网上,咨询师比传统的面对面互动中更难以运用适宜的态度和咨询技术促进咨询关系的建立,也无法有效利用肢体、表情等非言语线索来对来访者进行互动。在需要咨询师提出建议或做出诊断时,他可能尚未对来访者的问题有充分的把握,在那些不完整信息显示出的症状下面,极有可能潜藏着非常严重的心理问题。有些问题可能不适合采用网络心理咨询,此时咨询人员所提供的帮助,甚至会加重来访者原有的病情。

（五）来访者转介问题

个人信息的不完整问题,会直接影响到咨询师对来访者的转介。此外,治疗关系在地域(异地或异国)上的跨度,对网络服务器正常运作的依赖,以及对交流时间控制上的无力等等,也影响着来访者的转介。

除了以上这些问题,网络心理咨询还遇到其他问题,如对网络心理咨询和治疗效果的怀疑;难以解决的技术障碍;复杂的付费结构(尤其是跨国的来访者);网络心理咨询师的低回报(投入的时间和经历与面对面的咨询相当,但得到的报偿却大大减少)等问题。[①]

第三节　电话心理咨询

自 1960 年洛杉矶自杀防治中心开设"生命热线"以来,电话咨询在西方国家已经通行多年,这对于防止由于极度痛苦和心理危机而酿成的不良行为与自杀等问题起到了很好的预防作用。

---

① 杨晶,余林. 网络心理咨询的实践及其存在的问题. 心理科学进展,2007,15(1):140—145

在我国,电话已经得到普及,它架起人与人之间沟通的桥梁,成为人际交往的一个重要手段。一些大城市业已开设电话心理咨询并受到社会的广泛支持和欢迎,对那些处于极度烦恼、痛苦状态的人起到了排忧解难的作用。

一、电话心理咨询的概念

电话心理咨询是心理咨询服务的一种方式,即通过电话这一通讯手段,咨询师应用心理咨询和心理治疗技术,及时、迅速地帮助有心理问题的人解决问题,恢复其心理平衡状态,提高社会适应能力。[①] 与一般临床会谈或心理咨询门诊会谈相比,电话心理咨询与其有共同之处:一是两者遵循的理论基本一致;二是咨询技巧一致。[②]

根据目前的情况,电话心理咨询可以分为两种,一种是收费电话心理咨询,还有一种是不收费的电话咨询。一般来说,收费咨询的接待人员都为专业心理咨询师,每小时收取的费用根据咨询师资历而定,资深心理咨询师费用相应要高一些。不收费电话心理咨询似乎更贴近心理热线的做法,这种咨询本身不收取费用,但来访者往往要交纳比较高的电话费用,这种咨询的接待员一般为经过相关培训的非专业人士,包括社会上的志愿者、心理学专业的学生等。

很多人对后一种形式的电话心理咨询存在疑问:这种非专业人员接待的心理咨询能否达到预期的效果,或者能不能称其为心理咨询? 需要解释的是,心理咨询的对象范围很广,并不是每一个来访者都需要躺在长椅上进行精神分析。来访者生活中遇到的各种小的心理障碍均可接受心理咨询,只要能够帮助他们恢复平衡和谐的心态,没有必要在具体形式上过于苛求。因此第二种形式也可以认为是心理咨询的有益的和不可缺少的补充。事实上,"心理热线"的叫法已经说明了现状,这种形式的心理咨询已经为多数人所接受和认可。

二、电视心理咨询的特点

(一)便捷性与主动性

当今社会,电话几乎人手一部,电话心理咨询成为最方便快捷的心理咨询方式。也许结束一天工作后没有精力去专门的心理门诊咨询,那完全可以在家中安静的角落拨通心理热线,倾诉心中的苦恼。有可能来访者所在的地区没有心理咨询机构,而来访者又迫切需要专业人员帮助,拨通电话进行心理咨询将是一个很好的选择。

---

① 季建林. 电话心理咨询的技术. 上海精神医学,1995,7(3):218—221

② 李海红,张光涛,高秀丽. 电话心理咨询在高校心理健康教育中的应用和发展. 陕西职业技术学院学报,2007,3(2):36—37

同时，热线电话无须事先预约，可以随时接待任何来访者、任何问题的来电，而且对于因地理原因或心理抵抗、焦虑较强和羞耻心较重的人，电话咨询提供了很方便的咨询机会与咨询空间。另外，在电话心理咨询中，来访者掌握着打电话的主动权，他们可以随时拨通或者挂断电话，这为来访者提供了方便，但有时会影响到咨询的进程。

（二）匿名性

与面谈咨询相比，热线电话具有更好的安全性与隐秘性，来访者不仅不需要出入于特定的心理咨询场所，甚至可以避免见到咨询师本人，通过匿名求助的方式，他可将内心世界真实的自己毫无保留地说出来。

（三）大众化

心理咨询因为费用、治疗对象特点等原因，一度被认为是一种贵族化的服务形式。当它以电话形式出现时，这一传统观点被推翻了。心理咨询热线电话对于来访者和学校心理健康教育职能部门来讲都比较经济有效。心理咨询电话只需要简易的场地、设备以及电话心理咨询师，就可以及时、有效地为来访者提供心理援助，维护来访者的身心健康。对于那些不方便接受面谈咨询的来访者，电话咨询是很好的选择。

（四）要求高

由于电话心理咨询不进行面对面交谈，无法直接观察到来访者的言谈举止等，只能从电话声音中了解来访者的状况，并给予帮助和指导，所以电话心理咨询比面谈心理咨询更难以操作，因此对电话心理咨询师的要求比较高。

来访者拨打电话咨询可能只有一次，特别是"生命热线"，咨询师基本上都是一次性的接待。即使经常来电话咨询的来访者，也很难遇到同一位咨询师。咨询师就必须全神贯注地倾听每一名来访者的话语，尽量在电话咨询中使来访者控制自己的情绪。因此，电话咨询师必须具备敏锐的判断能力和良好的倾听能力以及娴熟的沟通技巧等素质。

（五）局限性

主要有两点：第一，难以保持咨询的连续性。电话心理咨询的来访者一般进行两三次咨询即结束，难以收集咨询效果方面的信息。对同一位来访者来说，电话心理咨询也很难做到接待人员风格和专业水平的一致性，这样不同的咨询风格对来访者也许会造成负面影响。

第二，咨询程度难以深入。电话心理咨询中无法看到对方的表情和姿态等一些非言语信息，而且因为来访者可能使用方言，较难正确理解来访者要表达的真正意图，这也给咨询师带来了难题。所以电话心理咨询可以解决一般性的心理困扰，对程度较深的心理问题咨询效果难以保证。

三、电话心理咨询的主要方式

（一）心理热线

心理热线是指以电话为中介，咨询师运用基本的心理咨询方法和技术，帮助来访者澄清问题，以建设性的方式解决问题，有效满足其需要并促进其成长的过程。概括地讲，心理热线咨询有一个基本的工作程序，是一个循序渐进的过程。咨询师遵循一定的步骤开展工作(图 9-2)。

在通常情况下，各服务机构对一次热线咨询的时间限制在 40～50 分钟左右，咨询师应该注意掌握咨询的过程，对工作程序灵活掌握。

此外，热线咨询还需要特别注意以下几个问题：第一，虽然咨询的原则要保持价值中立，咨询中强调咨询师不能把自己的价值观强加于来访者，但是在实际咨询工作过程中，价值观问题会对咨询产生很

图 9-2　心理热线心理工作程序

大的冲击，咨询师如何审视价值观，了解其对咨询的影响，这对做好热线咨询工作是非常重要的。第二，来访者求助往往是觉得自己的问题没有办法解决了，或者人们常说的钻进了死胡同。帮助来访者的一个重要途径就是拓展来访者对问题的看法，多角度去理解求助的问题，这就应了那句老话"退一步海阔天空"。第三，热线虽然提供的服务是有限的，但求助问题涉及的面却非常广，而且复杂。良好的热线咨询需要对这些问题有深入的思考，才会在咨询过程中对来访者以及求助的问题有更深刻的理解。

（二）求助电话

求助电话是指对有情绪危机的人进行心理帮助或干预的一种电话服务形式，有时也称为自理救援电话。它是危机干预的一种形式，调节来访者的"心理不平衡"，减轻或消除其情绪上或躯体、行为表现上的问题，帮助来访者度过危机或逆境。

求助电话最早起源于 20 世纪 50 年代的英国和美国，重点是预防自杀和缓解情绪危机。以后相继在德国、捷克和斯洛伐克等国家设立了多种形式的求助电话服务。我国的求助电话起步较晚，最早于 1987 年在天津开设，以后

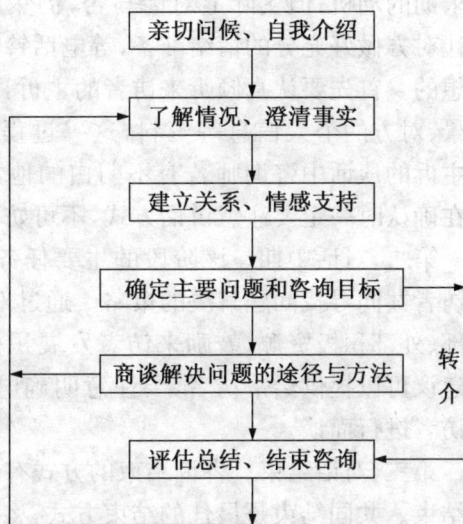

广州、北京、南京等地也相继设立类似的服务。①

通常,求助电话心理咨询分为三个步骤:

第一,对话初期。这个阶段常常是双方建立信任关系的关键阶段,来访者通过试探性的方式确认咨询师是否可以信任。这一阶段的主要工作是与来访者建立初步信任关系,抚慰来访者的情绪。拨通电话的来访者一般都具有求助的动机,但实际上对话与否,仍然可能处于一种犹豫不决的状态。为了让对方做好充分的情绪准备,等电话铃响了 3~4 次之后再拿起话筒是比较理想的。首先要认真倾听来访者的主诉,并在头脑中形成来访者的问题及其背景、对方的个人信息等资料,这一过程类似于一般心理咨询的预备面谈。在主诉的谈话中咨询师若有不明白的地方,有必要向对方询问并加以确认。但在确认时一定要注意讲话方式,不可妨碍来访者谈话的进程和感情的流露。

第二,对话中期。该阶段的主要任务是帮助来访者澄清自己的问题,与来访者共同寻找问题解决的策略。通过双方的讨论,咨询师应发掘来访者的内部、外部积极资源,鼓励来访者发展积极的应对策略。咨询师如果有很好的建议可以提供给来访者,要注意明确电话咨询的功能范围,必要时可建议来访者进行面谈。

第三,对话结束。咨询结束的方式有三种:共同结束、来访者结束和咨询师结束。共同结束是最佳的结束方式,咨询师和来访者都感到本次咨询达到了目标,可以中断结束。一般来访者会出现结束前的一个沉默现象或者与咨询师谈论一些无关紧要的话题,这些都可能是咨询结束的信号。咨询师结束咨询时要尽量提前给来访者一些提示,因为突然结束咨询关系会给来访者造成一定的心理压力。一次性的电话咨询,原则上以来访者自身有"该结束"的感触为根据,不要求也没有必要在咨询过程非得下什么样的结论。咨询师可以通过让来访者自己总结本次咨询的要点和感受、肯定来访者的能力或积极方面、鼓励来访者将计划付诸行动、提醒来访者在解决问题时要有耐心(对可能遇到的问题、挫折有心理准备)、鼓励来访者等,在关怀、友好的氛围中结束咨询,挂断电话。

(三)手机短信

随着手机的普及,短信成为一种新的人际交流方式,通过短信进行心理咨询的方式正在悄悄兴起。

手机短信息服务简称手机短信(short message service,SMS),是一种基于移动通信技术的现代信息传播手段,具有快捷、隐蔽等特点,已成为人际沟

---

① 李海红,张光涛,高秀丽.电话心理咨询在高校心理健康中的应用和发展.邢台学院学报,2007,22(3):104—119

通的重要方式。心理咨询可以充分利用这一交流平台,开设短信心理咨询、实施短信心理辅导。这不仅能吸引更多的来访者敞开心扉、畅所欲言,还能及时地帮助他们消除心理障碍,解决各种心理困惑。

短信的经济性、高效性等特点而受到许多人的青睐。据调查,在大量求助短信中,许多短信报告了平时心理咨询工作中无法发现的问题。[①]

短信作为心理咨询工具具备许多优点:很好的私密空间,信息以文本形式传送便于保存,有利于重复阅读,对理解咨询师的观点留有很大空间。然而,不足的是,短信的容量有限,在短信能够容纳的字数以内很难把复杂的问题说清楚。短信的随时性也给咨询师带来了困扰,咨询师在休息时间接到求助短信应该如何处理,这些问题都需要制定相关的服务准则。

四、电话心理咨询的方法和技术

电话心理咨询除了遵循面对面心理咨询的基本技巧外,还需要具备一些电话心理咨询独特的方法和技术。

（一）倾听

传统心理咨询强调倾听这一技术,要求咨询师不能随意打断来访者的谈话,对谈话内容不作评价,以鼓励包容的态度接纳来访者的谈话内容。

在电话心理咨询中,耐心仔细地倾听来访者的叙述是最常用和最有效的方法,在国外有人将热线电话服务称为倾听疗法(listening therapy)。因为绝大多数的电话来访者在遇到挫折或者面临心理逆境时才拨打电话,他们希望有人能够理解和倾听他们的内心感受,得到心理上的支持。不同倾听者的特点如表 9-1 所示。

表 9-1 不同倾听者的特点

好的倾听者	不好的倾听者
1. 用心倾听对方的谈话	1. 不断打断对方的谈话
2. 耐心地倾听对方在谈话过程中的停顿和沉默	2. 随意改变谈话的主题
3. 理解和领会对方的思想和感情	3. 给予说教
4. 允许对方在交谈中出现的口误和用词不当	4. 急于下结论或作出解释
5. 将自己的需要及看法暂且搁在一旁	5. 回避对方的问题

特别是遇到无音电话,工作人员的耐心倾听显得尤为重要,切不可随手将电话挂断,因为无音是一种表现,提示对方可能在犹豫、沉默或者相当痛

---

① 包陶讯. 高校虚拟网内短信心理咨询探讨. 当代青年研究,2006(10):44—47

苦,不知从何说起,希望和绝望在此"一举"。此时,工作人员需要耐心地等待、询问和倾听。首先应该把握来访者当时的心态,因为处于沉默状态下的来访者心理可能非常脆弱,他可能遭遇到非常难于启齿的事情,也可能情绪低落到了极点,根本不想开口。心理咨询人员此时的任务是引导来访者把事情经过说清楚,用关切的方式使来访者感到安全和温暖,可以使用技巧性的言语进行沟通,例如说,"您好,您听到我的声音吗? 如果听到的话,请在话筒上敲两下,让我知道,好吗?"这是一句非常有效的促使来访者沟通的话语。

（二）措辞得体、恰当

在电话心理咨询中,恰当的回复与有技巧的倾听同等重要。由于电话咨询缺乏非言语线索,咨询师咨询使用的措辞便起到了举足轻重的作用。

首先咨询人员应该保持以轻柔、亲切的语调与来访者沟通,当然这种状态并不是一成不变的,否则会给来访者一种人工机械的感觉。比如来访者对所做的决定很彷徨,咨询人员应该用坚定的语气鼓励他;来访者叙述自己遭受到虐待时,咨询人员应该将自己对施虐者的愤怒通过语气传递过去。但是,总体上咨询师应该用亲切的语调营造一种温暖宽容的气氛。

其次是语言的使用,咨询人员在咨询时应该使用普通话,说话措辞应该明确而有礼貌。如果咨询人员不能以一种清晰明确的普通话表达自己的看法,大量时间将会浪费在彼此对对方话语的解释上,降低了咨询效率。

（三）会谈中须注意的问题

在电话心理咨询中,一般要求工作人员:一是应当以开放式提问来开始会谈(如"可以告诉我您有什么苦恼吗?")。二是等待对方的反应,在来访者没有讲完以前保持安静和耐心,注意听,不要打断或突然插入提问。三是当对方讲完后,想一想,反问自己:"他想告诉我的是什么?""他的言外之意是什么呢?""他为什么会这样想?"四是必要时插入一些短语,通常是过渡性的,以保持交谈,如"嗯'","对,是这样","很好,讲下去","还有呢"等。五是根据对方的叙述和反应,找出问题的症结,并用澄清、释义、归纳、概括、复述等方式保持会谈的继续和深入。六是及时结束会议,如"谢谢,谈得很好,还有什么烦恼吗?""再见"等。

此外,还需要注意以下几点:

第一,上岗前要做好心理准备。坐到电话机旁边的时候,一定要调整好自己的心态,好比演员登台一样,让自己进入角色。在当面咨询的情境中,由于与来访者面对面,客观上比较容易让咨询师进入职业角色,而电话咨询缺乏面对面的情境,咨询师就会"滞留"在上岗前的生活角色中,生活中的喜怒哀乐都会影响咨询本身。而且通话之前没有来访者方面的任何信息,通话时遇到突如其来的情况,甚至会大大超出预料,因此,在上岗前需注意调整个人的心态。

第二，明确来访者的各种信息，如来访者的年龄、职业、文化程度等。这些情况直接关系到来访者的问题性质，同时直接涉及沟通的方式以及咨询师的语言表达方式。一般情况下，还需要了解来访者是通过什么渠道得知咨询电话信息的。这有助于估测来访者对心理咨询以及咨询师的态度，以及咨询关系的发展。

第三，咨询师需要介绍电话咨询的基本特点。比如，有的来访者把电话咨询与电台的电话热线混淆，这需要咨询师说明电话咨询的保密性，说明不会有第三者知道通话内容，以此来消除来访者的顾虑。

第四，回顾前次通话。如果双方并非第一次通话，咨询师能够听出来访者的声音，还可概述其前次讲述的问题，这会让对方感到一种信赖感。如果来访者的问题可能是前次问题的继续，前后联系起来会更有效果。即使来访者谈的是新问题，前一次通话的内容也会提供一定的心理背景。

第五，恰当结束通话。怎样恰当地结束一次咨询通话是一个技巧问题。由于电话咨询的特点，来访者往往难以再次通话，所以每次结束通话时，咨询师都应该作一个总结归纳，对来访者自助过程中需要注意的事项作详尽的说明，并给予恰当的鼓励。必要时可告知来访者如果有需要，可以再联系。有时候，某些来访者即使谈完了，也不肯放下电话，出现此类情况，咨询师不宜生硬地结束通话，也不能和来访者继续闲聊，而需要诚恳地说明，在双方的努力下，本次心理咨询的工作完成了，从而让来访者主动结束通话。①

（四）电话心理咨询常见问题及处理方式

电话心理咨询以其便利、经济等特点受到人们的欢迎。然而，由于电话心理咨询的一些特点，在实践中也遇到了一些问题，如骚扰电话、反复来电、过长电话、涉及专业问题的电话等。

1. 骚扰电话

所谓骚扰电话是一些人并不是真正想通过电话心理咨询解决他的问题，而是想通过电话咨询达到其他的目的，特点是就同一个问题跟不同咨询师咨询，或者反复来咨询同一个问题。

如果反复来电，特别是许多咨询师都接到同一个电话，作为热线机构应该就此问题组织讨论，讨论的重点应放在为什么来访者会反复来电，首先要寻找来访者反复来电的原因，要考虑以往的咨询是否没有有效地提供帮助；另外的原因可能是，来访者确实有苦恼又不愿寻求其他形式的帮助，只想聊聊天，作为一种宣泄的途径。因此，关键是寻找来访者想要解决的困扰，有针

---

① 马志国. 电话心理咨询——如何关注"另一端". 心理与健康，2007，9：14—15

对地提供帮助。

当再次接电话时,咨询师可直接跟来访者提起多次来电话的事情,恰当的表达方式是"如果没有记错的话,您上次就同一问题咨询过,我想您再次来电涉及同一个问题,想必是有原因,希望我能给您提供好的帮助。"这样的回应既避免来访者尴尬,又表达咨询师的理解,同时可以引导来访者进入实质性的问题。

2. 过长的电话

一般的咨询电话不超过 45 分钟,除非是危机干预等特别紧急的电话。然而,有些来访者打电话的时间过长,反复叙述自己的问题,咨询师几次打断并解释时间压力,希望以后再来电话,但是来访者还是反复诉说。这时应视具体情况处理。如果来访者涉及的问题复杂,可以分几次咨询来解决。或者在咨询开始前就将这些规定告知来访者,并在恰当的时间打断来访者,可以这样说"一定是有很多话要说,但是出于时间的考虑,今天只能谈某一点,或者您觉得哪个方面最重要,先谈哪个部分"。

3. 涉及比较专业问题的电话

这是指有的来访者所谈及问题的具体内容跟法律、医学等方面的专业知识有关。如果接电话的咨询师恰巧是这一专业领域的工作人员,可以提供相关信息。但如果不是,就应该小心谨慎,以免误导。[1]

第四节　电视心理咨询

电视心理咨询是一种比较新型的咨询形式。虽然电视心理咨询服务起始于 20 世纪 80 年代后期,然而心理咨询这种具有高度私密性的谈话活动通过心理咨询案例以及心理学专家和来访者的谈话过程等形式呈现于大众媒体,还是近几年的事。

一、电视心理咨询的概念

电视心理咨询有别于日常会话,它是一种职业场景中以言语交流为主要手段的心理治疗活动,是以电视为媒介,以解决心理问题为目的,以关注人们心理健康为主要内容的一种咨询形式。它具有一定的科普性、商业性和娱乐性。

由于特定的语言环境和角色身份的限定,谈话者往往会把自己置于或者

---

① 贾晓明. 心理热线实用手册. 中国轻工业出版社,2006：329—334

被对方置于一个特定的地位和角色之中。这一现象在电视心理咨询过程中尤其明显。西尔弗曼（Silverman）曾经指出，在谈话过程中，谈话各方担当着两种不同类型的角色：一种是职业场景里会话赋予的特定职能性的角色，比如，在课堂教学中老师和学生的角色，在商务谈判时买方和卖方的角色，在求职面谈中应聘者与主考官的角色。由于职业角色的定位，谈话参与者在某种程度上事先被赋予了谈话各方一定的特权。第二种是谈话交流中的话语角色，比如，提问者的角色或答问者的角色。

电视心理咨询主要是以访谈的方式进行，通过谈话减轻情感、心理方面的"伤痛"，是一项以语言谈话为工具，缓解精神压力的言语活动。谈话通过对来访者认知方式或行为方式的干预，试图转化来访者的不利因素，从而对来访者起到积极的引导作用。来访者带着个人工作、情感上种种困惑来到电视台参加心理咨询的节目，寻求专家的指导和帮助。心理专家通过询问、探索、诊断，寻找心结的根源。这里，"问题"贯穿整个谈话过程，而解决"问题"则是该谈话活动的最终目的。

与此同时，通过心理学专家就来访者所面临的问题进行心理治疗过程的演示，电视心理咨询也起到探讨心理健康、教育普通民众的作用。

二、电视心理咨询的特点

中国幅员广阔，人民生活水平差距很大。在这种现状下，电视心理咨询为那些没有条件使用网络的人们提供了寻求心理帮助的另一种形式。通常，它具有以下一些特点：

（一）形象生动、深入人心

随着电视技术的不断发展，电视心理咨询逐渐走进了人们的生活，丰富了心理咨询的多样性。实践证明，利用电视进行心理咨询，图、文、声并茂，可以更有效地刺激人们的各个感觉，更好地吸取信息。这些集声、光、色于一体的非书面资料真实生动，纪实性强，信息传播速度快，容量大，可以使抽象文字材料形象化，达到良好的咨询效果。

应该说，电视能够跨越时间与空间，为来访者和电视观众创设形象、生动、有趣、地地道道的心理咨询环境，全方位、多层次地吸引他人，增加信息的获取量，使心理咨询更为生动活泼，趣味盎然。与此同时，咨询专家通过设问，促进来访者和观众积极思考，努力获取和转化心理健康信息，并在转化过程中培养丰富的想象力和联想力。

因此，电视结合传统心理咨询，可以把以咨询师为主导的知识传授型心理咨询模式转变为以来访者为主体的学习能力培养型新型心理咨询模式，通过信息技术在心理咨询中的运用给咨询活动注入新的生机和活力，优化咨询过程,启迪心灵,从而更有效地帮助来访者,提高心理咨询的质量和水平。

（二）受益面广

电视作为一种大众传媒,连接着千家万户。据 2009 年最新数字统计,我国有线电视普及率已达 80%,可以说,电视是当前中国最普遍的一种传媒工具。

以电视节目的形式进行心理咨询,这种心理信息的传递价值不仅体现在信息传递本身,还包括它所带来的巨大附加值,即位于终端的电视观众和来访者可以从中受到启发,提高心理健康水平,具有很大的社会效益。

（三）高效

许多观众可以通过电视机收看同一档心理节目,对于目前专业心理咨询师相对缺乏的情况,无疑是一种有益的补充,它可以集中优秀咨询人员,最大限度地满足人们对心理咨询或心理健康知识的需求(图 9-3)。

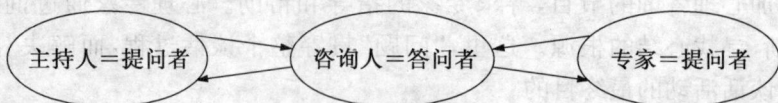

图 9-3　电视心理咨询的高效互动模式

电视心理咨询之所以高效,主要原因有以下几点:第一,先进的有线或数字电视技术,收看十分便利。第二,电视心理咨询紧密联系人们的日常生活,了解大众的心理健康现状,制作的心理节目内容贴近大多数人。第三,众多知名心理专家、老师进行指导,并可定时进行联系或在线咨询。第四,具有较强的互动性。电视机前的受众,不仅可以带着问题咨询心理老师,还可以通过心理咨询了解同龄人群面对同一问题时的不同想法,缓解自身的心理压力,更好地帮助自己解决心理问题。

三、电视心理咨询的主要方式

（一）心理咨询知识讲座

心理咨询知识讲座是将大多数人广泛关注的心理问题形成专题,然后,心理学专家就某一专题进行专业解释,疏导,提供建议。这种咨询形式针对性很强,效率很高。

通常,可以由专业心理教师开设关于心理健康、心理咨询内容的知识讲座,也可以通过各种形式,诸如电视宣传短片、电视广告等介绍心理健康知识。

一般而言,心理咨询知识讲座可以从多种感知渠道入手,全方位地开展宣传,使人们树立正确的心理咨询观念。同时,针对不同层次、不同需求的群体有针对性地开展工作。每个人在不同人生阶段会遇到不同的困扰,咨询工作就应抓住各个时期的关键点来开展工作,如新生多是入学后的适应性问题,毕业生是毕业后的择业、择偶等问题。必须针对不同的对象选择适合他们的内容与方式进行心理咨询知识的讲解,这样才会有较好的效果。

（二）心理剧

心理剧是一种重要的心理咨询与治疗方法,其中的一种基本方法就是角色扮演。心理剧主要有五个基本要素:导演、主角、辅角、观众及舞台。其中,主角是心理剧演出的主要人物,也是心理剧团体的焦点。通常,一场心理剧会经历三个阶段——暖身、演出、分享和整合。

图 9-4　心理剧《谁懂我的心》海报

在演出阶段,主角可以扮演自己理想或幻想的化身。剧情一般是与主角的实际情况相似的内容（离婚、母子冲突、家庭纠纷等）。进而在演出中重新体验自己的思想、情绪、梦境以及人际关系。在舞台上,主角以某种心理冲突情景下的自发表演为主,在心理咨询师精心设置的

环节中,将心理冲突和情绪问题逐渐呈现在舞台上。再加上心理专家们适时的介入和纠正,就可以揭示深藏在主角内心的症结。在心理咨询师的协助下,通过主角目前的性格特征和行为方式,揭示出其“心结”产生的根源。同时让主角通过这个过程,真实觉察到自己身上“看不见”的,但又无时无刻不在发挥作用的负面人格特质,从而起到修复心理创伤,提高自我解决现实问题的能力,提升心灵品质的效果,帮助主角提高适应类似的环境和克服危机的能力,建立更合适的人际关系,特别是亲子、夫妻、恋爱、同事关系等。在分享阶段,所有参与者——配角、观众都有机会疏通他们的感觉。这是一部心理剧的升华阶段,它将心理剧的意义扩散到每个观众,收到最大的效果。

心理剧可以揭示深藏在参与者内心的症结,在导演的协助下,通过当事人目前性格特征的表现,揭示出其性格产生的根源。

从认知心理学上分析,电视节目的观众与舞台心理剧的观众一样能与主角进行情感的互动、分享。因此,将心理剧搬上荧屏,可以同时取得多数人的心理效应。

（三）互动电视

在模拟电视时代,观众是电视的被动接受者,只能被动服从节目时间和节目内容的安排。数字电视的出现,改变了观众被动接收信息的方式,观众可以选择、定制电视节目,观众成为电视真正意义上的主人,实现个性化的收看需求。

电视互动是一种娱乐性增值服务项目,用户在电视上点播自己喜爱的节

目或进行互动游戏等。通常,互动电视有以下三种功能:一是电视回看,能够让观众重新收看已经播放过的电视节目。二是电视点播,节目涵盖电影、电视剧、体育教育财金等热门频道,每月更新,随时都能想看就看,想停就停。三是节目录制,观众不用担心错过精彩的直播,也不需要像以前一样只能在规定的时间看想看的电视。

现在的互动电视已经发展到观众可以在家里向电视播出部门提交自己的观感、意见,这些意见可以同时送达演播室,与主持人或嘉宾互动,主持人和嘉宾可以根据观众的意见调整节目内容,电视已经成为互动的工具了。

四、电视心理咨询的方法

(一)访谈法

访谈实际上是通过谈话减轻来访者在情感、心理方面的"伤痛",是一项以谈话为工具缓解精神压力的言语活动。谈话主要通过对来访者认知方式或行为方式的干预,转化影响当事人的不利因素,从而对来访者起到积极引导作用。与此同时,心理学专家就来访者所面临的问题进行心理咨询过程的演示,谈话节目也起到教育普通民众、宣传心理健康的作用。"问题"贯穿整个谈话过程,而解决"问题"则是该谈话活动的最终目的。

电视访谈可以分为数个话语活动层次。在最高层,这一言语活动是一个"脱口秀访谈"形式,它以会话主题为主线构成两个基本言语事件,即"构建问题"和"解决问题"。这两个基本言语事件分别由下一级的言语事件得以实现。下属的言语事件,根据其功能分为九个环节:访谈预备、引出问题、辨别问题、确诊问题、解释问题、干预治疗、提供建议、重新审视、概括结束。而每一个环节又由低它一级的会话步骤(话步)完成,它们的关系从上至下由宏观向微观层面递进。电视访谈的基本步骤见图 9-5 所示。

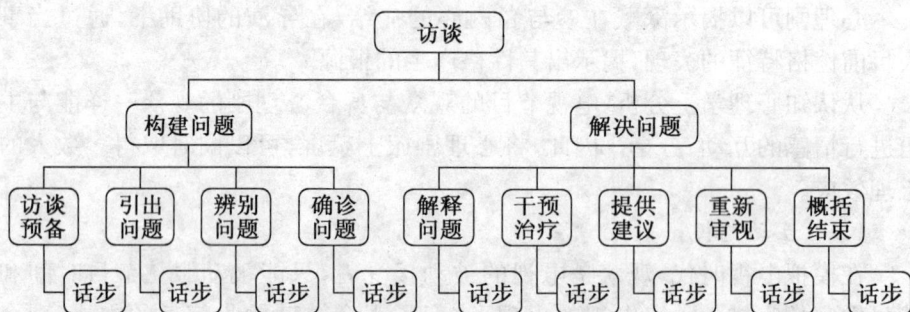

图 9-5 电视访谈的基本步骤[1]

---

[1] 晏小萍. 心理咨询话语结构分析:控权与赋权. 语言文字应用,2008,3:63—71

（二）情景再现法

由于心理问题存在于人们的内心和意识当中，即便是心理问题发展到一定阶段出现极端的外在形式，也多为瞬间性行为。因此，以往的一些电视心理咨询节目多采用演播室访谈形式，请心理医生或心理学专家进行分析讲解，这样的节目过于单调呆板，缺少变化，不足以吸引人。

情景再现的电视咨询方法的出现，改变了传统电视心理咨询的模式。例如，《今日心情》将"情景再现"的概念引入节目中：在一个完全封闭、与外界断绝一切信息来源（包括阳光）的室内，对一个人的心理挑战能力进行测试。接受者从最开始进入屋子对灯光的刺目反感、因排风扇转动发出声音而引发的焦虑烦躁，到心理承受巨大压力而歇斯底里地大叫，再到最后心理崩溃而摔椅子、砸桌子等暴力行为的出现，这一切都被监控的摄像机拍摄下来。

针对"情景再现"所反映出来的带有普遍性的心理问题，节目或通过对心理医生和心理学专家的访谈，分析问题产生的原因，答疑解惑，或通过街头的随机采访，将人们对心理问题的认识以专题片的形式表现出来。可以说，"情景再现"的方式使一些不易于表现的、抽象的心理问题变得形象、直观、可感。然而，这种"情景再现"的方式是否符合伦理道德的规范，还有待于进一步探讨。

第五节 广播心理咨询

2004 年，中国广播电视政府奖评选项目做出调整，明确提到了心理咨询类节目。而随着现代社会的发展，源于 20 世纪 90 年代由电台主持人独自担纲主持的"夜谈"节目的心理咨询类节目目前正呈现出蓬勃发展的态势，成为中央及各地电台晚间的主打节目。

一、广播心理咨询的概念

广播心理咨询节目是近年来在广播媒介中经常出现的节目种类，它是通过专业心理咨询的方式为听众提供深层心理服务的广播节目，针对听众在学习、工作、生活、情绪、情感等方面出现的心理偏差、心理障碍甚至心理危机，提供相关的指导和帮助，使他们的认识、态度与行为在不同程度上有所改变，达到适应生活、适应社会的目的。[1]

此类节目主要通过心理咨询专业人士、节目主持人和打进电话的听众在

---

[1] 马维.关于广播心理咨询节目的思考.新闻爱好者，2005(4)：53

对话中进行,因而沟通技巧至关重要。可以说,沟通不但能推动对话向深层发展,也体现了节目的品位和质量。

相对于一般的情感、谈话类节目,广播心理咨询节目具有更大的难度,难就难在广播心理咨询节目具有明显的专业色彩,是将心理咨询的专业技巧引入到广播节目中,通过嘉宾和主持人与打进热线电话的听众(即来访者)的对话交流为来访者提供心理支持和心理帮助,同时向社会大众普及心理健康知识、介绍调适心理的方法。从全国范围来看,有些广播心理咨询节目能够邀请到受过良好专业训练的心理医生、心理咨询师做嘉宾,但相当一部分此类节目请不到理想的嘉宾,这时往往由主持人充任嘉宾的角色,因此,对主持人的要求比较高。

二、广播心理咨询的特点

(一)经济性、即时性

广播作为一种大众传媒,不同于报纸和电视之处在于它以电波为载体,仅仅依靠声音诉诸听觉,供听众收听。听众只要耳不失聪,就可以一边做其他的事情,一边收听广播,并且可以走到哪里,听到哪里,广播会永远伴随着他。

同时,广播电波每秒 30 万公里,传播速度无与伦比。由于广播传播快,可以随时播出,不断滚动播出。特别值得一提的是,在城市里的某些特定群体,例如在外打工人员、出租车司机,他们可能因为种种原因没办法接触到主流媒介如电视和网络,但这并不意味着他们不需要心理帮助,有时候他们面临的心理困惑更多,收听广播心理咨询是他们信息接收渠道之一。此外,听众只要有一部电话,就可以随时随地向电台的有关节目组提出自己的心理问题,并且可能马上就得到帮助。所以广播心理咨询有着其他传媒难以比拟的经济性与即时性,可以把心理健康知识传送到广大的地区,为大多数人服务。

(二)强调主持人的作用

在美国等心理咨询节目比较发达的国家,这一类节目往往是由心理咨询师或心理学博士亲自主持的。由于国情,我们现在多数电台的节目采取的是主持人与专业人士的合作,一个本来只用心理咨询师就能做的节目,现在多了一位节目主持人,那么他的位置该如何摆放呢?

在心理咨询师与听众交流时,主持人应避免画蛇添足,但这并不意味着主持人在节目中无所作为。主持人比心理咨询师更富有做广播节目的经验,所以对整个节目来说,是处于主导的位置,控制整个局面,把握思路,具体体现在每次节目前,精心准备一些针对性强的问题,这些问题可以从听众的来信中遴选，也可以关注社会上出现的具有普遍性的心理问题。在心理咨询师表达比较专业的时候，及时换成大众可以听懂的通俗语言。随着一段谈话的结束，迅速提出与这个案例有关的普遍性问题或突出问题，进行有效的总结，扩大个案的影响。主持人除了导演之外，也是演员，心理咨询节目一定要讲求现场气氛的平易、亲切、轻松，主持人对于这个谈话"场"的营造责无旁贷。

（三）娱乐性

为什么在心理咨询节目中一定要强调娱乐性，最主要的一点就是吸引听众。不可否认，很多跟广播节目组联系的听众朋友听《心理家园》这类节目是为了学习心理学的有关知识，但是广播毕竟不是课堂，况且还有大量流动的不停转换频率的听众，不能靠单纯的学知识来吸引他们，退一步讲即使是学知识，也要讲究"寓教于乐"。

实际上，这类现场的心理咨询方式的节目本身就带有一定的娱乐性，不知道谁会打来电话，打来电话的人又带来的是什么样的问题，他说话具有什么特点，他的故事又具有怎样的戏剧性，在与心理咨询师对话的过程中会出现怎样意想不到的情况，这些都是一种娱乐性的表现。

应该指出的是，心理咨询类节目的娱乐性表现和使用的手段，不同于纯娱乐节目。而且在节目中使用一些娱乐性手段时，一定要小心谨慎，因为收听心理节目的听众，有一部分是相对敏感而脆弱的，即使是好的初衷，不小心也会伤着他们。

（四）局限性

广播是一个开放的媒体，尽管只闻其声，但也不同于只有两个人面对面的心理诊室。在这样的环境中，尽管解决问题心切，但也很难畅所欲言，毫无保留，所以从咨询的听众来看，他们所提供的信息就是有限的、有所保留的，短信提出的问题就更加模糊，很多时候需要猜测。

在节目中心理咨询师看不到来访者，而是只听其音。专业人士都知道，来自来访者的信息，不只是听他说什么、怎么说，还要看他的肢体语言，而且后者更能泄露来访者内心的真实情况。

作为心理咨询师，参与大众媒体类节目，首先需要一个心理适应的过程，如果已经非常熟悉节目的特点，有两种情况也会影响到正常发挥，一是听众提出的心理问题是否是他所擅长的领域，二是人的状态是起伏的，心理咨询师在接听电话时，很难都能做出清晰的分析和准确的判断。

解决一个心理问题，心理咨询师一般需要1～5次的咨询，每次的时间是50分钟。而广播节目每次也只有几十分钟，所以心理咨询类广播节目只是让提出问题的听众了解问题的所在，提供一个解决问题的思路，或者是处理问题的原则,因此心理咨询类节目对听众产生的影响要基于长期的积累。①

三、广播心理咨询的主要方式

(一)心理健康知识介绍

许多电台尝试聘请某些知名心理医生和专家来主持这类节目。从专业知识的角度来看,具有科学性和权威性。从常见的社会心理问题到较为复杂的精神疾患,专家和医生都会轻车熟路,回答得令听众十分满意。

一般情况下,介绍心理健康知识的内容,可以从听众打来的电话和发来的手机短信中,挑选那些表述得有意思的或者让人感觉比较新奇的问题。对于这类问题的解答,在解决问题的同时,表达也要生动、有趣。

需要注意的是,电台这类节目的创办宗旨之一是普及心理常识,通过节目传递正确的生活态度、人生价值、处世哲学、适应社会方式及有意义的人生追求,这与在医院看病是截然不同的两回事。广播面向大众,节目内容带有普遍性,更具有可听性,同时还少不了欣赏性和愉悦性。

(二)主持人专题节目

专题节目主要由主持人担纲主持,拟定节目内容的范围。播出形式都是主持人接通听众咨询电话,针对听众提出的问题进行解答。由于主持人声音特征的原因,只要是听众认可喜欢的主持人,听众就会提出各种各样的问题,想在主持人那里找到答案并给予主持人很高的期望值。

当然,专题节目也可以由主持人和专家联手主持,这在一定程度上弥补了主持人专业知识的不足和专家语言表达的缺憾,具有了比较清楚的创办节目思路。

同时,采用访谈式的直播手段可以将不容易理解的专业性较强的心理知识做出浅显通俗的解释,听众可以从节目中获得大量的心理学知识。可以说,采用主持人和专家共同主持心理专题节目是一种新的尝试。

四、广播心理咨询应当注意的问题

(一)语言要求

广播是听觉艺术,它是主持人运用口头语言与听众进行交流的一种形式。从听众审美的需求来看,打动听众的首先是主持人的语言艺术。因此,主持人需要做到以下两方面:一是要具备深厚的语言基本功;二是要加强即兴口语表达能力。

主持人运用语言解读来访者心理,主要包括对来访者表现出充分的尊

---

① 马维.关于广播心理咨询节目的思考.新闻爱好者,2005(4):53

重,能够体会到来访者的内心感受,通过对话交流充分理解来访者的行为和心路历程,透过行为寻找动机,在此基础上提供有效的心理帮助。

在节目中,主持人在即兴发挥的状态下,或侃侃而谈、娓娓道来,或画龙点睛、略加评点,如行云流水,自如得体,营造人际沟通和交流的亲近氛围。①

（二）及时结束、扩大视野

在广播节目中,短暂的交流时间,很难把解决问题的方法准确地告诉交流者。因此,当对方豁然开朗时,就需及时把心理医生和场外心理咨询热线号码告诉对方,延续场外的帮助。

在广播心理咨询中,会有不同层次的热线参与者向主持人倾诉种种不同的问题,包括政治、经济、社会、伦理、道德、法律、人文、自然各个方面。因此,需要主持人博览群书,不断积累知识,扩大视野,增加广播心理咨询的有效性。

第六节　报刊心理咨询

报刊作为一种媒介也可以发挥心理咨询的功能,它的主要特点是互动性,但咨询周期长。这类心理咨询往往从读者中收集有代表性的心理问题,通过专栏请专家予以分析和解释,提出解决方案。因此,报刊心理咨询的功能主要是大众心理知识的普及。目前,国内比较有代表性的刊物是《心理》等。

一、报刊心理咨询的概念

报刊是报纸期刊的总称。报刊心理咨询是通过报纸期刊,以文字或图片等形式传播和普及心理知识的一种方式。

中国是一个人口大国,庞大的阅读群为报刊的发展奠定了基础。报刊可以针对不同受众,细分报刊市场。无论是中年、青年,还是儿童、老年人或是残疾人等,都不难在市场上找到适合自己口味的报刊。通常,报刊心理咨询的主要形式包括：案例纪实、真情口述、心理学常识、心灵鸡汤、哲理美文、患者问答。

报刊心理咨询同广播心理咨询和电视心理咨询相比较,虽然有很多共同之处,但是它们之间有一个十分重要的区别,即报刊读者必须认字,而广播电视媒介的听众或观众可以是文化人,也可以是文盲。报刊读者市场的这一特点,决定了报刊心理咨询的特殊性和高层次性。如何为区分层次的文化人群服务是报刊心理咨询必须思考和研究的关键性问题。

---

① 何娟.浅析谈心类节目主持人的魅力[J].播音主持,2005(8)：71

二、报刊心理咨询的特点

（一）个性化

人们的需求是由于在生产活动中或生活活动中缺乏某种必需的东西而在心理上产生的一种主观性状态，也就是人们常说的欲望。人们的这种欲望是人与客观环境相互作用而产生的结果。由于人们接触的环境不同、在环境中所处的位置不同，因而对同一客观事物的认知度也就不同，于是他们的心理需求也就不同。读者的这种特点，是报刊心理咨询个性化的基础。

读者选择报刊来满足自己心理咨询的需求，是因为报刊可以激发读者的动机，进而实现其目的。报刊是传统媒介，读者在心理上认为报刊信息是真实的。报刊是一种物质载体媒介，读者在心理上认为报刊心理咨询信息具有可触性、可信性强。报刊媒介具有悠久的历史，读者在心理上认为它们与读者的距离较近、有亲近感。由于读者在心理上把报刊视为一种真实、可信、亲近的媒介，因此他们常常固定阅读某一种或几种报刊，而且忠诚度高、有效传阅范围广。

（二）大众化

大众化就是报刊心理咨询趋于"面向社会大众"，而非面向少数社会精英，同时，内容通俗，不带来阅读障碍、太大的经济负担或价格困扰。

实际上，大众化代表了一种新闻理念，这种理念对报纸的影响是全方位的，包括报业结构的改变、报纸社会角色的变化、报纸与读者的新型关系、报纸影响人的新方式、报纸新的新闻风格等。

一个高明的报刊心理咨询编辑，不是把自己关注的重点停留在具体的、别人已经策划好的选题上，而是把自己的工作重心放在研究读者市场上，并且在研究的基础上为报刊心理咨询作者团队出主意，进而在稳固老读者的基础上开发新的读者市场。

（三）经济便捷、贴近生活

报刊面向社会大众发行，这使得报刊的价格趋于经济实惠。读者用相对较低的价格就能获取心理健康知识。

报刊心理咨询的成本较低，内容丰富，特别适合上班的人群从中了解有关信息，而且报刊可以收藏。同时，信息可以廉价复制，可以广泛传播。

报刊因为版面有限，迫使编辑舍弃大量的一般资讯，而把最精要、最深刻、最有针对性和公信力的内容展示给读者。纸质媒体"白纸黑字"的不可涂抹、不可更改、可留存可质证的性质，也使它成为公信力的重要源泉。

报刊可以提供一些人们感兴趣的知识，贴近人们的生活。虽然网络上的消息也有很多，甚至比报纸包含的更多，但是网络的知识真假难辨，所以不少人还是更信任报刊提供的知识。

三、报刊心理咨询的主要方式

（一）心理咨询知识讲座

在报刊上开设专门的心理咨询知识讲座专栏,开展心理健康教育活动,不仅能够起到宣传普及心理健康知识的作用,还可以在一定程度上提高人们对自身心理健康状况的了解,缓解心理问题带来的心理压力。

报刊心理咨询通过心理咨询知识讲座,帮助人们认识和了解心理咨询,营造社会主动参与心理咨询的生活氛围。要针对不同层次、不同需求的群体有针对性地开展报刊心理咨询,因为人们在不同的人生阶段会遇到不同的困扰,报刊心理咨询知识讲座就应抓住各个时期的关键点来开展工作,如青春期人际关系问题、年轻人的恋爱心理、中年危机等问题。

（二）心理咨询问答

心理咨询问答是指来访者通过信件或邮件等方式向报刊心理咨询专栏咨询心理问题,主持心理专栏的编辑通过报刊向来访者介绍心理学知识、提供心理咨询服务和心理援助的一种活动。

报刊心理咨询的问答形式能够在有限的空间和时间中,对来访者的问题做出初步的分析和解惑,在一定程度上缓解来访者的心理问题,并在这个过程中为大众提供了一种解决问题的新方式和新角度。

（三）心理咨询案例介绍

心理咨询案例介绍有别于心理咨询问答。心理咨询问答主要通过来访者与咨询师之间的一问一答来实现心理咨询,具有互动的性质。而心理咨询案例介绍则主要是咨询师基于以前的咨询案例,以案例报告的方式叙述来访者的求助问题和咨询师的分析判断,主要由咨询师一人完成。

四、报刊心理咨询应当注意的问题

（一）要为来访者保密

在现实生活中的心理咨询有一个很大的障碍,就是来访者对保密性的怀疑。报刊心理咨询因其大众化的特点,来访者的信息是否被泄露一目了然。因此,在刊登来访者相关案例或问题时,要保护好来访者的个人信息,来访者的身份要用化名代替,隐瞒其真实姓名、家庭住址以及电话号码等个人隐私。

在这种条件下的咨询避免了面对面的压力和尴尬,这就使来访者不必担心社会评价,消除种种顾虑,敞开心扉,尽可能真实详细地陈述心理的困惑和自己的需要,从而建立平等轻松的咨询关系,有利于咨询师全面地了解来访者的真实心理状况,采取恰当的措施为其分忧解难。

匿名性可减少来访者的心理紧张和心理压力,为他们提供了一个相对安全的空间,从而使他们的心灵真正地开放。

（二）报刊心理咨询不可取代传统心理咨询

报刊心理咨询能够弥补传统心理咨询的不足,成为心理咨询的一种新形式,但这并不意味着报刊心理咨询可以取代传统的面对面的心理咨询。

首先,报刊心理咨询主要以发展性咨询为主,一些问题仍需要面对面的方式进行咨询,特别是治疗一些心理疾病,如强迫症、社交恐怖症、焦虑症、抑郁症、疑病症、神经衰弱等,以及诊断大学生中存在的精神分裂症倾向方面。

其次,有很多实用的、操作性很强,甚至需要仪器辅助的心理咨询技术是无法通过报刊进行的,毕竟,来访者是生活在现实社会中,有很多实际技能如人际交往能力的培养只有在真实的生活情景中才能加以培训。

（三）报刊心理咨询要走专业化道路

报刊心理咨询工作长期以来咨询效果不理想,与实施心理咨询的条件建设不够是有直接关系的。第一,在制度建设方面,报刊心理咨询机构多为非心理学专业机构,稳定性差,没有形成一套系统有效的管理制度。第二,在心理咨询师方面,大多数人在知识结构方面没有心理学学科知识背景,缺乏咨询心理学、心理健康与心理障碍、心理测量学等方面的专业知识,缺乏相应的咨询技能训练,面对报刊读者以适应性和发展性为主的心理咨询显得力不从心。

因此,报刊心理咨询要走专业化道路,聘用专业的心理咨询人才,他们不仅要有专业的心理咨询能力,还要有进行报刊编写的能力。同时,要建立一套行之有效的报刊心理咨询标准和机制。

第七节　远程心理咨询前瞻

一、信息和通讯技术的发展对远程心理咨询的作用和影响

（一）信息和通讯技术的发展给远程心理咨询带来的机遇

1. 为远程心理咨询提供新的技术和手段

各种新技术、新器件、新理论的出现和互联网的飞速发展,必将给远程心理咨询的发展和应用提供广阔的天地。互联网作为一种新的传播技术和交流工具,传输快捷,信息海量,交互性强,覆盖面广,形式多元,为远程心理咨询的创新提供了新技术和新手段。心理学家可以利用这个平台进行大范围、高效率的心理咨询和心理健康知识的普及,进行科学、文明、民主的生活方式的宣传等。

新兴的 3G 技术能够提供一系列针对个人、家庭的整合式通讯方式,包括文本、语音、图片、视频、动画等多种信息,能够在统一的网络平台上顺畅地传

输。而且,人们还能够借助会议电视等互动沟通方式,实现远程心理咨询的协同工作。在以往,虽然流式技术提高了咨询的交互性,但需要用摄像机拍摄咨询师模拟咨询的过程并实时地传输到媒体编码机,经过采集卡的采集、编码后再实时地上传给流式媒体服务器,再由流式媒体服务器实时发布到其他教室的终端计算机。而 3G 技术减少了这个过程,它可以用手机实时拍摄咨询师咨询的过程并实时地传输到与其联系的学生或者资源库。

2. 改变传统心理咨询的被动模式

现代信息和通讯技术为远程心理咨询提供了一种可能性,它变革了传统被动的咨询模式,形成了主动的学习社会。

开展远程心理咨询是适应当今咨询市场需求的一场咨询手段和方式的革命,它打破了现有咨询师、咨询室的局限,跨越了时间、空间的限制,实现了来访者按照自己的时间计划随时随地的远程咨询,增加了来访者解决心理问题的主动性和随意性。

现代信息和通讯技术为广大的远程学习者提供了高质量、低成本、灵活开放又内容丰富的教育和培训。它打破了传统的崇拜知名咨询师、知名机构的风气,实现了来访者的跨机构、跨国咨询,打破了咨询机构间咨询资源的不平衡,推动了终身咨询模式的发展,促进了咨询的国际化。

现代信息和通讯技术的发展改变了传统心理咨询的被动局面,为心理咨询业的多元化、弹性化和国际化奠定了坚实的基础。

3. 缩短了人与人之间的物理距离和心理距离

现代信息和通讯技术让咨询资源的共享成为可能,丰富的共享信息资源和多姿多彩的信息形式,为我们开展心理咨询工作提供了信息快车。政府、企业、研究机构、院校、专家、政工干部在网上咨询室创办有关主页,形成了强大的心理咨询工作网络系统,发挥"集团军"专业分工、协同作战、信息共享的优势,形成强大的宣传声势和文化氛围。

这种信息技术的多边平等性,不仅缩短了人与人之间的物理距离,也缩短了人与人之间的心理距离。全世界的人可以在网络、电话、报刊上进行交流和学习,人们的政治信仰、价值取向、道德伦理、文化传统、生活观念正以空前的规模发生碰撞和融合。同时,伴随现代信息和通讯技术发展的远程心理咨询,是建立在社会人文精神和人文环境的基础上。因此,这种现实与远程的结合能够弥补远程心理咨询的使用者缺乏咨询师和来访者的面对面情感交流、人文环境熏陶等方面的不足。

(二)信息和通讯技术的发展给远程心理咨询带来的挑战

1. 对远程心理咨询工作者自身思想观念、知识的挑战

由于互联网等技术是近几年发展起来的新事物,网络和一些通讯技术的

普及工作还不够，许多咨询师对其的特点、性能，以及对社会生活的影响认识不足，对这些技术带来的新课题、新机遇研究不够，对开辟和拓展网络心理咨询的紧迫感不强。

一些咨询师在心理咨询过程中习惯于一种单向的"灌输论"，在交互性十分突出的互联网上就很难适应。又如，网络本身的多边平等性和开放自由性的特征，与我国的传统观念形成较为强烈的冲突，如何使开放的互联网为心理健康教育和心理咨询服务，这是远程心理咨询工作者应该思索的问题和应对的挑战。

2. 文化入侵方面的挑战

每个网站都有不同的文化背景和理念，有不同的价值观念和政治倾向，不同国家、不同民族、不同流派的咨询师使用他们的心理学知识和特定的技术优势，通过网络平台或信息通讯技术传播和渗透着迥异的咨询理念、道德文化、价值观念，甚至是政治意识形态，给我们的现实生活、精神文明等方面带来了巨大的挑战。

一些西方国家凭借自身的网络和信息通讯技术的优势，正在发动一场抢占信息空间和实现信息霸权的"信息战"。目前网上的信息，就世界范围而言，宣传西方价值观的心理咨询内容占了主导地位。这几年，一些邪教组织也建立了近千个网页，向世界传播他们的歪理邪说。因此，如何解决文化共享和文化入侵的关系，成为远程心理咨询发展的又一课题。

3. 信息资源方面的挑战

在互联网时代，通过网络，我们几乎可以找到所有要找的信息。一个地方发生了什么事，几秒钟内就可以传遍全世界。但是，它的另一个特点是信息庞大而芜杂，真假、优劣并存。

对于读者来说，网络上的大量免费信息其实并不是"免费"的。无限空间必然面对的是无限选择过程中巨大信息的不对称成本，其付出的代价是巨大的搜索成本，即时间成本。因此，对于咨询师而言，一方面必须发现和综合真正对目标读者有用的信息，这是一个"做减法"的工作，发现信息中的"真金白银"，并且筛除大量的垃圾信息；另一方面咨询师对这些信息必须具有较强的分析解读能力，从而帮助读者得到更多的附加值，这是一个"做加法"的工作，通过信息的整合，使各类有效信息变得更丰满、更全面、更深入。

4. 咨询方式方面的挑战

心理咨询的实质就是互动，来访者的行动只有受到及时、有力的反馈，包括恰到好处的沉默，才可能帮助来访者恢复心理的常态。然而基于现代信息和通讯技术的远程心理咨询往往缺少互动，比如非言语信息。专业的心理咨询师非常清楚非言语信息在咨询中的重要作用，往往一个眼神、一个微笑就能让来访者解除心理防御,敞开心扉,这在传统心理咨询中是很容易实现的,而在以文字和声音传输为主的网络、电话环境下,却遇到了困难。

这种互动不足也表现在心理咨询师对来访者的评估上,例如有些来访者阅读一些心理学方面的书,主观感觉自己与上面描述的符合,因此怀疑自己得了这一心理疾病。如果他通过电话告诉咨询师自己的怀疑,而且用看到的相关资料对症状加以描述,这时候咨询师是很难辨认的。

心理问题解决缺少连续性。很多心理问题并不是一两次咨询可以解决的,需要来访者和咨询师长期的努力,而电视、广播心理咨询节目,由于媒体的性质,往往在短短一次节目中对来访者问题进行解决,咨询过程显得过于粗糙,很难达到心理咨询的真正效果。

二、制约远程心理咨询发展的因素

(一)远程设备费用的限制

开展远程心理咨询需要硬件支持:电话机、传真机、视频投影仪、卫星接收设备、多媒体计算机及局域网、互联网接入设备以及基于专用线路的视频会议系统。这是开展各项远程心理咨询服务的基础,也是保障远程心理咨询顺利进行的重要条件。

与传统面对面的心理咨询相比,远程心理咨询对硬件设备的要求相对较高,要求较好的基础设施、较充足的咨询开发费用和运行费用。

(二)远程心理咨询工作性质与服务对象的落差

远程心理咨询是一种专业性很强的服务行业,从发达国家远程心理咨询的发展历程来看,其服务对象主要是占人口多数的中产阶层。中产阶层的收入与生活水平较高,但他们的社会生活比较紧张、所从事的事业风险也比较大,因此幸福感反而差了,从而产生很多的心理健康问题。但他们有主动求助的强烈愿望,更为重要的是他们具有享受这种特殊服务的经济条件。

在我国,中产阶层有多少具体数字不得而知,但从我国现阶段的社会发展水平来看,他们所占的人口比例不会太高,况且我国的中产阶层是目前社会转型与现代化进程的既得利益者,不是社会、心理应激因素的主要体验者。根据资料显示,我国求助于远程心理咨询的来访者,30岁以下的人占大多数,他们是经济收入的弱势群体。

从商业角度来看,来访者主动求助的动机和愿望以及来访者的经济基础,对于心理咨询服务业的生存与发展而言是决定性的。好比餐饮业,不仅需要有顾客,顾客还必须有一定的消费水平。同样,对远程心理咨询从业者来说也是如此,其收入取决于咨询效果,更取决于顾客的经济能力。从以上分析中我们发现,我国多数来访者缺乏经济承受力,这是制约远程心理咨询服务业发展的一大因素。

（三）传统文化背景的束缚

在西方国家，远程心理咨询业的兴旺发达除与其社会发展水平有关外，西方的传统基督教文化背景也是一个重要的因素，这种文化有一个显著的诉求特点，那就是对上帝（实际上是其代理人——牧师）的忏悔与祈祷。而在中国传统文化里，儒家强调人对自身的修养，佛教强调人自身的"觉悟"，道家也强调通过自身的修炼以达到"无欲无为"的境界。在这种内省的人格要求下，内心的冲突与矛盾主要由自己去化解，中国人缺乏主动求助精神或与此有关。这种传统文化与远程心理咨询的工作性质的冲突，是制约我国远程心理咨询服务业发展的又一因素。

（四）服务质量与职业的规范管理

远程心理咨询服务质量能否得到保证，与职业的规范管理体系是否完备关系密切。北京师范大学张厚粲教授所说的一段话可以说明职业的规范化管理对远程心理咨询服务业健康发展的重要性："面对低投入、高回报、低经济风险的心理咨询行业，很多缺乏必要心理学专业素质的人已经迈入了这个专业性极强、专业风险高的行业门槛，而这种'闯入'恰恰是极度危险的。"

三、远程心理咨询的前景

远程心理咨询要发展，取决于人们对它的需求，而这种需求则有赖于以下两个社会背景特征：一是社会经济的发展；二是社会文化的发展。

未来社会需要远程心理咨询。一方面社会竞争激烈，人们的心理压力加大，有心理健康问题的人越来越多，社会需要方便快捷的远程心理咨询。另一方面，21世纪信息文明将取代工业文明。在工业社会，主要是物质生产，人们普遍关心的问题也是物质的温饱和富裕。而在信息社会，虽然物质的生产仍占重要地位，但是在精神产品的生产过程中最重要的因素是人的心灵而不是物质资源。

分析表明，中国将要进入远程心理咨询的发展时期：第一，中国现阶段社会发展已产生远程心理咨询的巨大社会需求；第二，购买力逐渐形成；第三，行业开始进行规范管理。

可以说，21世纪远程心理咨询室已经不是少数人的"心理医院"，它将成为健康人的"心理美容厅"和"心理健身房"。接受远程心理咨询日益成为人们享受高品位现代生活的象征。

由于中国远程心理咨询业起步晚，可在发展中充分借鉴国际经验。借鉴已有的成熟发展模式、先进理论和方法，使我国的远程心理咨询快速发展起来。

第十章　学校心理咨询

学校心理咨询是心理咨询师运用心理学的理论和方法,对在校学生的学习、交往、生活、发展、适应、升学和就业等问题进行帮助,并对程度较轻的心理障碍进行诊断和矫正的过程,是心理咨询师帮助来访者认识自己、接纳自己、克服成长中的障碍、走向自我完善的过程。

为了维护学生的心理健康,预防心理障碍和疾病,帮助其充分发挥自身潜能,越来越多的学校已经把心理辅导和心理咨询工作作为学校教育的重要组成部分。在我国,学校心理咨询是心理咨询的一个非常重要的领域。

第一节　学校心理咨询的发展

一、国外学校心理咨询的发展

现代心理咨询起源于 20 世纪的美国,当时发生的指导运动(guidance movement)和心理卫生运动成为心理咨询的两大源头,前者主要在学校系统中发展,后者主要在社区发展。

19 世纪后期,随着美国资本主义经济的快速发展,美国进入工业化、城市化的时代,这一巨大的社会变迁导致了大量的社会问题。其中年轻人的就业问题引起了一些社会人士的关注,这些社会人士在学校和福利院设立帮助机构,试图帮助年轻人解决就业等问题,随着他们的努力,这一运动逐渐发展成了有组织有影响的运动,并成为现代学校心理咨询发展的起点。

指导运动的内容主要有两方面,一是职业指导,给年轻人提供职业介绍和咨询。二是改善学校教育,主张学校要因材施教,关注学生个别差异。

心理卫生运动是心理咨询的另一源头。这个运动的发起人是一位患精神疾病的青年学生,名叫比尔斯(Glifford Beers)。比尔斯是耶鲁大学商学院的学生,曾因精神失常住进精神病院,他以自己真实的体会为内容写了一本名为《一颗找回了自己的心》的书,在书中他描述了精神病医疗机构对病人的冷漠和虐待,以及公众对精神病患者的误解和歧视。比尔斯的书曾得到美国著名心理学家威廉·詹姆斯(William James)和著名精神病学家阿道尔夫·迈耶(Adolph Meyer)的大力支持,使得美国民众开始重新认识心理疾病以及精神病患者,由此开始了一场起源于美国,最后遍及全世界的心理卫生运动,当时许多城市设立了一种叫做心理医院的机构,主要为出院后的精神病患者提供治疗性咨询,这种机构以后演变为"心理卫生中心"。

20世纪50年代,埃里克森(E. H. Erikson)认为心理咨询的重点在于促进学生的发展与成长,他提出的毕生发展观为当时的心理咨询特别是学校心理咨询注入了新的血液。布洛克尔在《发展性咨询》一书中指出,发展性咨询关心的是正常个体在不同阶段的任务和应对策略,尤其重视智力潜能的开发和各种经验的运用,以及各种心理冲突和危机的早期防御和干预,帮助个体顺利完成各阶段的发展任务。这一时期,学校心理咨询的主要对象转为正常学生,咨询的重点从诊断和治疗转向发展和预防,并且开始对个体某些阶段容易出现的心理矛盾和心理危机采用积极的应对态度进行预防和干预。同时,心理咨询家们还强调全社会都要关注青少年心理健康,为他们心理健康的发展创造更好的环境。此时,学校心理咨询工作范围变宽,心理咨询的功能进一步深化,是学校心理咨询发展史上一个重要的转折时期。

美国著名精神病医师,新精神分析派的代表人物。他的人格发展学说既考虑到生物学的影响也考虑到文化和社会因素的影响。他把个体的心理发展划分为八个阶段,指出每一阶段的特殊社会心理任务,并认为每一阶段都有一个特殊矛盾,矛盾的顺利解决是人格健康发展的前提。主要著作有《童年与社会》,《青年路德:一个精神分析和历史的研究》,《领悟与责任》等。

图 10-1　艾里克森(E. H. Erikson, 1902—1994)

20世纪60年代以后,学校心理咨询开始走出美国,在世界范围内发展。欧洲、日本、东欧和苏联都相继引入或者独立发展自己国家或地区的学校心理咨询。英国、法国等国家在20世纪中后期设置了专门培养心理教育专业人员的计划和课程,并且不断丰富和明确学校心理健康的内容和服务领域。

至今,学校心理健康教育在西方发达国家已有100多年的历史了。如今,在美国、英国、法国、德国、奥地利、瑞士、瑞典等国家中小学及大学均设置"心理辅导中心"等部门,由受过心理辅导专业训练的人员提供各项咨询、辅导与测验服务。辅导的专业性日益增强,有一批经过严格训练的辅导教师,有一套行之有效的辅导技巧,可以为各种不同层次和类型的学生提供服务。在日本设有"青少年问题审议会"和"青少年对策本部",规定每年7月为全国"防止不良行为加强月",11月为"健康培养加强月",并开展了很多与心理健康有关的活动,将近有80%的日本学校建有心理咨询机构。而韩国目前也基本上每个学校都配备了心理咨询室,安排了专职的心理咨询师。

二、我国学校心理咨询的发展

我国在很早就有了学校心理咨询,在周诒春先生的倡导下,清华大学1916年率先实施职业辅导。1917年至1948年,中华职业教育社创办了5所职业学校,12个职业教育中心,12个职业辅导中心,但是因为战乱和政治运动导致大陆学校心理咨询长期发展缓慢。

我国学校心理咨询事业的迅速发展始于20世纪80年代中期。当时,一些在大学里从事思想教育工作的人员发现思想政治教育不能有效解决大学生面临的问题,有些学者就开始寻求可以帮助大学生摆脱困惑的方法。20世纪80年代中后期,各地高校陆续成立了心理咨询中心。比如,上海交通大学于1985年成立了学生问题咨询所,清华大学于1987年成立了心理咨询中心。20世纪90年代,更多的高校成立了心理咨询部门,一些高校和社会团体开展了多种类型的心理咨询和心理治疗的培训班,培养了一大批心理咨询工作者。1990年"中国心理卫生协会大学生心理咨询专业委员会"成立。在高校心理咨询发展的同时,中小学心理咨询工作也在20世纪90年代逐渐开展起来。教育部先后在1999年、2001年、2002年出台了有关加强中小学生和大学生心理健康教育的政策文件,中国大陆地区学校心理咨询实现了由民间活动到政府规范管理的过渡。

当前在我国,学校心理咨询受到社会的普遍重视,是学校工作不可或缺的部分。但目前学校心理咨询仍然没有摆脱心理治疗的模式,基本上是以消除心理障碍的个体咨询为主。这与学生发展需求和心理咨询在学校中的地位是不相称的。从心理咨询的发展方向来看,心理咨询应该以教育模式(educational model)和发展模式(development model)为主导。心理咨询的对象除了心理障碍患者,还应该包括需要心理帮助的正常人。心理咨询师的任务除了治疗心理障碍,还应该包括使正常人充分发展自己的潜能、克服生活中的困难和障碍。学校心理咨询的重点,应当放在学生心理疾病的预防而不是治疗上。目前,我国学校心理咨询正在由适应性咨询向发展性咨询发展。适应性咨询主要解决学生在适应环境中遇到的问题,发展性咨询侧重于学生整体素质的提高。我国各级学校心理咨询事业正在不断发展,学校心理咨询在我国学校教育中发挥着重要的作用。

第二节　小学心理咨询

小学生一般年龄在 6～12 岁之间,他们进入小学进行正规学习,也有了正式的社交活动。他们在学校学习文化知识,培养自己对各种学校活动的兴趣,结交小伙伴,学着怎样与周围的老师和同学融洽相处等等。

一、小学生生理心理特点

(一) 小学生生理发展特点

在小学低年级,男生的身高体重等各项指标均高于女生,但从小学高年级起,儿童逐渐进入青春期,女生先开始进入发育高峰期,生长速度明显上升,超过了同龄男生。男生比女生稍晚一点进入青春期。小学儿童的四肢骨骼发育增长快于头部骨骼,肢体生长速度加快。

大脑在小学阶段还在不断发展,随着小学阶段的结束,脑重量达到了成人平均水平。

(二) 小学生心理发展

小学阶段是儿童长身体的重要时期,也是心理发展的重要阶段,虽然表现出一定的个体差异,但还是有规律的。

1. 小学生认知发展特点

小学儿童视觉、听觉以及触觉通道逐渐成熟,空间知觉、时间知觉和运动知觉的准确性也随着年龄的增长而增强,并逐渐开始以有意注意为主体,但是低年级的小学儿童仍然是以无意注意为主导的。刚入学的儿童比较好动,注意力容易分散,随着年龄的增长以及教师的教导,小学儿童有意注意逐渐增强,基本能在课堂上集中注意力听讲。

小学儿童的记忆方式逐渐由无意识记忆向有意识记忆发展,二年级到四年级是有意识记忆发展最为迅速的时期。低年级的小学生以机械识记为主要记忆方式,随着年级的增长,知识经验的丰富,意义识记开始逐渐增加。另外,记忆容量随着年龄的增长而增大,7～9 岁是儿童短时记忆发展的重要时期。

瑞士心理学家皮亚杰经过多年研究发现,儿童心理发展既是连续的,又是分阶段的,每个阶段是前一阶段的延伸,也是后一阶段的前提。儿童心理发展阶段包括:感知运动阶段(0～2 岁)、前运算阶段(2～7 岁)、具体运算阶段(7～11 岁)、形式运算阶段(11 岁以上)。

小学儿童思维发展阶段属于具体运算阶段和早期的形式运算阶段。这个阶段儿童思维的基本特点，是从以具体形象思维为主要形式逐步过渡到以抽象逻辑思维为主要形式，但这种抽象思维仍带有较大的具体形象性。实现这种转变的"关键年龄"在四年级（10～11岁）。到小学的高年级阶段，儿童已具备初步的系统分析能力，并且能运用抽象思维解决问题。

2. 小学生人格的发展

小学阶段是人格形成的重要时期。根据埃里克森的人格发展学说，小学儿童开始意识到只有勤奋学习才能使自己不落后于其他同伴。同时，他们还有一种害怕失败的情绪，使他们有了自卑感。因此，教师要帮助有自卑感的学生树立信心，消除自卑情绪，促使他们正常发展。

在小学阶段，儿童受社会文化的影响，逐渐建立起角色意识，能够正确地评价自己、悦纳自己。随着年级的增长，在与师长、同伴的交往过程中，小学儿童的自我概念逐渐形成，自我评价更深刻、客观，自我体验逐渐丰富。但是，小学儿童的人格还没有定型，其发展还在不断进行中，心理和行为方面还存在很大的不稳定性，容易受到外界的干扰。

3. 小学生的社会化

在特定的社会与文化环境中，个体形成适应于社会与文化的人格，掌握该社会所公认的行为方式，叫社会化。

生活在完整和谐家庭中的儿童，比生活在矛盾冲突或者单亲家庭中的儿童，更容易顺利实现社会化这个过程。民主型的家庭教养方式对儿童的成长是很有利的。

良好的学校风气、班级风气、师生关系、同伴关系等有利于学生社会化，它可以使小学生习得被社会认可的行为准则，并在人际交往过程中学会必要的技能，学会正确地评价自己和他人，取长补短。

4. 小学生道德的发展

柯尔伯格（Lawrence Kohlberg，1927—1987）的儿童道德发展理论认为，道德发展有一个固定的、不变的发展顺序，就是从特殊到一般、从自我中心到基于一般原则上关心他人的利益。强调道德发展应该以认知为基础，并重视社会相互作用在其中起的作用。他将道德判断分为三个水平：前习俗水平、习俗水平、后习俗水平。每一个水平包括两个阶段，总共六个阶段：服从和惩罚的定向，朴素的利己主义定向，使他人愉快和帮助他人定向，尽义务重权威以及维持现有社会秩序的定向，遵守法规和契约的定向，良心和原则的定向。这几个阶段所代表的道德水平依次升高，各阶段之间不能逾越。小学儿童的道德发展总是从他律到自律，从低水平向高水平发展，他们已经能够运用道德认知来调节道德行为的能力，道德知识已初步系统化，开始向道德原则水平发展。正确的引导和教育可以促进儿童道德发展,教师、家长可以通过适当的培养和指导,帮助孩子的道德品质健康发展。

美国心理学家,1968 年起任哈佛大学教授,从事认知道德发展研究。主要著作有《儿童面向道德秩序的发展:道德思维发展的第一个序列》、《道德性格和道德意识形态的发展》、《认知阶段和学前教育》、《早期教育:认知发展的探讨》等。

图 10-2　柯尔伯格（L. Kohlberg, 1927—1987）

二、小学生常见的心理问题

小学生的身心发展还不成熟、不稳定,他们的心理发展滞后于行为发展,容易出现心理困扰或者矛盾。小学生往往表现出认知上的幼稚、片面性,情绪上的不稳定,意志上的薄弱,以及行为上的盲目、冲动等。有研究认为,儿童、青少年的心理障碍实际上是一个发展性问题,会随着年龄的增长而减弱或消失,并且小学生心理还在不断地发展,具有很大的可塑性,如果能够正确及时地给予指导和帮助,这些问题就会得到解决和改善。由于发展阶段、成长环境的独特性,不能把儿童的心理咨询和治疗等同于程度较轻的成人咨询和治疗。因此,要帮助有心理问题的儿童解决他们的困难,首先要了解儿童心理问题大概有哪些,这样才能"对症下药"。总的来说,小学生心理问题有以下几类。

（一）学校生活适应问题

有研究表明,儿童的社会行为与其学校适应情况密切相关。亲社会、合作行为与同伴接纳、良好的人际关系与较好的学校适应有关,而攻击、破坏行为、同伴拒绝、学业不良、害羞—敏感行为与不良的学校适应有关。学校适应不良包括对学校环境的适应问题、学习生活的适应问题以及学校师生关系、同学关系的适应问题等。小学低年级阶段心理健康教育主要的内容之一就是帮助学生适应新的环境、新的集体、新的学习生活。

学校适应不良的学生不能很好地融入集体,缺乏学习兴趣,成绩不良,在学校缺乏安全感,严重的可发展为学校恐惧症,害怕上学,拒绝上学,甚至出现心理障碍躯体化现象。

学校适应不良受到家庭教育、学校教育、学生自身等很多方面因素的影响。

（二）学习问题

小学生由于其生理、心理的独特性，在学习上表现出一定的年龄特点。常见的学习问题涉及学习动机、学习行为、学习情绪。

缺乏学习动机的学生往往学习目标不明确，学习态度消极回避，学习独立性差，认识不到学习的价值所在。因此他们学习时缺少恒心和毅力，表现出懒散、贪玩、混日子的现象。

儿童学习困难比较常见，它是指智力基本正常的学龄期儿童学业成绩明显落后的一种现象。其行为表现为学习时注意力不集中，观察能力较差，思维混乱，不善于记忆知识和独立思考，自学能力差。

一定程度的焦虑情绪对于提高学生大脑的兴奋性是有帮助的，但是过度的焦虑情绪会使学生无法集中精力，回忆知识困难，并产生怀疑、自卑的情绪，甚至会出现一些躯体症状，如心律不齐、消化不良、胃痛等。

学习过程中的情绪失常主要表现为考试焦虑，导致考试焦虑的因素有：神经类型属于弱型的人对环境刺激较为敏感，容易产生焦虑情绪。有些学生对考试的态度不当，为了不辜负老师、家长的期望，又为了在同学竞争中取得好成绩，他们过分看重考试结果，在考试前就会出现精神高度紧张的现象。考试前准备不足也会造成学生对自己知识掌握情况缺乏自信产生强烈的考前焦虑。

（三）人际交往问题

根据气质类型假说，有些气质类型（如抑郁质）的儿童不善于与人交往，在交往中容易产生心理障碍。由于过于敏感，情绪波动较大，总认为自己不如别人，放大自己的缺陷，易生自卑感。有的儿童因为自己在外形上不如其他同学而感到自卑，导致情绪低落，交往退缩。

有的小学生不喜欢与他人接近，不愿意参加集体活动，喜欢独处，刻意疏远他人。与他人接触时表现得冷漠、抗拒、甚至刻薄。久而久之，他们与父母、老师、同伴开始疏远，独自处在长时间的孤独状态下，产生了心理压力，身心无法正常发展。

生活在专制和溺爱的家庭教养方式中的儿童与父母沟通较少，交往不理想，易生心理障碍。被家长溺爱习惯的儿童进入学校集体中总想表现自己的优越感，希望周围的同伴能够听从他的指挥，对他的要求给予满足，这种心理必然会引起别人的反感，不愿意与他交往，将其孤立。相反，习惯被家长牵着走的儿童依赖性过强，缺乏自信，敏感忧郁，怕自己被看不起，事事回避，交往退缩。

在一些暴力电影、电视、小说的影响下，儿童学会了各种攻击行为，在实际的人际交往中，他们表现出敌对或者明显的攻击行为，这不利于建立良好的人际关系。有的儿童沉浸在网络世界,喜欢在网上交友聊天,不喜欢与实际生活中的人交流,交往技能逐渐退化,与世隔绝,产生交往困难。

三、小学生心理咨询主要方法

(一)学校适应不良的矫正

很多适应不良的学生性格孤僻,遇到困难容易退缩,耐挫力较差。教师针对这种情况要及时地帮助他们,给他们创造在他人面前表现的机会,并要与这些学生谈话,帮助他们分析问题所在,给他们信心,鼓励他们积极参与到集体生活中去。

针对小学生的年龄特征,教师在学校可以采用以下几种辅导和咨询方式:为了减少"心理咨询"这个名称带来的压力,教师可以在班级中开设"聊天角",通过跟学生的交谈,了解他们的心理困难,疏导他们的异常情绪。还可以用剧本表演和简单的游戏活动使学生获得心理体验,让他们学会从别人的角度考虑问题。教师可以在班级中设立一个心理信箱,鼓励一些内向的学生用这种方式表达自己的困难,维护他们的自尊心。教师还可以在学生中开展团体咨询,团体咨询会形成浓厚的渲染气氛,使得有共同心理困难的学生互相理解和支持,并能够使学生之间交流加深,促进他们互相学习。

家长要和教师保持交流,根据教师的反馈,了解孩子的个性和自己的教养方法是否得当。一些学生家长要改变不良的教养方式,培养孩子自立、自强的个性。可以采用家庭团体咨询和治疗,让孩子和家长共同参与咨询过程,在咨询过程中说出各自心理的困惑和不满,加深交流,并能够在咨询教师的指导下找出消除隔阂和问题的方法。

(二)学习问题的心理咨询

学习动机是促使学生进行学习活动的动力,因此学习动机的缺乏会导致学业不良和学习困难,以下是改善学习动机的一些策略:对学生进行动机教育,引导其树立学习目标,强调学习的价值和重要性。改善教学方法,创设问题情境,激发学生的求知欲,以及在学习上的意志力和潜力。对学生的学习效果进行及时、公正的评价,并给予一定的建设性意见。合理开展学习竞赛活动,调节学生兴奋水平。通过个人或者团体的谈话以及课外活动,增强学生的学习信心和成功体验。

小学生很多学习问题都体现在学习行为上,一旦发现不良的学习行为应该及时分析原因,及时纠正。若有器官损坏或者病理性的障碍(如多动症),应该将儿童送到特殊学校,由专门人员对他们进行教育和指导。

学习情绪问题主要集中在考试焦虑上。有以下几种辅导和心理咨询的方法:引导学生正确认识考试结果,正视自己的学习能力和水平,增强自信心。督促学生认真进行考前准备工作并对其复习策略、方法给予一定的指导。帮助学生疏导紧张情绪，进行放松训练。

（三）人际交往问题的辅导和心理咨询

有一些小学生无法很好地融入集体生活，他们常会感到孤单、无助，情绪低落，自我封闭，这对小学生的心理发展很不利。以下是一些辅导和咨询的方法：帮助学生了解自己的个性特征，正确认识自己的优点和不足，并且能够取长补短，不断完善个性特征。指导学生认识人际交往的重要性，鼓励学生主动交往，增强他们在交往过程中的自信心。引导学生接触健康的传媒文化，树立正确的友谊观。提高学生的交往能力，教授一定的交往技巧。组织一些类似角色扮演、角色转换的活动，促使学生学会站在他人的角度上思考问题，帮助他们减少人际冲突。如果有社交恐惧症等心理问题，则可以采用一些行为训练来缓解，如系统脱敏法、厌恶疗法、团体讨论法等。

第三节　中学心理咨询

中学阶段大约是个体 12～18 岁这个阶段，包括初中和高中，历时 6 年。中学阶段是个体身心发展的一个加速期，是一个由少年儿童到成年的过渡时期。在这个时期内，个体的认知能力、情绪情感、自我意识以及社会性发展都发生了巨大的变化。个体在这些变化中很容易产生心理危机、心理冲突，如果不及时引导和解决就会对个体造成严重的影响。

一、中学生生理心理特点

（一）中学生生理特点

中学生处在青春期阶段，这个阶段是个体生长发育的第二个高峰期。在初中阶段，个体的身高、体重都开始迅速增长，在初中结束时，接近成人水平。进入高中后，个体的身高、体重增长速度减慢，肌肉快速增长。

中学生的脑重量和脑容积增长不显著，但质的发展很快。大脑的沟回加深变多，皮层机能日趋成熟，控制、调节能力显著增强。

内脏机能不断增强。心肺系统功能大大提高并且逐渐完善，基本接近成人水平。

性开始成熟。随着性器官的不断发展，初中学生开始出现第二性征。男生第二性征包括喉结增大，长出阴毛，声音变粗变低，腋毛、胡须相继出现。女生第二性征包括乳房隆起，长出阴毛，声音变细变尖，骨盆变宽，出现腋毛，臀部变大，体态丰满等。性机能发育完善的标志是女生的月经初潮、男生的首次遗精。女生月经初潮大约在 13 岁左右,男生首次遗精大约在 14 岁左右。初中生的性器官发育存在个体差异,有早熟和晚熟的现象。如今,生活水平不断提高,发育期有所提前,并且一般情况下女生要早于男生。高中男生的性器官还会继续发展,处于性萌动到性成熟的阶段,而高中女生基本已经发育成熟。

（二）中学生心理发展

中学生心理发展的总特点是矛盾性和不平衡性。这种矛盾和不平衡性出现在整个中学阶段,最突出的矛盾体现在成人感和幼稚性的矛盾。一方面,中学生处于青春期,生理机能上的变化使他们产生了对成人感的强烈追求和感受。他们觉得自己已经长大了,可望进入成人社会,并希望家长、学校给予他们相应的尊重和信任。但另一方面,中学生的经济能力、自理能力、社会经验、知识技能、思维方式等都还没有达到成人的水平,在追求独立、建立自我的过程中往往会发生适应困难、无助、失落等现象,需要成人给予帮助和支持,表现出对成人的依赖性。此外,个体社会化过程在中学阶段给学生提出了一些要求和角色期待,如升学压力等。这三个方面共同作用于中学生的身心发展,导致了心理发展的失衡,进入了所谓的"心理断乳"、"第二次诞生"时期。

1. 中学生认知发展特点

相对小学生来说,中学生的感知觉能力有了进一步的发展,观察能力有很大的提高。他们在观察的目的性、持久性、精确性和概括性方面都有所发展。对事物进行观察时,不仅能够感受事物的外部特征,还能够抓住事物的本质特征,能够比较全面地感知和观察事物。中学生的有意注意进一步发展,注意的范围、稳定性、分配性和转移都有发展,但比较迟缓。

中学生的记忆力发展达到了鼎盛时期,他们的有意识记忆和无意识记忆都有发展。意义记忆随年龄增长呈上升趋势,而机械记忆随年龄增长有下降趋势。中学女生偏重机械识记,通常情况下,她们背诵测验的成绩优于男生。

初中生的抽象逻辑思维占主导地位,但具体形象思维还是起一定作用的。初中生的思维品质显示出明显的矛盾性,主要表现为思维创造性和批判性日益明显,思维的片面性和表面性依然存在,思维中再度出现自我中心,这里的自我中心不同于幼儿时期的自我中心,是指个体在思考问题或进行判断的时候受自己情感强烈影响的倾向。高中学生的抽象思维属于理论型,他们已经可以进行完全属于抽象符号的推理,并能以理论作为指导去分析、解决各种问题。总的来说,抽象思维和逻辑思维的发展在高中阶段进入成熟期。

2. 中学生情绪、情感和意志的发展

中学生情绪发展的主要特点是矛盾性。处在中学阶段的学生,身心发展失衡,他们往往表现出强烈而狂暴的情绪,有时甚至达到震撼人心的程度,但有时也表现出温和而细腻的感情。中学生的社会性情感变得更加深刻,责任感、荣誉感、义务感、自尊心等道德感的自觉性有明显的提高。在审美方面,中学生追求内容和形式的统一美,对美的事物有了自己独到的见解和爱好。中学生逐渐摆脱了团体交往方式,开始重视朋友关系对自己的意义,并逐渐开始与异性的交往,体验异性之间的感情。

3. 中学生自我意识的发展

自我意识是指主体对自身的意识,即一个人对自己的生理状况(身高、体重等)、心理特征(能力、性格等)以及自己与他人和社会关系的和谐程度的认识和觉察。中学生各方面的快速发展,使得他们开始关注自己的主观世界,常常对自我进行思考,开始自我观察、自我反省、自我批评等。

中学生自我评价的独立性、稳定性和自我评价的内涵与范围都进一步增强。随着年级的增长,中学生的认知能力、辨别能力等不断提高,他们能有主见地表达自己的观点,并且对自我的评价越来越稳定、客观。在自我评价的基础上,中学生会产生较强的情感体验。一旦在活动中取得成功,它们会觉得很有成就感,从而自我欣赏、自我肯定;一旦失败,他们又会觉得自己一无是处,产生消极情绪。个体这种情绪的两极性在初中阶段相对更明显。比起小学生,中学生能够较有效地控制自己的行为,但由于神经兴奋性较强,还是会做出不顾后果的行动。

4. 中学生的个性发展

中学阶段是个体性格成熟之前的塑造阶段,在这期间环境和教育对个体的影响是巨大的。中学生具备了一定的学习能力、独立解决问题的能力,他们的需要和动机由外在的物质性逐步向社会性过渡,特别是交往动机和成就动机表现得很明显。中学生的兴趣范围不断扩大并分化,在学习兴趣上表现出性别差异。

神经兴奋水平较高、自我意识高涨、独立意识增强造成中学生反抗心理的产生。反抗心理表现为对一切外在力量予以排斥的意识和行为倾向。当中学生感到独立意识受阻,自主性遭到妨碍时就会产生反抗心理,反抗方式通常是与外界压力进行对抗或者以冷漠的态度对待之。

5. 中学生社会性的发展

中学生社会性交往的发展体现在他们与父母、老师、同伴之间的交往关系上。独立意识的增强使得中学生与父母的关系变得复杂而微妙,他们不再愿意把自己的心事向家长倾诉,但是另一方面他们又不能脱离父母的指导,因此中学生与家长的关系通常既陌生又熟悉。教师的言谈举止往往会对学生造成不可估量的影响,但是与小学生相比,中学生对老师的崇拜和尊重不再盲目,而是能够比较理性、客观地评价老师并逐渐学会调整自己与老师的关系。

中学生与同伴交往过程中摆脱了小学生时期的团体交往模式,他们交往范围缩小,程度加深。

个体的道德认知水平在中学阶段不断提高,道德观念由情景性向稳定性发展,并逐渐趋于理性化和规范化。中学生的集体荣誉感日趋稳定,道德感从直觉、形象的情感体验向伦理的情感体验发展。中学生在道德评价方面表现为由他律到自律、从行动到动机、从现象到本质的发展特点。另外,中学生的道德动机表现出多变性、复杂性和稳定性的特点,有时会出现道德行为习惯和道德观念不一致的言行脱节现象。

6. 中学生性心理的发展

由于青少年的性发育存在成熟时间不一致的现象,会影响中学生的人格发展和心理健康。通常说来,早熟的男生因为身体发育较好,容易受到老师和同学的青睐,成为受欢迎的人。相反,早熟的女生面对自己身体上前所未有的变化,又无法和同伴交流,容易产生焦虑、害羞、自卑的情绪。晚熟的男生在与同龄人相处中处于不利地位,容易产生自卑感,而晚熟女生的心理状况发展得较好。

性机能的发育会给中学生带来很多烦恼,最大的问题是遗精和手淫。对于首次遗精,多数男生会感到恐慌和害羞。其实,遗精是男性正常的生理现象,对自身不会有伤害,不必过分担心。手淫是青少年的一种自娱性自慰行为,多见于男生,它是一种消除由于性冲动而引起的性紧张和性骚动的一种安全的发泄途径,初中生不必对此过于紧张和自责。但是过度手淫容易造成精力不足、注意力涣散、身体不适等,因此对于过度手淫的青少年需要给予教育。

二、中学生常见的心理问题

中学生处在儿童向成人过渡的时期,身心经历着巨大的变化,加上周围环境的压力,使得中学生很容易产生心理危机。一般来讲,主要的心理问题有以下几类。

(一) 学习问题

中学阶段的学习内容更系统且难度有所提高,再加上中学生面临的来自父母和老师的期望、来自同学的竞争压力,他们在学习中往往会表现出一些心理困惑和心理问题。

1. 学习动机不足导致学业不良

学习动机是直接推动学习者学习的内部动因。学习动机不足使得学生学习时缺乏必要的兴奋性,求知欲望低下,不主动调整学习方法,对取得学业成就、提高自己的知识水平没有太大兴趣。

产生学习动机不足的原因：中学生的年龄特点和个性特征决定了对学习的重要性认识模糊，特别是在他们从小学比较轻松的学习环境中过渡到中学比较沉重的学习环境中，他们认为自己学业好坏是外部的、不可控的因素，因此产生了在失败面前自暴自弃，在成功面前没有成就感的消极状态。一旦缺少必要的外部刺激，学生的学习动机水平就大大降低。

2. 学习压力过大导致学业不良

目前很多学校用分快慢班，考试排名次，搞题海战术等手段促进学生努力学习。在这种情况下，学生每天处于一种高度紧张的状态，注意力无法集中，记忆力下降，甚至会出现失眠、神经衰弱等症状。另外，在分数导向下，学生对分数产生了错误的看法，一旦取得了不理想的分数，他们会开始怀疑自己的能力、甚至产生自暴自弃的念头。他们一旦发现不能满足周围人的期待，就会产生恐慌情绪，质疑自己的能力。特别是一些内向、敏感特质的学生容易出现极大的自卑心理。因此在同样压力环境下，学生的人格特质不同会导致学生不同的心理状态。

3. 考试焦虑造成学业不良

研究发现，适当的紧张有助于学生考试发挥，但过于紧张就会产生考试焦虑。学生考试焦虑在生理方面的表现为呼吸加深、心率加快、出汗等，心理方面的表现为无助、注意力分散、思维僵化，不能正常分析、推理等。

考试焦虑的原因大致包括主观因素和客观因素。主观因素包括学生对自己的期望、对考试重要性的认识，对自己学习能力的估计，以及他们的临场经验和应试技能、体质的好坏等等。另外，考试焦虑程度还与学生的个性特征有关，忧虑、情绪不稳、追求完美倾向的学生更容易产生考试焦虑。

（二）人际关系方面的问题

1. 学生与教师的关系

在中学阶段，教师仍然是学生崇拜的对象，学生希望得到教师的关心，希望教师公平对待每一位学生。如果教师缺乏理解和耐心，不能给学生提供指导和帮助，反而一味地指责批评他们，会打击学生的自信心，使他们不愿意再与教师交流。如果教师对某一些学生有一定的偏爱，会给其他学生带来压抑和消极的情绪，他们会逐渐疏远教师。这些情况必然会造成师生关系紧张，进一步会影响中学生的自我意识，诱发他们的自卑感，甚者造成他们交往退缩。教师对学生的不信任、不理解使得学生产生逆反、对抗的心理。教师对待学生的态度不公平给学生造成压抑心理、攻击行为等。

2. 学生之间的关系

中学生希望得到一种归属感，希望被班级里的同学接受，希望能够得到同学之间的理解与信任。同学之间关系融洽会给学生带来愉快的心情和踏实感,让他们能够以好的心情投入到学习中去。如果同学关系不融洽,甚至发生冲突,学生会产生孤独感、自卑感,甚至发展成交往困难等心理障碍。

3. 学生与父母的关系

生活在家庭和睦以及民主型教养方式下的孩子,各方面心理特征的发展都比较健康,孩子与父母有良好的沟通方式。生活在家庭气氛不良或者不当教养方式下的孩子,通常在心理发展特别是人际交往方面的发展上有一定的问题。家庭的种种伤痕会给中学生造成很大的心理伤害,使他们形成怪异、孤僻的性格,这些性格特点具有跨情景的稳定性,会导致他们与周围环境的交往无法正常进行,久而久之,消极情绪、心理失常随之而来。

(三)青春期心理问题

1. 自卑情绪

处在中学阶段的青少年的认知特点是理想化成分多、现实性成分少,一旦他们发现理想在实际生活中不可能实现时,就会很失望,很无助,有失败倾向的人就会产生消极归因,从而加剧自卑心理。直接导致中学生形成自卑的因素有很多,如学习成绩落后、个体外形不良、不被同伴接受、家庭环境贫困等等。

2. 情绪情感反应强烈

青春期身心发展的失衡导致个体产生很大的矛盾心理,并迸发出强烈的情绪和情感。他们需要向别人倾诉自己承受的压力,但是往往得不到师长的理解,于是他们便自我封闭,隐藏情绪,导致心理问题的产生。

3. 逆反心理

中学生迫切要求独立、体验成人感,但实际上他们无论从经济上、认知特点的发展上都对家长和老师有一定的依赖性。因此,家长和教师为了让他们避免吃亏,常常过多干涉他们的生活,这使得中学生感觉丧失了自主感,引起他们强烈的反感,形成了逆反心理。即使家长、教师的建议是合理可行的,他们也一律采取拒绝的态度。

4. 性心理萌动

青春期的个体在生理上发生巨大的变化,出现第二性征,但心理发展还不成熟,加之自我意识的增强,性心理的发展体现出好奇、幼稚、闭锁、羞涩等特点。由于中学生的认知能力和判断能力发展不完善,他们的性心理表现得朦胧和幼稚,常常自认为出现了爱情,这种恋爱带有一定的好奇和模仿成分。

在传统文化的影响下,很多中学生认为自己的性意识很下流,特别是出现自慰、性幻想等性意识活动,他们会觉得自己很坏,产生自责感,并且认为别人能够看出他们的这些意识,这使得学生出现一定程度的焦虑、自卑、交往障碍。

（四）自我意识的发展问题

1. 自我同一性危机

自我同一性是艾里克森提出的一个重要概念。自我同一性是个人关于自己的态度、价值、信仰以及兴趣的连续一贯的意识系统，是个体关于自己过去、现在、将来的发展是否和谐一致的一种状态，即"我是谁"的角色认同。

中学生处在儿童到成人的过渡时期，往往会产生身份和角色的认同危机。一方面中学生对学业倾向、职业选择、自我定位等方面还没有找到自己的目标和方向，对"我是谁"的问题还不是很清楚。另一方面，中学生排斥去弄清"我是谁"的问题，由于他们缺乏价值判断的标准，对个人现实和理想问题往往依赖他人而不是自主选择、自己思考。

自我同一性危机还表现在"现实的我"和"理想的我"之间的差距上。"现实的我"是指个体对自己现在各个方面的认识，"理想的我"是对未来自己会成为什么样子的预期和希望，它体现了个体的理想和价值。大部分中学生面对"现实的我"和"理想的我"之间的差距时可以通过努力顺利解决，但是还有一部分中学生由于"现实的我"和"理想的我"之间差距太大，导致了自我同一性的分裂，从而出现各种心理障碍。

2. 自我效能感丧失

自我效能感是指个体对自己是否能够成功完成某项任务的主观估计。过高和过低的自我效能感都不利于中学生的发展。目前发现中学生出现更多的是自我效能感低下，并且存在性别差异，女生低于男生，这可能与性别角色期待有很大关系。中学生自我效能感低下的主要表现为回避困难任务，怀疑自己的学习能力，产生焦虑、自卑情绪。这与他们消极归因、不良学习方法、不当目标设置以及周围环境反馈情况有关。

（五）网络成瘾

"网络成瘾综合征"（Internet Addiction Disorder，IAD），临床上是指由于个体对互联网过度依赖而导致明显的心理异常症状以及伴随的生理性受损的现象，主要表现为过分依赖网络而失去对现实生活的兴趣。美国心理学家杨格提出了诊断网瘾的十条标准：下网以后总念念不忘网事；总嫌上网时间少而不满足；无法控制用网时间；一旦减少用网时间就焦躁不安；一上网就能消除种种不快；上网比上学做功课更重要；为上网宁愿失去重要的人际交往和工作；不惜支付巨额上网费；对亲友频频掩盖上网的行为；下网后有疏离感。只要具备上述十条中的四条，就可以判定为网络成瘾。

中学生网络成瘾的原因是多方面的。网络成瘾者绝大多数有内向、孤僻、敏感的性格特征，这类学生在学校、家庭中往往会被人忽视、经常失败、难以建立良好的人际关系。

三、中学生心理咨询主要方法

（一）学习问题矫正

面对升学压力的中学生在学习上很容易产生一定的心理困难，因此教师、家长等要及时帮助学生疏导和释放压力。

1. 学习动机不足的矫正

引导学生做出正确归因，建立良好的自我信念。要让低成就动机的学生认识到，一时一事的失败不意味着永远的失败，失败不是不可控原因造成的，每个人通过自己的努力是可以取得成功的。教师要帮助学生克服学业失败的自卑和无助感，帮助其建立良好的自我意识和自我信念，培养积极心态。

帮助学生建立适合他们的学习目标，鼓励学生接受有挑战性的任务。心理学家认为，太容易得到的成功不具有强化的价值，也不会提高学生的学习动机，太难的任务又很容易挫伤学生的积极性。因此，应该帮助学生建立适合自身发展且有一定难度的目标，让学生通过一定的努力才可以达到，这样他们既能感到成功的喜悦，又能够认识到想要获得成功必须付出努力。

开设学习动机辅导和培训课程。运用心理学有关动机的理论，设计一些活动课程或模拟训练，采用团体或个别辅导的策略，对学生学习动机、学习态度、时间管理、目标规划等进行有针对性的训练，从多方面激发学生的学习动机。

2. 学业压力过大以及考试焦虑的矫正

大部分学习压力过大或考试焦虑的学生表现出模糊的自我意识，他们往往对自我的期望值过高。为改变这种状况，可以要求当事人把自己有关考试的担忧写出来，并按照重要性排列等级，然后对消极的不合理的成分进行自我质疑和危害分析，从而确定自己对自己适当的期望值。

教师要在学生们平时的学习过程中提供优良的学习方法和策略，让学生们根据自己的实际情况来选择适当的学习策略和方法，督促学生进行阶段性的复习工作，制定健全的学习计划和合理的学习目标，避免考试前临时抱佛脚的现象。在考试过程中注意自己心态的调整，并合理运用应试技巧。

学生产生考试焦虑的一个很重要的原因，是他们对考试本身的过度注意，这种过度注意分散了对学习的注意。很多考试焦虑的学生将其注意力集中在诸如考试失败了应该怎么办等问题上，使他们在考试中无法正常回忆知识和思考问题。在考试过程中深呼吸或者数数可以缓解紧张；在平时的学习中，有一定的娱乐休闲时间来调节自己的状态，这往往可以使学生的学习效率事半功倍。

可以运用放松训练、暗示训练、系统脱敏法等减少和消除考试焦虑的发生。

（二）人际关系适应不良的矫正

帮助学生了解自己的个性特征，正确认识自己，发现自己的不足和优点，同时也可以让师生之间、同学之间、父母子女之间互相评价，增进了解，让他们互相明白对方对自己的看法，有利于化解矛盾，促进交往。

鼓励学生主动与家长、老师、同学进行交往，表明自己的心理需求，增强他们在交往过程中的自信心和主动性，避免中学生自我封闭。

交给学生一些交往技巧，帮助他们建立良好的人际关系。

组织一些角色扮演、角色转换的活动，促使学生学会站在他人的角度上思考问题，帮助他们减少人际冲突

如果有社交恐惧症等心理问题，则可以采用一些行为训练来缓解，如系统脱敏法、厌恶疗法、团体讨论法等。

（三）青春期心理问题的矫正

帮助中学生树立正确的人生观、价值观，让他们正确认识自己，树立自尊、自信、自强不息的人生态度，摆脱自卑情绪。

帮助中学生疏导和转移过剩精力，加强与他们的交流沟通，倾听他们的苦恼并给予理解和建设性意见，避免他们自我封闭。可以组织家长和学生、学生和学生、教师和学生之间进行面对面的开诚布公的谈话，也可以采用书信的形式让他们互相了解各自的想法。

适当给中学生自主性，不要事事为他们作决定，可以用温和的方式向他们提出建议，但尽量避免过度干涉。在他们做错的时候要及时恰当地进行批评和教育，但是要注意方式方法，切忌强硬死板的教育方法。

正确对待中学生"早恋"等问题。正常的男女同学交往，异性之间出现好奇、吸引是这个年龄阶段再正常不过的心理特征，家长和教师没有必要大惊小怪，更不需要联合起来向学生施压。对于那些真正"早恋"的学生，家长和教师应该采取理性的态度而不是强制的手段干预他们，从认知、情感等方面入手，让学生们认识他们当前的主要任务，引导他们转移注意力，顺利渡过这段时期。

进行适当的性教育，让中学生认识到自己出现的很多性心理是很正常的，不必为此感到羞愧和自责，同时教师还应该辅导学生如何消除一些非正常的性心理（如过度手淫、网络色情成瘾等），并指导学生驾驭自己的冲动，培养自己对色情媒体的自制力，还要教育学生树立正确的爱情观、婚姻观。

（四）自我同一性问题的矫正

帮助学生获得成功体验。家长和教师应该有意识地发展学生的自主性，培养他们的主体意识和自立能力，让他们认识到自己通过努力可以获得成功，体验自我效能感。

消除消极的教师期望。中学生对于教师对他们的看法和评价非常关注,希望自己给老师留下好印象。但是,教师对学生不公平的看法使得一些学生产生了自我贬低的意识,并使他们学习成绩下降,不良行为增加。因此,教师应该克服对学生的消极期望,特别是成绩或在校表现较差的学生,认识到每个个体的特殊性和发展潜力,尽量平等地对待每一个学生,使学生形成较好的自我价值感和良好的自我意识。

(五)网络成瘾的矫正

随着时代的发展,网络已经成为人们生活中必不可少的工具,完全制止中学生上网是不可能的。但家长和教师可以对孩子上网进行限时,并教导和培养他们的自制能力。在这个过程中,还可以拉近孩子和教师以及父母之间的距离,增进相互之间的交流。对于已经有网瘾的学生,家长、教师不要用过激的方法责怪孩子,应该以平等、协商的口气进行交流,帮助他们排解心中的困扰,转移他们的注意力,充实他们的精神生活,并尽量寻找可以替代网络的事物(如运动等)。

网络成瘾的学生往往在人际交往过程中体验过失败和挫折。教师和家长要多关心他们,鼓励他们走出自己的小世界,多去与他人交往,建立更积极和稳定的社会支持系统。

对于某些重度网络成瘾的学生,教师和家长可以带着他们去看心理医生,通过认知行为疗法、脱敏疗法并配合药物调整,改善他们的大脑功能和心理状态。同时还要帮助他们建立积极的心理状态,使他们更健康地发展。

第四节 职业学校心理咨询

随着社会就业压力的持续增加,很多职业学校的学生产生了心理失调或者心理障碍。对职业学校的学生进行心理辅导和心理咨询是很必要的。

一、职业学校学生心理发展特点

(一)智力发展

职业学校学生智力发展的情况与一般正常个体的发展情况大致相同,也是在 19 岁发展到顶峰,同时观察能力、记忆能力、想象力、思维能力等都随着年级的升高有所发展。

(二)情绪情感发展

职业学校的学生情绪具有两极性和矛盾性。两极性是指职业学校学生的情绪是稳定性与波动性、外显性与内隐性、暴发性与延续性并存的矛盾综合体。矛盾性是指职业学校学生在生理与心理、个人需要与社会需要、理想我与现实我之间的矛盾。

职业学校学生渴望友情的程度比一般同龄人要强烈，他们交往的核心是友情。这可能是由于职业学校学生较早认识到人际关系在今后就业和社会生活中的重要性，因此他们很珍惜同学友情。渴望爱情也是职业学校学生的另一大特点，职业学校学生正处在性生理发展成熟的时期，男女之间产生爱慕之情是很正常的。

（三）意志发展

由于心理发展还不成熟，意志品质尚未定型，意志行动容易受到情绪的影响，所以职业学校学生的意志仍然表现出不稳定的特点。他们在自觉性大大提高的同时还存在一定的惰性；自我控制情绪的能力大大增强但自制力仍显薄弱，容易受到外部环境的影响；果断性增强但是缺乏恒心，往往制订了一定的目标但是不能完全执行。

（四）自我意识发展

职业学校学生已经开始出现自我意识分化，开始区别"主体我"和"客体我"，对自己的角色有了新的认识。在自我意识分化的同时产生了自我意识的矛盾，这种矛盾体现在理想我和现实我、独立意识与依附心理、自尊心与自卑感、交往需要与自我封闭等方面的冲突。一旦学生发现自我出现这些矛盾和冲突，他们便会开始想办法解决。

（五）社会化发展

在职业学校中，学生的社会化会出现不足或者过度的现象。社会化不足主要表现为心理年龄的增长跟不上生理年龄的增长，造成了人生观、价值观选择的困惑；自认为社会化程度尚可，但实际上还不能很好地适应社会，甚至一遇到挫折就惊慌失措，易患心理障碍。社会化过度会使学生丧失自己的个性，在生活中八面玲珑、圆滑世故，有一定程度的自我丧失。

二、职业学校学生常见心理问题

（一）人格问题

在职业学校中，有些同学穿着打扮怪异，行为举止粗鲁，与同学关系不合，不遵守学校制度，常做出一些与自己学生身份不符合的事情。这样的学生常常会被认为有一定程度的人格缺陷。人格缺陷是在正常人格和人格障碍之间的一种人格状态，是人格发展的不良倾向。常见的人格缺陷有以下几种。

1. 悲观

职业学校学生由于录取分数相对一般普通院校的学生低一些，因此他们容易沉浸在悲伤的心情中,缺乏生活的动力和乐趣。特别是跟其他普通学校的同学一比,对自己产生了消极的评价,认为自己学习能力差,丧失了自信心。

2. 羞怯

有些职业学校学生过分害羞,见到陌生人不敢讲话,害怕和陌生人接触、打交道。凡事过于谨慎,总是怕别人讥笑,过分注意自己在别人心中的印象。通常羞怯者对自己的形象、表达能力、交往能力缺乏信心。

3. 猜疑

好猜疑的学生往往对别人的举动很敏感,常常觉得别人在做损害他利益的事情,久而久之,会造成学生人际关系不良,陷入孤独苦闷的状态。

4. 急躁

急躁的学生遇事易冲动,不能冷静地分析形势,而且缺乏耐心,竞争意识比较强,心情紧张,容易发怒。这些特点影响自身健康的同时还损坏人际关系。

(二)学习问题

1. 学习动机缺乏

职业学校的学生学习动机缺乏主要表现为逃避学习、注意分散、厌倦、学习方法不好等。学习动机缺乏可能是由于职业学校的学生对自己所选的专业不感兴趣,只是迫于家长、社会的压力才选择这个专业,这当然不可能激发学生的学习欲望。

2. 学习疲劳

学习疲劳是指因长时间持续学习,在生理、心理方面产生的劳累,致使学习效率下降,甚至头晕目眩不能继续学习的状态。学生学习疲劳分为两种。生理疲劳主要有肌肉酸痛、眼睛干涩、瞌睡。心理疲劳主要有注意力涣散、思维迟钝、情绪烦躁等。这些疲劳的出现会导致学生学习效率下降,严重的还会引起神经衰弱。学习疲劳的产生可能是由于学习活动过于紧张,学习任务比较繁重,学习环境不够舒适、学习方法不恰当等造成的。

3. 学习焦虑

学习焦虑表现为精神紧张、恐惧,面对学习压力不知所措,注意力无法集中,学习效率低下。特别是在考试时会出现呼吸急促、心跳加快、无法正常思考、记忆提取失败,还可能出现胡乱做答,早早离开考场的行为。学习焦虑特别是考试焦虑产生的主要原因可能是知识能力不足,应试技能较差,身体状况不佳,外部压力过大等。

(三)人际交往问题

1. 自我中心和社交自负

现在职业学校的学生大多数是独生子女,他们成长的环境使得他们做事情、想问题都是以自己为出发点，不考虑他人的看法和需要，并且傲气轻狂、居高临下，这必然导致社交失败。

2. 社交自卑和社交恐惧

有自卑心理的学生在交往中缺乏自信，凡事期望过高，不切实际，在交往中总希望自己的形象比较理想，这就造成他们在交往中恐惧不安，甚至害怕与他人交往。特别是在有过失败经历之后，学生对人际交往更加敏感，害怕与人交往，久而久之，拉大了与周围人的距离，造成交往困难。

3. 社交嫉妒和社交猜疑

具有多疑心理的人往往会觉得他人对自己不满，然后在生活中不断寻找证据，容易扭曲他人的善意，对他人的言行敏感多疑、缺乏信任。常使自己陷入人际交往的僵局。这类个体过分关注自己的利害得失，总是怕别人损害自己。当发现自己不如别人时，有些个体会产生一种嫉恨心理，甚至会用谣言等中伤他人，久而久之，他们会受到集体的排斥，从而产生交往困难。

4. 社交干涉

社会心理学家的研究发现，每个个体都需要有一个不受侵犯的个人空间，即使是再亲密的关系，个体也会对个人隐私有所保留。因此有些个体总是喜欢探听别人的隐私来娱乐自己，这就会让周遭的人感到厌恶，从而造成人际关系交往不良。

三、职业学校学生心理咨询方法

在职业学校的校园中让学生能接受心理咨询，学校不但要建立完善的心理咨询机制和配备专业的咨询师，还必须采用与校园氛围相适应的方法才能收到好效果。

（一）团体辅导与个别咨询相结合的方法

校园中的心理咨询活动多为教育性、发展性咨询，学生中的心理问题通常是轻度的心理困惑，还有部分学生对心理咨询带着模糊认识。因此，开展心理咨询通过走团体辅导与个别咨询相结合的道路才能真正起到帮助学生的作用，收到最大成效。

（二）灵活多样的心理咨询方法

开设心理健康教育课，让学生对心理健康教育从回避到主动寻求。通过课堂教育可以使学生建立心理健康理念，提高培养良好心理素质的自觉性，并且能够帮助咨询师及时了解学生的心理需求和心理问题，从而有针对性地给予援助和解决。

开设心理咨询知识讲座及开展心理训练，普及心理健康及心理咨询常识。针对不同层次、不同需求的群体有针对性地开展工作。学生在不同学习阶段会遇到不同的困扰,咨询工作就应抓住各个时期的关键点来开展工作,如新生多是入学后的适应性问题,毕业生是毕业后的择业、择偶等问题。

对团体辅导中发现的突出个案进行个别咨询与治疗。通过团体辅导会很容易地发现那些存在着明显心理障碍的学生,根据具体情况可以对他们进行个别咨询与治疗。将个人和团体辅导有机地结合起来,会使得心理咨询更加有效。

采用"走出去"与"请进来"相结合的方法。"走出去"是指在为学生建立心理档案的基础上,主动寻找、筛选、发现心理有障碍的学生,然后根据情况上门咨询,有计划地安排面谈,使其宣泄、调整,避免心理障碍进一步恶化。"请进来"就是主动约请有必要进行晤谈的学生来咨询、面谈。这种咨询不一定非在固定的房间内进行,可变换地点在优美、舒适、放松身心的环境中进行,这样可使谈话产生一种轻松的氛围。约谈的内容可以是某个问题,也可是某个心境。咨询过程可以较为灵活,因人、因事做出创造性的引导,以解决出现的问题。

采用自我调节与适当引导相结合的方法。职业学校的学生自认为有较好的调控能力,但又迫切希望老师能指点迷津,这就增加了咨询的难度。有效的办法是在启发诱导的基础上给予适当指导,不仅告诉他们怎么做更好,而且帮助他们分析为什么要这样做,促使其接受这种做法并将它内化为自己的行为准则。这样做比引导来访者自己找出解决方法更为困难。因此,采用自我调节与适当指导相结合的方法往往收效更好,不仅使来访者获得较大收获,更重要的是建立了学生对心理咨询工作的信任感,为在校园中开展心理咨询工作创造了条件。

第五节　大学生心理咨询

大学生处在青少年向成人期转变的阶段,在这一阶段,他们要面临环境适应、学业、经济、感情、就业等压力。由于他们的心理状态还不稳定,面对压力时,可能会出现适应不良甚至心理障碍。

一、大学生生理心理特点

(一)大学生生理发展特点

大学生已经进入成年初期。骨骼发育完成,身高增长逐渐停止。身体内部系统指标趋于平衡和成熟。生殖系统成熟,体力、精力都处于人生的鼎盛时期。

大学生已经具有较为稳定的知识结构和思维能力,思维品质、智力表现趋于稳定,逻辑记忆能力发展达到高峰。

(二) 大学生心理发展的一般特点

大学生处在青年中期,心理发展正在走向成熟,但由于他们的心理发展还不完全成熟,对社会的认识也不够深刻,总认为社会环境和自己设想的一样,这样一来他们往往会面对很多心理冲突。同时,大学生承受着较大的社会压力,为了适应不断变化、竞争日益激烈的社会,他们要不断地调整自己,明确自己的角色,处理好各种角色冲突,发展社会适应能力。可以说,大学时期是人生中心理变化最激烈的时期。从心理发展阶段来看,大学生是处在走向成熟而又没有真正完全成熟的阶段。

(三) 影响大学生心理健康的因素

1. 社会因素

当前我国正处于社会转型时期,社会结构的变化、利益分配的调整、中西文化的冲突、各种思想的涌入,使人们的思想、观念、心理、行为发生了一系列变化。大学生是社会中最活跃、最敏感的群体,他们往往最敏锐地感受到这种变化的冲击。由于他们正处于个性与观念的成熟期,生理与心理的趋于成熟与社会性的不成熟之间的矛盾,他们面临着冲破旧观念的束缚、树立新观念的压力常常感到难以适应,陷入压抑、不安、不知所措的心理状态,影响大学生们的心理健康,造成种种心理冲突。

竞争的压力导致心理失衡。大学生面临择业、就业问题,他们既希望参与竞争又担心失利,越是敏感的大学生,这种压力感和紧迫感就越明显,以致相当一部分大学生在未进入社会之前就感到紧张、恐惧,从而导致心理失衡。

2. 学校环境因素

生活环境改变带来心理的不适。学校的饮食、气候、语言习惯、作息制度、卫生习惯等都有可能与自己原有的情况差别很大。这些使大学生、尤其是大学新生感到不习惯、很陌生。有不少刚步入大学的大学生,缺乏独立和自理的生活能力。有些学生是第一次离开父母,他们往往适应能力差,过不习惯集体生活,产生对家人的强烈眷恋和依赖感,有的深感失落进而导致孤独寂寞等。

学习压力产生焦虑心理。不少同学在中学时表现十分优秀,大多具有自信、好强等心理特点,他们携带远大的理想和目标走进大学。但在入学后发现山外有山,有些同学失去了学习优势,自卑之情油然而生。一些同学产生了被同学超过的危机感和落在后面的紧迫感,还有的觉得自己处处不如人,产生了巨大的心理落差,盲目自卑,在心理上不容纳自己,产生焦虑心理。

人际交往障碍造成忧虑心理。大学里的同学由于来自不同的地域,文化背景、价值观念不尽相同,其个性、习惯的差异都比较大,同学之间较容易发生摩擦与冲突。有的学生自我保护意识过强,把自己的真实思想、感情、欲望掩盖起来,隔绝了人际交往,产生封闭心理。一些学生表现出不同程度的社交恐惧心理,他们过于自卑,凡事期望值过高,觉得自己处处不如他人,在交往中缺乏自信,畏首畏尾,恐惧交往,常常感到焦虑、痛苦、自卑。一些学生嫉妒心理强,对他人成绩、长处心怀不满,许多同学原在家中都是宠儿,以自我为中心的情绪很浓,很少顾及别人的感受,在人际交往中屡屡失败,从而感到失落、冷漠、孤独。大学生多数的交往障碍还表现在与异性的交往中。大学生由于心理与生理发育逐渐成熟,渴望与异性交往,渴望得到异性的友谊甚至爱情,但由于其心理尚未完全成熟,对爱情的理解过于浪漫而不切实际,理想中的交友恋爱和现实中的具体情况常发生矛盾,因而产生许多心理困惑。

3. 家庭环境因素

研究发现,大学生的心理健康状况与家庭有明显的关系,如果父母关系不良尤其是父母离异,往往会使大学生形成不良的性格特征,如冷漠、孤僻、自卑、多疑等,使得大学生在人际交往中往往表现出自私、敌视等心理和道德方面的缺乏。与父母关系较差或很少与父母联系的大学生容易产生忧虑情绪。

父母常常把全部的希望寄托在他们的子女身上,这种强烈的期望,一方面可以成为大学生们勤奋学习的动力,但另一方面也可能给他们带来很大的压力,一旦自己的学业成绩不好,这些学生可能会十分自责。

来自农村或城镇普通工薪家庭的不少贫困生,靠贷款、靠亲友的帮助进入大学,他们往往为筹集学费和生活费煞费苦心,经济上不堪重负。同学间在生活上的互相攀比,常使他们感到自己囊中羞涩而贬低自己,在同学面前抬不起头来,产生巨大的心理压力。

4. 个性心理因素

个体心理因素是影响、制约大学生心理健康的主要内因,它主要表现在以下几个方面:

个体的人格特征。人格是指个体在各种心理过程中经常地、稳定地表现出来的心理特点。它是一个统一的整体结构,是人的整个精神面貌和特征。人格特点与心理健康有着密切的关系。大学生个性已日趋成熟,但有些学生的个性特征中存在着不良方面,如怯懦、自卑、孤僻、狭隘、冲动、易偏激、以自我为中心。在一些研究和心理咨询中发现,不少心理障碍的类型都与人格缺陷有联系,如偏执性人格障碍导致固执、多疑、难与同学相处;强迫性人格障碍表现为过分的自我束缚、自我怀疑,常常紧张、苦恼和焦虑等等。许多神经症患者都有着某种特定的人格特征作为发病的基础。

自身价值观念的影响。大学生往往追求一种能够充分实现自我价值的生活。不少大学生以自我为中心，一心只为自己打算，丝毫不考虑他人和社会，这样，不仅难有良好的人际关系，而且个人愿望无法满足的痛苦经常困扰着他，常常感到焦虑不安，尤其是遇到挫折或达不到预期的结果，就容易产生心理上的不平衡。

认知方式的影响。大学生由于阅历浅，社会经验不足，对社会、对自己常常缺乏正确、全面的认识，不能客观辩证地看待问题，常常把失败和挫折看成是一成不变的结果，把不愉快的经历、暂时克服不了的困难凝固化。这种认知方式，常常使人产生偏见、形成偏执性格。

二、大学生常见的心理问题

（一）自我意识问题

大学生具有较强的自我意识，具有较高的优越感，并且给自己定下了远大的理想和抱负，但是当他们毕业面临找工作时，种种冷遇会让他们感到备受打击。面对现实与理想的差距，他们陷入了矛盾和冲突中。

大学生强烈的独立意识与难以摆脱的依附心理产生了很大的冲突。大学生进入大学集体生活，已经脱离了父母的直接管教，但是他们在经济上几乎全靠父母或学校的资助，同时，缺乏社会经验无法摆脱对老师、同学的依赖。因此大学生生活在渴望独立但又摆脱不了依赖的矛盾之中。

交往需求与自我封闭的冲突。大学生生活在集体中，有与人交往、追求爱和信任的需要，要朋友分享快乐、分担痛苦。但大学生往往出于对自我安全的考虑，在人际交往中存在戒心，把自己的想法封闭起来，与他人刻意保持距离，这使得他们生活得很孤独。

自尊心与自卑感冲突。大学生在高考中的胜出往往会使他们感到自豪并且对自己充满信心，但是他们进入大学以后接触到很多更加优秀的同学，特别是在各方面感到吃力时，极易产生自卑、焦虑的情绪。

（二）学习问题

大学里的学习与中学时代差别很大，大学学习更强调自主性与探索性，且无人监督，课程数目比以往更多，难度更大，进度也更快，很多学生因此在学习上产生了困难，成绩变差。这让一些学生出现了过分紧张或者自暴自弃的心理问题，还有一些学生习惯了家长、老师的严加管教，面对大学里突如其来的自由，一时间不知所措，不知道如何安排生活、学习，变得迷茫。

大学的学习十分强调学生的自学能力，课业进度很快，老师大多讲一些提纲挈领的东西，要求同学自己看的学习资料也很多，因此自学能力非常重要。有的学生还沿用中学的学习方法和状态，等着从课堂上吸取全部的知识，课后也不进行自学，这就造成了成绩下降，学业适应不良。

考试焦虑在大学生中普遍存在,并时常危害着大学生的心理健康。特别是在每学期的期末考试及英语四级、六级考试前,考试焦虑尤为严重。造成考试焦虑的原因主要是由于成就动机过高、缺乏对考试的正确认知,忽视考前的放松训练及自我心理调节等。

（三）人际交往问题

与中学时代相对单纯的交际来说,大学生的人际交往更加广泛、复杂。大学生面对来自不同地域,具有不同生活习惯的人,难免会引起一定的矛盾和摩擦。目前的大学生大多是独生子女,很大一部分人际交往能力差,自我意识过强,这样很容易导致人际关系处理不好。长时间在人际关系紧张状态下,大学生很容易出现抑郁、焦虑、紧张。还有部分大学生对大学里人际交往的对象有过高的期望,当事实并非如他所愿时,便会产生失落、不满的情绪。而这种情绪又反过来对他们的人际关系产生消极影响。

（四）恋爱问题

看到周围同学出双入对,有些学生暗自着急,渴望与异性交往,但又不知如何进行交往,或见到异性时就感到紧张、不知所措。究其原因,主要是怕自己在交往中给对方留下不好的印象,怕自己言行举止不得体等。由于对与异性交往的过高期望以及对自己的过高期望而导致不知所措、烦恼沮丧。

许多在恋爱中的学生不知如何调整与恋爱对象的关系,时常会发生矛盾,这些烦恼占据了他们很多时间,并且使他们的情绪状态不稳定,影响他们的正常生活。

一些大学生失恋后不能从不良情绪中及时调整过来,把失恋看成是极其严重的事件,这会使他们的情绪、自我评估、人际交往、学习和生活规律等受到不同的冲击,由此产生许多心理问题。

（五）就业问题

近些年来,由于大学扩招,社会竞争越来越激烈,大学生想找到理想的工作越来越困难。从小到大的辛苦学习和巨额的学费支出使大学生对工作抱有很高的期望,但是现实的残酷又使他们这一期望落空。特别是对大学高年级学生来说,巨大的心理压力使他们心里焦虑、担忧。

（六）网络成瘾问题

大学生自由支配的时间很多,有一些大学生就把大块的时间花在网络上。特别是那些在现实生活中不如意的学生,会把虚拟网络当成解决现实问题的一种媒介,在虚拟世界获得支配感和成就感,但这会使他们更加脱离现实社会。网络的过度使用会导致大学生心理各种各样的障碍,比如反应迟钝、情绪低落,其乐群性、交际能力也大大降低,有些人甚至在真实的世界中很难生活。

三、大学生心理咨询主要方法

（一）建立全体学生的心理健康档案

通过采用多种心理测验量表,如大学生心理健康调查表(UPI)、心理健康自评量表、艾森克个性问卷(EPQ)、考试焦虑量表等对大学生施测,了解大学生在相应因子及维度上的得分,对大学生的整体心理健康水平有全面了解和掌握,从中筛选出有心理问题倾向的学生予以干预(访谈、咨询、心理训练等)。

（二）扩大心理健康知识的宣传

定期面向全体学生举行有关心理健康方面知识的专题讲座,向大学生宣传有关心理健康方面的知识,并回答同学们提出的问题。这样的讲座不仅可以解决一些大学生中比较普遍的问题,而且还可以促进有较严重问题的同学尽快了解自己的问题的性质,并促使他们尽快地接受有关的治疗和帮助。

（三）针对不同年级开展相应工作

心理咨询应将新生入学教育作为一个必不可少的环节。要从新生的实际情况出发,指导和帮助他们在新环境下,迅速适应和进入新的角色。如适当地介绍大学学习的特点、专业情况、人际关系特点以及自我重新确认的问题等。对大学二、三年级学生,重点解决与学习和人际关系相联系的问题,帮助他们克服自己的障碍,更多地了解和关心他们各自的实际问题,如恋爱问题、考试焦虑及学习心理调节等。对大学四年级学生,重点解决与升学就业有关的实际问题。在心理咨询中,重点关注他们在自我发展中的不平衡问题以及选择与现实的冲突等。

（四）多方配合、协同工作

由于心理健康知识讲座不能为大学生提供及时、有效的帮助,加之专业的心理咨询师毕竟只是少数,因此需要发挥从事学生思想工作的广大教师、班主任及党团组织的作用,对他们提供一定的心理卫生方面常识的培训,充分发挥他们的作用。

可以大力发展朋辈心理辅导等心理咨询模式。朋辈辅导(Peer counseling)是指由经过心理辅导知识传授与技巧训练的同学、同事等非专业心理辅导员进行的心理辅导活动。它和专业心理辅导、团体辅导、心理课程一起构成学校心理辅导体系的组成部分,是学校心理辅导体系的进一步延伸,也是对专业心理咨询的重要补充。有关研究发现,多数大学生遇到心理困扰,最先向朋友倾诉和寻找帮助,极少数人寻求专业的帮助。所以,朋辈辅导逐渐受到重视和运用,成为高校心理辅导重要的形式之一。

第六节　特殊学校心理咨询

除了接受常规教育的少年儿童以外,还有一个特殊群体的心理健康问题值得关注,这就是特殊儿童,这些儿童包括因残疾、学习困难和其他特殊性而需要特殊教育的儿童。

一、特殊儿童生理心理发展特点

特殊儿童与普通儿童存在一定的共性。特殊儿童的身体发展和正常儿童一样,也遵循一般规律,经历着各个发展时期。心理发展也基本上遵循由低到高、由简单到复杂的顺序。但是特殊儿童也有着自己的特殊性:身心缺陷明显多于普通正常儿童,个体差异大于正常儿童,学习和生活能力明显差于正常儿童。考虑到这些因素,在对特殊儿童进行心理教育和咨询时,需要在普通的心理咨询方法上加上特定的教育理念和训练方法,才能有效地促进他们的发展。

二、特殊儿童心理咨询理论

以特殊儿童为咨询对象的心理咨询应有针对性地采用有关的心理咨询理论才能帮助特殊儿童解决心理问题。下面介绍适用于特殊儿童心理咨询的 6 种主要理论。

（一）儿童辅导理论

儿童辅导理论是为全体学龄儿童提供力所能及的发展性服务。服务对象包括正常学生和发展障碍的学生,既有团体咨询又有个体咨询。尽管心理学家们对儿童辅导的目标提出了不同的看法,但是在这几个基本问题上的看法是一致的:辅导过程应该有助于儿童的心智发展、人格成熟和心理健康。辅导过程应有助于教师教育、教学活动合理化、科学化。辅导过程应有利于学校与家庭、社会的联系。辅导过程应有利于学生问题行为的转变和校园生活的适应。辅导者可以采用直接咨询、间接咨询协调校内外各方面的环境,增强情感教育等进行心理辅导工作。这个理论强调学校教育环境对儿童心理健康维护的作用,适用于指导特殊学校的教师营造学校心理健康教育的氛围,发挥学校的环境因素对特殊儿童心理健康的教育作用。

（二）逻辑结果理论

逻辑结果理论的出发点是尊重儿童的心理需要,按照行为发展的自然规律,引导儿童在正常的挫折体验中成长。当儿童出现不良行为时,惩罚会使他们产生消极的心理效应,因此不如利用现实情境使儿童自然而然地体验不良行为的逻辑后果,此时,儿童会意识到行为和结果之间的联系,并重新考虑新的行为策略,逐渐消除不良行为。在对特殊儿童的心理咨询中,这种理论适用于听觉障碍、视觉障碍、行为障碍等儿童,要从他们的认知特点出发,引导他们体会行为后果带来的不良感受。

（三）游戏治疗理论

游戏治疗的突出特点是心理治疗中应用游戏作为沟通媒介,因此游戏治疗定义为通过游戏手段对儿童的心理和行为障碍进行矫正和治疗。游戏并不是治疗的目的而是一种治疗手段,是任何一种心理治疗中均可以使用的工具。在游戏治疗过程中咨询师要尽早与儿童建立友善关系,接受儿童真实的一面,尊重儿童、了解儿童,引导他们自己觉悟,不要强求治疗进程。游戏治疗理论应用了多种游戏形式,吸引儿童参与到心理咨询过程中。在这个过程中,儿童可以选择自己喜欢的游戏,在被关注的环境中获得积极体验。游戏有很多不同类型,可以满足有不同障碍的特殊儿童。

（四）家庭治疗理论

家庭治疗理论认为家庭是一个动力结构,每个成员之间都是相互联系的,家庭中某一个成员出现心理问题,往往是家庭成员互相作用的结果。因此对于个体心理障碍的治疗,最好放在家庭系统里进行。家庭治疗需要父母等家庭成员的配合。家庭治疗重在重新调整家庭结构和成员之间的关系,促进家庭成员之间的沟通,发挥家庭对个体的功能,帮助建立家庭情感支持系统。对于特殊儿童来说,家庭具有举足轻重的地位,父母对有障碍的儿童会采用特殊的教养方式。不良的家庭环境对于特殊儿童来说会有更大的影响,因此在特殊儿童咨询过程中,咨询师一定要跟家长及时沟通,让家长配合积极治疗。

（五）团体咨询理论

团体咨询是在团体中进行的,它强调集体中个体之间的交互作用,使得个体在交往中认识自我,调整、改进与他人的关系,改善态度和行为方式,从而更好地适应实际生活。团体咨询重点在于制定好一定的团体行为规则,组织好团体活动,控制好团体人数。团体咨询对于特殊儿童的人际交往、自我认识不足等问题具有良好效果,但是交流能力缺乏的特殊儿童就不宜用这种咨询方式。

（六）生活分析理论

生活分析理论是日本心理学家松原达哉提出来的,是指来访者在咨询师的指导下,对自己当前的生活内容进行有条理的分析和反省,通过这种分析、反省达到自我检查、自我激励的目的。可以用一些道具来制作生活分析图,可以把自己生活中所经历的事情都写下来,但是这种方法比较繁琐,可以用于解决高年级听觉障碍或者视觉障碍儿童的学习习惯不良问题,但是对于认知能力障碍的特殊儿童来说这个方法并不适用。

三、特殊儿童的心理咨询

(一)视觉障碍儿童的心理咨询

1. 视觉障碍儿童常见心理问题

孤独感。由于视觉障碍,他们看不到自己和他人的行为,不能与他人进行正常的面对面交流,常常处在一种被动的状态之中。他们常常怕自己给别人带来麻烦,因此经常把自己封闭起来,久而久之感到自己不被别人理解,不被社会大众接受,孤独感油然而生,并且这种感觉日益增强。一些研究表明盲童的孤独感与父母教育方式和社会支持有一定的关系,要减轻盲童的孤独感就要动员父母、学校以及社会大众改变对他们的看法,尊重他们、照顾他们。

自卑感。有视觉障碍的人大多数认为自己有生理缺陷,不能和正常人一样进行各种活动,在很多方面都存在更多的困难,大众会把他们与正常人区别对待,甚至还会受到冷落和歧视,所以他们会感到深深的自卑,感到自己没用;生活没有意义,从而意志消沉,甚至有轻生的念头。

怨恨感。由于受到各种不公平的待遇,视觉障碍者往往会感到气愤,他们有时会迁怒到自己身边的人,甚至会抱怨父母和家人对自己照顾不当,认为别人对自己的失明也应该付出责任,觉得生活对自己不公平,从而产生怨恨、厌世的情绪。

内疚感。由于视觉障碍者无法像正常人那样正常工作,他们常常需要他人的照顾和关怀,他们会产生一定的内疚感,认为自己是他人的累赘,拖累他人。

依赖性。由于经历长期的不良情绪体验,加上父母的过度关注,盲童很容易养成依赖性,他们习惯周围的人照顾他们,让着他们,喜欢别人向自己提供帮助,对那些对自己好的人产生高度的信任和依赖,自己不愿意独立面对生活,独立生活能力较差。

猜疑性。视觉障碍的人由于看不到东西,感知事物不完整,不充分,对待周围的人或者事物往往会出现片面、主观的看法,并且对别人的劝说不轻易相信,猜疑心很重。

2. 视觉障碍儿童心理咨询

视觉障碍儿童的心理健康维护要从早期教育开始,主要包括建立良好的亲子关系,进行平等教育,加强行为习惯的教育,帮助盲童正确认识自己并且养成良好的生活习惯。

在特殊学校里开展心理健康教育和心理咨询。尽快建立完善盲生的心理档案,不断开发残疾学生心理健康教育教材,建立专门的心理咨询中心,对盲生定期进行心理咨询和辅导,及时调整盲生的心理状态,并且指导他们更好地融入社会生活,促进他们的自我发展。

把心理健康教育融入其他课程或者生活中去,综合各种教学方法,对盲生进行心理教育。

建立良好的人际支持系统,教师要与盲生建立良好的师生关系,并且教师要联系盲生的父母,双方配合起来对盲生进行教育。

（二）听觉障碍儿童心理咨询

听觉障碍往往伴随着语言障碍,听觉障碍儿童的学习和认知活动会受到很大的影响,在情绪、个性以及行为方面会出现一系列心理障碍。

1. 听觉障碍儿童常见心理问题

不良的自我认知。由于听觉能力的丧失,听觉障碍儿童无法与环境进行正常的言语交流,无法与他人沟通,难以融入社会生活,在学习活动中也会遇到很多困难。因此他们总是放大自己的障碍,产生自卑情绪,并且喜欢独处,久而久之,形成不合群的性格。

敏感多疑。听觉障碍儿童对周围事物很敏感,容易产生错觉,由于语言能力的缺失,思维还停留在具体阶段,抽象思维水平比较低,因此对复杂的关系难以做出正确的判断。

情绪急躁。由于听力和言语能力的丧失,听觉障碍儿童接受信息不够全面,认知水平有限,会产生理解偏差,他们往往表现得不善于控制自己的情绪,容易产生不良而强烈的情绪体验。

研究发现,听觉障碍儿童的心理问题在性别和地域上存在差异,听觉障碍男童在躯体化、精神病和偏执因子上显著高于听力残疾女童,农村听觉障碍儿童的心理健康情况比城市儿童要差。

2. 听觉障碍儿童心理咨询

提高聋哑学校教师的心理健康教育和咨询水平。设立专门的教育课程和咨询中心,让教师们正确认识心理健康教育的内容以及听觉障碍学生的心理发展特点和常见的心理问题。

重视社会支持系统。听觉障碍儿童心理健康水平的提高需要学校、教师、家长、社会的共同支持,这些系统应该照顾听觉障碍儿童的需要,增加手语、字母等交流手段来促进与这些儿童的交流。

丰富辅导和咨询的方法。为每个学生建立心理档案,及时了解他们的心理健康状况。开设健康活动区,诸如聊天角、发泄角、角色扮演等,让学生们在这些活动中释放自己的心理压力,重获良好的心理状态。通过团体心理咨询改善听觉障碍儿童交往困难的状况,大家一起分享自己的心情故事,有助于增进互相之间的理解,发展交往技能,并且有助于形成积极的自我概念和情感体验。鼓励听力残疾儿童与同伴的交往,这样既可以满足他们的交往需要,也可以帮助他们建立社交信任感。

(三)智力障碍儿童心理咨询

1. 智力障碍儿童的心理特征

智力障碍儿童感知觉速度较为缓慢,记忆能力较差,思维水平较低,生活能力较差,情感控制性较弱。身心发展脱节,不能像普通儿童那样认识周围环境,有些儿童还伴有其他身体或精神疾病,因此在他们身上会出现很多心理问题。

智障儿童的适应性较差,他们缺乏参与集体活动的主动性,人际关系处理不好,学习积极性不高,做事缺乏恒心,耐挫力也很弱,常常不能很好地控制自己并且脾气比较固执,独立性较弱,常常依赖他人。随着障碍程度的加重,儿童表现出的心理障碍和问题行为就越多。

2. 智力障碍儿童常见心理问题

由于认知水平低下,并伴有其他精神障碍和躯体疾病,智障儿童往往在生活和学习上长期受到挫折。年幼时他们过分依赖父母,随着年龄的不断增长,他们有的也开始想要独立地处理事情,但是苦于自己能力有限,他们便会产生自责的情绪,埋怨自己不争气,有时候独自面对外界,对压力产生恐怖情绪。

智力障碍儿童的自控能力较差,缺少对事物理性的判断,会受到情绪的支配,并且不考虑行为的后果。他们对外界刺激分辨不清,容易冲动。另外,他们难以长时间把注意力集中在一件事情上。

处在青春期的智障学生与正常学生相比,有明显的孤独感,遇到困惑无处倾诉,难以融入同伴群体中。不同智障程度的儿童的心理特点是有差异的,随着智力障碍程度的加重,他们自己控制自己行为的能力就越低,采用行为矫正的方法对改变他们的自我控制能力将起到一定作用。

3. 智力障碍儿童的心理咨询

建立学生的心理档案,根据智障程度不同,尽量给予学生们有区别的对待。

开展多种多样的心理健康教育活动,主要包括心理辅导课、个别心理咨询和主题活动等等。可以进行集体教学、团体咨询也可以进行个别咨询,在咨询过程中采用多种心理健康教育和咨询技术。由于智障儿童的心理发展具有特殊性,言语式的沟通方式不一定适用于他们,因此心理咨询师可以采用游戏、戏剧、音乐、美术等治疗的手段对他们进行心理咨询。

（四）情绪障碍儿童心理咨询

儿童情绪障碍是发生在儿童少年时期以焦虑、恐怖、抑郁为主要临床表现的一组心理问题。情绪障碍包括焦虑症、恐怖症等。这类心理问题的矫正主要以心理咨询为主。

1. 厌学症

厌学症儿童主要的表现是讨厌学习,对学习提不起兴趣。

导致儿童厌学的原因,一是压力过大的教学方式。学业压力过大,学习内容枯燥晦涩,缺少课外活动会使学生产生强烈的厌学情绪。二是不恰当的家庭教养方式。父母给孩子太高的期望和过多的要求,只重视分数,还会为考不好而打骂孩子,这会使孩子产生厌学的情绪。三是一些不良的社会风气,会使儿童产生厌学情绪。

厌学症儿童心理咨询策略:在学校教育中,教师应尽量减轻学生的负担,大力激发学生的学习兴趣,鼓励学生积极进取,处理好师生关系,不要惩罚学生,让学生在充满支持、温暖的环境中学习,这对改善他们的厌学情绪十分有帮助。在家庭教育中,父母要正确认识孩子的学习能力,不要给他们过高的期望,积极鼓励他们不断进取,帮助他们设立更高的学习目标,激发他们的学习动机。

2. 焦虑症

焦虑症是指持续的精神紧张或发作性惊恐状态,这些状态并非由实际威胁引起,或者紧张程度与现实事件不符合。按焦虑持续时间可分为急性焦虑发作、慢性焦虑。按焦虑症状的特征及诱因可分为分离性焦虑、过度焦虑反应、处境性焦虑。

儿童产生焦虑的原因有很多:焦虑的儿童神经类型多为弱型,表现为自卑,对别人的言行十分敏感,自我防卫意识较强,意志较弱。父母对孩子的教育方式不恰当,一旦孩子犯了错误,常常惩罚他们,由此儿童时常提心吊胆、缺乏自信。家长关系不合,家庭气氛紧张,孩子多疑、敏感。有的家长本身的焦虑情绪也会对孩子产生消极作用。学习压力重,教师和老师过高的期望,加重了儿童的心理负担,他们不得不为分数而担心和焦虑。

焦虑症儿童心理咨询策略:咨询师首先要找出引起儿童焦虑的源头,采用心理治疗以及教育引导相结合的方法。提倡采用支持性心理治疗,当焦虑症儿童出现焦虑情绪时,家长和老师要给予他们理解,耐心听他们诉说自己的烦恼,帮助他们想出解决的方法,让他们感到自己不是孤单的。当他们做出正确的行为时,家长和教师要及时给他们以鼓励,从而强化这种正确的行为。鼓励焦虑症儿童与同龄人交往,提高自己的人际交往能力和适应能力。有的儿童出现严重的焦虑症状,甚至影响了饮食、睡眠,这时就要采用药物治疗,在医生的指导下,用抗焦虑的药缓解躯体症状,同时还要结合心理咨询。

3. 强迫症

强迫症包括强迫观念和强迫行为。强迫观念表现为多种毫无意义的想法或者印象;强迫行为表现包括强迫计数、强迫洗手、强迫检查,这样的仪式行为一天会出现很多次。强迫症患者无法控制这些强迫观念和强迫行为的出现,有时候两者可能同时出现。

强迫症的成因大概可分为主观因素和客观因素。主观因素:有些儿童先天性心理素质不良,做事谨慎、胆小、犹豫不决,常常对事情思考过多,自责心理较强,过于在乎别人的眼光。客观因素:高度的精神紧张,突然的精神创伤,严重的躯体疾病等生活事件是诱发强迫症的重要因素。

强迫症儿童心理咨询策略:采用支持疗法帮助儿童树立克服病态的信心,鼓励他们多与他人交往,逐渐养成良好的性格特征。引导家长、教师正确认识儿童的症状,让他们把儿童强迫行为的情境列出,家长和教师必要时可以强行阻止儿童强迫行为的出现,并分散他们的注意力,防止儿童一直把注意力集中在强迫观念和行为上。对于严重患者,可以采用药物和心理治疗相结合的方法。

4. 抑郁症

抑郁症是以情绪抑郁为主要特征的神经官能性障碍。情绪失常是抑郁症的主要症状,但有时初期症状并不明显,容易被忽略。儿童由于语言和认知还没有完全发展,对情绪体验表达不完善,通常表现为心情低落,对活动没有兴趣,食欲下降,注意力不集中,思维能力下降,自我评价过低,一般来讲,学龄前儿童抑郁症患病率很低,随着年龄的增大,患病率有增加趋势,女性多于男性。

抑郁症成因主要分遗传因素和环境因素。遗传因素:有研究表明抑郁症儿童的父母患抑郁症的较多。在与抑郁症儿童有亲属关系的人群中,情感障碍患者比例较高。环境因素:儿童生活中的重大事件,例如幼年丧母、父母离异、自然灾难、身心受到虐待等等是儿童抑郁症重要的诱发事件。生活压力过大,儿童容易产生无助感,对自己和周围的事物产生消极的看法,无助感是产生抑郁症的主要心理机制。

抑郁症儿童心理咨询策略:咨询师要帮助儿童减轻心理负担,培养他们对待生活的乐观态度和坚强性格,积极帮助他们调整亲子关系和同伴关系。对于有明显悲观情绪甚至轻生念头的青少年,要配合药物治疗,耐心疏导,并且对这些个体进行密切监护,防止意外事件的发生。

参 考 文 献

1. 车文博. 西方心理学史. 杭州：浙江教育出版社,2002

2. 车文博. 弗洛伊德文集——自我与本我. 长春：长春出版社,2004

3. 陈麒. 中国心理咨询发展的历史回顾与前景趋势. 中国临床康复,2006,10(46)：158—160

4. 陈社育. 我国古代心理测量思想述评. 江苏教育学院学报(社科版),1999,(4)：48—53

5. 陈智. 心理咨询：实用咨询技巧与心理个案分析. 成都：四川大学出版社,2002

6. 崔光成. 发展心理学. 北京：人民卫生出版社,2007

7. 董奇. 心理与教育研究方法. 北京：北京师范大学出版社,2004

8. 樊富珉. 团体咨询的理论与实践. 北京：清华大学出版社,2004

9. 樊富珉. 团体心理咨询. 北京：高等教育出版社,2005

10. 冯观富. 学校心理辅导的组织与管理. 广东：世界图书出版公司,2003

11. 高觉敷. 中国心理学史. 北京：人民教育出版社,1985

12. 高觉敷. 西方近代心理学史. 北京：人民教育出版社,2001

13. 高美华. 高职生心理健康教育. 北京：北京航空航天大学出版社,2007

14. 顾海根. 学校心理测量学. 南宁：广西教育出版社,1999

15. 郭黎岩. 小学生心理健康与辅导. 北京：高等教育出版社,2008

16. 郭念锋. 心理咨询师(三级). 北京：民族出版社,2005

17. 郭念锋. 心理咨询师(二级). 北京：民族出版社,2005

18. 何侃. 特殊儿童心理健康教育. 南京：江苏大学出版社,2008

19. 黄惠惠. 团体辅导工作概论. 成都：四川大学出版社,2006

20. 黄丽华. 团体社会工作. 上海：华东理工大学出版社,2003

21. 黄希庭,郑涌. 大学生心理健康与咨询. 北京：高等教育出版社,2007

22. 江光荣. 心理咨询与治疗. 合肥：安徽人民出版社,2001

23. 江光荣. 心理咨询的理论与实务. 北京：高等教育出版社,2005

24. 金瑜. 心理测量. 上海：华东师范大学出版社,2001

25. 景怀斌. 儒家思想对于现代心理咨询的启示. 心理学报,2007,39(2)：371—380

26. 荆其诚. 当代国际心理科学进展. 上海：华东师范大学出版社,2006

27. 赖雪芳,黄钢等. 儿童游戏治疗的研究及应用. 医学综述,2009,15(3)：404—407

28. 李百珍. 青少年心理卫生与心理咨询. 北京：北京师范大学出版社,2005

29. 林崇德. 咨询心理学. 北京：人民教育出版社,1999

30. 林崇德,杨治良,黄希庭. 心理学大辞典. 上海：上海教育出版社,2003

31. 林孟平. 小组辅导与心理治疗. 北京：商务印书馆,1993

32. 林万贵. 精神分析视野下的边缘性人格障碍——克恩伯格研究. 福州：福建教育出版

社,2008

33. 刘世清,姚本先.欧美国家学校心理健康教育的现状、趋势及启示.教育发展研究,2004,7:127—129

34. 刘素芬.国外学校心理咨询载体运用的启示.思想政治教育研究,2009,25(3):127—129

35. 刘晓明,张明.心理咨询的理论与技术.长春:东北师范大学出版社,2002

36. 刘宣文.心理咨询技术与应用.宁波:宁波出版社,2006

37. 刘勇.团体咨询治疗与团体训练.广州:广东高等教育出版社,2003

38. 刘勇.团体心理辅导与训练.广州:中山大学出版社,2007

39. 鲁龙光.心理疏导疗法.南京:江苏科学技术出版社,1996

40. 马建青,王东莉等.心理咨询流派的理论与方法.杭州:浙江大学出版社,2006

41. 马建青.大学生心理卫生.杭州:浙江大学出版社,2003

42. 马立骥,张伯华.心理咨询学.北京:北京科学技术出版社,2005

43. 潘菽,高觉敷.中国古代心理学思想研究.南昌:江西人民出版社,1983

44. 裴学进.森田疗法的可能发展方向——从"为所当为"到"为所乐为".中国心理卫生杂志,2009,23(3):162—165

45. 彭聃龄.普通心理学.北京:北京师范大学出版社,2004

46. 钱铭怡.心理咨询与心理治疗.北京:北京大学出版社,1994

47. 尚毅.职业学校学生的心理危机及对策.河南社会科学,2004,12(4):138—139

48. 沈德灿.精神分析心理学.杭州:浙江教育出版社,2005

49. 石向实.认识论与心理学.北京:东方出版社,2006

50. 王登峰.临床心理学.北京:人民教育出版社,2008

51. 王登峰,张伯源.大学生心理卫生与咨询.北京:北京大学出版社,1995

52. 王凤,刘新萍.职业学校学生心理健康现状及对策研究.科技信息,2007,5:170

53. 汪凤炎,郑红.中国文化心理学.广州:暨南大学出版社,2004

54. 王惠.我国古代"知人"中的心理测量思想.扬州教育学院学报,2006,12(4):47—50

55. 王玲,刘学兰.心理咨询.广州:暨南大学出版社,2005

56. 王书荃.学校心理健康教育概论.北京:华夏出版社,2005

57. 王小英,张明.心理测量与心理诊断.长春:东北师范大学出版社,2002

58. 汪新建,俞容龄.家庭治疗的价值形成.中国心理卫生杂志,2005(12):54—56

59. 吴武典.团体辅导手册.台北:心理出版社,1997

60. 伍新春,胡佩诚.行为矫正.北京:高等教育出版社,2005

61. 夏林清.大团体动力:理念、结构与现象.台北:五南书局,2002

62. 徐俊冕,季建林.认知心理治疗.贵阳:贵州教育出版社,1999

63. 徐西森.团体动力与团体辅导.广东:世界图书出版公司,2003

64. 许燕.心理咨询与治疗.合肥:安徽人民出版社,2007

65. 燕国材.先秦心理思想研究.长沙:湖南人民出版社,1981

66. 燕国材.中国心理学史.北京:人民教育出版社,1998

67. 燕国材.中国心理学史资料选编(第一卷).北京:人民教育出版社,1990

68. 燕国材.中国心理学史资料选编(第二卷).北京:人民教育出版社,1989

69. 燕良斌.中国古代评定智力的若干标准.湖南师范大学社会科学学报,1996,3:132—137

70. 杨伯峻.论语译注.北京:中华书局,1980

71. 杨凤池.咨询心理学.北京:人民卫生出版社.2007

72. 杨广学.心理治疗体系研究.长春:吉林人民出版社,2003

73. 杨宏飞.心理咨询原理.杭州:浙江大学出版社,2006

74. 杨玲,赵国军.学校心理学:学校心理辅导与咨询.兰州:甘肃教育出版社,2006

75. 杨晓春.中国古代人格心理学思想.心理学动态,1997(3)

76. 杨鑫辉.心理学通史(第一卷).济南:山东教育出版社,2000

77. 杨鑫辉.新编心理学史.广州:暨南大学出版社,2003

78. 叶浩生.心理学通史.北京:北京师范大学出版社,2006

79. 叶奕乾,何存道,梁宁建.普通心理学.上海:华东师范大学出版社,2004

80. 余书麟.中国儒家心理思想史.台北:心理出版社,1987

81. 张厚粲.行为主义心理学.杭州:浙江教育出版社,2003

82. 张建夕.心理测量的贡献与局限.四川心理科学,1997(2):31—34

83. 章竞思,张秀琴.中国古代个性心理测量的研究.山西大学学报(哲社版),2001(1):96—99

84. 张日昇.咨询心理学.北京:人民教育出版社,1999

85. 张淑敏.朋辈辅导在大学生心理健康教育中的应用性研究.社会心理科学,2006(1):100—104

86. 赵芳.家庭治疗:一种分析人类行为的新框架.南京师大学报(社会科学版),2008,9(1):105—109

87. 曾文星.性心理的分析与治疗.北京:北京大学出版社,2002

88. 郑日昌.心理测量学.北京:人民教育出版社,2005

89. 郑日昌,江光荣,伍新春.当代心理咨询与治疗体系.北京:高等教育出版社,2006

90. 郑雪.中学生心理健康教育.广州:暨南大学出版社,2001

91. 朱腊梅,王小晔.中国心理测量近二十年发展的述评与思考.心理科学,2000,23(2):223—226

92. (奥)西格蒙德·弗洛伊德著.精神分析引论.高觉敷译.北京:商务印书馆,1984

93. (奥)西格蒙德·弗洛伊德著.弗洛伊德后期著作选.林尘,等译.上海:上海译文出版社,1986

94. (奥)西格蒙德·弗洛伊德著.精神分析引论新讲.苏晓离,等译.合肥:安徽文艺出版社,1987

95. (奥)西格蒙德·弗洛伊德著.精神分析导论讲演.周泉,等译.北京:国际文化出版社,2000

96. (奥)西格蒙德·弗洛伊德著.弗洛伊德自传.廖运范译.北京:东方出版社,2005

97. （奥）西格蒙德·弗洛伊德著.梦的解析.周艳红,等译.上海：上海三联书店,2008

98. （德）赫尔穆特·E·吕克著.心理学史.吕娜,等译.上海：学林出版社,2009

99. （美）艾德·雅各布等著.团体咨询的策略与方法.洪炜,等译.北京：中国轻工业出版社,2000

100. （美）艾琳·戈登堡等著.家庭治疗概论(第六版).李正云,等译.西安：陕西师范大学出版社,2005

101. （美）艾伦·E·艾维等著.心理咨询的技巧和策略——意向性会谈和咨询.时志宏,等译.上海：上海社会科学院出版社,2005

102. （美）艾伦·艾维等著.心理咨询与治疗理论——多元文化视角(第5版).汤臻,等译.北京：世界图书出版公司,2008

103. （美）贝克著.认知疗法：基础与应用.翟书涛,等译.北京：中国轻工业出版社,2001

104. （美）贝克等著.人格障碍的认知治疗.翟书涛,等译.北京：中国轻工业出版社,2004

105. （美）波林著.实验心理学.高觉敷译.北京：商务印书馆,1981

106. （美）戴维·L·华生,等著.自我导向行为(第九版).陈侠,等译.北京：中国人民大学出版社,2009

107. （美）菲利普著.健康心理学.胡佩诚,等译.北京：中国轻工业出版社,2000

108. （美）菲尔·乔伊斯,等著.格式塔咨询与治疗技术.叶红萍,等译.北京：中国轻工业出版社,2005

109. （美）赫根汉著.人格心理学导论.何瑾,等译.海口：海南人民出版社,1986

110. （美）赫根汉著.心理学史导论.郭本禹,等译.上海：华东师范大学出版社,2004

111. （美）卡尔著.论会心团体.张宝蕊译.北京：中国人民大学出版社,2006

112. （美）柯瑞著.心理咨询与治疗的理论及实践.石林,等译.北京：中国轻工业出版社,2004

113. （美）柯瑞著.团体咨询的理论与实践.刘铎,等译.上海：上海社会科学院出版社,2006

114. （美）莱帕洛特著.咨询与心理治疗(第三版).郭本禹,等译.北京：高等教育出版社,2009

115. （美）莱希著.认知治疗技术——从业者指南.张黎黎,等译.北京：中国轻工业出版社,2005

116. （美）罗杰著.改变心理学的40项研究——探索心理学研究的历史.白学军,等译.北京：中国轻工业出版社,2004

117. （美）罗杰斯等著.来访者中心治疗：实践、运用和理论.李孟潮,等译.北京：中国人民大学出版社,2004

118. （美）罗杰斯著.个人形成论——我的心理治疗观.杨广学,等译.北京：中国人民大学出版社,2004

119. （美）马裘丽·韦夏著.认知治疗学派创始人：贝克.廖世德译.上海：学林出版社,2007

120. （美）米尔滕伯格尔著.行为矫正：原理与方法.石林,等译.北京：中国轻工业出版社,

2004

121. （美）欧文·D·雅文著. 团体心理治疗：理论与实践. 李鸣，等译. 北京：中国轻工业出版社,2005

122. （美）帕莱格等著. 团体治疗指导计划. 王海芳，等译. 北京：中国轻工业出版社,2005

123. （美）帕特森等著. 家庭治疗技术. 方晓义，等译. 北京：中国轻工业出版社,2004

124. （美）萨尔瓦多·米纽庆等著. 家庭与夫妻治疗案例与分析. 胡赤怡，等译. 上海：华东理工大学出版社,2007

125. （美）萨尔瓦多·米纽庆著. 家庭与家庭治疗. 谢晓健译. 北京：商务印书馆,2009

126. （美）萨提亚著. 新家庭如何塑造人. 易春丽，等译. 北京：世界图书出版公司,2006

127. （美）萨提亚. 萨提亚治疗实录. 章晓云，等译. 北京：世界图书出版公司,2006

128. （美）萨提亚著. 萨提亚家庭治疗模式. 聂晶译. 北京：世界图书出版公司,2007

129. （美）沙夫著. 心理治疗与咨询的理论及案例. 胡佩诚，等译. 北京：中国轻工业出版社,2000

130. （美）舒尔茨著. 现代心理学史. 沈德灿，等译. 北京：人民教育出版社,1981

131. （美）约翰·布鲁德斯·华生著. 行为主义. 李维译. 杭州：浙江教育出版社,1998

132. （美）约翰·多拉德等著. 人格与心理治疗. 李正云，等译. 杭州：浙江教育出版社,2002

133. （日）长谷川洋三著. 行动转变性格——森田式精神健康法. 李治中，等译. 北京：人民卫生出版社,2006

134. （日）大原浩一等著. 森田疗法与新森田疗法. 崔玉华，等译. 北京：人民卫生出版社,1995

135. （日）高良武久著. 森田心理疗法实践——顺应自然的人生学. 康成俊，等译. 北京：人民卫生出版社,2004

136. （日）森田正马著. 神经衰弱和强迫观念的根治法. 臧修智译. 北京：人民卫生出版社,1996

137. （日）森田正马著. 神经质的实质与治疗——精神生活的康复. 臧修智译. 北京：人民卫生出版社,2006

138. （日）增野肇著. 森田式心理咨询——处理心理危机的生活智慧. 南达元译. 上海：复旦大学出版社,2004

139. （瑞典）欧家瑞等著. 人际沟通分析——TA治疗的理论与实务. 黄珮瑛译. 成都：四川大学出版社,2006

140. （英）理查德·纳尔逊·琼斯著. 实用心理咨询与助人技术. 江光荣，等译. 北京：中国轻工业出版社,2008

141. （英）米尔顿等著. 精神分析导论. 施琪嘉，等译. 北京：中国轻工业出版社,2005

142. （英）乔伊斯著. 格式塔咨询与治疗技术. 叶红萍，等译. 北京：中国轻工业出版社,2005

143. （英）约翰·麦克里奥德著. 心理咨询导论. 潘洁译. 上海：上海社会科学院出版社,2006

144. Bandura A. *Social learning theory*. Englewood Cliffs, NJ: Prentice—Hall, 1977

145. Bandura A. *The self system in reciprocal determinism*. American Psychologist, 1978,4: 344—358

146. Beck A T. *Thinking and depression*. Ⅰ. *Idiosyncratic content and cognitive Distortions*. Archives of General Psychiatry, 1963, 9: 324—333

147. Beck A T. *Thinking and depression*. Ⅱ. *Theory and therapy*. Archives of General Psychiatry, 1964, 10: 561—571

148. Beck A T. *Depression: causes and treatment*. Philadelphia: University of Pennsylvania Press, 1972

149. Beck A T. *Cognitive therapy and the emotional disorders*. New York: International Universities Press, 1976

150. Beck A T. *Cognitive therapy of depression*. New York: The Guilford Press, 1980

151. Beck A T. *The current state of cognitive therapy: a 40 year retrospective*. Archives of general psychiatry, 2005, 62(9): 953—959

152. Beck A T, Rector N A. *Cognitive approaches to schizophrenia: theory and therapy*. Annual Review of Clinical Psychology, 2005, 1: 577—606

153. Beck J S, Liese B S, Najavits L M. *Cognitive therapy*. In: Frances R J, Miller S, Mack A (Eds.). *Clinical textbook of addictive disorders* (3rd edition). New York, NY: Guilford Press, 2005: 474—501

154. Berne E. *Intuition V. the ego image*. Psychiatric Quartely, 1957c, 31: 611—627

155. Berne E. *Transactional analysis: a new and effective method of group therapy*. American Journal of Psychotherapy, 1958, 12(4): 735—743

156. Berne E. *Transactional analysis in psychotherapy*. New York: Grove Press, Inc, 1961

157. Berne E. *Games people play*. New York: Grove Press, 1961

158. Bowen M. *Family psychotherapy*. American Journal of Orthopsychiatry, 1961, 31: 40—60

159. Bowen M. *The use of family theory inclinical practice*. Comprehensive psychiatry, 1966, 7: 345—374

160. Brownell P. *Handbook for theory, research, and practice in gestalt therapy*. Newcastle: Cambridge Scholars Publishing, 2008

161. ClarkeK M, GreenbergL S. *Differential effects of the gestalt two-chair intervention and problem solving in resolving decisional conflict*. Journal of Counseling Psychology, 1986, 33(1): 11—15

162. Corrigan P W. *Behavior therapy empowers persons with severemental illness*. Behavior Modification, 1997, 21(1): 45—61

163. Corsini R J, Wedding D. *Current psychotherapies* (5th ed). Belmont, CA: Wads-Pub Co, 2007

164. David K. *Behavioral family therapy: an overview*. Paper presented at the Annual Meeting of the National Council on Family Relations, Milwaukee, 1981

165. Davison G C. *Behavior therapy: psychological perspectives*. In: Smelser N J, Baltes P B (Eds.). *International Encyclopedia of the Social & Behavioral Sciences*. Oxford: Pergamon Press, 2001: 1081—1086

166. Ellis A. *Reason and emotion in psychotherapy*. New York: Stuart, 1962

167. Ellis A, Harper R A. *A new guide to rational living*. North Hollywood, CA: Wilshire Books, 1975

168. Ellis A, Grieger R. *Handbook of rational-emotive therapy: Volume* Ⅰ. New York: Springer, 1977

169. Ellis A. *The impossibility of achieving consistently good mental health*. American Psychologist, 1987a, 42(4): 364—375

170. Ellis A. *Expanding the ABC's of rational-emotive therapy*. In: Mahoney M, Freeman A (Eds.). *Cognition and psychotherapy*. New York: Plenum, 1985b: 313—323

171. Ellis A, Dryden W. *The practice of rational-emotive therapy*. New York: Springer, 1987

172. Ellis A. *Is rational-emotive therapy* (RET) *"rationalist" or "constructivist"*. Journal of Rational-Emotive and Cognitive-Behavior Therapy, 1990, 8(3): 169—193

173. Ellis A. *My current views on rational-emotive therapy* (RET) *and religiousness*. Journal of Rational-Emotive and Cognitive-Behavior Therapy, 1992, 10(1): 37—40

174. Friedberg R D. *A cognitive-behavioral approach to family therapy*. Journal of Contemporary Psychotherapy, 2006, 36(4): 159—165

175. Grieger R M. *The process of rational-emotive therapy*. Journal of Rational-Emotive Therapy, 1985, 3(2): 138—148

176. Haley J. *Strategies of psychotherapy*. Norwalk, CT: Crown House Publishing Ltd. , 1963

177. Haley J, Richeport-Hale M. *The art of strategic therapy*. New York: Brunner / Rout-ledge, 2003

178. Hardy K V, Laszloffy T A. *The cultural genogram: key to training culturally competent family therapists*. Journal of Marital and Family Therapy, 1995, 21(3): 227—237

179. Harman R. *Gestalt therapy research*. The Gestalt Journal, 1984, 7(2): 61—69

180. Heimann. *Countertransference*. British Journal of Medical Psychology, 1960, 33: 9—15

181. Hill E W. *Enhancing family therapy with analytical psychology*. Contemporary family therapy, 2002, 24(3): 437—456

182. Jacobs L. *Dialogue in gestalt theory and therapy*. The Gestalt Journal, 1989,

12(1)：1—25

183. Johnson W R, Smith E W L. *Gestalt empty-chair dialogue versus desensitization in the treatment of phobia*. Gestalt Review, 1997, 1(2)：50—162

184. Kennedy K, Tang M. *Beyond two chairs：why gestalt psychotherapy?* Clinical Psychology Forum, 2009, 194：22—25

185. Kernberg O. *Notes on countertransference*. Journal of the American Psycho-analytic Association, 1965, 13：38—56

186. Kitanishi K, Mori A. *Morita therapy：1919 to 1995*. Psychiatry and Clinical Neurosciences, 1995, 49(5—6)：245—254

187. Knapp P, Beck A T. *Cognitive therapy：foundations, conceptual models, applications and research*. Revista Brasileira de Psiquiatria, 2008, 30（Suppl Ⅱ）：54—64

188. Kohlenberg R J, Bolling M Y, Kanter J W, et al. *Clinical behavior analysis：where it went wrong, how it was made good again, and why its future is so bright*. The Behavior Analyst Today, 2002, 3(3)：248—253

189. Kris A O. *Free association：method and process（revised edition）*. London：The Analytic Press, 1996

190. Kurokawa N. *Morita therapy in psychosomatic medicine*. International Congress Series, 2006, 1287：313—315

191. Larner G. *Towards a common ground in psychoanalysis and family therapy：on knowing not to know*. Journal of Family Therapy, 2000, 22(1)：61—82

192. Li C B, He Y L. *Morita therapy for schizophrenia*. Schizophrenia Bulletin, 2008, 34(6)：1021—1023

193. Minuchin S, Montalvo B, Guerney Jr B G, et al. *Families of the slums：an exploration of their structure and treatment*. New York：Basic Books, 1967

194. Minuchin S, Fishman H C. *Family therapy techniques*. Cambridge, MA：Harvard University Press, 1981

195. Nichols M, Schwartz R C. *Family therapy：concepts and methods（8th Edition）*. Boston：Allyn and Bacon, 2008

196. Passons W R. *Gestal tapproaches in counseling*. New York：Holt, Rinehart & Winston, 1975

197. Paul L L. *The relevance of gestalt therapy for social work*. Clinical Social Work Journal, 1973, 1(2)：94—99

198. Perls F S. *Ego, hunger and aggression*. London：Allen & Unwin, 1947

199. Perls F S, Hefferline R F, Goodman P. *Gestalt therapy*. New York：Julian Press, 1951

200. Perls F S. *Gestalt therapy verbatim*. Moab, Utah：Real People Press, 1969a

201. Perls F S. *In and out of the garbage pail*. Moab, Utah：Real people Press, 1969b

202. Perls F S. *One Gestalt therapist's approach*. In: Fagan J & Shepherd I(Eds.). Gestalt therapy now (pp. 125—129). New York: Harper & Row (Colophon), 1970

203. Perls F S. *Four lectures*. In: Fagan J & Shepherd I(Eds.), *Gestalt therapy now*(pp. 14—38). New York: Harper & Row (Colophon), 1970

204. Perls F S. *The Gestalt approach and eye witness to therapy*. New York: Bantam Books, 1973

205. Perls F S. *The Gestalt approach*. New York: Bantam Books, 1976

206. Perls F S, Hefferline R, Goodman P. *Gestalt therapy: excitement and growth in the human personality*. New York: Gestalt Journal Press, 1994

207. Piacentini J C, Chang S W. *Behavioral treatments for tic suppression: habit reversal training*. Advances in neurology, 2006, 99: 227—233

208. Pitman E. *Transactional analysis: an introduction to its theory and practice*. British Journal of Social Work, 1982, 12(1): 47—63

209. Polster E, Polster M. *Gestalt therapy integrated: contours of theory and practice*. New York: Brunner/Mazel, 1973

210. Polster E. *Every person's life is worth a novel*. New York: Norton, 1987

211. Rogers C R. *Counseling and psychotherapy*. Boston: Houghton Mifflin, 1942

212. Rogers C R. *Client-centered therapy*. Boston: Houghton Mifflin, 1951

213. Rogers C R. *Person or science? A philosophical question*. American Psychologist, 1955, 10: 267—278

214. Rogers C R. *The necessary and sufficient conditions of therapeutic personality change*. Journal of Consulting and Clinical Psychology, 1957, 21: 95—103

215. Rogers C R. *Toward a more human science of the person*. Journal of Humanistic Psychology, 1985, 25(4): 7—24

216. Sanders S H. *Behavioral conceptualization and treatment for chronic pain*. The Behavior Analyst Today, 2006, 7(2): 253—261

217. Satir V. *Self-esteem*. California, Celestial Arts, 1975

218. Sexton T L, Alexander J F. *Functional family therapy*. Office of Juvenile Justice & Delinquency Prevention, Juvenile Justice Bulletin, 2000: 3—7

219. Simkin J. *Gestalt therapy and the psychological abstracts*. American Psychologist, 1978, 33: 705—706

220. Skinner B F. *Two types of conditioned reflex and a pseudo type*. Journal of General Psychology, 1935, 12

221. Skinner B F. *The behavior of organisms: An experiment alanalysis*. NewYork: Appleton CenturyCrofts, 1938

222. Stierlin H. *Psychoanalysis and family therapy*. New York: Jason Aronson, 1977

223. Stuart R B. *Behavioral control of overeating*. Behavior research and therapy, 1967, 5: 357—365

224. Takeda K. *Morita therapy*. Journal of Religion and Health，1964，3：335—344

225. Thomas A. Harris. *I am OK-You are OK*. New York：Harper & Row，1969

226. Wagner-MooreL E. *Gestalt therapy：past，present，theory，and research*. Psychotherapy：theory，research，practice，training，2004，41(2)：180—189

227. Winnicott D W. *Hate in the countertransference*. International Journal of Psycho-analysis，1949，30：69—74

228. Wolpe J. *Reciprocal inhibition as the main basis of psychotherapeutic effects*. AMA Arch Neurol Psychiatry，1954，72(2)：205—226

229. Wolpe J. *Psychotherapy by reciprocal inhibition*. Stanford，CA：Stanford University Press，1958

230. Wolpe J. *The systematic desensitization treatment of neuroses*. Journal of Nervous and Mental Disease，1961，132(3)：180—203

231. Wolpe J，Lazarus A A. *Behavior therapy technique*. New York：Pergamon Press，1966

232. Wolpe J. *The practice of behavioral therapy*(3rd ed.). New York：Pergamon Press，1982

233. Wulf R. *The historical roots of gestalt therapy*. The Gestalt Journal，1998，21(1)：81—92

234. Zlomke L. *Token economies*. The Behavior Analyst Today，2003，4(2)：177—184